팀 켈러,

오늘을 사는 잠언

GOD'S WISDOM FOR NAVIGATING LIFE

God's Wisdom for Navigating Life
A Year of Daily Devotions in the Books of Proverbs
by Timothy Keller and Kathy Keller
Copyright ⓒ 2017 by Timothy Keller and Kathy Keller
Korean Translation Copyright ⓒ 2018 by Duranno Ministry

This Korean edition published by arrangement
with Timothy Keller and Kathy Keller c/o McCormick Literary, New York,
through Duran Kim Agency, Seoul

팀 켈러, 오늘을 사는 잠언

지은이 | 팀 켈러, 캐시 켈러
옮긴이 | 윤종석
초판 발행 | 2018. 11. 21.
31쇄 발행 | 2024. 11. 8.
등록번호 | 제1988-000080호
등록된 곳 | 서울특별시 용산구 서빙고로65길 38
발행처 | 사단법인 두란노서원
영업부 | 02)2078-3333 FAX | 080-749-3705
출판부 | 02)2078-3330

책값은 뒤표지에 있습니다.
ISBN 978-89-531-3307-5 03230

독자의 의견을 기다립니다.
tpress@duranno.com www.duranno.com

두란노서원은 바울 사도가 3차 전도 여행 때 에베소에서 성령 받은 제자들을 따로 세워 하나님의 말씀으로 양육
하던 장소입니다. 사도행전 19장 8 - 20절의 정신에 따라 첫째 목회자를 돕는 사역과 평신도를 훈련시키는 사역,
둘째 세계선교™와 문서선교단행본 · 잡지 사역, 셋째 예수문화 및 경배와 찬양 사역, 그리고 가정 · 상담 사역 등을 감
당하고 있습니다. 1980년 12월 22일에 창립된 두란노서원은 주님 오실 때까지 이 사역들을 계속할 것입니다.

팀 켈러,
오늘을 사는
잠언

팀 켈러, 캐시 켈러 지음
윤종석 옮김

두란노

○

지혜로운 지도자이자 친구로서
여러 해 동안 지혜와 사랑으로
우리 부부와 리디머교회를 이끌어 준
브루스 터렐과 미시 터렐에게

사랑하는 사람과 함께 읽고
함께 실천하는 잠언

이 책을 펼친 독자 중에는 우리가 이전에 쓴 《팀 켈러의 묵상》(The Songs of Jesus, 두란노 역간)을 읽으며 유익을 맛본 사람들도 있을 것이다. 그이들은 이번 기회로 시편과 잠언의 차이를 곰곰이 짚어 보면 도움이 될 것이다. 시편에는 감정, 고통, 기쁨, 찬송을 표현한 내용이 가득하다. 시편은 우리 경험을 하나님 앞에서 처리하는 법을 보여 준다. 그런데 잠언은 시편과는 사뭇 다른 책이다. 잠언은 모든 사고와 행동의 중심을 하나님께 두는 실질적인 훈련을 공부하고, 생각하고, 익히게 한다. 사실 잠언의 중심 메시지 중 하나는 우리가 무엇을 두고서도 충분히 사고해 본 적이 없다는 것이다.

시편의 주제가 믿음으로 하나님을 온전히 의지하는 데 있다면, 잠언의 주제는 하나님을 신뢰하는 그 믿음을 삶으로 실천하는 것에 있다. 성경이 약품 수납장이라면 시편은 덧난 피부에 발라 염증을 가라앉히는 연고라 볼 수 있고, 잠언은 의식 잃은 사람을 강한 냄새로 정신 차리게 하는 약에 가깝다.

● 잠언은 시다

잠언은 행복한 삶에 이르는 속성 과정이 아니다. 허겁지겁 먹는다고 소화될 내용이 아니라는 뜻이다. 잠언은 '시'(Poetry)라는 예술 형태를 띠고 있어서 당신 안에 지혜가 방울지려면 잠언과 씨름해야 한다. 번역본으로 성경을 읽는 우리는 원문의 위력을 다 느낄 수 없지만, 그래도 히브리 시의 속성을 웬만큼 배우면 자칫 놓치기 쉬운 다층적 의미를 짚어 낼 수 있다. 히브리 시의 가장 기본 특징은 대구법일 것이다. 두 개의 구나 절, 문장을 나란히 놓아 서로 꾸며 주고 부연하는 기법이다. 앞의 생각을 뒤에서 더 넓힐 수도 있고, 오히려 대조법을 써서 수위를 낮추고 한정할 수도 있다.

매번 두 생각이 서로를 더 밝혀 줘서 명쾌한 이해를 돕는다. 예컨대 잠언 13장 6절에 "공의는 행실이 정직한 자를 보호하고 악은 죄인을 패망하게 하느니라"라는 구절이 있다. 앞 구절 덕분에 뒤에 나오는 "악"을 '정직하지 못한 행실'이라는 한층 구체적인 의미로 이해할 수 있다. "악"과 "공의", "지혜"와 "미련함" 같은 어휘가 계속 반복되는 것 같지만 실제로는 대구법 때문에 구절마다 의미가 약간씩 달라진다. 문구를 주도면밀하게 비교해서 단어 간 상호작용을 살피지 않으면 각 잠언의 의미를 다분히 놓치고 만다.

히브리 시의 또 다른 특징은 모든 시가 그렇듯 생생한 비유의 중요성이다. 아름답지만 미련한 여자는 돼지 코에 금 고리 같다(11:22). 게으른 직원은 이에 식초 같다(10:26). '이것이 저것 같은' 데는 충분히 그만한 이유가 있다. 비유와 은유는 늘 그 이치를 잘 생각해 보라는 권유다. 사려 깊은 독자는 은유로 원리가 설명되는 방식을 다섯 가지, 열 가지 나아가 그 이상도 찾아낸다.

● 잠언은 퍼즐이다

언어를 "한 가지만 아는 사람은 그 한 가지도 제대로 모른다"라고 했던 괴테의 말도 있지만, 잠언은 과연 더더욱 그렇다.[1] 한 잠언에 앞에서는 "도덕적으로 선한 사람은 늘 삶이 복되다"라고 했다가 뒤에 "도덕적으로 선한 사람도 고난당할 때가 있다"라는 구절이 나오면, 요즘 독자는 이를 모순으로 여긴다. 우리가 잠언을 하나하나 독립된 약속이나 명령으로 생각하기 때문이다. 하지만 보통 그렇지 않다. 잠언마다 삶의 이치 가운데 한 단면을 기술했을 뿐이다. 결혼을 두고 말한 잠언을 따로 떼어 놓고 보면 어느 경우에나 다 적용되는 듯 보인다. 그러나 부부가 처한 상황에 따라 실천 방안은 제각각 달라질 수 있다는 게 이후의 잠언에서 밝혀진다. 특정 주제의 여러 잠언도 대구법처럼 서로를 수식해 준다. 그러므로 퍼즐처럼 다 맞춰야만 다차원의 그림 전체를 볼 수 있다.

이렇듯 잠언은 서로 맞물려야만 의미가 도출된다. 한 구절만 보고 전체를 다 알 수는 없다. 잠언 29장 19절은 종은 주인의 말을 다 알아들으면서도 따르지 않으니 엄히 다스려야 한다고 말한다. 이는 종들에 대한 도매금식 진술로 보인다. 그러나 17장 2절에는 슬기로운 종은 주인의 자녀들만큼, 아니 그보다 더 형편이 나아질 수도 있다고 기술했다. 두 구절을 함께 봐야만, 29장 19절이 모든 종과 직원을 두고 한 말이 아니라 고분고분하지 않고 태도가 삐딱한 부류에 대해 말한 것임을 알 수 있다.[2]

그래서 각 주제에 따라 잠언의 다양한 진술을 종합해서 읽을 때 비로소 전체 요지를 올바르게 파악할 수 있다. 12장에서는 '재앙의 길'이 미련한 자에게 마땅해 보일 수 있으나, 16장에서는 누구에게나 해당될 수 있다고 했다. 다시 말해, 아무리 신중하게 제대로 선택해도 때로는 결과가 틀어질 수 있다. 깨어진 세상이기 때문이다. 지혜로운 사람은 어느 길이든 꼬일 때가 있음을 안다. 하나님이 세상을 창조하실 때 질서를 부여하셨으므로 우리는 그 질서대로 살아야 한다. 그러나 한편으로 세상은 죄로 타락해서 변질됐다. 지혜로운 사람은 늘 창조 질서대로 되는 건 아니며, 그 질서를 분별하기도 매번 쉽지만은 않음을 안다.

잠언은 다 합해져야만 우리 앞에 지혜롭고 미묘하고 신학적으로 풍부한 다면적 세계관을 내놓는다.

● 잠언은 교육이다

잠언은 본래 젊은 남자용 교육 지침서였다고 결론짓는 사람이 많다. 항상 "아들"이라고 부르면서 가르치기 때문이다. 만일 그렇다면 잠언 5-7장에 홀리는 음녀만 경고하고 홀리는 음남에 대한 경고는 딱히 등장하지 않는 이유가 설명된다.[3] 그래서 현대의 일부 독자들은 잠언이 남성 지향적이라며 못마땅해하기도 한다. 하지만 그렇다고 남성보다 여성에게 잠언이 더 부정적이라든지, 남자만 지혜 교육을 받고 여자는 받을 필요가 없다고 단정해서는 안 된다.

알다시피 잠언을 창작해 보급하는 데는 높은 예술성과 깊은 학식이 필요했다. 잠언 1장 8절, 4장 3절, 10장 1절 등을 보면 부모 양쪽이 다 아들을 교육한다. 어머니도 "아버지와 더불어 권위의 목소리"였다.[4] 이는 틀림없이 딸도 아들처럼 잠언의 간결한 시와 지혜로운 경구로 훈육됐다는 뜻이다. 잠언 31장 26절에서 칭송하는 여인은 "입을 열어 지혜를 베풀며 그의 혀로 인애의 법을 말한다." 이것은 '시대의 지혜를 자세한 말로 아주 엄숙하게 전한다'는 의미로 쓰이던 당시의 표현법이었다.[5] 요컨대 잠언의 독자가 본래 여성이 아니라 남성이긴 하나, 그럼에도 불구하고 잠언의 지혜와 교훈은 모든 사람에게 적용된다.

다만 잊지 말아야 할 사실이 있다. 잠언은 개인 독서용이 아니라 나이가 있고 지혜로운 스승과 더불어 학습 공동체에서 공부할 지침서로 기록됐다. 그래서 이 매일의 묵상집 역시 사람들과 함께 묵상하는 모임을 만들어 활용하기를 권하고 싶다. 그 방법을 하나 제안하자면 이렇다. 한 명도 좋고 여럿도 좋다. 이 묵상집을 함께 읽고 나누자고 뜻을 모은다. 그리고 각자 같은 날 같은 묵상을 혼자 읽는다. 각 묵상 끝에 나오는 질문을 활용해 그날의 교훈이 자기 삶에 어떻게 적용되는지 생각해 본다. 그 답을 노트에 기록한다. 그날의 잠언에 대한 다음 두 가지 추가 질문의 답도 노트에 적는다. 첫 질문에서 이미 이 답까지 나온 경우는 예외다.

: 이 내용을 실제로 당신의 삶에서 경험하거나 다른 사람의 삶에서 본 적이 있는가?

: 이 내용을 당신의 생각이나 태도, 말, 행실에 어떻게 적용하겠는가?

기록이 끝나면 각 묵상 끝에 나오는 기도로 기도한다. 이 짤막한 기도는 마중물에 불과하다. 그런 식으로 하나님께 말문을 떼서 그분이 말씀으로 당신에게 가르치시는 내용을 아뢰면 된다. 자신의 표현으로 얼마든지 바꿔도 좋다. 성경의 특정 가르침을 어떻게 삶으로 옮겨야 할지를 놓고 계속 그분과 대화하라. 이것이 매일의 일과가 되어야 한다. 즉 읽고, 책의 질문을 활용해 묵상하고, 기도하는 것이다.

그런 다음 날마다 똑같이 묵상하고 있는 그 사람들을 최대한 자주 만난다. 가장 좋았던 깨달음을 나누고, 함께 토의하고, 서로를 격려해 통찰을 삶에 적용하고, 그 노력의 경과를 보고한다.

● 잠언은 전체 성경의 일부다

잠언을 '책'(book)이라 부르지만 사실 잠언은 훨씬 큰 책인 성경에 들어 있는 한 '장'(chapter)이다. 성경은 각양각색의 요소와 기사로 단 하나의 일관된 이야기를 전해 준다. 그 이야기에 따르면 인류는 죄로 하나님의 선한 창조세계를 더럽혀 이제 구원이 필요하다. 그런데 그 구원을 예수 그리스도가 이루셨고 그분 안에서만 받을 수 있다. 그러므로 성경의 다른 모든 책처럼 잠언도 예수님의 인격과 행적에 비추어 읽어야만 의미가 가장 충만하고 풍부해진다. 예수님의 지혜는 청중의 감탄을 자아냈다(눅 2:40,

47; 막 6:2). 그분은 최고의 지혜를 지니신 새로운 솔로몬으로 자처하셨다(눅 11:31). 세상을 창조한 의인화된 지혜(잠 8:22-31)는 결국 하나님의 말씀이신 예수님으로 밝혀진다. 하나님은 예수님과 더불어 세상을 창조하셨다(요 1:1-4). 바울은 예수님을 "하나님의 지혜"라 불렀다(고전 1:24, 30). 예수님 안에 하나님의 모든 지혜가 숨겨져 있다(골 2:3).

아울러 "여호와를 경외하는 것"(잠 1:7; 9:10)이 지혜의 근본임을 잊지 말라. 하나님과 생생히 살아 있는 관계를 맺는 것이 지혜의 절대 필요조건이다. 이 "경외함"(두려워함)은 몸을 사리는 공포가 아니라 하나님의 신실한 언약의 사랑 앞에 품는 외경과 경이의 태도다. 신약을 보면 잠언에서 명한 주님과의 관계는 예수 그리스도의 복음을 믿을 때만 온전히 실현될 수 있다.

● 잠언의 주제

잠언을 공부할 때 가장 만만찮은 부분은 아마 각 주제에 관한 내용을 종합하는 작업일 것이다. 이 묵상집에서 처음 몇 주 동안 '지혜'라는 주제에 대한 전반적 가르침을 살펴볼 것이다. 잠언 1-9장에 그 내용이 나온다. 그러나 그 후에는 매일의 글을 주제별로 묶었다. 이를 통해 여러분은 특정 주제에 관한 잠언의 다양한 통찰과 지혜를 한데 모아 정리할 수 있다. 여러 번 반복되는 내용도 있을 것이다. 이는 한 주제와만 연관되지 않고 지혜로운 삶의 여러 주제 아래 실천으로 이어지는 잠언이 많기 때문이다. 잠언의 주제는 다음과 같다.

일러두기   매일의 묵상에서 잠언 본문을 언급할 때는 장절만 표기했다("잠 10:13"이 아니라 "10:13"). 성경의 다른 책을 언급할 때는 책명도 함께 표기했다("시 37:29"). 아울러 그날의 성경 본문에서 단어나 문구를 묵상에 인용할 때는 따옴표에 넣지 않고 굵은 글씨로 처리했다.

Part 1.

오늘,
지혜를 더 깊이
알다

잠언 1장 1, 6절 1 다윗의 아들 이스라엘 왕 솔로몬의 잠언이라 6 잠언과 비유와 지혜 있는 자의 말과 그 오묘한 말을 깨달으리라.

● 지혜

잠언이란 무엇인가. **잠언**(히브리어로 '마샬')이란 몇 마디 말로 생각을 자극하고 진리의 세계를 전달하는 시적이고 간결하고 생생한 경구다. 현대인에게는 잠언에 해당하는 범주가 없다. 잠언은 절대적 명령이나 약속이 아니며 대개 부분적이다. 즉 같은 주제의 다른 잠언과 나란히 놓아야 전체 그림을 얻을 수 있다. 잠언은 삶의 이치를 관찰한 내용이다. 잠언의 취지는 골똘히 생각하고 부단히 묵상해서 현실과 바른 관계를 맺는 데 있다. 잠언은 딱딱한 사탕과 같아서 그냥 깨물면 얻을 게 별로 없고 이만 부러질 수 있다. 통찰의 단맛이 배어나올 때까지 음미해야 한다.

지혜는 생각이 깊은 사람만의 몫이 아니다. 일상생활 자체에 지혜가 필요하다. 자녀가 학교에서 눈이 멍들어 돌아왔을 때, 갑자기 뜻밖의 돈이 생겼을 때, 다니던 직장을 잃었을 때 지혜의 도움으로 우리는 어떻게 대처해야 할지를 알 수 있다. 인생에서 만나는 모든 상황을 통해 우리가 지혜 자체이신 예수님을 더 알아 가고 날로 그분의 형상대로 성장해 가도록 지혜가 길잡이가 되어 줄 것이다.

———

당신의 삶에서 지혜가 가장 자라야 할 부분은 어디인가?

오늘의 마중물 기도. 주님, 저는 그냥 상황마다 주님이 내면의 음성이나 자세한 규정집을 통해서 제가 해야 할 바를 다 알려 주셨으면 좋겠습니다. 하지만 주님은 그런 저를 불러 오늘도 지혜로운 사람으로 자라 가게 하십니다. 무엇을 어떻게 해야 할지 분별하라 하십니다. 그 부르심에 응답하게 도와주옵소서. 제게 명철을 주옵소서. 아멘.

잠언 1장 1-2절   1 다윗의 아들 이스라엘 왕 솔로몬의 잠언이라 2 이는 지혜와 훈계를 알게 하며 명철의 말씀을 깨닫게 하며.

● 지혜

도덕 그 이상.   잠언에서 **지혜**에 해당하는 주요 단어(히브리어로 '호크마')에는 도덕도 포함되지만 그 이상의 뜻이 있다. 지혜란 어떻게 하라고 분명하게 제시된 도덕법이 없을 때도 올바른 선택을 내리는 것이다. (적절한 약을 복용하는 일처럼) 지식만 있으면 되는 결정이 있고, (간음을 저지를지 말지처럼) 규범을 따르면 되는 결정도 있다. 그러나 성경은 누구와 결혼할지, 어디에 취직할지, 이사해야 할지 말지 등은 정확히 말해 주지 않는다. 이런 결정을 잘못 내리면 재앙을 불러올 수 있는데도 말이다. 또 성경에는 잦은 마찰, 충동성, 정서 불안, 난잡함 등의 성격 결함을 막는 명시적 도덕법이 없다. 하지만 이 또한 인생길에 크고 작은 어려움을 자초할 수 있다.[1]

하나님이 만일 상황별 백 권짜리 규정집을 주셨다면 우리는 부단히 그 책에 의지했을 것이다. 하지만 지혜가 무엇인지 참으로 알면 우리 마음이 예수님을 바라보는 쪽으로 끌린다. 사람들은 그분을 가리켜 "이 사람이 받은 지혜[가] …… 어찌됨이냐"라고 말했다(막 6:2).

선하고 도덕적인데 그다지 지혜롭지 못한 사람을 본 적 있는가?

오늘의 마중물 기도.   주님, 저는 제가 믿는 내용이 옳다고 우쭐하기 일쑤고, 스스로 진리를 안다고 생각하기를 좋아합니다. 하지만 진리를 안다 해도 그 진리를 잘 활용할 줄을 모릅니다. 제 삶을 인도하셔서 지혜가 자라게 하옵소서. 그 지혜를 주님께 받았음을 일깨워 주옵소서. 아멘.

잠언 1장 1-2절 1 다윗의 아들 이스라엘 왕 솔로몬의 잠언이라 2 이는 지혜와 훈계를 알게 하며 명철의 말씀을 깨닫게 하며.

● 지혜

훈계. 잠언 서두에 쓰인 히브리어 단어 '호크마' 주위에는 비슷한 단어가 많이 나온다. 이를 통해 지혜가 무엇인지 더 잘 알 수 있다. 히브리어 '무사르'(1:2-3의 **훈계**)는 엄격한 감시하의 훈련을 뜻한다. 걸핏하면 호통을 쳐 대는 교관에게 훈련받는다는 뜻이다. 사실 지혜는 가까운 친구의 뼈아픈 지적(27:5), 실수에서 배우는 교훈(26:11), 하나님의 섭리로 우리 삶에 허락된 고난을 통해(3:11-12) 얻어질 때가 많다. 차가 고장 날 때마다 스스로 고쳐야 한다면 아무래도 차에 관해 정통한 사람이 될 것이다. 인생도 마찬가지다. 마르셀 프루스트는 "아무도 대신해 주거나 면제해 줄 수 없는 광야를 통과한 후에만" 지혜를 발견할 수 있다고 했다.[2] 지혜로워진다는 말은 훈련된 사람이 된다는 뜻이다. 그런 사람은 충동에 휩쓸리지 않고 반성과 신중함과 명쾌한 사고에 힘쓴다. 역경을 통해 회복력과 평정심과 생활력을 갖추게 되는 것이다. 운동선수가 맹훈련을 통해서만 신체 능력을 키울 수 있듯이 지혜도 어렵게 얻어지는 법이다.

살아온 날들을 돌아보라. 지금까지 하나님이 역경을 통해 어떻게 당신을 더 지혜롭게 해 주셨는가?

오늘의 마중물 기도. 아버지, 자녀가 아무리 싫다고 저항할지라도 아이에게는 훈계가 필요합니다. 훈련되지 못한 아이의 삶은 비참해지지요. 삶에서 맞닥뜨리는 어려움과 실망을 아버지의 훈계로 알아보지 못하는 저를 불쌍히 여겨 주옵소서. 모든 경험에서 지혜를 배우게 하옵소서. 아멘.

잠언 1장 2절 이는 지혜와 훈계를 알게 하며 명철의 말씀을 깨닫게 하며.

● 지혜

명철함. 지혜의 또 다른 측면은 **명철**, 즉 통찰(히브리어로 '비나')이다. 이 말은 남이 보지 못하는 미묘한 차이까지도 능히 식별한다는 뜻이다. 예컨대 아내(캐시 켈러)는 발레 공연에서 각 무용수의 작지만 중요한 차이를 볼 수 있으나 남편(팀 켈러)은 알아차리지 못한다. 반대로 팀은 야구에서 커브볼의 질적 차이를 구분할 수 있지만 캐시 눈에는 다 그게 그거다. 그러니까 우리는 각각 무용과 스포츠 분야에서 상대보다 지혜로운 셈이다.

그런데 성경의 지혜는 명철함의 범위를 일상생활 즉 삶 자체로 넓힌다. 지혜로워진다는 말은 남이 한두 가지밖에 생각하지 못하는 상황에서 여러 개의 선택 방안과 행동 노선을 인지한다는 뜻이다. 지혜는 모든 사람을 '착한 사람'과 '나쁜 사람'이라는 이분법으로 가르지 않고 인간의 동기와 성격의 복합적인 차원까지 식별해 낸다. 명철함은 옳고 그름의 차이만이 아니라 '선'과 '최선'과 '차선'의 차이까지도 구분하는 능력이다. 우리 마음속에 그리스도의 사랑이 자랄수록 우리는 더 "총명"(빌 1:9)해진다. 나밖에 모르던 자아를 그분의 사랑으로 치유받고, 주변 사람에게 주목하며 민감해질 수 있다.

이전에는 보이지 않던 미세한 차이를 하나님이 지혜를 주셔서 알아보게 된 적이 있는가?

오늘의 마중물 기도. 주님, 세상은 매사를 흑백으로 보는 부류와 매사를 회색으로 보는 부류로 분열되어 있는 것 같습니다. 율법주의와 상대주의 양쪽 모두에서 저를 건져 주옵소서. 지혜로운 마음에 필요한 겸손과 명철함을 제게 주옵소서. 아멘.

잠언 1장 3-4절   **3** 지혜롭게, 공의롭게, 정의롭게, 정직하게 행할 일에 대하여 훈계를 받게 하며 **4** 어리석은 자를 슬기롭게 하며 젊은 자에게 지식과 근신함[분별력, NIV]을 주기 위한 것이니.

● 지혜

분별력. 히브리어 단어 '하스켈'(**지혜롭게 행함**), '오르마'(**슬기롭게**), '메짐마'(**분별력**)는 다 전략적 계획하에 살아간다는 뜻이다. 도덕적이지만 지혜롭지 못한 사람이 있듯이, 가야 할 방향을 보는 비전은 있으나 목표를 실현할 실제 과정에는 거의 무지한 사람도 있다. 지혜로워진다는 말은 문제를 미리 내다보아, 지나친 자신감으로 위험을 부르거나 과도한 조심성으로 무력함에 빠지지 않는다는 뜻이다. 이런 사람은 무엇을 해야 할지만이 아니라 언제 해야 할지도 안다. 축복도 엉뚱한 때에 하면 저주로 받아들여질 수 있다(27:14). 명철함[1월 4일]이 마음을 꿰뚫어 보는 통찰력(insight)이라면 분별력은 어떤 행동에 어떤 결과가 따를지를 아는 선견지명(foresight)이다(22:3).

어떤 의미에서 지혜는 무언가에 "성공하는" 법을 아는 것이다. 하지만 아담과 하와처럼(창 3:6) 세상적인 세련됨을 경건한 지혜로 착각해서는 안 된다. 최고의 지혜는 고난당한 종이신 예수님에게서 드러났다(사 52:13). 그분이 완전히 성공하셨는데도 세상에서 세련됐던 당대인은 이를 알아보지 못했다.[3]

―――――

명철함이 있어 무엇을 해야 할지는 알았으나 분별력이 없어 그 일을 어떻게 이뤄야 할지 몰랐던 때를 떠올려 보라. 거기서 무엇을 배웠는가?

오늘의 마중물 기도. 주님, 저는 잘못된 동기를 가지고 성공을 바랄 때가 참 많습니다. 성공보다 신실함을 더 중시하도록 저를 가르쳐 주옵소서. 삶 속에 실망스러운 일을 허락하셔서라도 저를 낮춰 주옵소서. 제가 참된 성공을 가로막는 교만과 두려움에서 벗어나도록 도와주옵소서. 아멘.

잠언 1장 5절 지혜 있는 자는 듣고 학식이 더할 것이요 명철한 자는 지략을 얻을 것이라.

● 지혜

폭넓게 공부하라. 도덕적인데 지혜롭지 못할 수 있듯이 지식은 많은데 미련할 수도 있다. 사회학자는 빈곤을 유발하는 경험적 요인에 해박할 수 있다. 그러나 실제로 빈민 가정을 도우려다 그들의 삶을 오히려 악화시킬 수 있다. 이렇듯 지혜 없는 지식이 있다. 그렇다면 지식 없는 지혜도 가능할까? 불가능하다. 우선 해당 주제의 지식이 있어야만 지혜의 훈계와 명철함과 분별력으로 그 지식을 적용할 수 있다. 그래서 잠언은 우리에게 지혜로워지려면 **학식을 더하라**고 명한다. 히브리어 단어 '레카흐'는 폭넓은 공부를 뜻한다.

지혜로워지려면 인간 본성, 인간관계의 이치, 고난과 죽음, 하나님의 성품 등을 이해해야 한다. 지혜란 생각과 경험을 통합해 "삶의 현실을 다룰 실력"을 쌓는 것이다.[4] 공부할 게 아주 많지만 참된 지혜는 그중에서도 깊은 성경 지식을 요한다. 예수님도 그분의 모든 행동의 기초를 성경에 두셨고, 성경을 인용해 자신의 죽음을 설명하고 맞이하셨다(마 27:46; 시 22:1). 하물며 우리가 하나님의 말씀에 푹 잠기지 않고서 어찌 지혜로워질 수 있겠는가?

———

성경 지식을 더 쌓기 위해 당신이 취할 수 있는 조치는 무엇인가? 그밖에 삶의 어느 분야 공부가 지금 당신에게 필요한가?

오늘의 마중물 기도. 주님, 돌아보니 주님의 말씀을 공부하고 묵상하는 시간이 너무 적었습니다. 변명할 말이 없습니다. 제가 가장 중시하는 다른 일에는 얼마든지 시간을 내면서, 주님이 저를 사랑하시듯 주님과 주님 말씀을 사랑하지 못한 저를 용서하옵소서. 주님의 진리로 저를 가르쳐 주옵소서. 아멘.

잠언 1장 22절 너희 어리석은 자들은 어리석음을 좋아하며 거만한 자들은 거만을 기뻐하며 미련한 자들은 지식을 미워하니 어느 때까지 하겠느냐.

● 미련함

지혜의 **반대**. 잠언 전체에서 지혜의 반대는 미련함으로 표현된다. **미련한 자**가 현대어에서는 욕에 불과하지만, 잠언에서는 워낙 고질적으로 현실과 동떨어져 있어 자신과 주위 모든 사람의 삶을 비참하게 만드는 사람이다. 자기 몸을 아무렇게나 다루면서 뒤탈을 피할 수는 없다. 사람을 함부로 대하면서 좋은 친구나 화목한 가정을 바랄 수는 없다. 모두가 이기적으로 살면서 사회 구조가 무사하기를 기대할 수는 없다. 그런데 미련한 자는 그런 일을 모두 해서 불화와 파멸을 심고 거둔다.

미련함에도 여러 종류가 있다. 그중 최고의 미련함은 하나님 외의 다른 것을 삶의 중심으로 삼는 일이다. 그 결과는 늘 실망과 파국이다. 예수님이 말씀하신 "어리석은 사람"은 집을 그리스도의 말씀과 지혜라는 반석 위에 짓지 않고 모래 위에 지었다(마 7:24-26). 미련한 자는 현실 속에 장치되어 있는 신체적, 심리적, 관계적, 영적 경계선을 볼 줄 모른다. 경계선을 넘어가 놓고는 자신이 왜 침몰하는지 의아해한다.

———

당신이나 다른 사람의 삶에서 가장 최근에 봤던 미련함의 쓰디쓴 열매는 무엇인가?

오늘의 마중물 기도. 주님, 제 마음은 자꾸 현실을 부정하려 하지만 그것은 미련한 일입니다. 이 타락한 세상에서 현실은 경이로운 동시에 가혹합니다. 현실을 있는 그대로 보도록 도와주옵소서. 그 안에서 지혜롭게 행하도록 가르쳐 주옵소서. 아멘.

잠언 1장 22절   너희 어리석은 자들은 어리석음을 좋아하며 거만한 자들은 거만을 기뻐하며 미련한 자들은 지식을 미워하니 어느 때까지 하겠느냐.

● 미련함

거만함.   오늘 본문 구절에는 세 부류의 미련한 자가 언급되어 있다. 사람이 지혜로워질지 아니면 미련해질지를 결정짓는 요소는 지력(智力)이 아니라 태도인데, **거만한 자**(히브리어로 '레침')가 그 증거다.[5] 거만함은 아무에게도 복종하기 싫어하는 넘치는 교만에서 비롯된다(21:24). 무엇이든 깎아내리며 그 과정에서 아주 독선적으로 아는 척하는 게 그들의 전략이다. 거만한 자는 실상 미련한데도 웬만한 사람 눈에는 세상적으로 똑똑하고 아주 세련되어 보인다.

물론 세상에는 마땅히 비판과 풍자의 대상이 되어야 할 것도 있다. 하나님도 때로 비웃으신다. 그러나 "오만한 자들의 자리에" 앉으면(시 1:1) 냉소와 조롱이 습관적 반응이 된다. 습관화된 거만은 마음을 완고하게 하고 관계에 독소가 된다. "무엇이든 '꿰뚫어 봄'은 아예 보지 않음과 같다."[6] 우리가 살고 있는 포스트모던 시대는 해체를 조장한다. 또 인터넷 시대가 되면서 조롱과 멸시는 쉬워졌고 논리적 대화는 어려워졌다. 우리는 똑같이 거만해지라는 엄청난 문화적 압박을 물리쳐야 한다. 예수님이 여기에 뚜렷한 대조가 되신다. "그는 다투지도 아니하며 들레지도 아니하리니 …… 상한 갈대를 꺾지 아니하며 꺼져 가는 심지를 끄지 아니하기를 심판하여 이길 때까지 하리니"(마 12:19-20).

남을 인격적으로 대하기보다 눈을 부라리며 무시하고 싶었던 때는 언제인가?

오늘의 마중물 기도.   주님, 세상은 오늘도 냉소적인 태도, 끼리끼리 건네는 농담, 다 멍청이뿐이라며 애석한 척하는 탄식 등으로 지혜를 가장합니다. 그런 일그러진 모습으로 살아가지 않도록 저를 도와주옵소서. 아무도 멸시하지 않고 모두를 존중하게 하옵소서. 상대의 잘못을 지적해 줄 때도 겸손한 태도를 잃지 않게 하옵소서. 아멘.

잠언 1장 22절 너희 어리석은 자들은 어리석음을 좋아하며 거만한 자들은 거만을 기뻐하며 미련한 자들은 지식을 미워하니 어느 때까지 하겠느냐.

● 미련함

어리석음. 미련한 자는 다 현실과 유리되어 있지만 방식은 부류마다 다르다. 이번에 살펴볼 미련한 자는 히브리어로 '페디이', 즉 **어리석은 자**다. 이는 아무 말이나 덥석 믿는 미련함이다. "어리석은 자는 온갖 말을 믿는다"(14:15). 이들은 너무 쉽게 영향을 받아 끌려다닌다. 거창하고 극적인 일에 아이처럼 감동한다. 인정받고 싶은 욕구가 너무 강해 누가 인정만 해 주면 강압에도 쉬 넘어갈 수 있다. 평화와 번영을 약속하는 독재자를 지지할 사람들이다. 지적으로 게을러서 매사에 깊이 생각하려 하지 않을 수도 있다. 일확천금의 미끼에 속아 넘어가기도 쉽다(12:11).[7]

물론 어리석은 자도 변화되어 지혜를 얻을 수 있으나(19:25), 반대로 "어리석음으로 기업을 삼아"(14:18) 완전히 미련한 자로 굳어질 수도 있다. 어리석게 잘 속는 성질을 세련되지 못함과 혼동하지 않도록 주의해야 한다. 이전에 우리가 목회했던 교회는 회중 전체가 다소 세련되지 못한 편이었으나 전혀 어리석지 않았다. 세상적 기준으로 세련되지 못해도 지혜로울 수 있다. 반대로 재물과 인맥과 학력을 두루 갖춘 사람도 충분히 어리석을 수 있다.

———

여태 만났던 사람 중에 어리석어 보였으나 알고 보니 그렇지 않았던 사람이 있는가? 그들이 보여 준 특성은 무엇인가?

오늘의 마중물 기도. 주 하나님, 저는 거만하기도 하고 어리석기도 합니다. 저는 사람들의 인정에 너무 연연해하고, 또 지적으로 조급해서 깊이 생각하려 하지 않습니다. 그동안 저를 죄에서 구해 달라는 기도를 자주 드렸지요. 주님, 어리석음에서도 구해 주옵소서. 아멘.

잠언 1장 22절 너희 어리석은 자들은 어리석음을 좋아하며 거만한 자들은 거만을 기뻐하며 미련한 자들은 지식을 미워하니 어느 때까지 하겠느냐.

● 미련함

완고함. 잠언서에서 **미련한 자**를 일컫는 가장 흔한 히브리어 단어는 '완고하다'는 뜻의 '케실'이다. 미련한 자의 주된 특징은 고집이다. 그들은 스스로 지혜롭다고 여기므로 새로운 지식을 배우거나 잘못을 지적받을 줄 모른다.

아동심리학자 제롬 케이건이 밝혀낸 바에 따르면 아이는 세 가지 기질 중 하나를 기본으로 타고나며, 그 기질이 역경에 반응하는 본능적 방식을 결정한다.[8] 어떤 아이는 불안해하며 뒤로 물러나고, 어떤 아이는 공격적으로 자기주장을 펴며, 또 어떤 아이는 낙천적이어서 싹싹한 애교로 원하는 바를 얻어내려 한다.[9] 각 기본값은 상황에 따라 잘 통한다. 그러나 케이건에 따르면 아이는 부모의 개입이 없는 한 타고난 기질에 지배당해, 그 습관적 반응이 부적절하거나 심지어 위험한 상황에서도 지혜로운 행동을 배우지 않는다. 다시 말해서 인간은 본능적으로 지혜롭지 못하고 완고하다. 현대 문화는 아이를 내버려 두어야 한다고 우기지만, 인간의 원초적 본능은 재앙을 부를 수 있다(22:15). 지혜로워지려면 기질적으로 불안한 사람은 담대함을, 저돌적인 사람은 신중함을, 낙관 일변도인 사람은 깊은 사고를 배워야 한다. 예수님만이 습관적으로 자기주장을 펴거나 뒤로 물러나지 않고 늘 온전한 지혜로 각 상황에 적절히 반응하셨다(요 11:23-25, 32-35).

―――――

당신은 어느 부분에서 새로운 개념이나 비판에 마음을 완고하게 닫고 있는가?

오늘의 마중물 기도. 아버지, 예수님은 이 땅에 사시는 동안 실언하거나 실족하신 적이 없습니다. 잠잠해야 할 때와 말해야 할 때, 바로잡아 줘야 할 때와 인정해 줘야 할 때를 정확히 아셨습니다. 저도 간절히 예수님을 닮고 싶습니다! 아버지의 말씀과 성령을 통해 제 안에 예수님의 지혜를 다시 빚어 주옵소서. 아멘.

잠언 6장 12-15절　12 불량하고 악한 자는 구부러진 말을 하고 다니며 13 눈짓을 하며 발로 뜻을 보이며 손가락질을 하며 14 그의 마음에 패역을 품으며 항상 악을 꾀하여 다툼을 일으키는 자라 15 그러므로 그의 재앙이 갑자기 내려 당장에 멸망하여 살릴 길이 없으리라.

● 미련함

불량함. 또 다른 부류의 미련한 자는 **불량한 자** 곧 말썽꾼이다. 이 사람의 특징은 끝없는 **다툼**이다(6:14). 화평하게 하는 자(마 5:9)와는 반대다. 화평하게 하는 자는 신중하고 은혜로운 대답(15:1)으로 다리를 놓아 무장을 해제시키고 긴장을 누그러뜨리지만, 불량한 자는 다툼을 일으킨다. 그렇다고 정직을 고수해 거짓 평화를 깨뜨리는 게 아니다. 오히려 실수나 허물을 덮지 않고(19:11) 늘 따지고 불평하려고만 든다. 불량한 자는 다툼을 일으킬 때 상대편 입장을 공정하게 제시하지 않는다. 누락의 속임수, 절반의 진실, 은근한 암시 등 **구부러진 말**을 일삼는다. **눈짓**과 **손가락질** 같은 몸짓 언어도 화해를 유도하는 게 아니라 적대하는 상황을 조장한다.

말썽꾼은 자신이 '권력 앞에 직언할 뿐'이라고 생각하며 남에게도 그렇게 말한다. 하지만 **재앙이 갑자기 그에게 내린다.** 시간이 갈수록 더 분명해지지만, 그가 가는 곳마다 다툼이 끊이지 않는 이유는 바로 자신에게 있다. 어떤 사건을 계기로 본색이 드러나면 그는 영원히 신망을 잃을 수 있다. 그러나 무엇보다 그가 **멸망**하는 궁극적 이유는 "여호와께서 미워하시는 것"이 "형제 사이를 이간하는 자"이기 때문이다(6:16, 19).

당신이 개입된 일련의 다툼이 있다면 이는 당신에게 말썽꾼 기질이 있어서인가? 지인 중에 당신이 잘못을 지적해 줘야 할 말썽꾼이 있는가?

오늘의 마중물 기도. 주님, 이렇게 경고해 주시니 감사합니다. 제가 진실을 말할 때 사랑으로 하는지 아니면 불필요하게 매정하게 주장하는지 보여 주옵소서. 진리를 위해 용감해지고 싶지만 말썽꾼이 되고 싶지는 않습니다. 그 차이를 분간하는 지혜를 주옵소서. 아멘.

잠언 6장 6-11절 6 게으른 자여 개미에게 가서 그가 하는 것을 보고 지혜를 얻으라 7 개미는 두령도 없고 감독자도 없고 통치자도 없으되 8 먹을 것을 여름 동안에 예비하며 추수 때에 양식을 모으느니라 9 게으른 자여 네가 어느 때까지 누워 있겠느냐 네가 어느 때에 잠이 깨어 일어나겠느냐 10 좀 더 자자, 좀 더 졸자, 손을 모으고 좀 더 누워 있자 하면 11 네 빈궁이 강도같이 오며 네 곤핍이 군사같이 이르리라.

● 미련함

게으름. 잠언에 나오는 미련한 자의 또 다른 부류는 **게으른 자**다. 지혜로운 자는 누가 위협하지 않아도 내면의 동기만으로 스스로 알아서 일한다(6:7). 또 충동적이지 않고 만족을 지연시킬 줄 안다(6:8). 반면에 게으른 자는 온갖 구실로 작아 보이는 일탈을 일삼다가(좀 더, 좀 더, 좀 더) 막상 **빈궁**이 닥쳐오면 깜짝 놀란다(6:10-11). "그는 …… 자신이 포기한 작은 일들에 스스로 속는다. 그래서 기회가 야금야금 사라져 버린다."[10]

《힐빌리의 노래》(Hillbilly Elegy, 흐름출판 역간)에 밥이라는 사람이 나온다. 저자는 밥과 밥의 여자 친구와 함께 타일 창고에서 일했다. 밥은 일주일에 한 번 꼴로 결근했고 습관적으로 지각했으며 하루에도 몇 번씩 30분 넘게 쉬었다. 여자 친구는 사흘에 하루 꼴로 결근하면서 단 한 번도 미리 알린 적이 없었다. 누적된 경고 끝에 두 사람이 해고되자 밥은 격노했다. 저자의 결론이 설득력 있다. "열심히 일하지 않은" 오늘이 너무 많았고, 한때 합리적이고 좋다고 생각했던 일자리가 어느덧 불합리한 혹사 현장으로 여겨졌다는 것이다.[11] 결과는 잠언에서 경고한 대로 사회적 몰락이었다. 이는 예수님과 크게 대비된다. 그분은 "내 아버지께서 이제까지 일하시니 나도 일한다"(요 5:17)라고 말씀하셨다.

당신 삶에 당신이 일하지 않아 '사라져 버리고' 있는 부분이 있는가?

오늘의 마중물 기도. 주님, 어떻게든 성공해 남의 환심을 사려고 과로하는 것도 잘못이지만, 게으름 역시 똑같이 해로운 잘못임을 인정합니다. 일을 할 때도 주님의 도우심이 필요하오니, 주님, 도와주옵소서! 아멘.

잠언 1장 16-19절 16 대저 그 발은 악으로 달려가며 피를 흘리는 데 빠름이니라 17 새가 보는 데서 그물을 치면 헛일이겠거늘 18 그들이 가만히 엎드림은 자기의 피를 흘릴 뿐이요 숨어 기다림은 자기의 생명을 해할 뿐이니 19 이익을 탐하는 모든 자의 길은 다 이러하여 자기의 생명을 잃게 하느니라.

● 미련함

제 꾀에 빠짐. 훤히 보이는 그물 속으로 날아들 만큼 멍청한 새는 없다(1:17). 남을 짓밟고 사다리를 오를 수 있다고 생각하는 사람은 공중의 새보다 미련한 것이다. 남을 해치는 사람은 가만히 엎드려 자기의 피를 흘릴 뿐이다. **숨어 기다림은 자기의 생명을 해할 뿐이니.** 아무리 미련한 짐승도 그렇게는 안 한다.

신약에도 똑같은 취지의 말씀이 나온다. 남을 희생시켜 온 천하를 얻음은 곧 자기 목숨을 잃는다는 뜻이다(막 8:36). 남을 매정하게 대하면 내 마음에서 잔인함과 이기심이 분출한다. 이런 욕구는 나의 통제를 벗어나 자꾸 나쁜 결정을 낳는다.[12] 남이 아니라 자신만의 만족을 위해 살면 결과는 영원한 불만족이다. 지혜의 최고 스승이신 예수님은 제 목숨을 찾으려면 하나님과 타인을 섬겨 목숨을 잃어야 한다고 말씀하셨다(마 16:25).

당신의 이기적인 행위가 부메랑처럼 자신에게 돌아온 적이 있는가? 그 사건은 '자신을 잃어야 찾는다'라는 복음의 원리를 어떻게 예증해 주는가?

오늘의 마중물 기도. 주님, 제 마음은 제 행복을 최우선으로 추구하라고 시시때때로 부채질하는데, 그러는 한편으로는 공허함이 밀려듭니다. 이제 제 행복이 아니라 주님을 구하겠습니다. 그럴 때 비로소 진정한 행복을 누릴 것을 믿습니다. 아멘.

잠언 1장 25-26절 25 도리어 나의 모든 교훈을 멸시하며 나의 책망을 받지 아니하였은즉 26 너희가 재앙을 만날 때에 내가 웃을 것이며 너희에게 두려움이 임할 때에 내가 비웃으리라.

● 미련함

부조리. **재앙**이 미련한 자에게 닥치면 지혜는 **웃는다.** 잔인한가? 그렇지 않다. 여기에서 지혜는 대리 인물이며, 웃음은 무정한 마음이 아니라 "미련함을 선택하는 부조리"를 사람들에게 전달하는 방식이다.[13] 알베르 카뮈는 우리 마음이 이별 없는 사랑을 갈망한다고 역설했다. 그러나 하나님 없는 우주는 우리에게 "소망 없는 죽음을 확실히 의식하게" 해 줄 뿐이다.[14] 이렇게 만성적으로 충족이 없는 상태를 가리켜 카뮈는 "부조리"라 칭했다. 그에게 삶이란 한 편의 긴 블랙 코미디였다. 삶이 결코 줄 수 없는 것을 삶에서 오매불망 얻으려 하니 구제 불능이라는 것이다.

카뮈는 신이 없다고 봤지만 잠언서는 하나님이 계심을 안다. 그러나 하나님 없는 삶이 허무하다는 입장은 잠언도 같다. 세속의 것은 심령의 가장 깊은 갈망을 충족시켜 줄 수 없기 때문이다. 하나님과 맺은 관계만이 가져다줄 수 있는 충족은 연애와 돈과 성취로는 결코 얻을 수 없다. 그래서 하나님 없는 세상에서는 삶이 정말 허무한 부조리로 느껴진다. "의인의 기대는 기쁨을 낳아도 악인의 소망은 끊어지느니라"(10:28).[15]

좌절감이 들고 허무하며 삶이 아예 무의미하게 느껴지는가? 이 세상의 무엇도 당신을 충족시켜 주지 못했는가? 어떻게 대처할 것인가?

오늘의 마중물 기도. 주님, 전에는 책과 영화의 결말이 대부분 선이 악을 이기는 것이었는데 요즘은 해피엔딩 없이 삶이 어둡고 애매모호하게만 그려집니다. 양쪽 다 어리석고 지극히 단순한 세계관입니다. 제 인생에는 분명 아름다움과 부조리가 공존하며, 이야기의 결말은 영원입니다. 주님 주신 이 확신을 오늘 제 안에 새롭게 하옵소서. 아멘

잠언 1장 32-33절 32 어리석은 자의 퇴보는 자기를 죽이며 미련한 자의 안일은 자기를 멸망시키려니와 33 오직 내 말을 듣는 자는 평안히 살며 재앙의 두려움이 없이 안전하리라.

● 미련함

안일. 앞서 봤듯이 미련한 자는 스스로 지혜롭다 여기는 특징이 있다. 여기서 비롯되는 독선적 **안일**은 영적으로 아주 위험한 상태다. 통제 불능인 삶을 자신이 통제하고 있다는 생각보다 더 미련한 것은 없다. 예수님의 비유에 나오는 어리석은 부자가 대표적인 예다(눅 12:19-20). 자신의 인생을 완전무결하게 짜맞춘 것 같아도 사별과 질병과 배신과 재정 파탄은 누구에게나 닥쳐올 수 있다. 아무리 재물이나 성공, 권력이나 계획이 많아도 이를 막을 수는 없다.

미련한 자는 추상적인 자립이라는 몽상 속에 살아간다. 모든 게 구비되어 있다고 생각하지만 그런 안일이 재앙을 부른다. 안일의 반대인 불안도 답은 아니다. 그러나 우주의 주인이신 전능하신 주권자가 우리 아버지이심을 기억하면 자만심을 버리고도 **두려움이 없이 안전**할 수 있다. 우리가 떠올릴 사실이 또 있다. 자기 아들까지 아끼지 않으신 하나님이 어찌 우리에게 필요한 것을 다 주지 않으시겠는가?(롬 8:32)

요즘 삶이 순탄해서 안일에 빠졌는가? 아니면 형편이 썩 좋지 못해 불안한가? 어떻게 해야 양쪽 모두를 삼갈 수 있겠는가?

오늘의 마중물 기도. 주님, '매사를 제가 통제하고 있다는 착각'과 '사사건건 통제 불능이라는 공포감' 사이를 갈팡질팡 할 때가 얼마나 많은지 모릅니다. 양쪽 다 거짓임을 알면서도 계속 그러고 있습니다. 주님, 주님이 모든 것을 주관하고 계십니다. 이제 이 진리 안에서 안식하게 하옵소서. 아멘.

잠언 3장 34절 진실로 그는 거만한 자를 비웃으시며 겸손한 자에게 은혜를 베푸시나니.

● 미련함

비웃음. 거만한 사람은 "조롱이 몸에 배어 있다."[16] 욕과 독설을 내뱉는 그의 재주는 때로 지적 세련됨으로 보이나 말재주의 가면 뒤에는 자신의 의견과 지능에 대한 지독한 과신이 숨어 있다. 그래서 본문의 **거만한 자**는 **겸손한 자**와 대비된다.

거만한 사람은 어리석은 부류에 특히 영향을 미쳐, 흔히 그들 사이에서 우두머리 행세를 한다. 현대 문화의 기류에서 사회적으로 가장 인기 있는 사람은 조롱과 신상 털기의 대가다. 그러나 거만한 자를 우러러보는 것보다 더 해로운 일은 없다. 그들은 무엇에도 충정이나 존경을 품을 수 없게 만든다. 그들의 수단은 진심이 담긴 논리가 아니라 눈썹을 추켜세운 채 내뱉는 탄식과 냉소가 섞인 말이다.

그들에게 임할 최종 심판은 적절하고도 치명적이다. **여호와는 거만한 자를 비웃으시며**(3:34), 교만한 자를 대적하시되 겸손한 자들에게는 은혜를 주신다(벧전 5:5). 하나님이 세상에 오신 방식이 단적인 예다. 그분은 조롱하는 모습이 아니라 "마음이 온유하고 겸손하신" 분으로 오셨다(마 11:29).

———

당신이 감탄하며 바라보는 사람이나 친구 중에 비웃음이 몸에 밴 사람이 있는가? 그 모습에 조금이라도 끌렸는가?

오늘의 마중물 기도. 주님, 세상에선 자기를 띄울 줄 아는 자신감 넘치는 사람이 존경받는다고 말하지만 그건 일시적일 뿐입니다. 인생은 심은 대로 거두며, 사랑을 베푸는 사람은 사랑받지만 다른 사람을 비웃는 사람에게는 비웃음이 돌아온다는 사실을 오늘 하루 기억하게 도와주옵소서. 제게 꼭 필요합니다! 아멘

잠언 2장 3-6절 3 지식을 불러 구하며 명철을 얻으려고 소리를 높이며 4 은을 구하는 것같이 그것을 구하며 감추어진 보배를 찾는 것같이 그것을 찾으면 5 여호와 경외하기를 깨달으며 하나님을 알게 되리니 6 대저 여호와는 지혜를 주시며 지식과 명철을 그 입에서 내심이며.

● 지혜를 기르려면

지혜의 역설. 지혜가 우리 안에서 어떻게 길러지는지 잠언 2-4장에 많은 가르침이 나온다. 우선 역설이 등장한다. 한편으로 우리 쪽에서 지혜를 구해야 한다. 지혜가 우리를 향해 외치듯이(1:20-21) 우리도 지혜를 얻고자 **소리를 높여야 한다**(2:3). **감추어진 보배를 찾듯이** 최선을 다해야 한다(2:3-4). 그런데 바로 다음을 보면 지혜란 결국 하나님의 선물이다(2:6). 이는 성경 전체를 관통하는 개념이다. 빌립보서 2장 12-13절은 우리에게 "두렵고 떨림으로 너희 구원을 이루라"라고 명하지만, 곧이어 "너희 안에서 행하시는 이는 하나님이시니 자기의 기쁘신 뜻을 위하여 너희에게 소원을 두고 행하게 하시나니"라고 덧붙인다.

이 역설 자체도 지혜다. 전적으로 우리 몫이라면 불안에 짓눌려 애쓰다 탈진할 것이고, 우리와 상관없이 하나님 혼자 하시는 일이라면 우리는 주도권 전체를 잃을 것이다. 이 역설이 충분한 동기와 확신 둘 다를 가져다주기에 우리는 평생 하나님을 알아 가는 데 힘쓸 수 있다.

당신은 지혜를 마땅히 추구하는가? 또한 마땅히 인내로 하나님을 대하고 있는가? 그분은 지혜를 나눠 주실 때도 지혜롭게 때를 보신다.

오늘의 마중물 기도. 주님, 일할 기회도, 하고 싶은 마음도 주님이 주셨습니다. 그래서 일을 다 마칠 때마다 모든 것이 주님에게서 왔음을 인정할 수밖에 없습니다. 그러나 동시에 주님은 항상 제게 최선을 다하라고 하십니다. 그 과정을 통해 오늘도 제가 아들이신 예수님의 형상을 닮아 가고 있음을 믿습니다. 하나님은 참 놀라우십니다! 아멘.

잠언 2장 20-22절 20 지혜가 너를 선한 자의 길로 행하게 하며 또 의인의 길을 지키게 하리니 21 대저 정직한 자는 땅에 거하며 완전한 자는 땅에 남아 있으리라 22 그러나 악인은 땅에서 끊어지겠고 간사한 자는 땅에서 뽑히리라.

● **지혜를 기르려면**

의인으로 살라. 잠언에서 말하는 **의인**과 **악인**을 우리는 '도덕'과 '부도덕'의 의미쯤으로 생각한다. 그건 일부만 옳다. "의"에 해당하는 히브리어 단어 '체데크'와 '미쉬파트'는 사회적 측면이 강하다. 브루스 월키는 "의인은 사회를 이롭게 하려고 불이익을 감수하지만 악인은 사회에 불이익을 끼쳐서라도 사리를 취한다"라고 했다.[17]

의인은 "내 소유는 많은 부분 주변 사람들 것이다. 다 하나님께로부터 왔고 그분이 내게 이웃 사랑을 원하시기 때문이다"라고 말한다. 반면 악인은 "내 것이니 내 마음대로 하면 된다"라고 말한다. 의인과 악인에 대한 이런 충실한 정의(定義)를 염두에 두고서 잠언을 통독해 보라. 전혀 새로운 책으로 다가올 것이다. 참으로 의롭고 정의롭게 살아야겠다는 생각이 절로 들 것이다. 의란 단지 개인적 도덕이 아니라 사회 정의에 헌신하는 삶이다. 아울러 잠언의 의인을 그렇게 이해하면 "섬김을 받으려 함이 아니라 도리어 섬기려 하고 자기 목숨을 많은 사람의 대속물로 주려" 오신 분이 떠오를 것이다(막 10:45).

―――――

이웃을 섬기기 위해 당신의 시간과 돈의 불이익을 어떻게 감수하고 있는가?

오늘의 마중물 기도. 주님, 돈을 벌 수 있는 기회와 제 능력은 다 주님께로부터 왔습니다. 제 시간과 돈과 인맥을 주님이 주변 사람들을 이롭게 하라고 주신 선물로 보게 하옵소서. 이 시대 문화는 그런 실천을 어렵게 만듭니다. 저 역시 형편이 좋지 않으며 그러니 아무에게도 베풀 의무가 없다고 합리화하게 만듭니다. 그 말을 믿지 않게 하옵소서. 아멘.

01/19

잠언 1장 10-11, 15절 10 내 아들아 악한 자가 너를 꾈지라도 따르지 말라 11 그들이 네게 말하기를 우리와 함께 가자 우리가 가만히 엎드렸다가 사람의 피를 흘리자 죄 없는 자를 까닭 없이 숨어 기다리다가 15 내 아들아 그들과 함께 길에 다니지 말라 네 발을 금하여 그 길을 밟지 말라.

● 지혜를 기르려면

집안을 의지하지 말라. 본문의 부모는 아들에게 폭력의 삶에 들어서지 말라고 경고한다(1:8-19). 중산층 부모는 자기 자식에게만은 이런 경고가 필요 없다고 생각할 것이다. 대도시 우범 지역에 사는 어머니라면 당연히 이런 말을 해야 할지 모르지만 우리는 아니라는 것이다! 하지만 잠언서는 누구라도 잔인해질 가능성이 있음을 안다. 총기 난사범이나 폭파범의 신원이 밝혀질 때면 이웃들이 기자에게 흔히 하는 말이 있다. "그 사람은 좋은 집안 출신인데요."
성경은 결코 가문이 악을 막아 주는 보험이라고 단정하지 않는다. 가난한 사람만이 폭력에 손대기 쉽다고 가르치지도 않는다. 부자도 합법적이지만 잔인한 경제 행위로 '힘없는 자의 머리를 발로 밟을 수' 있다(암 2:6-7). 중산층이나 상류층에 속한 당신의 자녀도 "노동자 착취, 환경 파괴, 정의와 진실을 희생시켜서 얻은 성공으로 수익을 내는 회사에 들어가고 싶어 할 수 있다."[18] 좋은 집안 출신이라는 이유만으로 악한 삶을 피할 수 있다고 생각하지 말라.

자신에게만 득이 되고 남에게는 잔인한 구조에 당신도 어떤 식으로든 가담하고 있지는 않은가?

오늘의 마중물 기도. 내 친구나 가족만은 결단코 그렇게까지 나쁜 짓은 하지 않을 거라는 맹목적인 확신에 사로잡힐 때가 얼마나 많은지 모릅니다. 그들도 충분히 나쁜 짓을 할 수 있고 저 역시 마찬가지입니다. '매일 서로 권면하여, 죄의 기만성으로 마음이 완고해지지 않게 해 줄'(히 3:13)[19] 공동체를 만들도록 도와주옵소서. 아멘.

잠언 1장 20-21절 20 지혜가 길거리에서 부르며 광장에서 소리를 높이며 21 시끄러운 길목에서 소리를 지르며 성문 어귀와 성중에서 그 소리를 발하여 이르되.

● 지혜를 기르려면

현장 경험을 쌓으라. 본문에서 **지혜**가 자기에게 배우라고 사람들을 **부른다.** 그런데 부르는 곳이 상아탑이 아니라 바깥이다. 도시의 **광장**과 공공장소다. 지혜는 경험에서만 길러진다. 아무리 열심히 공부해서 의대와 법대와 경영대를 졸업해도 자기 분야에서 참으로 지혜로워지려면 현장으로 나가야 한다. 실생활의 경험을 쌓아야 한다.

잠언은 영감을 주려는 책이 아니다. 지면의 말이 내 것으로 즉각 튀어나오지 않는다. 지혜는 몇 번의 강연이나 설명회로 전달할 수 없다. 너무 바빠서 지혜의 방법을 따를 수 없는 사람은 지혜를 얻지 못한다. 지혜는 경험에 대한 깊고 정직한 성찰에서 온다. 다음과 같은 심층 질문을 던져야만 지혜가 모습을 드러낸다. '나나 다른 사람의 삶에서 이런 경우를 마지막으로 본 때가 언제였나? 내가 연습해야 할 부분은 뭘까? 그렇게 하면 내 삶이 어떻게 달라질까? 이것을 잊어버릴 때 틈탈 잘못된 생각과 태도는 뭘까?' 예수님이 수시로 비유로 말씀하시며 질문에 질문으로 답하셨음을 잊지 말라. 이는 성찰과 사고를 통해 우리의 지혜가 자라게 하려 하심이다(마 13:10; 눅 20:4; 요 16:29).

당신에게 최근 벌어진 일 중에 유난히 좋았거나 힘들었던 일은 무엇인가? 거기서 지혜를 배우고자 다른 이들과 그 경험을 나누며 성찰했는가?

오늘의 마중물 기도. 주 하나님, 성경을 알기만 했지 기도하며 삶에서 순종하지 않은 적이 너무도 많습니다. 저를 도와주시고 구해 주옵소서. 주님의 말씀을 듣기만 해서 자신을 속이는 게 아니라 그대로 행하는 사람이 되게 하옵소서(약 1:22). 아멘.

잠언 1장 28-29절 **28** 그때에 너희가 나를 부르리라 그래도 내가 대답하지 아니하겠고 부지런히 나를 찾으리라 그래도 나를 만나지 못하리니 **29** 대저 너희가 지식을 미워하며 여호와 경외하기를 즐거워하지 아니하며.

● **지혜를 기르려면**

당장 시작하라. 지혜는 지식의 습득을 통해 오지 않고 오랜 경험과 성찰에서 온다. 그래서 세월이 지나야 생성된다. 그런데 엄청난 분별력과 자제력을 요하는 위기가 불시에 닥쳐오면 어떻게 되겠는가? 힘들게 익혀 두지 않은 습성이 갑자기 하룻밤 사이에 생겨날 리는 없다. 예컨대 다른 위안이 사라졌을 때 그리스도를 의지하는 습성, '악'과 '선'과 '최선' 중에서 분별력 있게 선택하는 습성 등이 그렇다. 올림픽 경기에 출전할 준비를 하룻밤에 할 수 없음과 마찬가지다.

존 뉴턴은 "성격을 바르게 함양하려면 …… 외아들이 죽었을 때 못지않게 사기 그릇이 깨졌을 때도 하나님의 은혜가 필요하다"라고 썼다.[20] 작은 일상에서 실망했을 때 은혜와 지혜를 배워야만 큰 실망에도 준비된다는 뜻이다. 막상 위기가 닥쳐서 지혜를 찾으려면 지혜가 대답하지 않는다. "돌이킬 수 없는 시점이 있는 법이다. 폭풍이 닥친 뒤에 대피소를 찾으려면 너무 늦었다. 결정할 순간이 영원히 지나가 버린다. 타이밍이 중요하다."[21]

시간을 들여 지혜를 기르고 있는가? 우선 다음 두 가지에 계획적으로 쓰는 시간이 얼마나 되는지 따져 보라. 첫째는 성경 공부, 둘째는 신앙의 친구들과 책임 있게 서로를 돌보는 일이다.

오늘의 마중물 기도. 주님, 제가 감당하지 못할 일은 허락하지 않으심을 압니다 (고전 10:13). 하지만 제가 주님이 주시는 영적 갑옷(엡 6:10-18)조차도 다 입지 않아 해를 자초할 때도 있었습니다. 지혜를 제게 주옵소서. 지혜를 얻기 위해 주님이 필요하다고 말씀하시는 것이라면 무엇이든 하겠습니다. 아멘.

잠언 3장 5절 너는 마음을 다하여 여호와를 신뢰하고 네 명철을 의지하지 말라.

● 지혜를 기르려면

자신의 우상을 파악하라. 잠언 3장에 지혜로운 사람의 특징이 여섯 가지로 열거된다. 이는 지혜를 키우는 수단이기도 하다. 첫째는 **여호와를 신뢰하는 것**이다. 하나님을 믿는 사람도 진정한 의미와 행복 면에서는 다른 것을 신뢰할 수 있다. 그러면 그게 그 사람의 진짜 신이다. 그렇게 살면서도 평소에는 그런 줄도 모른다. 예컨대 직장이나 가정에 무슨 일이 터져야만 하나님보다 그것이 자신에게 훨씬 중요했음을 깨닫는다.

이것이 지혜와 무슨 상관일까? 모든 면에서 관계가 있다. 마음에 품은 사실상의 신뢰 대상에는 많은 감정이 과잉으로 따라붙는다. 대상이 직업이든 재물이든 배우자든 자녀든 애인이든 마찬가지다. 그 대상이 위태로워지면 우리는 지나친 동요, 불안, 분노, 낙심에 빠진다. 그게 우상이 되어 우리의 판단을 흐려 놓고 자아상과 세계관을 왜곡한다. 마음에 우상을 품으면 삶이 미련해진다. 우상숭배를 퇴치할 최고의 약은 복음이다. 예수님을 믿어 값없이 의롭게 되면(롬 3:21-24) 성공, 연애, 성취 등의 행위로 스스로 의로워질 필요가 없다.

당신 삶에서 하나님 대신 '신'이 될 소지가 가장 높은 후보는 무엇인가?

오늘의 마중물 기도. 주님, 이스라엘 백성이 도와 달라고 기도할 때 주님은 응답하지 않으셨으나 그들이 이방 신들을 제하여 버리자 그때부터 삶에 역사하셨습니다(삿 10:10-18). 저도 주님께 달려가 이것저것 달라고만 했지 제 깊은 우상을 뿌리 뽑을 마음은 없었습니다. 오, 주님, 그 무엇도 아닌 오직 주님만을 제 전부로 삼게 하옵소서. 아멘.

잠언 3장 5-6절 5 너는 마음을 다하여 여호와를 신뢰하고 네 명철을 의지
하지 말라 6 너는 범사에 그를 인정하라 그리하면 네 길을 지도하시리라.

● 지혜를 기르려면

하나님의 말씀에 순복하라. 지혜의 둘째 특징이자 수단은 **범사**(삶의 모든 영역)
에 하나님을 인정하고 자신의 명철을 의지하지 않는 것이다. 현대 문화는 우리
에게 매사에 내 생각(명철)대로 행동하고 성경까지 포함해서 무엇이든 의심하라
고 말한다. 그러나 누구나 자신이 의심하지 않을 대상을 선택해야 한다. 현대인
은 무엇이든 의심할 자기 권리와 능력을 의심하지 않는다. 즉 모든 사람은 신이
아니라 해도 무언가 궁극적 권위를 믿으며 살아가는 것이다. 그러나 잠언은 우
리 이성과 직관이 아닌 하나님의 말씀을 그 대상으로 삼도록 명한다.

성경은 범사에 우리를 인도할 수 있다. 삶에서 만나는 상황마다 구체적으로 명
시된 구절이 없더라도 말이다. 하나님은 우리를 지으시고 구원하셔서 그분과
의 관계를 누리게 하신다. 성경에 기록된 이 인격적인 하나님 이야기에 푹 젖어
들면 그 이야기를 믿지 않았을 때와는 삶의 모든 부분이 달라 보인다. 돈을 쓰
고, 사람을 대하고, 시간을 분배하고, 자신을 보는 방식이 달라진다. 이렇게 우
리 일상생활이 성경 이야기와 하나님의 실체 안에서 빚어지면 이로써 지혜가
자라난다.

당신은 개개의 성경 구절에서 영감을 얻으려 하기보다 성경의 중심 주제들과
'전체' 이야기를 이해하려 애쓰는가?

오늘의 마중물 기도. 주님, 주님의 말씀을 책으로만 공부할 게 아니라 속으로
소화해 제 것으로 삼고 싶습니다. 말씀이 제 속에 "풍성히 거하게" 하셔서, 주님
의 지혜를 제 길잡이로 삼고, 그 지혜로 사랑하는 사람들을 인도하게 하옵소서
(골 3:16). 말씀이 육신이 되신 예수님의 은혜로 그렇게 해 주옵소서. 아멘.

39

잠언 3장 7-8절   7 스스로 지혜롭게 여기지 말지어다 여호와를 경외하며 악을 떠날지어다 8 이것이 네 몸에 양약이 되어 네 골수를 윤택하게 하리라.

● **지혜를 기르려면**

늘 배우려는 자세를 취하라.   지혜의 셋째 특징이자 수단은 조언을 들으려는 마음이다. 미련한 자는 **스스로 지혜롭게 여긴다.** 그래서 더러는 조언을 아예 듣지 않는다. 또 어떤 경우에는 한 종류의 조언만 듣는다. 예컨대 십 대 아이는 대개 어른의 조언에 질색하며 주로 또래의 충고에 의지한다. 우리 중에도 인종이나 계급이나 정치 성향이 같은 사람의 말만 듣고 다른 사람의 말은 듣지 않는 사람이 많다.

지혜는 사안을 최대한 다양한 눈으로 보게 한다. 하나님 말씀의 눈으로, 내 친구의 눈으로, 나와 다른 인종과 계급과 정치 성향의 눈으로, 나를 비판하는 사람의 눈으로 보게 한다. 지혜로운 사람은 주위에 상담자를 많이 둔다. 멘토와 조언자와 친구와 그밖의 사람에게서 '이견'을 듣는다. 늘 배우려는 자세를 기르려면 복음이 최고의 자원이다. 복음에 따르면 우리는 죄인이지만 그리스도 안에서 하나님의 무조건적 사랑을 받는다는 깊은 확신이 있다. 그래서 자신의 허물을 부정하지 않고 직시할 수 있다.

경청해야 할 이야기인데도 당신이 계속해서 귀를 닫고 있는 사람이나 특정 부류가 있는가?

오늘의 마중물 기도.   주님, 저는 잘못을 지적받는 것이 정말 싫습니다. 또 제가 살고 있는 사회는 제 자신의 감정만 믿으라고 말합니다. 주님의 말씀도 인생도 잘 배우고 싶은데, 안팎의 모든 것들이 힘을 모아 제 노력을 방해하는 것 같습니다. 상하고 통회하는 심령을 제게 주옵소서. 아멘.

잠언 3장 9-10절　9 네 재물과 네 소산물의 처음 익은 열매로 여호와를 공경하라 10 그리하면 네 창고가 가득히 차고 네 포도즙 틀에 새 포도즙이 넘치리라.

● 지혜를 기르려면

후히 드리라.　지혜의 넷째 특징이자 수단은 후히 드림이다. 돈을 너무 사랑하고 돈의 힘을 과신하면 눈이 먼다. 돈의 지배에서 벗어나려면 많이 베푸는 게 최고의 방법이다. 오늘 말씀에는, 실제 수확이 얼마나 될지 몰라도 작물의 **처음 익은 열매**는 일단 하나님께 바치고 가난한 사람들에게 나누도록 되어 있다.

한 농부가 목사에게 자신의 소가 뜻밖에 송아지를 쌍으로 낳았다며 나중에 팔아서 한 마리 값을 교회에 내겠다고 했다. 그런데 몇 주 후에 이렇게 알려 왔다. "목사님, 죄송하지만 주님의 송아지가 죽었습니다." 죽은 쪽은 항상 주님의 송아지다. 우리 중에도 그런 사람이 많다. 우리의 헌금은 대개 계획적이거나 헌신적이지 않다. 쓰고 싶은 데 다 쓰고도 돈이 남을 때만 하나님께 드린다. 반면에 무한히 부요하신 예수님은 남는 것만이 아니라 그분의 전 재산과 목숨까지 주시어 우리를 구원하셨다(고후 8:9).[22]

앞으로 3년 동안 소득 대비 헌금 비율을 높일 계획을 짜 보겠는가?

오늘의 마중물 기도.　아버지, 제 재물로 '처음 익은 열매'의 원리를 실천할 방법을 생각해 내도록 도와주옵소서. 충동적이 아니라 계획적으로 드리게 도와주옵소서. 시늉만 하지 말고 헌신적으로 드리게 하옵소서. 재산만 아니라 자신의 목숨까지 내주신 예수님을 기억하며 저도 아까워하지 않고 즐거이 드리게 하옵소서. 아멘.

01/26

잠언 3장 11-12절 11 내 아들아 여호와의 징계를 경히 여기지 말라 그 꾸 지람을 싫어하지 말라 12 대저 여호와께서 그 사랑하시는 자를 징계하시기 를 마치 아비가 그 기뻐하는 아들을 징계함같이 하시느니라.

● **지혜를 기르려면**

고난을 통해 배우라. 지혜의 다섯째 특징이자 수단은 삶의 역경 및 고생과 관 계된다. 대개 후히 베풀며 살면 경제적으로 더 풍성해질 수 있다(3:10). 그러나 11-12절에 보듯이 이는 결코 절대적 법칙이 아니다. 세상은 "인간이 이해하거나 고칠 수 없는 악과 불가사의와 문제로 가득하다."[23] 지혜의 특징은 고난에 준비 되어 있다는 점이다. 고난에 준비되어 있지 못한 사람은 삶의 현실을 다룰 실력 이 없다. 한편 고난은 지혜를 자라게 하는 **징계**이기도 하다. 고난으로 우리는 하나님과 가까워져 더 강인하고 사랑이 많아질 수도 있고, 반대로 그분으로부 터 멀어져 마음이 완고해질 수도 있다.

고난은 불가피하며 우리를 더 지혜롭게 하거나 더 미련하게 만든다. 그렇다면 고난에 어떻게 반응할 것인가? 고생을 영적 성장의 수단으로, 자애로운 하늘 아 버지의 계획의 일환으로 받아들여야 한다. 다른 것은 다 못해도 늘 하나님을 영 화롭게 할 수는 있다. 고난 중에 원망하기보다 그분을 신뢰하는 자세를 품으면 된다. 우리를 위해 고난당하신 성자, 예수님을 바라볼 때 그렇게 할 수 있다.

당신은 역경에 준비되어 있는가? 왜 그런가 혹은 왜 그렇지 못한가?

오늘의 마중물 기도. 주님, 일이 틀어질 때면 저는 주님을 신뢰하는 기도를 자 꾸 미룹니다. 폭풍우 속에서 기도로 주님께 매달릴 때 영적으로 더욱 강해졌던 지난날들을 기억합니다. 어떤 폭풍우도 주님을 붙든 저를 약하게 만들지 못했 습니다. 지금 이 고백을 다음에도 꼭 기억하게 하옵소서! 아멘.

잠언 3장 27-28절 27 네 손이 선을 베풀 힘이 있거든 마땅히 받을 자에게 베풀기를 아끼지 말며 28 네게 있거든 이웃에게 이르기를 갔다가 다시 오라 내일 주겠노라 하지 말며.

● 지혜를 기르려면

정의를 행하라. 잠언 3장에 나오는 지혜의 여섯째 특징이자 수단은 정의에 대한 관심이다. **이웃**에게 베풀어야 할 **선**은 경제적, 물리적 필요를 채워 주는 실제 원조를 뜻한다. 오늘 말씀에 덧붙여져 있듯이 놀랍게도 이는 자선의 문제가 아니라 이웃이 **마땅히 받을** 몫이다. 어려움에 처한 사람을 돕지 않으면 단지 사랑이 없는 게 아니라 불의한 것이다.[24] 간단히 말해서 이웃에게 없는 게 당신에게 있거든 나누어 주라. 하나님이 당신을 잠깐 세상의 청지기로 세우셨고 상대방도 세상을 그만큼 누릴 권리가 있기 때문이다.

존 칼빈은 "사람의 자격을 따질 게 아니라 하나님의 형상을 봐야 한다. …… 그 형상은 모든 존중과 사랑을 받아 마땅하다. '그 사람이 받아 마땅한 대우는 나와는 전혀 다르다'라고 항변할지 모르지만, 그렇다면 주님은 마땅히 어떤 대우를 받으셔야 했던가?"라고 썼다.[25] 28절은 한술 더 떠서 우리에게 선행을 뒤로 미루지 말라고 말한다. 예수님이 들려주신 선한 사마리아인의 비유에 보면(눅 10:27-36), 어려움에 처한 사람을 만났다면 그가 누구든 내 이웃이라 규정되어 있다.

─────

어려움에 처한 이웃을 도우면 거기서 배울 지혜가 있다. 당신은 누구를 돕고 있는가?

오늘의 마중물 기도. 아버지, 치열한 경쟁 사회에 살다 보니 저 또한 자주 사람의 '자격'에 초점을 맞춥니다. 아무리 흠이 많고 망가졌어도 인간은 누구나 주님께 무한히 소중한 존재임을 기억하게 하옵소서. 진부한 말에서 벗어나 제 재물을 나눠서 이웃을 진정으로 사랑하게 하옵소서. 아멘.

잠언 4장 7-8절 7 지혜가 제일이니 지혜를 얻으라 네가 얻은 모든 것을 가지고 명철을 얻을지니라 8 그를 높이라 그리하면 그가 너를 높이 들리라 만일 그를 품으면 그가 너를 영화롭게 하리라.

● 지혜를 기르려면

포기하지 말라. 잠언 4장에는 지혜를 "버리지 말라"는 권면이 계속 되풀이된다. 메시지는 명확하다. "결코 포기하지 말고 지혜를 추구하라." 지혜를 얻기 위해서라면 세상에 못할 일이 없다. 아무리 큰 대가를 치러도 좋다. 왜 그런가? 지혜가 없으면 더 큰 대가가 따르기 때문이다. 지혜 없이 내리는 결정은 번번이 말썽과 재앙을 낳게 마련이다. 그러니 무슨 수를 써서라도 지혜를 얻으라.

이 말에 함축된 의미를 이미 일부 살펴봤다. 즉 마음의 우상을 파악하고, 하나님의 말씀에 푹 젖어 순종하고, 친구의 비판을 귀담아 듣고, 역경 중에 인내로 배우고, 다른 사람 특히 가장 어려움에 처한 사람을 직접 섬겨야 한다. 동일한 지혜를 추구하는 이들의 공동체 안에서 오랜 경험을 통해 이런 것을 실천하고 성찰해야 한다. 그러면 하나님, 자신, 인간의 마음과 습성, 때와 시대를 알게 된다. 결정과 선택이 더 지혜로워진다. 7절을 이렇게 풀어 쓸 수 있다. "여기 지혜를 얻는 방법이 있다. 무조건 얻으라!" 지혜는 운이 좋거나 똑똑한 사람의 몫이 아니라 굳게 마음먹고 찾는 사람에게 온다.

당신은 얼마나 굳게 마음먹고 지혜를 찾고 있는가? 정말 찾고 있는가?

오늘의 마중물 기도. 주님, 제 의지가 너무 약합니다. 포기하지 않고 지혜를 구하도록 도와주옵소서. 저를 위해 죽으시려 예루살렘에 올라가기로 굳게 결심하셨던 예수님으로(사 50:7; 눅 9:51) 제 마음을 사로잡아 주옵소서. 아멘.

잠언 8장 4-5절 4 사람들아 내가 너희[온 인류, NIV]를 부르며 내가 인자들에게 소리를 높이노라 5 어리석은 자들아 너희는 명철할지니라 미련한 자들아 너희는 마음이 밝을지니라.

● 지혜의 여러 모양

모든 사람을 위한 지혜. 잠언 8장에 경건한 지혜의 절대적 중요성이 웅장하게 예찬된다. 참된 지혜가 **온 인류**에게 부르짖는다(8:4). **어리석은 자들**, 곧 심히 무지해서 속기 쉬운 사람도 포함된다(8:5). 아무도 계속 미련한 채로 살 필요가 없다.

오늘 말씀에서 자칫 가장 큰 격려를 놓치기 쉽다. 지혜가 실제로 우리를 부르고 있다. 잠언 8장에서 지혜가 의인화된다. "진지해야 할 우리의 탐색은 그래서 …… 막연한 추구가 아니라 응답이다."[26] 의인화된 이 인물은 누구인가? "하나님의 능력이요 하나님의 지혜"이신 예수님으로 신약에 밝혀져 있다(고전 1:24). 그리스 철학자들은 우주의 배후에 '로고스'라는 우주적 원리가 있어 교육받은 교양인만이 이를 발견할 수 있다고 믿었다. 그런데 요한복음에 계시된 우주 배후의 로고스는 우주적 인물이다. 바로 누구나 알고 사랑할 수 있는 예수님이다. 결국 지혜로워지는 주된 길은 예수님과 인격적 관계를 맺는 것이다. 그러면 그분으로 인해 **마음이 밝아진다.** 이것은 지위나 교육 수준에 관계없이 누구나 할 수 있다.

어떻게 하면 당신과 예수 그리스도가 맺은 관계가 덜 형식적이고 더 인격적일 수 있겠는가?

오늘의 마중물 기도. 주님, 모든 사람의 하나님이 되어 주시니 감사합니다. 주님의 지혜가 신비가나 철학자만의 몫이 아니라 예수 그리스도를 믿는 사람이면 누구에게나 주어진 것임을 믿습니다. "이것을 지혜롭고 슬기 있는 자들에게는 숨기시고 어린아이들에게는 나타내심을 감사하나이다"(마 11:25). 아멘.

잠언 8장 12-13절 12 나 지혜는 명철로 주소를 삼으며 지식과 근신[분별력, NIV]을 찾아 얻나니 13 여호와를 경외하는 것은 악을 미워하는 것이라 나는 교만과 거만과 악한 행실과 패역한 입을 미워하느니라.

● 지혜의 여러 모양

참된 안전. 지혜로운 사람에게는 성공의 조건인 **명철함**과 **분별력**이 있다 (8:12). 이어 13절에는 악과 교만을 미워한다는 내용이 나온다. 12절과 13절을 분리해서는 안 된다. 왜 그런가? 데이비드 A. 허버드에 따르면 교만과 거만은 "통찰력 있고 영리한 사람이 특히 빠지기 쉬운" 과오다.[27] 외경과 경이 즉 하나님을 경외하는 마음이 없으면 성공해도 우월감과 오만에 빠질 수 있으며, 실제로 대개 그렇게 된다. 그러면 악순환이 시작된다. 교만한 사람은 미련해져서 자신의 직관을 과신하고 그럴수록 잘못된 결정으로 결국 파멸에 빠진다.

도덕성이 결여된 성공은 안전하게 간수하지 못한 총기와 같다. 자칫 총구를 자신에게로 향할 수 있다. 키드너는 "참된 지혜는 신중하며 두루 통한다"라면서, 오직 "여호와를 경외하는 마음에 뿌리를 둬야만 세상 지혜의 과오에서 벗어날 수 있다"라고 썼다.[28] 오늘 본문 말씀에 **미워한다**는 단어가 두 번 쓰였다는 사실을 놓치지 말라. 두 번째의 미워하는 주체는 지혜 자신이다. "경건에 거슬리는 것은 지혜에도 거슬린다. 이해가 상충하지 않는다."[29]

―――――

지금 당신이 어떤 성공이든 누리고 있다면, 은근히 자신의 공으로 돌리는가 아니면 사실 그대로 하나님의 선물로 보는가?

오늘의 마중물 기도. 주님, 냉혹하지 않고 친절하면 세상에서 성공하지 못할까 염려됩니다. 망설이는 제게 주님은 겸손히 선을 행하는 것이 결국 가장 유익하다고 타일러 주십니다. 섬김과 사랑으로 승리하신 예수님과 똑같은 길을 걷기를 원하오니, 도와주옵소서. 아멘.

01/31

잠언 8장 14, 16, 18-19절 **14** 내게는 계략과 참지식이 있으며 나는 명철이라 내게 능력이 있으므로 **16** 나로 말미암아 재상과 존귀한 자 곧 모든 의로운 재판관들이 다스리느니라 **18** 부귀가 내게 있고 장구한 재물과 공의도 그러하니라 **19** 내 열매는 금이나 정금보다 나으며 내 소득은 순은보다 나으니라.

● 지혜의 여러 모양

지혜의 부산물. 올바른 계획(**계략**), 계획을 수행할 전략적 자원(**참지식**), 실행에 옮길 대담성(**능력**) 등 성공의 조건은 모두 지혜의 속성이다(8:14). 순전히 운이 아닌 모든 성취는 지혜의 속성에서 비롯된다.[30]
지혜로운 사람은 실제적이다. 그러나 참된 지혜는 성공을 주목표가 아니라 부산물로만 본다. 지혜는 **장구한 재물**을 가져다주는데, 이 히브리어 표현은 **정금보다 나은** 내면의 풍요로운 기쁨과 하나님의 은총을 뜻한다(8:19). 이렇게 말하면 가장 정확할 것이다. 즉 진정한 지혜는 대체로 번영을 낳지만, 번영 자체는 결코 지혜로운 사람의 최종 목표가 아니다. 지혜로운 사람이 어떤 행동을 취하는 이유는 그것이 만족스럽거나 잘 통해서가 아니라 하나님과 그분의 창조세계를 사랑하는 옳은 길이기 때문이다. 성공이 뒤따를 수도 있고 아닐 수도 있지만 그건 중요하지 않다. 성공을 지혜의 주목표가 아니라 얻을 수 있는 부산물로 보는 사람은 정말 지혜로워진다. "손에 보화가 넘쳐나도 거기에 전혀 지배당하지 않는다."[31]

―――――――

당신은 일의 결과와 손에 잡히는 성공에 관심이 많은 편인가, 적은 편인가?

오늘의 마중물 기도. 주님, 제가 사는 지역과 사회와 나라를 위해 기도합니다. 주님의 지혜가 없이는 사회 질서도 없으며, 주님을 인정하지 않는 이들도 그 지혜에 의존하고 있습니다. 어리석은 자가 아닌 지혜로운 지도자들을 세워 주옵소서. 우리에게 평화를 주셔서 "아주 경건하고 고요한 중에"[32] 주님과 이웃을 기쁘게 섬기게 하옵소서. 아멘.

02/01

잠언 8장 27-29절 27 그가 하늘을 지으시며 궁창을 해면에 두르실 때에 내가 거기 있었고 28 그가 위로 구름 하늘을 견고하게 하시며 바다의 샘들을 힘 있게 하시며 29 바다의 한계를 정하여 물이 명령을 거스르지 못하게 하시며 또 땅의 기초를 정하실 때에.

● 지혜의 여러 모양

기초. 하나님이 세상의 **기초**를 정하실 때 지혜가 그분과 함께 있었다. 신약의 가르침을 보면 창조의 주체는 바로 하나님의 영원한 말씀이자 지혜이신 예수님이다(요 1:1-14; 히 1:1-4).

성경은 우리를 창조하신 분의 말씀이므로 곧 우리 영혼의 사용설명서다. 우리는 성경에 명하신 대로 살도록 지어졌다. 그래서 경건한 지혜는 하나님을 막연한 신으로만이 아니라 우리의 창조주로 대할 때 찾아온다.^{2월 22일} 그런데 하나님의 지혜는 곧 예수님이므로 지혜로워지려면 복음도 알아야 한다(고전 1:24). 우리가 자격 없는 죄인이며 동시에 조건 없이 사랑받는 하나님의 자녀라는 복음의 논리에서 겸손과 자신감이라는 독특한 조합이 나온다. 거기서 비롯되는 우리의 지혜는 다른 무엇으로도 얻을 수 없다.^{2월 9일} 이렇듯 성경적 지혜는 우리를 **땅의 기초**로 다시 데려간다. 일상생활에서 통하는 유일한 지혜는, 곧 세상을 창조했고 장차 구속(救贖)할 그 지혜와 동일하다.

———

성경을 당신의 사용설명서로 본다면 삶에 성경을 받아들이고 활용하는 데 어떤 도움이 되는가?

오늘의 마중물 기도. 주님, 저 자신을 지혜롭게 여기지 않으면서도 자신감 있고 결연하게 삶에 맞서라는 잠언의 이중적 명령이 솔직히 당혹스럽습니다. 이 두 가지 태도의 균형을 맞추는 건 불가능한 일처럼 느껴집니다. 주님, 오늘 주님의 복음으로 다시 돌아갑니다. 저는 실패자이나 주님께 사랑받고 있으며, 죄인이나 주님 안에서 의로워졌습니다. 이것이야말로 지혜의 근본임을 믿습니다. 아멘.

48

잠언 8장 30-31절 30 내가 그 곁에 있어서 창조자가 되어 날마다 그의 기뻐하신 바가 되었으며 항상 그 앞에서 즐거워하였으며 31 사람이 거처할 땅에서 즐거워하며 인자들을 기뻐하였느니라.

● 지혜의 여러 모양

지혜의 기쁨. 성부와 성자 하나님은 친히 지으신 세상과 우리를 **기뻐하셨다.** 사물이 서로 제대로 맞아떨어질 때 우리는 거기서 아름다움을 본다.[33] 그래서 자갈밭보다 아치형 바위가, 미움보다 사랑이 더 아름답다. 음악이나 꽃송이의 모든 부분이 맞물리는 원리를 터득할수록 기쁨도 배가한다. 거기서 얻어지는 무슨 유익 때문이 아니라 그냥 그 자체가 하나님의 피조물이라서 그렇다. 본질상 지혜란 올바른 관계를 식별하고 형성하고 기뻐하는 일이다.[34]

하나님은 우리를 창조하시되 단순히 그 일이 기쁘고 좋아서 하셨다. 그분은 우리의 쓸모 때문이 아니라 그냥 우리 자체를 사랑하신다. 그래서 지혜의 정점은 하나님을 그분 그대로 사랑하고, 인간을 이해관계 때문이 아니라 창조주의 형상을 닮은 존재로 존중하는 데 있다(창 1:26).

기도가 응답되지 않거든 자신에게 물어보라. '나는 하나님을 그분 자체로 사랑하는가, 아니면 그분에게서 얻을 게 있어서 사랑하는가?'

오늘의 마중물 기도. 주님, 사물을 그 자체로 기뻐하고 즐거워하는 게 지혜의 정수라는 이 가르침이 정말 놀랍습니다. 삶이 너무 바빠 잠시 멈춰서 '주의 손으로 하신 일'을 묵상하지도 못했습니다. 그러니 제 창조주요 구원자이신 주님을 향해 찬양이 터져 나올 리도 없지요. 시간을 들여 아름다움을 보게 하옵소서. 아멘.

잠언 9장 3-6절 3 자기의 여종을 보내어 성중 높은 곳에서 불러 이르기를 4 어리석은 자는 이리로 돌이키라 또 지혜 없는 자에게 이르기를 5 너는 와서 내 식물을 먹으며 내 혼합한 포도주를 마시고 6 어리석음을 버리고 생명을 얻으라 명철의 길을 행하라 하느니라.

● **지혜의 여러 모양**

지혜의 잔치. 여인으로 의인화된 지혜는 자기 집에 잔치를 벌여 놓고 우리를 그리로 부른다. 진수성찬은 우리 마음의 갈망과 욕구를 상징한다. "우리를 지배하는 궁극적 사랑과 헌신의 대상이 무엇이냐에 따라 우리는 시간이 갈수록 더 지혜로워지거나 더 미련해진다."[35] 돈과 지위를 지나치게 사랑하면 일중독을 극복할 수 없다. 자신의 평판을 지나치게 사랑하면 원한이나 중상모략을 극복할 수 없다. 지혜로워지려면 의지만으로는 안 되고 자신의 갈망을 조정해야 한다. 지혜의 길은 속전속결과 극적인 반전의 길이 아니라 오랜 훈련과 연단의 길이다. 단 사고와 의지만이 아니라 마음까지 훈련하라. 하나님의 선하심을 믿기만 할 게 아니라 예배와 기도로 음미하라. 그리스도인은 영혼의 궁극적 잔치가 어린양의 혼인 잔치임을 안다(계 19:6-9). 그날 연회장이신 예수님이 구원의 사랑이라는 "좋은 포도주"로 우리를 온전히 만족시켜 주실 것이다(요 2:1-11). 지금 맛보는 시식만으로도 우리는 불안을 치유받고 지혜로워진다. "저 하늘 황금길 나 올라갈 때에 시온성 언덕 위에서 …… 수많은 천사들 날 인도하리라."[36]

당신의 기도 생활에 예수님을 찬송하고 음미하는 시간이 충분히 들어 있는가? 아니면 주로 무언가를 구하는 시간인가?

오늘의 마중물 기도. 아버지, 그동안 결정을 잘못 내린 적이 많습니다. 돌이켜 보면 방법을 몰라서라기보다 마음이 빈곤한 결과였습니다. 성령으로 말미암아 제 마음속에 주님의 사랑을 부어 주옵소서(롬 5:5). 아멘.

잠언 9장 7-9절 7 거만한 자를 징계하는 자는 도리어 능욕을 받고 악인을 책망하는 자는 도리어 흠이 잡히느니라 8 거만한 자를 책망하지 말라 그가 너를 미워할까 두려우니라 지혜 있는 자를 책망하라 그가 너를 사랑하리라 9 지혜 있는 자에게 교훈을 더하라 그가 더욱 지혜로워질 것이요 의로운 사람을 가르치라 그의 학식이 더하리라.

● 지혜의 여러 모양

지혜의 진척. 삶은 역경과 시련과 고생을 통해 우리를 **책망**하고 우리의 약점과 미련함을 드러내 준다. 이때 친구들이 든든한 사랑으로 바로잡아 주어 우리의 성장을 돕는다. 지혜의 주된 교육 방법인 '인과응보'는 그렇게 두 가지로 나타난다.³⁷
미련함 쪽으로 가까이 갈수록 매사를 평소 자기 생각이 옳았다는 식으로 해석하게 된다. 그러다 일이 틀어지면 자신의 문제를 타인과 환경 탓으로 돌린다. 그러면 마음이 유연해지기는커녕 완고해지고, 다른 사람의 조언에 전보다 더 마음이 닫힌다. **지혜 있는 자에게 교훈을 더하면 더욱 지혜로워지지만** 거만한 자에게 무슨 말이라도 하려 했다가는 전보다 더 나빠진다. 예수님은 이 원리를 "무릇 있는 자는 받아 넉넉하게 된다"고 밝히셨다(마 13:12-16). 지혜가 많은 사람일수록 인생길의 굽이마다 지혜를 더 얻는다. 지혜가 없는 사람일수록 그 어떤 것에서도 배우지 못한다. 어떤 대가를 치르더라도 자기 실수와 남의 비판으로부터 배우라.

———

중요한 사안에 대한 당신의 생각이 어떤 사람이나 사건의 영향으로 바뀌었던 마지막 때는 언제인가?

오늘의 마중물 기도. 주님, 일이 틀어지거나 제가 잘못했을 때 모든 변명과 책임 전가와 자기 정당화를 내려놓게 하옵소서. 그것은 다 미련한 자의 수단입니다. 충성스러운 군인의 보고처럼 저도 주님께 "제 불찰입니다!"라고 아뢰며, 마땅히 배워야 할 바를 배우게 하옵소서. 어제 있었던 일에서부터 시작하게 도와주옵소서. 아멘.

잠언 9장 12절 네가 만일 지혜로우면 그 지혜가 네게 유익할 것이나 네가 만일 거만하면 너 홀로 해를 당하리라.

● 지혜의 여러 모양

지혜와 공동체. 고대의 지혜는 사익보다 가정과 공동체의 필요를 앞세워야만 개인도 잘된다고 가르쳤다. 반면 현대 문화는 이를 완전히 배격하며, 자아에 충실하라고 부추긴다. 내가 무엇이 될지를 정해 놓은 다음, 상호 관계에 미칠 영향은 무시한 채 가정과 공동체로부터 인정과 존중을 요구하라는 것이다. 오늘 우리는 개인의 절대적 자유를 얻어 내려고 집단의 선을 희생한다. 그러나 그 결과 소외되고 외로운 사람이 점점 많아진다.

거만한 사람은 공동체의 가치와 신념을 비웃는다. 그래서 진정한 친구가 없으며, 결국 **홀로 해를 당한다.** 그리스도인이 절대화하는 것은 개인의 뜻이나 공동체의 뜻이 아니라 하나님의 뜻이다. 복음을 믿으면 사람 사이를 갈라놓는 교만한 담이 허물어지고(엡 2:14-16), 고독한 자도 주님의 가족과 함께 살게 된다(시 68:6; 요 1:12-13). 구원은 우리를 더 다양하고 깊은 관계로 인도하지만 죄는 외톨이를 낳을 뿐이다.

당신의 우정은 양적으로나 질적으로 건강하게 성장하고 있는가, 아니면 현대의 바쁘고 이동이 잦은 삶에 멀어져 버렸는가?

오늘의 마중물 기도. 주님, 저를 새로운 백성과 새 가정의 일원으로 삼아 주신 주님을 찬양합니다. 마음을 열기도 쉽지 않고 시간을 내서 관계를 가꾸기도 쉽지 않습니다. 그래도 아버지 하나님을 높이기 위해서 모이기에 힘쓰겠습니다. 아멘.

잠언 9장 14-17절　14 [미련한 여인이] 자기 집 문에 앉으며 성읍 높은 곳에 있는 자리에 앉아서 15 자기 길을 바로 가는 행인들을 불러 이르되 16 어리석은 자는 이리로 돌이키라 또 지혜 없는 자에게 이르기를 17 도둑질한 물이 달고 몰래 먹는 떡이 맛이 있다 하는도다.

● 지혜의 여러 모양

미련함이 할 수 있는 일은 훔치는 것뿐.　미련한 여인도 지혜처럼 자기 집에 음식을 차리지만 **도둑질한** 음식이다. "미련함과 죄는 항상 하나님이 지혜로 지으신 선에 기생한다. 미련함은 선을 세상 이치상의 제자리에서 잡아 뜯어내 파괴한다. …… 미련한 여인은 자기 집을 지은 게 아니라 훔쳤다."[38]

신앙 없이 상대주의에 빠진 젊은이가 많다. 그들의 주장에 따르면 인간은 누구나 각자의 도덕적 가치관을 만들어 낼 권리가 있으므로 아무도 남에게 어떻게 살라고 말해서는 안 된다. 그런데 그들은 깊은 도덕적 확신으로 인종차별과 성차별을 배격하면서 그것이 모든 사람에게 옳다고 주장한다.[39] 이런 절대 도덕은 훔쳐 온 것이다. 만일 하나님이 존재하지 않고 모든 도덕이 문화에 따라 상대적이라면 그런 절대 기준이 성립될 수 없다. 지혜의 잔치에는 의미, 만족, 자유, 정체성, 소망 등 인간이 바라는 모든 선이 차려져 있다. 이는 훔친 게 아니라 주님과의 관계에서 자연스럽게 흘러나오는 결과다.

───────

친구 중에 절대 도덕을 훔쳐 상대주의 세계관에 땜질한 사람이 있는가? 그 사실을 어떻게 설명해 줄 수 있겠는가?

오늘의 마중물 기도.　주님, 제 주변에 하나님을 전혀 믿지 않지만 인권을 열광적으로 옹호하며 억압받는 이들을 돕는 일을 중시하는 사람이 많습니다. 그들은 그것이 상대주의가 훔친 선이라는 것을 모릅니다. 필요 이상으로 반감을 주지 않으면서도 그 사실을 설명할 수 있는 길을 찾도록 도와주옵소서. 주님이 필요함을 깨닫도록 그들의 마음을 열어 주옵소서. 아멘.

잠언 9장 17-18절 17 도둑질한 물이 달고 몰래 먹는 떡이 맛이 있다 하는
도다 18 오직 그 어리석은 자는 죽은 자들이 거기 있는 것과 그의 객들이
스올 깊은 곳에 있는 것을 알지 못하느니라.

● 지혜의 여러 모양

산송장. 잠언은 우리에게 의는 생명을 낳고 악은 사망에 이른다고 말한다. 우선 문자적으로 그럴 수 있다. 결혼, 일, 신중함, 정서적 절제 등 잠언에서 권장하는 많은 행동은 장수와 관계가 있다. "내 말을 받으라 그리하면 네 생명의 해가 길리라"(4:10). 그러나 대개 "생명"과 "죽음"은 삶의 길이가 아니라 질을 가리킨다.[40] '살아 있다'는 말은 경우에 따라 "평온한 마음"이라는 심리적 행복(14:30)이나 사랑의 관계(15:27)를 지칭한다. 또 어떤 때는 영적 생명, 즉 하나님과의 관계를 뜻하기도 한다(21:21).

그러므로 참된 삶을 놓치면 지상의 물리적 생명이 끝나기도 전에 이미 사망의 영역에 들어선다. 하나님과 단절되어 영적으로 점점 눈멀고 덧없고 완고해지는 삶은 영적 송장과 다를 바 없다. 미련한 여인의 객들은 **스올(죽음) 깊은 곳**에 있다. 그래서 우리는 생명을 택해야 한다(신 30:19).

성경적 지혜가 생사의 문제임을 정말 깨달았는가?

오늘의 마중물 기도. 아버지, 예수님을 믿기 전 저는 겉으로는 살아 있으나 속으로는 죄로 죽어 있었습니다(엡 2:1). 지금은 비록 몸은 갈수록 약해지지만 속으로는 날로 생명이 더해 갑니다(고후 4:16). 질병과 부상과 노화 같은 불가피한 도전 앞에서 참생명과 참죽음이 무엇인지 기억하겠습니다. 아멘.

Part 2.

오늘,
하나님을 더 깊이
알다

잠언 1장 7절 여호와를 경외하는 것이 지식의 근본이거늘 미련한 자는 지혜와 훈계를 멸시하느니라.

● 여호와를 경외하는 것

하나님 중심. 가나다를 알아야 독서를 할 수 있듯 **여호와를 경외하는 것**이 지혜의 **근본**이다. 그것 없이는 아예 지혜도 없다. 그렇다면 경외함(두려워함)이란 무엇인가? 어떤 두려움은 그냥 벌(罰)에 대한 공포다(수 2:14). 그러나 상대를 향한 외경도 있어(수 4:24), 그 결과로 상대를 슬프게 하거나 욕되게 하는 행동이 전부 두려워진다. '여호와를 경외함'의 참뜻을 바로 이 후자로 이해해야 한다. 놀라우신 그분을 경배하고 찬양할수록 경외하는 마음도 더해지기 때문이다(대상 16:25).

그래서 우리에게는 두 가지 삶의 방식뿐이다. 여호와를 두려워해서 삶의 중심에 모시지 않으면(사 8:13) 다른 것이 그 자리를 차지한다. 하나님 말씀이 진리의 절대 기준이 되지 않으면 여론, 자신의 감정, 인간의 과학 논리 등 다른 것이 그 역할을 대신한다. 하나님과 그분과의 관계를 가장 중시하고 나머지는 다 거기에 비춰 평가해야 한다. 그렇지 않으면 돈을 비롯해 많은 다른 것들과의 관계가 현실을 규정하게 된다.

당신은 하나님이나 그분의 말씀과 무관하게 세상과 자아를 이해할 수 있다는 세상 지혜를 따르고 있는가? 아니면 충분히 사고해서 그런 사상을 배격해 왔는가?

오늘의 마중물 기도. 주님, 세상에 속한 것은 주님의 권능과 영광에 감히 비교될 수도 없습니다. 그런 것들에 혹하거나 겁먹기보다는 주님을 '두려워하고' 싶습니다. 주님, 제 마음에 환히 살아 계신 실재가 되어 주옵소서. 아멘.

잠언 1장 7절 여호와를 경외하는 것이 지식의 근본이거늘 미련한 자는 지혜와 훈계를 멸시하느니라.

● 여호와를 경외하는 것

은혜에 반응할 때. 은혜와 용서를 많이 경험할수록 **여호와를** 더 **경외하게** 된다(시 42:2-3; 130:4). 모순 같지만 이것이 잠언의 열쇠다. 일상생활에 대한 잠언의 모든 조언에는 거룩하시면서도 은혜로 구원해 주시는 하나님이 전제되어 있다. 하나님이 가장 도덕적인 사람만 받아 주신다면 우리는 노예처럼 벌이 두려워질 것이다. 그러나 하나님은 누구나 그냥 받아 주시기에 우리 안에 따뜻한 애정이 솟아난다. 우리는 잃은 바 된 존재로서 값없이 구원받은 죄인이다. 그분의 구원의 사랑에 대한 기쁘고 외경에 찬 확신은 그런 믿음에서만 생겨난다.

이것이 지혜의 **근본**이요 필요조건이다. 그분의 은혜는 마음의 교만, 상한 감정, 질투, 자기 연민, 불안, 미래에 대한 두려움 등을 깊은 위로로 치유한다. 잘못된 결정과 비뚤어진 성격의 근본 원인인 온갖 종류의 자아도취를 치유한다. 이 경외의 대상이신 여호와는 하나님이 불이 붙었으나 타지 않는 기이한 떨기나무 앞에서 모세에게 계시해 주신 이름이다. 요컨대 지혜는 막연한 신에게서 오는 게 아니라 성경의 하나님을 믿을 때 흘러나온다. 그분은 모세보다 크신 예수 그리스도를 통해 권능과 은혜로 우리를 해방시켜 주셨다(히 3:1-6).

하나님의 은혜를 믿지 않는 사실이 많은 문제의 근본 원인일 수 있다. 당신의 경우 어땠는지 생각해 보라.

오늘의 마중물 기도. 주님, 무한히 타오르는 주님의 아름다움과 영광을 광야의 흔한 떨기나무를 통해 모세에게 계시해 주셨습니다. 이제 제 안에도 예수님의 은혜로 주님의 거룩한 성품을 빚어 주옵소서. 사랑 많으신 하나님을 향한 거룩한 두려움으로 제 마음이 타오르게 하옵소서. 아멘.

잠언 1장 7절　여호와를 경외하는 것이 지식의 근본이거늘 미련한 자는 지혜와 훈계를 멸시하느니라.

● 여호와를 경외하는 것

근본적인 변화. 예수님을 믿으면 벌에 대한 공포에서 벗어나는 대신 지혜의 **근본**인 경건한 두려움이 싹튼다. 그리스도 안에서 우리는 하나님의 사법적 형벌을 더는 두려워하지 않는다(롬 8:1, 15). 그러나 지혜로운 사람은 악을 진정으로 미워할 수밖에 없다. 그냥 벌을 모면하려는 타산적인 이기심에서가 아니다. 벌에 대한 공포는 자신이 다칠 것을 걱정하는 자아도취에 불과하다.[1] 참으로 **여호와를 경외하는** 사람은 그분을 깊이 우러르기에 즐거이 그분을 섬긴다. 사랑에서 난 이런 두려움은 "설령 지옥이 없더라도 그분을 욕되게 함 자체에 몸서리친다."[2]

노예 수준의 이기적인 두려움과 참으로 여호와를 두려워함의 차이는 한낱 도덕주의자와 진정한 그리스도인의 차이와 같다. 그분과 관계를 맺지 않고는 지혜로운 생활도 없다. 그분을 사랑해서 순종하는 관계라야 한다. 우리를 위해 희생하신 예수님의 사랑을 믿음으로 볼 수만 있다면, 겸허해지면서도 확신을 품고 기쁘게 여호와를 경외할 수 있다.[3]

당신이 죄를 삼가는 주된 이유는 죄의 결과가 싫어서인가? 아니면 하나님을 슬프게 하고 욕되게 하는 죄 자체가 싫어서인가?

오늘의 마중물 기도. 주님, "일심으로 주의 이름을 경외하게 하옵소서"(시 86:11). 물론 죄지을 때 제게 돌아오는 결과도 싫습니다. 하지만 주님을 제게 생생히 보여 주셔서 제가 의롭고 거룩한 삶을 사모하되 오직 주님을 기쁘게 해 드리고자 그리하게 하옵소서. 아멘.

잠언 19장 23절 여호와를 경외하는 것은 사람으로 생명에 이르게 하는 것이라 경외하는 자는 족하게 지내고 재앙을 당하지 아니하느니라.

● 여호와를 경외하는 것

하나님 안에 안식하는 것. 하나님을 경외하는 사람은 그분에게서 만족을 얻는다. 오늘 본문 말씀에서 **족하게 지낸다**는 말을 직역하면 자족한 상태로 "밤을 보낸다"이다. 폭풍이 몰아칠 때 하나님이 피난처가 되신다는 뜻이다.

재앙을 당하지 않는 삶이 어떻게 가능할까? 이는 우리에게 재앙이 없다는 의미가 아니라 재앙이 자족을 무너뜨릴 수 없다는 뜻이다. 재앙은 다른 모든 것을 앗아 가도 하나님만은 앗아 갈 수 없다. 그러므로 하나님을 세상 무엇보다도 큰 안전, 깊은 보호, 능한 소망으로 삼은 사람은 재앙이 두렵지 않다. 재앙을 당할 때 하나님을 의지하는 태도는 재앙 가운데에서만 배울 수 있는 영적 기술이다. 역경은 이 땅의 위안을 앗아 간다. 그래서 우리는 기도와 말씀 묵상을 통해 하나님께로 더 가까이 떠밀려 그분만의 특별한 위로를 받는다. 이는 오랜 과정이며 고통스러울 때도 많다. 그러나 그 열매는 영적 평정심이며, 이를 몰아낼 수 있는 재앙은 없다. 예수님도 모든 제자에게 이를 약속하셨다(마 11:28-30).

―――――

당신이 통과한 힘들었던 지난 시절을 떠올려 보라. 이를 통해 하나님과 더 친밀해졌는가 아니면 더 멀어졌는가? 재앙을 맞이할 준비가 이전보다 탄탄해졌는가 오히려 빈약해졌는가?

오늘의 마중물 기도. 주님, 성 어거스틴은 주님 안에서 안식을 얻기까지는 우리 마음에 평안이 없다고 했습니다. 그런데 솔직히 저는 주님을 믿는데도 자족하지 못할 때가 많습니다. 사랑, 인내, 능력, 정의, 자비 같은 주님의 속성들이 제게 추상적 개념이 아니라 실제적인 위로로 다가오게 하옵소서. 성령으로 말미암아 주님을 제 마음에 생생히 보여 주옵소서. 아멘.

잠언 14장 26절 여호와를 경외하는 자에게는 견고한 의뢰[산성, NIV]가 있나니 그 자녀들에게 피난처가 있으리라.

● 여호와를 경외하는 것

하나님을 신뢰하는 것. 1월 23일에 봤듯이 여호와를 신뢰한다는 것은 좋든 싫든 그분의 뜻에 순종한다는 뜻이다. 그러나 여호와를 신뢰함에는 두 번째 측면도 있다. 즉 이해가 되든 되지 않든 그분이 우리 삶에 허락하시는 일을 받아들인다는 뜻이다. 여호와를 신뢰하는 사람은 전체 계획이 보이지 않더라도 모든 것을 합력하여 선을 이루실 그분을 믿는다(롬 8:28).

이렇게 하나님을 의지하고 신뢰하는 것은 **견고한 산성**과 같다. 어떤 사람은 자신의 이성과 재주를 믿고 삶에 대처한다. 어떤 사람은 훌륭한 지도자나 사랑하는 이에게 매사를 의지한다. 문제는 그런 산성이 금방 함락된다는 데 있다. 우리 지성과 예지력은 유한하다. 사랑하는 이는 언젠가 죽는다. 그러면 우리는 무방비 상태로 남는다. 그러나 우리가 하나님을 순전히 **경외하며** 그분의 자애롭고 지혜로운 계획에 궁극적 소망을 둔다면, 아무것도 우리를 무너뜨릴 수 없다.

———

현재 당신의 삶에 그 자체로는 선한 일이 아니지만 당신의 삶을 향한 하나님의 계획의 일환으로 받아들일 수 있는 시련이 있는가?

오늘의 마중물 기도. 주님, 일이 틀어질 때면 저는 주님께 무척 화가 납니다. 제 삶을 향한 제 기발한 계획을 왜 주님이 지지해 주지 않으시는지 모르겠습니다. 하지만 어찌 감히 제 계획을 주님의 계획보다 뛰어나다고 여긴단 말입니까! 회개합니다. 아멘.

잠언 14장 26-27절 **26** 여호와를 경외하는 자에게는 견고한 의뢰[산성, NIV] 가 있나니 그 자녀들에게 피난처가 있으리라 **27** 여호와를 경외하는 것은 생명의 샘이니 사망의 그물에서 벗어나게 하느니라.

● 여호와를 경외하는 것

하나님을 즐거워하는 것. 하나님은 **산성**이면서 **샘**이시다. "악은 우리를 공격할 뿐만 아니라 매혹하기도 하기" 때문이다.[4] 우리는 거짓말하며 매정하게 남을 짓밟고 싶어진다. 너무 점잖게 살다가 인생의 경쟁에서 뒤처질까 봐 두려워서다. 또 탐심과 정욕과 식탐에도 유혹을 느낀다. 너무 얌전하게 살다가 많은 기쁨과 쾌락을 놓칠까 봐 두려워서다. 그래서 우리는 하나님을 산성으로 신뢰하는 데 그쳐서는 안 된다. 나아가 그분을 즐거워하며 그분의 임재와 사랑을 샘으로 누릴 줄도 알아야 한다. 같은 기독교라도 어떤 부류는 의지와 행동하는 삶을 강조하고, 어떤 부류는 감정과 예배와 찬양을 강조한다. 그러나 성경은 결코 어느 한 쪽을 더 강조하거나 양쪽을 대치시키지 않는다.

우리는 삶의 문제 앞에 주저앉지 말고 하나님을 신뢰해야 하며, 의무만 다할 게 아니라 하나님을 즐거워해야 한다. 자녀를 비롯해 다른 사람들이 우리의 그런 모습을 볼 때 그것이 그들에게 피난처가 될 수 있다. 그들을 하나님과의 관계로 끌어들일 수 있다.

당신이 힘든 일을 겪고 있을 때 당신을 잘 아는 사람이 당신에게서 보는 모습은 무엇인가?

오늘의 마중물 기도. 주님, 주님의 정의는 제 안전이고 주님의 사랑은 제 기쁨이니 제가 그 둘을 즐거워합니다. "주님의 정의는 산처럼 우뚝 솟아 있고 주님의 구름은 선과 사랑의 샘이니"[5] 그것들 없이 제가 어떻게 살겠습니까. 아멘.

02/14

잠언 20장 12절 듣는 귀와 보는 눈은 다 여호와께서 지으신 것이니라.

● 여호와를 경외하는 것

철저한 은혜. 지혜는 실제 경험을 요하지만 경험이 꼭 지혜를 낳는 것은 아니다. 미련한 자는 보고 들어도 **눈**과 **귀**가 제대로 지각하지 못한다(17:24; 23:9). 이 잠언은 하나님의 도움 없이는 그런 지각이 불가능하다고 역설한다. 알다시피 하나님은 구원을 은혜로 베푸신다. 여기서 우리는 구원을 원하거나 받는 일조차도 그분의 은혜로운 도움 없이는 할 수 없음을 배운다.

그런 도움이 없다면 인간의 사고와 마음은 자기가 보고 듣는 바를 왜곡한다. 현실을 제대로 해석하는 모든 눈과 귀는 하나님의 도움으로만 그리한다. 그분은 시력과 청력을 보충해 주시는 정도가 아니라 **지으신** 분이다. 로마서 3장 11절에서 바울은 "깨닫는 자도 없고 하나님을 찾는 자도 없다"고 썼다. 하나님이 친히 과분한 은혜로 눈과 귀를 열어 주지 않으시는 한 우리는 아무것도 할 수 없다. 잠언의 가르침은 지혜로운 생활 원리에 집중되어 있으나 그렇다고 도덕주의는 아니다. 즉 도덕의 힘으로 하나님의 복을 얻어 낼 수 있다고 가르치지 않는다. 오히려 하나님의 구원의 은혜에 의지하지 않고는 아무 일도 이루어질 수 없음이 이런 구절에 전제되어 있다.

―――

친구나 친척에게 신앙을 전할 때 당신은 그야말로 누구라도 믿음에 이를 수 있다는 소망이 있는가? 철저한 은혜가 거기에 어떻게 도움이 되는가?

오늘의 마중물 기도. 주님, 제 힘으로는 어떤 영적 선도 이룰 수 없습니다. 이 고백 자체도 주님이 주신 깨달음입니다. 처음부터 끝까지 다 은혜입니다! 제가 저된 것은 하나님의 은혜입니다(고전 15:10). 이런 과분한 은혜를 주신 주님의 이름을 송축합니다. 아멘.

잠언 28장 14절　항상 경외하는 자는 복되거니와 마음을 완악하게 하는 자는 재앙에 빠지리라.

● 여호와를 경외하는 것

하나님의 임재 연습.　**항상 경외하는 것**은 매 순간 실존적으로 하나님의 임재를 연습하는 한 방법이다. 의식적으로 하나님을 생각하면서 하루를 살아간다는 뜻이다. 남에게 화를 낼 때도 하나님이 곁에서 보고 계심을 기억한다. 하나님은 우리를 용서하시려고 하늘에서 땅으로 오셨다. 십자가에서 원수까지 용서하셨다. 일부러 이 사실을 의식하는 만큼 우리도 가해자에게 완악한 마음이 아니라 부드러운 마음을 유지할 수 있다.

은혜를 모르는 종의 비유(마 18:21-35)를 말씀하실 때 예수님도 이 잠언을 염두에 두셨을 수 있다. 주인에게 거액의 빚을 진 종이 용서받았다. 그런데 자신에게 적은 액수의 빚을 진 동료 종을 만나자 가혹하고 잔인하게 대했다. 우리가 가해자를 용서하지 못함은 자신이 얼마나 큰 용서를 받았으며 예수님이 이를 위해 얼마나 큰 희생을 치르셨는지를 잊었다는 증거다(빌 2:6-8).

———

오늘 당신은 어떤 훈련으로 주님의 임재를 의식하는 연습을 할 수 있겠는가?

오늘의 마중물 기도.　주님, 주님을 항상 제 앞에 모시고 주님의 임재를 늘 의식하는 것보다 더 실제적인 영적 훈련은 없습니다(시 16:8). 모든 대화와 행동과 사건 속에서 늘 주님을 생각하게 하옵소서. 그것이 참된 지혜의 길입니다. 아멘.

02/16

잠언 16장 6절 인자와 진리로 인하여 죄악이 속하게 되고 여호와를 경외함으로 말미암아 악에서 떠나게 되느니라.

● 여호와를 경외하는 것

믿음과 행위. **죄악이 속하게 되는 것**은 하나님의 언약의 사랑(히브리어 '헤세드')을 통해서다. 즉 구원은 우리 때문이 아니라 하나님의 **인자와 진리** 덕분에 이루어진다. 그런데 하반절에 보면 그 구원이 우리 안에 여호와를 경외함을 낳아 악에서 떠나게 한다고 했다. 같은 내용이 신약에도 나온다. 개신교 종교개혁은 그리스도의 구원에 대한 성경의 이 가르침을 요약한 것이다. 즉 하나님을 믿는 믿음 위에 악에서 떠남을 더해야만 구원받을 자격이 생긴다는 개념을 배격했다. 또 하나님을 참으로 믿고 구원받아도 꼭 악에서 떠나게 되는 건 아니라는 개념도 똑같이 인정하지 않았다.

종교개혁은 인간이 오직 믿음으로 구원받지만 믿음에서 끝나지 않는다고 가르쳤다. 즉 우리는 아무런 공로나 선도 없이 그리스도의 속죄로 구원받는다. 그러나 그분을 진정으로 믿으면 늘 감사와 기쁨이 생겨나 삶이 변화된다. 율법주의도 상대주의도 둘 다 미련하다. 복음이 참된 지혜다.

당신의 신앙은 삶의 변화를 낳고 있는가? 가장 가까운 사람이 당신의 사랑과 기쁨과 평안과 인내와 친절과 겸손과 절제가 지난 2년 사이에 더 많아졌다고 증언하겠는가?

오늘의 마중물 기도. 주님, 복음이 세상에서는 미련해 보이지만(고전 1:18-25) 가장 숭고한 지혜임을 믿습니다. 우리에게 주님을 섬길 강력한 동기를 주시면서도 죄책감에 허덕이지 않게 하신 주님을 찬양합니다. 세상의 숨 막히는 도덕주의 문화나 정처 없는 상대주의 문화보다 복음이 더 지혜롭습니다. 아멘.

잠언 15장 8, 29절 8 악인의 제사는 여호와께서 미워하셔도 정직한 자의 기도는 그가 기뻐하시느니라 29 여호와는 악인을 멀리하시고 의인의 기도를 들으시느니라.

● 여호와를 경외하는 것

가증한 제사. 구약의 예배에서 **제사**(sacrifice)는, 신자가 죄를 회개하는 표시의 제물이나 감사의 예물을 하나님께 드리는 의식이었다. 신약에서는 예배의 일부인 헌금과 빈민 구제도 "제사"(혹은 제물)라 불린다(빌 4:18; 히 13:16). 오늘의 잠언 본문에는 선지서의 가르침이 반영되어 있다(사 58:1-14). 즉 교회나 구제 기관에 거액의 돈을 내도 악한 삶이 병행된다면 하나님이 이를 **미워하신다**. 아무리 재정적으로 후히 베풀어도 평소에 남에게 불이익을 끼쳐서라도 악착같이 사리를 취하며 산다면 이는 참된 신앙이 아니다.

남을 착취해 번 돈으로 자선사업을 해서 이름을 떨치려 한 사람이 역사 속에 즐비하다. 하나님은 이를 미워하신다. 부자가 되려고 남을 해치는 비정한 상행위를 종교 생활이나 자선사업으로 상쇄할 수는 없다. 본문은 우리의 일상적 사회·경제 행위가 하나님께 얼마나 철저히 중요한지를 보여 준다.

직장이나 사업장에서 당신은 고객과 직원에게 너그러운가? 당신이 속한 회사가 남을 착취하고 있진 않은가?

오늘의 마중물 기도. 주님, 저는 나름대로 제가 공정한 편이라고 생각했습니다. 하지만 과연 남을 이롭게 하려고 불이익을 감수하는 태도가 제 몸에 배어 있는지는 자신이 없습니다. 이 성경 기준으로 제 삶을 보자니 여전히 갈 길이 멉니다. 불쌍히 여겨 주옵소서! 하나님이 기뻐하시는 기도와 삶이 되도록 도와주옵소서. 아멘.

02/18

잠언 16장 3절   너의 행사를 여호와께 맡기라 그리하면 네가 경영하는 것이 이루어지리라.

● 여호와를 경외하는 것

삶의 모든 영역.   하나님을 신뢰한다는 것은 그분이 무슨 말씀을 하시든 순종하고^{1월 23일} 무슨 일을 허락하시든 그 뜻에 따르는 것이다.^{2월 12일} 본문은 우리에게 삶의 모든 분야에서 그리하라고 도전한다. **행사**에는 우리 일, 여가, 지적인 삶, 내면의 사고와 상상, 우정, 건강과 몸 관리, 결혼이나 연애, 돈과 재산, 교회 및 다른 그리스도인과의 관계, 정서 생활, 정체감 등이 다 망라된다. 행사를 여호와께 맡기려면 의지적으로 각 영역을 자세히 살펴 하나님을 신뢰하는(순종하고 따르는) 데 무엇이 필요한지 목록을 기록해야 한다. 그리고 하나님의 도움을 구해 그 목록대로 실행해야 한다.

그분께 삶을 맡기면 그분이 우리의 **경영**(계획)을 돌보신다고 하반절에 나와 있다. 그러나 나머지 성경에서 보듯이, 이는 무엇이든 우리가 원하는 대로 주신다는 뜻이 아니다. 오히려 지혜로운 사람은 다음 사실을 받아들인다. "인간의 계획이 무산되어도 우리 삶 가운데 역사하는 더 깊은 계획을 인정할 수 있으니" 곧 전지하신 하나님의 선하신 뜻이다(롬 8:28).⁶

———

당신은 모든 행사를 체계적으로 주님께 맡기고 있는가?

오늘의 마중물 기도.   주님, 말씀에 이르신 내용이 다 이해되지 않아도 순종하겠습니다. 제 삶에 허락하시는 일이 다 이해되지 않아도 주님 계획을 받아들이고 거기서 배우겠습니다. 제겐 이 고백이 엄청난 헌신의 고백이라서 두렵습니다. 제게 굳건한 힘을 주셔서 주님을 제 전부로 삼게 하옵소서. 아멘.

02/19

잠언 21장 3절; 28장 9절   3 공의와 정의를 행하는 것은 제사 드리는 것보다 여호와께서 기쁘게 여기시느니라 …… 9 사람이 귀를 돌려 율법을 듣지 아니하면 그의 기도도 가증하니라.

● **여호와를 경외하는 것**

뇌물성 제사.   앞서 봤듯이[2월 17일] 의로운 삶으로 뒷받침되지 않는 제사와 선행은 하나님께 가증하다(21:3). 그런데 28장 본문은 더 깊이 들어가, 겸손히 배우려는 마음이 없는 한 진실해 보이는 **기도**조차도 하나님께 **가증**하다고 말한다. 열왕기하 5장에 보면 아람 사람 나아만이 이스라엘의 하나님께 나병을 고침받으려 한다. 그래서 기적을 경험하려고 왕의 추천서와 많은 재물을 가지고 가 이스라엘 왕 앞에 내놓는다. 그는 선지자가 왕의 소관인 줄로 알았다. 그러나 이스라엘 왕은 옷을 찢으며(왕하 5:7) 이렇게 말한다. "여기서는 왕이 선지자에게 지시하는 게 아니라 선지자가 왕에게 지시한다. 제사와 기도로 하나님을 매수할 수 없다."

하나님은 어떤 우주적 원리가 아니라 인격체시다. 따라서 그분을 "인격체 이하로 대하는" 일은 있을 수 없다.[7] 전심으로 그분을 사랑하며 즐거이 말씀을 들어야 한다. 우리 기도와 헌물이 아무런 공로도 되지 못함을 알아야만, 하나님이 그것을 가치 있게 봐 주신다.

———

최근에 당신이 크게 실망했던 일을 떠올려 보라. 바라는 대로 하나님이 당연히 해 주셔야 한다고 생각했는가? 왜 그랬는가?

오늘의 마중물 기도.   아버지, 몹시 힘든 일을 겪으면서 문득 이런 생각이 들었습니다. '하나님이 나를 이런 식으로 대하신다면 기도와 성경 공부가 다 무슨 소용인가?' 하나님께 당연히 요구할 수 있다는 생각이 얼마나 악하고 미련한지요. 용서하시고 저를 변화시켜 주옵소서. 아멘.

잠언 30장 5-6절 5 하나님의 말씀은 다 순전하며 하나님은 그를 의지하는 자의 방패시니라 6 너는 그의 말씀에 더하지 말라 그가 너를 책망하시겠고 너는 거짓말하는 자가 될까 두려우니라.

● 여호와를 경외하는 것

하나님의 말씀을 통하지 않고는. 모든 지혜의 근본은 '여호와를 경외하는 것'이다. 그런데 우리가 참하나님과 관계 맺고 있는지 어떻게 알까? 하나님 말씀을 통하지 않고는 그분을 바로 알 수 없다는 게 답이다. 그밖에는 우리가 상상해서 하나님을 지어낸 것이다. 잠언 전체에 성경이 진리로 전제되어 있으나 이번 본문은 **하나님의 말씀**이 **순전**하다고 쐐기를 박는다. 완전하고 충분하며 오류가 없다는 뜻이다. 물론 저자 아굴이 생각했던 성경은 당시에 이미 기록되어 있던 예언 등으로 국한된다. 그러나 성경 전체의 끝부분에도 하나님의 말씀에 더하지 말라는 비슷한 경고가 나온다(계 22:18-19).

오늘 본문의 두 구절을 종합하면 두 가지 대등하면서도 상반된 오류를 삼가라는 가르침이 나온다. 하나는 하나님의 말씀 일부를 시대에 뒤지고 한물가서 진리가 아니라고 생각하는 것이고, 또 하나는 자신의 통찰과 계시를 성경과 대등하게 취급하는 것이다. 전자는 현대의 회의론자가 범하는 오류다. 후자는 많은 그리스도인이 범하는 오류로, 종교적 전통이나 내면의 감정이나 문화적 취향을 계시의 차원으로 끌어올려 성경과 대등하게 만든다. 둘 중 어느 쪽 오류도 범해서는 안 된다.

당신은 성경의 완전한 권위를 단어 하나까지도 전적으로 확신하는가? 두 가지 큰 오류 중 어느 하나를 범하고 있지는 않은가?

오늘의 마중물 기도. "내가 주의 증거들을 늘 읊조리므로 나의 명철함이 나의 모든 스승보다 나으니이다"(시 119:99). 주님, 제가 아는 어떤 사람은 정식 교육을 많이 받지 못했어도 성경 덕분에 세상의 그 어떤 전문가보다 지혜롭습니다. 제 길도 주님의 말씀으로 비춰 주옵소서. 아멘.

● **여호와를 경외하는 것**

필요를 채우시는 하나님.　주님을 의지한다는 건 적어도 이런 뜻이다. 즉 거짓말로 큰돈을 벌 수 있음을 알아도 그 방법을 거부한다. 그런데 **욕심이 많은 자**는 돈만 벌 수 있다면 무슨 짓이든 마다하지 않는다. 오늘 본문에 보듯이 욕심이 많으면 결국 남는 게 **다툼**이지만, **여호와를 의지하는 자는 풍족하게** 된다. 예수님도 "너희는 먼저 그의 나라와 그의 의를 구하라 그리하면 이 모든 것을 너희에게 더하시리라"(마 6:33)라고 말씀하셨다.

그 말씀은 어떤 의미일까? 그분이 "세상에서는 너희가 환난을 당하나"(요 16:33)라고도 말씀하신 것으로 봐서, 우리가 늘 부유하고 평탄하리라는 약속일 리는 없다. 사실 지위와 재물과 인기란 오히려 그것을 삶의 최종 목표로 삼을수록 잃을 때가 많다. 학교에서도 친구나 인기에 죽자 사자 매달리는 아이일수록 더 기피 대상이 되지 않던가? 하나님을 최고선으로 삼으면 대개 이생의 좋은 것도 많이 따라온다. 하나님을 신뢰하라. 그러면 필요한 것을 채워 주신다.

———

풍족하고 물질적으로 안전한 삶에 과도히 매달리다가 오히려 그것을 잃었던 경험이 있는가? 혹은 다른 사람의 삶에서 그런 경우를 본 적이 있는가?

오늘의 마중물 기도.　주님, 하나님이 존재하시며 예수님을 통해 우리를 구원하실 수 있을 믿는 것과 일상생활의 우여곡절 속에서 매 순간 실존적으로 주님을 신뢰하는 것은 다릅니다. 제가 온전한 신뢰로 나아가도록 성령이 도와주옵소서. 아멘.

잠언 21장 30절 지혜로도 못하고, 명철로도 못하고 모략으로도 여호와를 당하지 못하느니라.

● 여호와를 경외하는 것

주권자 하나님. 우선 이 잠언은 하나님을 대적하고 그분의 뜻을 거스르는 사람은 결국 그분의 뜻을 이루어 드리고 자기는 손해만 본다는 뜻이다. 출애굽 때 바로가 그랬고, 예수님을 십자가에 못 박은 무리도 그랬다(행 2:23).

아울러 이 본문에는 여호와를 경외함이 지혜의 근본이라는 잠언 대원칙의 부정적 이면이 표현되어 있다. "하나님을 대항해서는 결코 참된 종합(지혜)이나 분석(명철)이나 …… 정책(모략)에 도달할 수 없다."[8] 즉 하나님을 믿지 않으면 아무리 똑똑하고 생각이 치밀한 사람도 현실을 많이 놓치기 때문에 참으로 지혜로울 수 없다. 의술을 수련하지 않은 의사나 소금과 설탕도 구별하지 못하는 요리사를 믿을 사람은 아무도 없다. 그런데 왜 우리는 온 우주를 창조하셨고 지금도 붙들고 계신 그분을 빼놓고 한낱 인간인 우리의 생각과 직관을 믿는가?

___

염려와 불안으로 마음이 괴롭거든, 당신의 계획이 하나님의 계획보다 지혜롭다는 과신에서 비롯된 고통은 아닌지 생각해 보라.

오늘의 마중물 기도. 주님, 주님을 빼놓고 계획하며 살아가는 제 친구에게 자비를 베풀어 주시기를 기도합니다. 주님보다 지혜롭거나 정의로운 사람은 없으며, 저는 주님께 이래라저래라 할 권리가 없습니다. 그래도 주님이 제 바람을 듣고자 하시니, 주님의 진리에 친구들의 눈과 마음을 열어 주시기를 기도합니다. 아멘.

잠언 16장 4절 여호와께서 온갖 것을 그 쓰임에 적당하게 지으셨나니 악인도 악한 날에 적당하게 하셨느니라.

● 여호와를 경외하는 것

심판하시는 하나님. 여기 하나님을 신뢰할 수 있는 또 다른 길이 있다. 그분을 만인의 주권적 심판자로서 신뢰하는 것이다. 그러면 스스로 심판해야 하는 데서 해방된다. 미로슬라브 볼프는 "비폭력을 실천하려면 하나님의 응징을 믿어야 한다"라고 말했다.[9] 그러면서 장차 하나님이 모든 악을 바로잡으시리라는 확신이 없는 한, 공격 피해자가 무기를 들어 복수하지 않기란 사실상 불가능하다고 설명했다.

예수님이 십자가에서 이루신 일을 믿으면 내 죗값을 그분이 치러 주시지만 그렇지 않으면 나 스스로 치러야 한다. 나를 해친 모든 가해자와 관련해서도 같은 논리가 적용된다. 뒷일을 하나님 손에 맡기면 된다는 뜻이다. 우리는 남의 죄를 심판할 지식이나 권리나 능력이 없다. 하나님이 온갖 것을 **그 쓰임에 적당하게** 지으셨고 **악인도 악한 날에 적당하게** 하셨다. 이 확신 또한 지혜로운 삶의 빼놓을 수 없는 요소다.

––––––

주변에 용서하기 힘든 사람이 있는가? 오늘 묵상의 통찰에서 도움을 받으라.

오늘의 마중물 기도. 온 땅의 심판자이신 주님을 두렵고 떨림으로 찬양합니다. 특정한 사람을 직접 심판하고 싶은 유혹에서 저를 건져 주옵소서. 저는 사람의 마음이나 과거를 충분히 들여다볼 수 없기에 각자에게 합당한 판결이 무엇인지 모릅니다. 이 일을 주님 손에 맡길 수 있게 도와주옵소서. 아멘.

잠언 9장 10절　여호와를 경외하는 것이 지혜의 근본이요 거룩하신 자를 아는 것이 명철이니라.

● 여호와를 경외하는 것

거룩하신 하나님. 잠언 1장 7절의 주제가 여기에 되풀이된다. 누구를 막론하고 지혜, 즉 사물의 의미를 해석하는 방식의 근본은 하나님을 어떻게 보느냐에 있다. 예컨대 고양이란 무엇인가? 관점에 따라 달라진다. 우주에 신이 없다면 모든 생명체는 살벌한 적자생존 과정의 산물에 불과하다. 신이 세상의 비인격적 기운이라면 물질계의 만물은 환영(幻影)이다. 그러나 하나님이 우리를 창조하시고 동물을 포함한 세상의 관리자로 세우셨다면 어떻게 될까?(창 1:26) 각 세계관에 따라 고양이를 보는 관점과 고양이를 대하는 방식도 달라질 수밖에 없다. 오늘 본문 말씀에는 우리가 경외하는 분이 **거룩하신 자**라고 부연되어 있다.[10] 하나님의 속성 중에 이보다 무서운 것은 없다. 우리 죄는 그분의 거룩하심에 대비될 때 가장 선명히 드러난다. 오직 예수님의 피로 속죄되어야만 거룩하신 하나님의 존전에 있어도 안전하다(히 10:19-22). 예수님을 믿는 사람은 하나님의 거룩하심을 떠올릴수록 오히려 기쁨이 배가된다. 우리가 거룩하신 하나님께 사랑받는다는 자체가 은혜의 기적이다.

하나님의 거룩하심을 묵상하라.[11] 거룩하신 그분을 사랑할수록 겸손해지고 행복해진다.

오늘의 마중물 기도. 주님, 주님은 어찌나 거룩하신지 이사야와 모세 같은 사람도 주님의 존전에서 일대 충격에 빠졌습니다. 그런 하나님이 예수님을 통해 제 거룩하신 아버지가 되셨습니다(요 17:11). 주님의 거룩하심과 주님이 모든 죄를 미워하심을 묵상하는 일보다 더 저를 변화시키는 것은 없사오니, 성령으로 제 속사람을 강건하게 하옵소서. 아멘.

잠언 3장 19-20절 **19** 여호와께서는 지혜로 땅에 터를 놓으셨으며 명철로 하늘을 견고히 세우셨고 **20** 그의 지식으로 깊은 바다를 갈라지게 하셨으며 공중에서 이슬이 내리게 하셨느니라.

● **드러난 하나님의 질서**

정해진 질서. 하나님은 그분의 말씀과 **지혜**로 세상을 창조하셨다.²월 ¹일 그래서 우리도 그분의 말씀과 지혜대로 일상생활을 영위해야 한다. "일상사를 순리대로 처리하려면 오직 하나님이 일상사를 지으시고 질서를 정하신 그 지혜로만 가능하기" 때문이다.¹² 천지 창조의 기초였던 하나님의 그 지혜가, 그분의 말씀이 우리를 인도한다.

이렇듯 이미 '정해져' 창조세계의 구조 속에 내장된 신체적, 사회적, 도덕적, 영적 질서가 있다. 앞서 말했듯이¹월 ⁷일 자기 몸을 아무렇게나 다루면서 뒤탈을 피할 수는 없다. 사람을 함부로 대하면서 좋은 친구나 화목한 가정을 바랄 수는 없다. 모두 이기적으로 살면서 사회 구조가 무사하기를 기대할 수는 없다. 또 영적인 질서도 있다. 삶의 중심을 하나님 아닌 다른 것에 두면 정체감이 약해지고 심리 장애가 찾아온다. 삶 속에서 하나님의 질서를 인식하고 자기 삶을 거기에 맞추는 게 지혜의 본질이다.

———

당신이 혹시 하나님의 창조 질서를 거스르고 있다면 위의 네 가지 중 어느 영역에서 그런가?

오늘의 마중물 기도. 아버지, 잘못된 행동을 하고 싶은 마음이 들 때면 저는 그렇게 해도 별문제 없을 거라고 혼자서 되뇝니다. 하지만 아무도 죄의 대가를 모면할 수는 없습니다. 이 진리를 제 가슴에 새겨 주셔서 주님께 죄를 짓지 않게 하옵소서. 아멘.

02/26

잠언 3장 1-2절; 16장 5절; 21장 7절 **1** 내 아들아 나의 법을 잊어버리지 말고 네 마음으로 나의 명령을 지키라 **2** 그리하면 그것이 네가 장수하여 많은 해를 누리게 하며 평강을 더하게 하리라 …… **5** 무릇 마음이 교만한 자를 여호와께서 미워하시나니 피차 손을 잡을지라도 벌을 면하지 못하리라 …… **7** 악인의 강포는 자기를 소멸하나니 이는 정의를 행하기 싫어함이니라.

● 드러난 하나님의 질서

자연 징벌. 자동차에 딸려 오는 사용설명서에 보면 언제 오일을 교체하고 무슨 연료를 써야 차가 손상되지 않는지 나와 있다. 사용설명서는 차의 설계자가 작성한 것인데, 이를 무시하면 설계에 어긋나는 이런저런 행동으로 차에 무리를 주게 된다. 2월 1일 굳이 누가 와서 벌금을 매기거나 처벌할 필요가 없다. 당연한 결과로 스스로 차를 망가뜨리고 만다.

하나님이 창조하신 세상에는 '자연 징벌' 원리가 내장되어 있다. 의롭게 살면 보상을 누리지만(3:1-2) 악은 **벌**을 면하지 못한다(16:5). 21장 본문은 잔인한 행동에 자연적 부메랑 효과가 있음을 보여 준다. 또 16장 본문에는 그 모든 배후에 하나님이 계심이 암시되어 있다. 요컨대 우리 행동 자체에 결과가 내재되어 있다. [13] 우리가 저지른 죄가 반드시 우리를 찾아낸다(민 32:23; 갈 6:7). 하나님의 말씀에 어긋나는 행동은 인간이 창조된 설계에도 어긋나므로 그렇게 살면 해를 자초한다. 반면에 의로운 삶은 그 설계를 존중하므로 우리가 잘될 수밖에 없다. 2월 27일

세상의 자연 징벌이라 할 만한 일을 당신이 마지막으로 경험한 때는 언제인가?

오늘의 마중물 기도. 주님, 지금의 문화는 제게 제 마음대로 무엇이든 될 수 있다고 말하나, 살아온 경험과 주님의 말씀을 보면 그렇지 않습니다. 제 몸, 제 재능, 세상 속의 제 자리는 다 저를 제한하면서도 주님이 부르신 역할을 하게 합니다. 주님이 지어 주신 본연의 제가 되도록 도와주옵소서. 아멘.

잠언 16장 20절 삼가 말씀에 주의하는 자는 좋은 것을 얻나니 여호와를 의지하는 자는 복이 있느니라.

● 드러난 하나님의 질서

복. 성경 가득히 **복**이 약속되어 있다. 이 히브리어 단어는 단순한 행복 그 이상으로 다차원적인 형통을 뜻한다. 창세기 3장에서 보듯이 죄 때문에 우리는 하나님, 참자아, 타인, 자연과 불화한 상태가 됐다.[14] 이 모든 차원에서 창조 질서를 벗어난 것이다. 그래서 평소 인간의 상태는 영적 공허감, 내면의 불안, 정체성 위기, 국가와 계급과 인종 간의 분쟁, 자연 환경 파괴 등으로 이루어져 있다.

복이란 이 모든 영역에서 일부나마 근본적인 치유를 맛보는 삶이다. 하나님의 구원이 우리 마음과 행동을 고쳐 주기에 가능하다. 영적으로 우리는 하나님과 화목해지고 더 가까워진다. 심리적으로는 자아를 알아 가면서 감정과 행동이 성령의 통치를 받는다. 관계적으로는 공통된 신앙 덕분에 인간의 우정이 한층 깊어지고 반경도 확대된다. 사회적으로는 이웃과 더 넓게는 시민 사회를 각방으로 섬기며, 더는 정치 이념에 얽매이지 않는다. 구원이란 단지 용서받고 천국에 가는 게 아니다. 구원은 이 모든 차원에서 느리지만 확실하게 치유되는 삶이다.

———

삶의 어느 영역에서든 근래에 하나님이 주신 복을 인해 잠시 하나님께 감사를 드리라.

오늘의 마중물 기도. 주님, 우리 그리스도인은 '복'을 얼마나 쉽게 말하는지요. 하지만 성경에 주신 어마어마한 약속을 생각하면 저도 복된 삶을 갈망하게 됩니다. 다만 복에 굶주린 자가 아니라 "의에 주리고 목마른 자가 복이 있음"을 잊지 않게 하옵소서(마 5:6). 아멘.

잠언 10장 3-4절   3 여호와께서 의인의 영혼은 주리지 않게 하시나 악인의 소욕은 물리치시느니라 4 손을 게으르게 놀리는 자는 가난하게 되고 손이 부지런한 자는 부하게 되느니라.

● 드러난 하나님의 질서

네 가지 관점. 창조세계에는 질서가 있어 삶 속에 자연적 결과가 내장되어 있다. 그렇다면 선행과 악행은 항상 각각 선하거나 악한 결과를 낳는가? '대체로 그렇지만 항상은 아니다'라는 게 중론일 것이다. 그러면 오늘 본문 같은 말씀을 어떻게 볼 것인가? 데렉 키드너는 이 말씀이 "논리적, 섭리적, 영적, 영원한" 관점 등 네 가지 관점에서 진리라고 역설했다.[15]

첫째, "죄는 …… 삶의 구조에 무리를 가해서 결국 붕괴를 부르고야 만다." 이기적으로 살면 기분은 좋을지 모르나 신체적, 관계적, 심리적 대가를 면할 수 없다. 둘째, "아무리 많은 곤경을 우리에게 허락하실지라도 하나님이 여전히 주관하신다." 그분은 요셉의 삶에 여러 나쁜 일을 허락하셨으나 다 목적이 있었다 (창 50:20). 셋째, "의인은 세상적 형편과 무관하게 참으로 복된 자다." 삶이 고난으로 가득할지라도 그리스도인은 하나님 보시기에 의롭고, 그분의 가족으로 입양됐고, 성령이 내주하시며, 새 하늘과 새 땅에 자리를 보장받았다. 모두 한없이 귀한 복이다. 넷째, "내세에 정의가 완성된다."[16]

———

당신이 옳게 행했으나 세상 기준의 보상이 없었던 일을 떠올려 보라. 위의 분석이 올바른 관점을 품는 데 어떻게 도움이 되는가?

오늘의 마중물 기도. 주님, 때로는 우리 삶에 고통을 허락하시지만 그 시간을 통해 우리를 배우고 성장하게 인도하시니 주님을 찬양합니다 (히 12:11). 주님의 사랑과 귀히 여겨 주심으로 저는 이미 진정 부자입니다. 날마다 더 성숙하게 자라게 하옵소서. 아멘.

03/01

잠언 22장 1절 많은 재물보다 명예를 택할 것이요 은이나 금보다 은총을 더욱 택할 것이니라.

● 드러난 하나님의 질서

질서의 교란. 잠언은 정직하게 열심히 일하면 형통해져서 행복하게 산다고 말한다. 그런데 오늘 본문은 재정적인 부보다 덕을 **택할** 것을 가르친다. 분명 재물과 성품 중에서 택일해야 할 때가 있다는 뜻이다.[17] 이는 창조세계 질서가 죄 때문에 부분적으로 망가지고 교란된 결과다. 하나님의 세상은 아직도 "제법 믿을 만하게 돌아가고" 있어 정직과 근면이 재정 수익을 낳을 수 있으나, 항상 그런 것은 아니다.[18] 일하면 대체로 부하게 되지만(10:4) 때로는 불의가 노동의 열매를 앗아 간다(13:23; 28:6).

잠언이 창조 질서의 상존을 강조하는 반면, 전도서는 뒤죽박죽 망가진 특성을 더 부각시키고, 욥기는 이 질서가 대개 숨겨져 있다고 말한다.[19] 지혜로워지려면 세 가지 측면을 다 봐야 한다. 예컨대 열심히 일하면 항상 부자가 된다는 생각이나 반대로 대개 그렇지 않다는 생각은 둘 다 미련하다. 예수님의 복음에서 나오는 지혜가 있다. 이 지혜는 선행으로 행복해질 수 있다는 순진한 생각도 거부하지만, 동시에 우리의 낙심도 막아 준다. 우주의 주인이 우리를 사랑하시는 아버지임을 알기 때문이다.

당신의 타고난 성향은 착실한 삶과 고된 노력의 결과에 아주 낙천적인 편인가, 아니면 너무 냉소적인 편인가?

오늘의 마중물 기도. 주님, 많은 사람처럼 저도 너무 어수룩하고 순진했습니다. '편한 삶'과 '옳은 삶' 중에서 선택해야 할 때가 있음을 미처 몰랐습니다. 하지만 지금 우리가 사는 세상은 그런 곳입니다. 주님을 기뻐하는 마음을 충분히 주셔서 매번 쉬운 길 대신 옳은 길을 선택하게 하옵소서. 아멘.

잠언 3장 17-18절   17 그 길은 즐거운 길이요 그의 지름길은 다 평강이니라 18 지혜는 그 얻은 자에게 생명나무라 지혜를 가진 자는 복되도다.

● 드러난 하나님의 질서

질서의 회복. **지혜**는 **생명나무**로 표현된다(3:18; 11:30; 13:12; 15:4). 에덴동산에 있었던 생명나무가 요한계시록 22장 2절에서도 언급된다. 그 나무는 새로워진 창조세계 즉 복락원 한복판에 서 있다. 창세기 3장 14-19절에 하나님은 창조 질서가 교란된 상태를 예고하셨다. 죄 아래의 일과 삶은 고통과 허무함으로 가득할 것이다. 사도 바울이 말했듯이 "허무"하게 망가진 피조물은 장차 그리스도가 재림해 자기 백성을 영화롭고 완전하게 하실 때에 가서야 마침내 회복된다(롬 8:19-22).

그때까지 이 잠언은 우리가 하나님의 말씀과 지혜대로 행하면 생명나무, 즉 종말에 우리에게 회복될 충만한 삶을 미리 조금 맛본다고 약속한다. 우리가 생명나무에 다가갈 수 있음은 오직 예수님이 죽음의 나무에 달리셨기 때문이다(갈 3:13). 조지 허버트의 시에서 예수님은 이렇게 말씀하신다. "인간은 열매를 훔쳤으나 나는 나무에 달려야 하리. 나만 빼고 모두에게 생명나무를 줘야 하기에."[20]

눈을 높이 들어 저 멀리 지평선을 본 적이 있는가? 거기 예수님이 무한한 대가를 치르시고 당신을 위해 확보해 두신 미래의 삶이 있다.

오늘의 마중물 기도. 주님, 아담과 하와의 반항이 우리의 죽음을 불러왔습니다. 그런데도 날마다 제 죄로 그 비참한 선택을 되풀이함을 고백합니다. 제게 이 생명나무를 주시려고 저 대신 죽음을 맛보신 주님을 찬양합니다. 아멘.

전도서 2장 15-16절 15 내가 내 마음속으로 이르기를 우매자가 당한 것을 나도 당하리니 내게 지혜가 있었다 한들 내게 무슨 유익이 있으리요 하였도다 이에 내가 내 마음속으로 이르기를 이것도 헛되도다 하였도다 16 지혜자도 우매자와 함께 영원하도록 기억함을 얻지 못하나니 후일에는 모두 다 잊어버린 지 오랠 것임이라 오호라 지혜자의 죽음이 우매자의 죽음과 일반이로다.

● **교란된 하나님의 질서**

망가진 세상. 성경의 어느 한 책만으로 하나님의 구원과 진리를 전부 알 수는 없다. 잠언의 논지는 하나님이 창조주시기에 지혜로운 행동이 대체로 삶에 좋은 결과를 낳는다는 것이다. 핵심 단어는 "대체로"다. 현 세상에는 예외도 많아서 열심히 일하는 사람은 가난한데 일하지 않는 사람은 풍족한 경우도 많다. 행동과 보상의 관계가 완전히는 아니어도 상당히 교란됐다.

자칫 잠언의 가르침을 "좋은 일은 …… 좋은 사람에게 일어나고 나쁜 일은 나쁜 사람에게 일어난다"라고 과잉 해석할 수 있다.[21] 잠언이 질서의 교란을 인정하는 정도라면 전도서와 욥기(역시 성경의 지혜 문학에 속한다)는 이를 탐색한다. 잠언은 대체로 경건한 자는 기억되나 악인은 잊힌다고 말한다(10:7). 그런데 여기 전도서 본문에 따르면 선하고 지혜로운 사람도 명예를 얻지 못함은 **우매자**와 다를 바 없다. 그러므로 지혜를 배우려면 전도서와 욥기를 잠언과 함께 읽어야 한다.

―――――

현재의 망가진 세상에서는 선한 행동이 늘 좋은 결과를 낳지는 않는다. 이 사실이 당신에게 뜻밖으로 느껴지는가? 이를 하나님 탓으로 돌리는가? 아니면 망가진 세상에서 지혜를 배우는가?

오늘의 마중물 기도. 주님, 주님은 세상을 선하게 지으셨으나 우리가 망가뜨렸습니다. 그러면서 삶이 잘 풀리지 않는다고 주님을 탓하다니 얼마나 어리석은지요! "세상이 고쳐질 때까지"[22] 주님을 신뢰하며 시간을 잘 사용하도록 도와주옵소서. 아멘.

03/04

전도서 1장 2-3절 2 전도자가 이르되 헛되고 헛되며 헛되고 헛되니 모든 것이 헛되도다 3 해 아래에서 수고하는 모든 수고가 사람에게 무엇이 유익한가.

● 교란된 하나님의 질서

헛되다. **헛되고**를 '무의미하고'로 번역한 현대역도 꽤 있으나 옛날 표현 그대로가 더 좋아 보인다. 저자의 말인즉 우리는 목표에 도달할 때가 거의 없으며, 도달한다 해도 생각만큼 만족이 없다는 것이다. 이런 말은 유익이 없어 보인다. 요점이 하도 암울해서 많은 사람이 "성경에 이런 말이 있다니 어쩌라는 말인가?"라고 묻는다.

해 아래에서라는 말에 답이 들어 있다. 저자는 요즘 말로 사고실험을 하고 있다. 현세 너머에 하나님도 영원도 없이, 오직 해 아래에서 산다고 상상해 보라는 것이다. 이 세상이 전부라면 과연 의미를 찾을 수 있을까? 이 실험에는 두 가지 유익이 있다. 첫째, 인류의 죄 때문에 세상이 정말 하나님과 어느 정도 분리되어 있음을 보여 준다. 그래서 세상이 창조 본연의 역할을 못하다 보니 신자도 인생의 많은 헛됨에 부딪친다. 둘째, 그 상태에서 하나님을 거부하기까지 하면 삶이 더욱 무의미해질 수 있음을 보여 준다.

당신 삶에서 헛되거나 허무하게 여겨지는 부분은 어디인가? 그 상황 속에 하나님을 모셔 들이면 어떻게 달라지겠는가?

오늘의 마중물 기도. 주님, 제가 해 아래만 볼 때면 인생무상이 저를 삼키려 합니다. 저를 위해 예비된 영원한 영광의 중한 것을 보게 하옵소서(고후 4:17). "보이는 것이 아니요 보이지 않는 것"에 주목하도록 도와주옵소서(고후 4:18). 아멘.

전도서 1장 9-11절 9 이미 있던 것이 후에 다시 있겠고 이미 한 일을 후에 다시 할지라 해 아래에는 새것이 없나니 10 무엇을 가리켜 이르기를 보라 이것이 새것이라 할 것이 있으랴 우리가 있기 오래전 세대들에도 이미 있었느니라 11 이전 세대들이 기억됨이 없으니 장래 세대도 그 후 세대들과 함께 기억됨이 없으리라.

● 교란된 하나님의 질서

하찮은 인생. 전도서는 우리를 상상의 세계로 이끈다. 현세와 이생만이 "존재하는 전부이며 전에도 그랬고 앞으로도 그럴 것"[23]이라면, 무슨 만족이 있을 수 있겠느냐는 것이다. 만일 그렇다면 아무것도 기억되지 않으리라고 본문은 말한다. 이 세상이 전부라면 결국 태양은 소멸하고 모든 인생도 과거 속으로 흔적 없이 사라질 것이다. 지난 일을 기억할 사람이 아무도 없을 것이다.

참담한 통찰이다. 해 아래 삶이 전부라면, 평생 사람을 도우며 살든 살인을 일삼든 결국 손톱만큼도 달라질 게 없다는 뜻이다. 인간이 정말 무(無)로 돌아간다면 솔직히 우리가 하는 어떤 일도 중요하지 않다. 세속 문화는 지금 여기의 행복, 현세의 이익만을 전적으로 강조한다. 오늘날 신자들도 거기에 영향을 받고 있으나 그래서는 안 된다. 하나님께 감사하지 않으며 그분과 무관하게 살아간다면, 이생의 잠시 지나가는 낙은 덧없고 무익하고 하찮다.

———

해 아래에서 살아가는 현세의 조건 가운데 당신이 소유하기만 한다면 만족을 주리라 생각되는 것은 무엇인가? 과연 정말 그럴까?

오늘의 마중물 기도. 주님, 제가 주 안에서 하는 일은 그 무엇도 헛되지 않습니다(고전 15:58). 예수님이 부활하셨기에 저도 장차 부활할 것입니다. 그래서 저를 규정짓는 것은 이 땅에서의 지위가 아니라 하나님 나라의 신분임을 믿습니다. 주님께 찬양과 감사를 드립니다. 아멘.

03/06

전도서 2장 20-23절 20 이러므로 내가 해 아래에서 한 모든 수고에 대하여 내가 내 마음에 실망하였도다 21 어떤 사람은 그 지혜와 지식과 재주를 다하여 수고하였어도 그가 얻은 것을 수고하지 아니한 자에게 그의 몫으로 넘겨주리니 이것도 헛된 것이며 큰 악이로다 22 사람이 해 아래에서 행하는 모든 수고와 마음에 애쓰는 것이 무슨 소득이 있으랴 23 일평생에 근심하며 수고하는 것이 슬픔뿐이라 그의 마음이 밤에도 쉬지 못하나니 이것도 헛되도다.

● 교란된 하나님의 질서

성취도 헛되다. **해 아래에서 한** 일과 성취는 자체적으로 실격이다. 첫째, 객관적 시험에서 낙제한다. 사실 아무리 일해도 궁극적 성취는 없다. 우리가 수고한 결과물은 조만간 역사 속으로 사라진다. 내가 했던 모든 일을 후임자가 무효로 돌릴 수도 있다(전 2:21). 둘째, 일과 성취는 주관적 시험에도 낙제한다. 결코 온전한 만족을 주지 못한다. 일은 **근심**과 **슬픔**을 안겨 준다. 우리는 일찍 일어나고 늦게 누우며, 밤에도 잠을 못 잘 때가 많다. 게다가 이미 마친 일조차 썩 마음에 안 드는 느낌을 떨치기 힘들다.

잠언은 일이 만족을 가져다줄 수 있음을 지적하지만, 전도서는 우리가 흔히 느끼는 "가시덤불과 엉겅퀴"를 상기시킨다. 이 고역스러운 좌절은 타락한 세상에서 일에 임한 저주다(창 3:17-19). 우리 삶에 성령을 통한 하나님의 평안이 없다면, 일과 성취는 밑 빠진 독에 물 붓기다. 노동 끝에 참으로 안식하신 하나님(창 2:2)과 폭풍 중에도 주무실 수 있었던 구주(막 4:38)가 우리에게 필요하다.

───────

막상 목표를 성취하고 보니 허탈했던 적이 있는가? 하늘의 해보다 오래도록 남을 목표는 무엇이겠는가? 쭉 꼽아 보라.

오늘의 마중물 기도. 아버지, 완벽주의 때문에 무슨 일을 하든 눌립니다. 제 영혼에 깊은 안식을 주옵소서. 제 뛰어난 행위 때문이 아니라 예수님을 믿음으로 말미암아 구원받았음을 기억하게 하옵소서. 아멘.

82

전도서 2장 1-2, 11절 1 나는 내 마음에 이르기를 자, 내가 시험 삼아 너를 즐겁게 하리니 너는 낙을 누리라 하였으나 보라 이것도 헛되도다 2 내가 웃음에 관하여 말하여 이르기를 그것은 미친 것이라 하였고 희락에 대하여 이르기를 이것이 무슨 소용이 있는가 하였노라 11 그 후에 내가 생각해 본즉 내 손으로 한 모든 일과 내가 수고한 모든 것이 다 헛되어 바람을 잡는 것이며 해 아래에서 무익한 것이로다.

● 교란된 하나님의 질서

쾌락도 헛되다. 이제 전도서는 허무한 삶의 해법으로 향락주의와 자기표현이라는 길을 탐색한다. 오늘 본문에서 **웃음**은 스포츠 행사나 음식과 포도주와 친구가 있는 파티에서 경험하는 흥겨운 기분을 일컫는 단어다. **희락**(히브리어로 '심하')은 대상의 아름다움이나 탁월함을 음미하는 더 사색적인 기쁨이다. 그러나 결국은 둘 다 무의미하고 헛되다. 역시 자체적으로 실격이다.

왜 그런가? 쾌락이 아무런 **소용**이 없다는 것도 한 가지 이유다. 쾌락을 추구하려면 시간과 돈이 엄청나게 들 수 있는데, 그게 터무니없는 낭비임이 문득 깨달아질 때가 있다. 둘째, 쾌락은 **바람을 잡는 것**이다. 잡히지 않을 것을 잡으려 한다는 뜻이다. 이 땅에서의 쾌락은 덧없다. 세상으로부터 가장 깊은 쾌락과 만족을 얻고자 할수록 역설적으로 좌절만 더 깊어진다. 그러므로 쾌락에 몰두해 살면 오히려 쾌락을 누리지 못한다.

─────

당신이 새 힘을 얻고자 의지하는 쾌락은 무엇인가? 말씀을 펴 놓고 하나님의 임재 안에 있는 시간에도 재충전이 되는가? 왜 그렇지 못한가?

오늘의 마중물 기도. 주 하나님, "세상은 어지럽게 조변석개하지만" 제 "마음은 참된 기쁨이 있는 곳에 꼭 붙어 있게" 하옵소서.[24] 우리 주 예수 그리스도께 머물게 하옵소서. 아멘.

전도서 1장 13-16, 18절 13 마음을 다하며 지혜를 써서 하늘 아래에서 행하는 모든 일을 연구하며 살핀즉 이는 괴로운 것이니 하나님이 인생들에게 주사 수고하게 하신 것이라 14 내가 해 아래에서 행하는 모든 일을 보았노라 보라 모두 다 헛되어 바람을 잡으려는 것이로다 15 구부러진 것도 곧게 할 수 없고 모자란 것도 셀 수 없도다 16 내가 내 마음속으로 말하여 이르기를 보라 내가 크게 되고 지혜를 더 많이 얻었으므로 나보다 먼저 예루살렘에 있던 모든 사람들보다 낫다 하였나니 내 마음이 지혜와 지식을 많이 만나 보았음이로다 18 지혜가 많으면 번뇌도 많으니 지식을 더하는 자는 근심을 더하느니라.

● 교란된 하나님의 질서

지식도 헛되다. **마음을 다하며 지혜를 썼다**는 전도서의 말은 가시적 물질계를 이해하려 애썼다는 뜻이다. 책의 저자가 그 일을 해 아래에서 했으니 세상 기준으로 세상을 본 셈이다.[25] 이는 사실상 과학적 접근에 해당한다. 예외 없이 매사에 자연적(초자연적이 아니라) 원인을 찾으려는 노력이다. 그런데 이 작업이 실패였다고 선언되어 있다. 과학 기술과 지식만으로는 인간의 문제를 해결할 수 없다. **구부러진 것도 곧게 할 수 없다.** 과학은 마음을 변화시킬 수 없다. 인종차별과 범죄와 빈곤 문제를 공부해 어느 정도 발전을 이룰 수는 있다. 하지만 모든 현상에 자연적 원인이 있어 결국 과학 기술에 해법이 있다는 관점은 실격이다. 사실 무근이기 때문이다.

초자연적, 영적 해결책을 요하는 초자연적이고 영적인 문제도 존재한다. 결국 우리는 알면 알수록 자신이 얼마나 무지한지를 깨닫는다. 그래서 무력감이 들 수 있다. **지식을 더하는 자는 근심을 더한다.** 하나님 계시의 도움 없이 인간의 이성만으로는 결코 전체 그림을 볼 수 없다.

당신이나 가까운 누군가의 인생에서 발생한 문제에 영적인 해결 방법이 필요한가? 어떻게 하면 해결책을 찾을 수 있을까?

오늘의 마중물 기도. 주님, 우리 사회는 과학과 첨단 기술에 전적으로 희망을 걸지만 그것만으로 부족합니다. 은혜를 베푸사 주님을 아는 지식이 이 나라에서 다시 자라게 하옵소서. 아멘.

전도서 9장 2-3절 2 모든 사람에게 임하는 그 모든 것이 일반이라 의인과 악인, 선한 자와 깨끗한 자와 깨끗하지 아니한 자, 제사를 드리는 자와 제사를 드리지 아니하는 자에게 일어나는 일들이 모두 일반이니 선인과 죄인, 맹세하는 자와 맹세하기를 무서워하는 자가 일반이로다 3 모든 사람의 결국은 일반이라 이것은 해 아래에서 행해지는 모든 일 중의 악한 것이니 곧 인생의 마음에는 악이 가득하여 그들의 평생에 미친 마음을 품고 있다가 후에는 죽은 자들에게로 돌아가는 것이라.

● **교란된 하나님의 질서**

도덕도 헛되다. 오늘의 본문은 의인과 악인, 신앙이 있는 자와 없는 자 할 것 없이 해 아래에서는 **모든 사람의 결국은 일반**이라고 제대로 결론짓는다. 이 세상이 전부라면 우리는 죽어서 썩으면 그만이다. 나를 알던 사람마저 다 죽으면 나에 대한 기억조차 다 사라진다.

싱클레어 퍼거슨은 전도서 저자의 "사고실험"이 우리를 하나의 결론으로 몰아간다고 말했다. "[나머지] 성경처럼(사 22:13; 고전 15:32) [이 저자도] 사후의 소망이 없고 부활의 약속이 없다면 삶에 대한 논리적 결론은 하나뿐이라 봤다. 내일 죽으리니 먹고 마시고 즐기라는 것이다. 이는 솔직히, 생각만 하면 …… 누구나 깨달을 수 있는 사실이다."[26] 게다가 **인생의 마음에는 악이 가득**하다. 선행과 악행이 제대로 보상되지 않는 이 세상은 과연 죄 많은 인류에게는 합당한 곳이다. 그러나 그리스도가 십자가에서 이루신 일을 성령이 적용해 주신 결과로 우리는 삶이 새로워지는 복을 이미 일부 경험했다.

———

당신의 마음에서 아직 죽음과 부패와 악이 해결되지 못한 부분을 모두 열거해 보라.

오늘의 마중물 기도. 주님, 전도서가 쓰라리게 일깨워 주듯이 주님만이 제 모든 소망이자 유일한 소망이심을 고백합니다. 눈을 들어 '해 위를' 바라보게 도와주옵소서. 장차 주님이 만물을 회복하실 때까지는 아무것도 완전히 좋아질 수 없음을 늘 기억하게 하옵소서. 아멘.

03/10

전도서 11장 8-10절 8 사람이 여러 해를 살면 항상 즐거워할지로다 그러나 캄캄한 날들이 많으리니 그 날들을 생각할지로다 다가올 일은 다 헛되도다 9 청년이여 네 어린 때를 즐거워하며 네 청년의 날들을 마음에 기뻐하여 마음에 원하는 길들과 네 눈이 보는 대로 행하라 그러나 하나님이 이 모든 일로 말미암아 너를 심판하실 줄 알라 10 그런즉 근심이 네 마음에서 떠나게 하며 악이 네 몸에서 물러가게 하라 어릴 때와 검은 머리의 시절이 다 헛되니라.

● **교란된 하나님의 질서**

캄캄한 시절. 전도서 말미에 저자는 사고실험을 마치며 다시 하나님을 등장시킨다. 그러면서도 세상이 혼란스럽고 망가진 곳임을 계속 일깨운다. 오늘 본문에 그는 그럼에도 불구하고 삶을 즐기는 실제 지침을 몇 가지 내놓는다. **여러 해를 사는 동안 항상 즐거워하라.** 어떻게 그리할 것인가? 우선 현실을 봐야 한다. **캄캄한 날들이 많으리니 그 날들을 생각하라.** 슬픔의 시절은 물론이고, 하나님을 믿어도 삶이 무의미하게 느껴질 때가 있음을 예상해야 한다. 이는 신자도 "허무한 데 굴복"한다는 고백이다(롬 8:18 이하). 우리는 죽음과 실연과 폭력과 외로움의 세상에 살도록 지음받지 않았다. 심판의 날을 거쳐 천국에 이르기 전에는 삶이 다분히 허무하고 무상하게 느껴짐을 잊지 말아야 한다. 그래서 첫째 조언은 이것이다. 캄캄한 시절에 너무 주눅 들지 말라. 이 세상은 영원하지 않다.

당신은 캄캄한 시절을 어떻게 이겨 내는가? 이를 계기로 믿음을 키우는가, 아니면 끝날 때까지 그냥 버티는가?

오늘의 마중물 기도. 주님, 제가 고난에 왜 항상 놀라는지 모르겠습니다. 주님의 말씀으로 보나 상식으로 보나 고난은 좋은 시절에도 늘 저만치 다가오고 있습니다. 캄캄한 시절에 마음까지 어두워질 게 아니라 오히려 지혜를 배우게 하옵소서. 아멘.

03/11

전도서 11장 8-10절　8 사람이 여러 해를 살면 항상 즐거워할지로다 그러나 캄캄한 날들이 많으리니 그 날들을 생각할지로다 다가올 일은 다 헛되도다 9 청년이여 네 어린 때를 즐거워하며 네 청년의 날들을 마음에 기뻐하여 마음에 원하는 길들과 네 눈이 보는 대로 행하라 그러나 하나님이 이모든 일로 말미암아 너를 심판하실 줄 알라 10 그런즉 근심이 네 마음에서 떠나게 하며 악이 네 몸에서 물러가게 하라 어릴 때와 검은 머리의 시절이다 헛되니라.

● 교란된 하나님의 질서

삶을 즐기는 법.　저자는 캄캄한 시절에 놀라지 말아야 할 뿐 아니라[3월 10일] 그 시절이 얼마나 캄캄했는지 기억해야 한다고 말한다. "모든 한시적인 것"은 어느 정도 "우리를 실망시킴"을 알아야 한다. "현실을 직시하지 않으면 현실에 짓밟힌다."[27] 세상이 타락한 곳이기에 캄캄한 시절은 피할 수 없다. 신자의 기쁨은 그런 때를 거뜬히 견뎌 낼 만한 토대에 기초해야 하는데, 그중 하나가 선한 양심이다. 즉 우리는 하나님의 **심판**을 기억해야 한다. 마음껏 즐기되 하나님 앞에 떳떳하지 못할 일은 하지 말라. 마음껏 즐기되 양심에 어긋나지 않게 하라. 끝으로, 젊음과 기력이 쇠할 때 슬퍼하지 말라. "청춘을 이상화하고 노화에 질겁함은 곧 재앙이다. 그러면 아직 젊어서도 젊음이란 선물을 망쳐 놓는다."[28]

―――――――

"죽음이 두려워 내 마음이 어지럽다." 많은 시에 후렴구처럼 나오는 말이다. 당신은 노화와 질병과 죽음을 두려워하는가? 그 일을 홀로 당할 것인가, 아니면 곁에 계신 예수님과 함께 맞이할 것인가?

오늘의 마중물 기도.　아버지, 일이 꼬일 때 제 가장 큰 적은 "고생하고 있으니 잘못된 걸 알지만 이 정도는 즐겨도 된다"고 속삭이는 자기 연민입니다. 저를 자기 연민에서 구해 주옵소서. 저를 위해 신실하게 고난당하신 예수님을 보게 하옵소서. 아멘.

03/12

전도서 1장 2절 전도자가 이르되 헛되고 헛되며 헛되고 헛되니 모든 것이 헛되도다. **마태복음 27장 46절** 제 구 시쯤에 예수께서 크게 소리 질러 이르시되 엘리 엘리 라마 사박다니 하시니 이는 곧 나의 하나님, 나의 하나님, 어찌하여 나를 버리셨나이까 하는 뜻이라.

● **교란된 하나님의 질서**

논리 이상의 답. 하나님을 삶에서 몰아낼수록 매사가 더 헛되게 느껴진다. 창세기 3장 16-19절에 보면 불만족과 권태도 죄에 대한 벌의 일부다. 성경 전체에 나와 있듯이 하나님과 분리된 채로 죽는 사람은 영원히 극도의 허무함과 끝없이 처참한 영적 목마름에 시달리며 산다(눅 16:22-25).

이런 현실 앞에서 우리의 소망은 무엇인가? 전도서는 도발적인 철학 논리를 내놓지만 하나님이 우리에게 주시는 답은 논리 이상이다. 예수님은 십자가에서 **나의 하나님, 나의 하나님, 어찌하여 나를 버리셨나이까**라고 외치실 때 하나님 없는 삶의 우주적 허무를 경험하셨다. 우리 몫의 저주를 대신 받으셨다. 우리가 받아 마땅한 무한히 헛된 삶을 그분이 대신 취하셨다. 덕분에 우리는 하나님께 용서받고 그분의 품에 안길 수 있다. 예수님을 믿는 사람은 하나님 중심으로 살아갈 수 있다. 모든 행동이 그분을 높이는 길이며, 모든 사건이 자신을 향한 그분의 선한 계획의 일부임을 알 수 있다. 그래서 매사가 중요해진다.

예수님은 선한 목자로 자처하셨다. "음침한 골짜기"를 지날 때 당신 곁에 반드시 그분이 계셔야 한다. 지금 당신 앞에 닥친 음침한 골짜기는 무엇인가?

오늘의 마중물 기도. 주님, 주님이 저를 위해 어둠 속에서 고난당하셨기에 저는 빛 가운데 살아갈 수 있습니다. 주님이 우주적 허무를 경험하셨기에 이제 제 모든 행동은 영원히 중요해졌습니다. 주님을 어떻게 사랑하고 찬양해야 충분하겠습니까? 아무리 해도 충분할 수는 없겠지만 그래도 시작하게 도와주옵소서. 아멘.

03/13

욥기 1장 9-12절 9 사탄이 여호와께 대답하여 이르되 욥이 어찌 까닭 없이 하나님을 경외하리이까 10 주께서 그와 그의 집과 그의 모든 소유물을 울타리로 두르심 때문이 아니니이까 주께서 그의 손으로 하는 바를 복되게 하사 그의 소유물이 땅에 넘치게 하셨음이니이다 11 이제 주의 손을 펴서 그의 모든 소유물을 치소서 그리하시면 틀림없이 주를 향하여 욕하지 않겠나이까 12 여호와께서 사탄에게 이르시되 내가 그의 소유물을 다 네 손에 맡기노라 다만 그의 몸에는 네 손을 대지 말지니라 사탄이 곧 여호와 앞에서 물러가니라.

● **숨겨진 하나님의 질서**

하나님과 고난. 하나님은 사탄에게 욥을 치도록 허락하시는데, 다른 인간에 비해서 욥에게는 평균치 이상의 고난으로 점철된 삶이 합당하지 않아 보인다. 현대의 독자는 이 이야기에 기겁할 수 있으나 오늘 본문은 '성경의 하나님'과 '고난'이 서로 비대칭 관계임을 내러티브 형태로 보여 준다. 보다시피 욥에게 벌어진 모든 악한 일은 사탄의 발상이다. 본래 하나님이 창조하신 세상에는 질병과 재앙과 죽음이 없었다. 그런데 인류가 하나님께 반항해 세상의 구조가 깨지면서 무질서한 악의 세력이 등장했다(창 3:17-19). 그래도 하나님은 여전히 절대 주권을 행사하신다. 주권적으로 고난을 제한하고 지휘하신다. **그의 몸에는 네 손을 대지 말지니라.**

삶의 환난을 평온하게 맞이하고 이겨 내려면 두 가지 진리가 다 필요하다. 우리는 하나님이 절대로 우리의 고통을 즐거워하지 않으심을 알아야 한다. 하지만 고통의 배후에 하나님의 계획이 있음도 알아야 한다.

고난 때문에 하나님의 선하심을 의심한 적이 있는가? 그 이유를 꼽아 보라.

오늘의 마중물 기도. 주님, 주님이 매정하신 분으로 느껴진 적도 있고 삶이 통제 불능으로 여겨진 적도 있습니다. 둘 다 위로는커녕 오히려 괴로움만 더해 주는 생각이었습니다. 주님은 사랑이시며, 모든 걸 주관하고 계십니다. 이 보완적인 두 진리에 힘입어서만 저는 삶을 헤쳐 나갈 수 있습니다! 그대로 믿고 깨닫게 도와주옵소서. 아멘.

03/14

욥기 1장 9-12절   9 사탄이 여호와께 대답하여 이르되 욥이 어찌 까닭 없이 하나님을 경외하리이까 10 주께서 그와 그의 집과 그의 모든 소유물을 울타리로 두르심 때문이 아니니이까 주께서 그의 손으로 하는 바를 복되게 하사 그의 소유물이 땅에 넘치게 하셨음이니이다 11 이제 주의 손을 펴서 그의 모든 소유물을 치소서 그리하시면 틀림없이 주를 향하여 욕하지 않겠나이까 12 여호와께서 사탄에게 이르시되 내가 그의 소유물을 다 네 손에 맡기노라 다만 그의 몸에는 네 손을 대지 말지니라 사탄이 곧 여호와 앞에서 물러가니라.

● 숨겨진 하나님의 질서

고난이라는 수수께끼.   하나님이 사탄에게 허락하신 운신의 폭은 겨우 그가 본래 이루려던 일의 정반대를 이루기에 족한 정도였다. 그에게 주어진 밧줄은 자기 목을 매달 만큼에 불과했다. 욥을 못마땅해한 사탄은 그를 흠잡아 사기꾼으로 몰아세우려 했다. 그러나 사탄이 공격한 결과는 오늘날 욥을 역사상 매우 유명한 인물의 반열에 올렸다. 헤아릴 수 없이 많은 사람이 욥의 본보기에서 도움을 입었다.

하나님은 악을 미워하신다. 욥의 삶에 허락하신 악도 사탄의 속셈을 완전히 궤멸시킬 정도에 불과했다. 그러나 욥은 끝까지 계획을 듣지 못했다. 자신이 고난 당한 이유를 끝내 몰랐다. 교훈은 이것이다. 하나님은 악과 고난을 미워하시며 그분의 계획에 따라 이를 궤멸시키시지만, 우리에게는 그 계획이 거의 보이지 않는다. 그분의 뜻은 너무 깊이 숨어 있어 우리로서는 모르는 게 훨씬 많다. 예수님의 십자가 주변에 있던 사람들도 고개를 흔들며 "하나님이 어떻게 이 일로 선을 이루실 수 있을지 모르겠다"라고 말했다.

———

당신의 고난이 천사들과 귀신들과 권세들과 세상 주관자들 앞에서 하나님을 영화롭게 함을 안다면, 고난에 대한 당신의 태도가 달라지겠는가? 어떻게 달라지겠는가?

오늘의 마중물 기도.   주님, 제 교만이 '내 이성으로 이번 고난의 선한 목적을 알 수 없다면 그런 목적은 애초에 없는 거야!'라며 저를 부추깁니다. 제게 겸손을 주옵소서. 주님을 신뢰할 때 오는 평안을 누리게 하옵소서. 아멘.

03/15

욥기 1장 9-12절 9 사탄이 여호와께 대답하여 이르되 욥이 어찌 까닭 없이 하나님을 경외하리이까 10 주께서 그와 그의 집과 그의 모든 소유물을 울타리로 두르심 때문이 아니니이까 주께서 그의 손으로 하는 바를 복되게 하사 그의 소유물이 땅에 넘치게 하셨음이니이다 11 이제 주의 손을 펴서 그의 모든 소유물을 치소서 그리하시면 틀림없이 주를 향하여 욕하지 않겠나이까 12 여호와께서 사탄에게 이르시되 내가 그의 소유물을 다 네 손에 맡기노라 다만 그의 몸에는 네 손을 대지 말지니라 사탄이 곧 여호와 앞에서 물러가니라.

● 숨겨진 하나님의 질서

고난의 목적. 경건한 지혜는 고난에 고도로 민감하게 반응해야 하는데, 욥의 이야기가 그 방식을 보여 준다. 도덕주의나 냉소주의 같은 뻔한 답은 여기에 없다. 도덕주의자는 고난당하는 사람에게 이렇게 말한다. "아무래도 당신의 삶에 고백하지 않은 죄가 있다. 회개하고 하나님 앞에 바로 서야 한다. 바르게 살면 삶이 잘 풀리게 되어 있다." 냉소주의자는 이렇게 말한다. "원래 만족 없이 살다가 죽는 게 인생이다. 신이 있다면 점심 먹으러 나갔나 보다. 당신은 신에게 아무런 의무도 없다."

두 가지 답 모두 미련하고 멍청하다. 도덕주의자는 고난의 목적을 단순히 우리를 하나님께로 돌아오게 하기 위함으로 본다. 그럴 때도 있지만 항상 그런 건 아니다. ³⁄₁₆일 냉소주의자에게도 고난의 목적은 단순하다. 아무 목적도 없으니 말이다! 경건한 지혜는, 하나님께 목적이 있으나 그 목적이 깊이 숨겨져 있음을 안다. 덕분에 우리는 도덕주의자의 교만이나 냉소주의자의 무정함에 빠지지 않는다. 또 그 두 입장이 고난당하는 자에게 안겨 줄 수 있는 절망에도 빠지지 않는다.

당신의 삶은 더는 고난 때문에 하나님의 성품을 의심하지 않는 지점에 이르렀는가? 고통과 낙심 중에도 그분을 신뢰하는가?

오늘의 마중물 기도. 주님, 제가 젊어서는 도덕주의자에 가까웠다가 나이가 들면서는 냉소주의에 점점 빠집니다. 제 주변 사람들도 다들 비슷하게 변하는 게 보입니다. 저를 그 길에서 구해 주옵소서. 아멘.

욥기 4장 7-8절 7 생각하여 보라 죄 없이 망한 자가 누구인가 정직한 자의 끊어짐이 어디 있는가 8 내가 보건대 악을 밭 갈고 독을 뿌리는 자는 그대로 거두나니.

● 숨겨진 하나님의 질서

도덕주의. 욥은 사실상 모든 것을 잃었다. 그런 그에게 "친구"라는 엘리바스는 의인은 복을 받고 악인은 저주를 받는다고 말한다. 욥의 고난이 그의 잘못 때문이라는 것이다. 엘리바스의 말은 놀랍게도 잠언처럼 들린다. 실제로 도덕 질서가 존재해서 대체로 선악에 각각 상벌이 따르기 때문이다. 그러나 엘리바스는 우리에게 선물로 주어지는 것은 하나도 없이 전부 공을 쌓아 얻어내야 한다고 생각하는 도덕주의자다. 그가 보는 세상은 거의 기계 같아서 우리의 도덕적 행동으로 통제가 가능하다. 그런 관점대로라면 우리는 환난이 닥칠 때마다 슬픈 정도가 아니라 파멸에 떨어질 것이다. 전부 자신의 잘못으로 느껴질 테니 말이다.

그의 생각과 달리 우리는 세 가지를 알아야 한다. 첫째, 모든 사람은 정죄받아 마땅하므로(롬 3:10-12, 20, 23) 우리는 다 하나님의 은혜로만 살아간다. 둘째, 고난은 우리를 바로잡거나 깨우치기 위함일 수 있으나 모든 경우가 꼭 그런 것은 아니다. 우리는 하나님의 선한 목적이 숨겨져 있음을 알 뿐이다. 셋째, 선악에는 물론 상벌이 따르겠지만 "하나님이 예수 그리스도로 말미암아 사람들의 은밀한 것을 심판하시는 그날"(롬 2:16)까지는 부분적일 수밖에 없음을 알아야 한다.

하나님의 목적이 보이지 않아도 그분을 신뢰할 수 있는가?

오늘의 마중물 기도. 주님, 이 땅에서 제가 겪는 고통스러운 경험들도 다 주님의 자비로운 선물입니다. 이 진리는 사실 충격적이지만 제게 깊은 위안이 됩니다. 제 시각과 균형 감각이 바르게 잡혀야 이 사실을 오해하지 않을 수 있사오니, 성령으로 제 시각을 치유해 주옵소서. 아멘.

03 / 17

욥기 5장 7절 사람은 고생을 위하여 났으니 불꽃이 위로 날아가는 것 같으니라.

● 숨겨진 하나님의 질서

고난을 이상히 여기지 말라. **불꽃이 위로 날아가는 것**이 당연하듯이 인간의 고난도 불가피하다. 창세기 3장 17-19절에 하나님이 그렇게 말씀하셨다. 그러니 고난에 충격을 받아서는 안 된다. 현대인은 고난에 유독 큰 상처를 입는다. 우리는 과학 기술과 민주적 제도를 과신한다. 물질주의 세속 문화에 길들여져 행복을 다분히 외모, 재물, 쾌락처럼 덧없는 것에서 찾으려 한다.

그러나 지혜로운 사람은 고난에 준비되어 있다. 실제로 사람들이 역경 중에 경험하는 고통스러운 감정은 대부분 자신에게 고난이 닥쳤다는 충격과 경악일 때가 많다. 많은 그리스도인조차도 하나님이 자기에게는 큰 우환이 닥치게 하지 않으실 거라고 믿는다. 하지만 예수님이 친히 그게 틀렸음을 입증하셨다. 완전한 인간이신 그분께도 하나님이 더 크고 놀라운 선을 위해 처참한 고난을 허락하셨거늘 왜 우리에게는 그런 일이 없을 거라고 생각하는가? "사랑하는 자들아 …… 불 시험을 이상한 일 당하는 것같이 이상히 여기지 말고"(벧전 4:12).

당신은 고난 속에서 어떻게 예수님과 교제를 나눌 수 있겠는가?

오늘의 마중물 기도. 주님, 복음서에서 주님의 생애를 읽노라면 책장을 넘길 때마다 거부당하며 고통을 겪으시는 주님이 보입니다. 그런데도 이상하게 제 삶은 당연히 주님의 삶보다 나아야 한다는 생각이 있습니다. 고난에 관한 한 제 마음은 미련하기 짝이 없습니다! 저를 고난에 준비시켜 주옵소서. 아멘.

욥기 14장 13-15절 13 주는 나를 스올에 감추시며 주의 진노를 돌이키실 때까지 나를 숨기시고 나를 위하여 규례를 정하시고 나를 기억하옵소서 14 장정이라도 죽으면 어찌 다시 살리이까 나는 나의 모든 고난의 날 동안을 참으면서 풀려나기를 기다리겠나이다 15 주께서는 나를 부르시겠고 나는 대답하겠나이다 주께서는 주의 손으로 지으신 것을 기다리시겠나이다.

● 숨겨진 하나님의 질서

구원에 대한 신뢰. 그 당시 사람들이 알던 것과는 반대로 욥은 부활의 희망이 있었다. **장정이라도 죽으면 어찌 다시 살리이까.** 하나님께 그는 자기를 무덤에 두신 후에 기억해 주시고 **풀려나게** 해 달라고 구했다. 왜 욥에게 이런 희망이 있었을까? **주께서는 주의 손으로 지으신 것을 기다리시겠나이다**가 그 답이다. 여기 '기다린다'라는 단어는 사랑으로 열망한다는 뜻이다. 욥은 이렇게 말한 셈이다. "주께서 저를 사랑하심을 압니다. 그 사랑이 어찌나 뜨거우신지 저를 죽음에 버려두지 않으실 것도 믿습니다. 그것이 제 소망입니다."

욥은 하나님의 사랑을 충분히 알았기에 고난 중에도 그분을 신뢰했다. 그렇다면 우리는 얼마나 더 그래야 하겠는가? 예수님의 허락 없이는 죽음과 지옥조차도 우리와 그분을 갈라놓을 수 없다. 그 증거가 우리에게 있으니 곧 그분이 우리를 위해 무한한 고난까지도 기꺼이 당하셨다는 사실이다. 게다가 우리는 부활에 대한 명시적 약속까지 받았다. 우리가 아는 그분은 사랑으로 우리를 열망하시는 분이며 또한 전능하신 분이다. 그러니 그분을 신뢰할 수 있다.

―――――

예수님은 이 세상에서 또는 무덤 저편의 부활을 통해 당신을 고난으로부터 구해 주신다. 그런 그분을 신뢰하는가?

오늘의 마중물 기도. 주님, 저를 사랑으로 열망하시는 주님을 말씀에서 대하며 저 또한 주님을 열망하게 됩니다. 주님은 저를 어찌나 열망하셨던지 기꺼이 깊은 데까지 들어가 저를 위해 죽으셨습니다. 그렇게 저를 살리셨습니다. 저도 오늘 주님을 위해 견뎌야 할 일을 불평 없이 견디겠습니다. 아멘.

욥기 28장 20-24, 28절   20 그런즉 지혜는 어디서 오며 명철이 머무는 곳은 어디인고 21 모든 생물의 눈에 숨겨졌고 공중의 새에게 가려졌으며 22 멸망과 사망도 이르기를 우리가 귀로 그 소문은 들었다 하느니라 23 하나님이 그 길을 아시며 있는 곳을 아시나니 24 이는 그가 땅끝까지 감찰하시며 온 천하를 살피시며 28 또 사람에게 말씀하셨도다 보라 주를 경외함이 지혜요 악을 떠남이 명철이니라.

● 숨겨진 하나님의 질서

진부한 답을 거부하라.   완전한 **지혜**, 즉 어떤 일이 발생하는 이유와 그 의미를 참으로 이해하는 능력은 우리가 알 수 없게 **숨겨져** 있다. 하나님만이 다 보신다. 우리로서는 궁극의 지혜를 얻을 수 없음을 아는 게 지혜의 정점이다. 도덕주의자는 착한 사람에게 고난이 없다고 확신하다가 막상 고난이 닥치면 깊은 환멸에 빠진다. 냉소주의자는 어떤 일에도 질서나 목적이 없다고 웃어넘기며 고난에 오기로 맞선다. 그러나 질서나 목적이 없다는 생각은 우리 힘으로 그것을 알아낼 수 있다는 생각만큼이나 미련하다. 지혜로운 접근은 그런 단순논리가 아니다. "참된 지혜는 …… 모든 진부한 답을 거부한다. 진부한 답은 우리가 다 안다거나 아예 전혀 알 수 없다고 말한다."[29] 우리로서는 궁극의 지혜는 알 수 없으나, 현실의 지혜는 **주를 경외함**을 통해 알 수 있다. 의미의 문제, 길잡이로 삼을 전반적 도덕 원리, 특히 인생을 헤쳐 나가는 데 필요한 하나님의 임재 등에 대한 기본 답이 거기서 나온다.

예수님의 얼굴을 사랑으로 바라보는가? 그분 외에 또 어떤 조건이 채워져야 만족하겠는가? 하나하나 꼽아 본 뒤에, 그런 것에 과도히 의지하는 잘못을 회개하라.

오늘의 마중물 기도.   주님, 사별했거나 고난 중인 사람을 만날 때 자꾸 영적이고 상투적인 말을 늘어놓게 됩니다. 제 입을 막아 주옵소서. 예수님은 의문에 일일이 답하시는 게 아니라 그냥 함께 계심으로써 저를 위로해 주셨습니다. 저도 사람들을 그렇게 위로하도록 가르쳐 주옵소서. 아멘.

욥기 35장 9-11절 9 사람은 학대가 많으므로 부르짖으며 군주들의 힘에 눌려 소리치나 10 나를 지으신 하나님은 어디 계시냐고 하며 밤에 노래를 주시는 자가 어디 계시냐고 말하는 자가 없구나 11 땅의 짐승들보다도 우리를 더욱 가르치고 하늘의 새들보다도 우리를 더욱 지혜롭게 하시는 이가 어디 계시냐고 말하는 이도 없구나.

● 숨겨진 하나님의 질서

밤에 부르는 노래. 엘리후라는 젊은이가 일어나 욥과 그의 친구들을 꾸짖는다. 그의 말대로 하나님은 고난을 통해 **하늘의 새들보다도 우리를 더욱 지혜롭게** 하실 수 있다. 고난은 우리의 과신을 꺾는다. 고난은 우리가 늘 하나님께 의존할 수밖에 없는 무력한 존재임을 보여 준다. 여태 우리가 그 사실을 몰랐을 뿐이다. 고난은 우리의 최악의 모습을 드러내, 그때까지 보지 못했던 인격적 결함을 보게 한다. 고난 덕분에 우리는 남을 더 이해하며 따뜻하게 대할 수 있다. 하나님께 무엇을 얻어서가 아니라 오직 하나님을 사랑하는 법도 고난 중에 배울 수 있다.

고난은 이 모든 일을 해 줄 수 있으나 반대로 우리를 망가뜨려 한이 맺히게 할 수도 있다. 그 차이는 어디서 올까? **나를 지으신 하나님**께 **밤에 노래를** 부르는 데서 온다. 어두운 시절에도 계속 하나님께 노래하라. 그분을 찬양하라. 구원처럼 결코 빼앗길 수 없는 좋은 것을 받았으니 찬양하라. 그렇게 노래할 때 하나님이 함께하신다. "네 슬픔과 괴로움 낙이 됨은 복 주시는 예수 늘 계심일세."[30]

당신에게 주어진 좋은 것들, 그동안 일어난 좋은 일들을 생각해 보라. 이 모두를 하나님이 당신에게 왜 주셨겠는가? 당신을 향한 그 사랑을 인해 그분을 찬양하라.

오늘의 마중물 기도. 아버지, 어려울 때일수록 주님을 찬양하겠습니다. 지난날 제게 베푸신 은혜, 늘 함께하시는 임재, 제게 약속된 엄청난 미래를 찬양하겠습니다. 그렇게 노래하는 동안 "주님 은혜 영광의 광채에 세상 근심이 사라지게" 하옵소서.[31] 아멘.

03/21

욥기 23장 10절 그러나 내가 가는 길을 그가 아시나니 그가 나를 단련하신 후에는 내가 순금같이 되어 나오리라.

● 숨겨진 하나님의 질서

순금. 욥은 칠흑같이 캄캄한 시절을 지나는 중이었다. 욥의 말은 고통 중의 절규와 별로 다를 바 없었다. 믿음이 아주 강한 사람도 이런 영적 골짜기를 피할 수 없다. 또 하나 기억할 게 있다. 욥은 나중에 후회할 말을 할 때조차도 여전히 기도하고 있었다. 물론 하소연하며 울부짖지만 그 대상이 하나님이었다. 그러므로 고난 때문에 결코 기도와 예배를 중단해서는 안 된다.

왜 그럴까? 오늘 본문에서 보듯이 욥도 최고의 정점에는 깨달았기 때문이다. 이 고난이 벌이 아니라 정화의 과정이며, 끝까지 하나님을 붙들면 자신이 **순금**처럼 되리라는 사실을 말이다. 그래서 욥은 이렇게 고백한다. "나는 몰라도 하나님은 어련히 알아서 하신다. 그분을 붙들기만 하면 나도 불속을 통과하는 금처럼 값지게 **단련**될 것이다." 이전에는 고난을 무의미하게 여기던 그가 이제 고난을 통해 자신이 하나님 앞에 늘 되고 싶었던 모습이 될 수 있음을 깨달았다. "욥은 자신이 하나님께 소중한 존재임을 고백했다. 귀금속만이 불속에 집어넣어진다."[32]

하나님은 당신을 사랑하시기에 단련하신다. 당신의 하나님관은 그런 그분을 받아들일 만큼 충분히 큰가?

오늘의 마중물 기도. 주님, 뭐라고 기도해야 할지 막막할 때조차 주님께 있는 모습 그대로 나아가기 원합니다. 답답하면 답답하다고 말씀드리겠습니다. 캄캄한 시절이라고 뒤로 물러나 저 혼자 말하고 생각하지 않도록 막아 주옵소서. 기도를 쉬지 않기를 기도합니다. 기도하려는 마음을 제게 주시고, 주님의 얼굴을 보여 주옵소서. 아멘.

욥기 42장 5-6절 5 내가 주께 대하여 귀로 듣기만 하였사오나 이제는 눈으로 주를 뵈옵나이다 6 그러므로 내가 스스로 거두어들이고 티끌과 재 가운데에서 회개하나이다.

● 숨겨진 하나님의 질서

사탄의 패배. 결국 하나님이 나타나 말씀하신다. 단순히 그분이 만물을 지으셨고 아시며, 그분 외에는 아무도 그런 자가 없다고 선포하신다. 욥은 설명을 바랐고 친구들은 단죄를 기대했으나 하나님은 양쪽 다 하지 않으셨다. 이로써 도덕주의는 논박되고, 하나님이 동떨어져 계시다고 주장하는 냉소주의도 마찬가지였다. 하나님이 욥을 정죄하지 않으셨다는 사실 자체가 이 고난이 벌이 아니었다는 증거다. 아울러 하나님이 나타나셨는데도 욥이 즉사하지 않았다는 사실은 그가 믿음으로 하나님과 바른 관계에 있었다는 증거다.

욥은 **회개**하지만 죄 때문은 아니다. 처음부터 죄는 이슈가 아니었다. 욥은 그때까지 자기를 정당화하며 설명을 요구하던 자세를 거두었다. 하나님이 만일 설명해 주셨다면 욥은 영원한 명성을 얻으려고 그분께 순종하고 싶어졌을지도 모른다. 대신 욥은 "하나님이시라는 이유만으로 하나님을 섬기겠습니다"라고 고백한다. 하나님을 하나님 자체로서 사랑한 것이다. 이로써 사탄은 패배했다. 성경에 증언된 살아 계신 하나님을 그분의 말씀과 성령을 통해 만나면 마음속의 모든 변명과 요구와 불평이 죽는다. 그분은 하나님이시며 당신을 사랑하신다.

당신의 하나님관이 너무 좁다면 그분께 넓혀 달라고 기도하라.

오늘의 마중물 기도. 아버지, 제게 가장 필요한 것은 논리와 설명이 아니라 주님을 똑똑히 보고 주님의 거룩하심과 위엄과 영광에 취하는 일입니다. 제 마음의 눈을 밝혀 믿음으로 주님의 영광을 보게 하옵소서. 그러면 족하겠나이다. 아멘.

욥기 4장 7절 생각하여 보라, 죄 없이 망한 자가 누구인가 정직한 자의 끊어짐이 어디 있는가. 이사야 53장 5, 9절 5 그가 찔림은 우리의 허물 때문이요 그가 상함은 우리의 죄악 때문이라 그가 징계를 받으므로 우리는 평화를 누리고 그가 채찍에 맞으므로 우리는 나음을 받았도다 9 그는 강포를 행하지 아니하였고 그의 입에 거짓이 없었으나 그의 무덤이 악인들과 함께 있었으며 그가 죽은 후에 부자와 함께 있었도다.

● 숨겨진 하나님의 질서

궁극의 욥. 욥처럼 우리에게도 고난에 대한 설명이 다 주어지지는 않는다. 그러나 우리는 욥이 몰랐던 사실을 안다. 하나님이 친히 우리의 어둠 속에 오셔서 아무런 **죄 없이 망하셨다.** 예수님도 하나님의 부재, 친구의 배반, 몸의 고통, 벌거벗음의 수치를 경험하셨다. 하나님께 온전히 순종하면 자신이 지옥에 완전히 버림받고 죽으실 것을 예수님은 겟세마네에서 보셨다. 일찍이 그런 상황에 부딪친 사람은 아무도 없었다. 예수님은 정말 아무것도 바라지 않고 하나님을 섬기셨다.

예수님을 공격했던 악은 마침내 자멸했다. 예수님이 우리 죄를 위해 죽으셨다는 사실은 장차 하나님이 우리를 멸하시지 않고도 세상의 모든 악과 고난을 심판해 멸하실 수 있다는 뜻이다. "이것이 욥과 인류의 모든 욥들에게 주어진 최종 답이다."[33] 고난당할 때 예수님이 걸으신 그 길을 우리도 똑같이 걷는다. 혼자가 아니다. 그 길만이 우리를 그분께로 데려간다.

나쁜 일을 당하면 당신은 설명이 주어질 때까지 하나님을 향한 온전한 신뢰를 유보하는가? 당신을 위해 죄 없이 고난당하신 예수님을 생각해서라도 기꺼이 그런 요구를 버리고 당신의 길을 그분께 맡기지 않겠는가?

오늘의 마중물 기도. 주님, 주님은 사드락과 메삭과 아벳느고만 풀무불에 두지 않으시고 친히 그 속에서 그들과 함께 다니셨습니다(단 3:25). 저도 연단의 불을 통과할 때 주님의 임재를 알게 하옵소서. 아멘.

Part 3.

오늘,
사람의 마음을 더 깊이
알다

잠언 4장 14-16절   14 사악한 자의 길에 들어가지 말며 악인의 길로 다니지 말지어다 15 그의 길을 피하고 지나가지 말며 돌이켜 떠나갈지어다 16 그들은 악을 행하지 못하면 자지 못하며 사람을 넘어뜨리지 못하면 잠이 오지 아니하며.

● 마음

행동이 마음을 빚는다.   길은 늘 우리를 어딘가로 데려간다. 인생이 길에 비유됨은 모든 행동이 우리를 어딘가로 데려가기 때문이다. 즉 행동이 우리를 변화시켜 그 행동을 반복하기가 쉬워진다. 결국은 잔인하고 이기적인 행동도 아주 자연스러워져 그렇게 행하지 않고는 자지 못하게 된다. "생각을 심으면 행동을 거두고, 행동을 심으면 습관을 거두고, 습관을 심으면 성품을 거두고, 성품을 심으면 운명을 거둔다."[1]

현대인은 감정이 행동을 결정짓는다고 생각한다. 사랑의 감정이 없다면 사랑의 행위는 위선이라는 것이다. 그러나 잠언에서는 행동이 감정을 빚는다고 말한다. 그러므로 상대에게 사랑이 느껴지지 않는다고 가만히 있어서는 안 된다. 사랑의 행동을 하라. 그러면 대개 감정도 따라온다. 원수를 사랑하라는 예수님의 말씀(마 5:43-48)은 따뜻한 감정을 지어내라는 뜻이 아니다. 희생을 감수해서라도 원수를 이롭게 하라는 말씀이다. 그러므로 사랑의 행동을 시작하라. 그 길에 들어서라. 그러면 마음도 변화된다.

———

당신 주위에 사랑하기 힘든 사람을 한 명 떠올려 보라. 이제부터 그 사람을 더 잘 사랑하기 위해 당신이 할 수 있는 구체적인 행동은 무엇인가?

오늘의 마중물 기도.   주님, 제 감정은 너무 제멋대로입니다. 마음의 말을 듣기만 할 게 아니라 제 마음을 타이르는 법을 가르쳐 주옵소서(시 42:5; 103:1-5). 마음을 다스리기로 작정하오니 주님이 명하신 대로 사랑하고 순종하게 도와주옵소서. 아멘.

잠언 4장 18-19절 18 의인의 길은 돋는 햇살 같아서 크게 빛나 한낮의 광명에 이르거니와 19 악인의 길은 어둠 같아서 그가 걸려 넘어져도 그것이 무엇인지 깨닫지 못하느니라.

● 마음

눈이 뜨이다. 사랑의 **길**과 이기적인 **길**은 종착점만 아니라 과정도 다르다. 전자는 점점 환해지지만 후자는 어두워진다. **어둠**은 자기기만이 점점 심해진다는 뜻이다. 우리는 이렇게 말한다. "나는 교만한 게 아니라 자신감이 있을 뿐이다. 마찰을 일으키는 게 아니라 직선적일 뿐이다. 욕심이 많은 게 아니라 사업 감각이 예리할 뿐이다." 자아의 길을 따를수록 이런 부정(否定)이 더 생활화되어, 결국 삶이 무너져도 자기가 무엇에 걸려 넘어졌는지조차 모른다. 자기기만이 우리가 범할 수 있는 최악의 오류는 아니지만, 온갖 최악의 행위가 거기서 비롯된다. 현재 내 삶을 가장 망가뜨리고 있는 죄는 내가 보지 못하는 죄다.

반면에 은혜에서 자라 가는 사람(벧후 3:18)은 **크게 빛나는** 길로 다닌다. 하나님과 자신에게 여태 부정하던 내용이 점점 더 많이 보인다. 왜 그럴까? 복음으로 하나님의 사랑을 철저히 확신하기에 우리는 자신의 최악의 모습을 인정할 수 있다. 그 사랑의 기초는 우리 행위가 아니라 그리스도가 이루신 일이므로, 이제 자신의 잘못을 인정해도 안전하다.

———

두세 명의 가까운 친구에게 이렇게 물어보라. "남들 눈에는 보이는데 나는 잘 보지 못하는 내 성격 결함이 뭔지 알려 줘."

오늘의 마중물 기도. 주님, 제 숨은 허물을 보여 주옵소서. 아멘.

잠언 4장 23-26절 23 모든 지킬 만한 것 중에 더욱 네 마음을 지키라 생명의 근원이 이에서 남이니라 24 구부러진 말을 네 입에서 버리며 비뚤어진 말을 네 입술에서 멀리하라 25 네 눈은 바로 보며 네 눈꺼풀은 네 앞을 곧게 살펴 26 네 발이 행할 길을 평탄하게 하며 네 모든 길을 든든히 하라.

● 마음

마음이 행동을 빚는다. 성경에서 **마음**은 주로 감정의 자리가 아니다. 이성의 자리인 머리와 대비되는 개념이 아니다. 마음은 가장 깊은 신뢰와 헌신과 사랑의 자리이며, **생명의 근원**이다. 마음이 가장 사랑하고 신뢰하는 것을 지성은 합리적이라 여기고, 감정은 탐스럽게 여기며, 의지는 행동 가능하게 여긴다.

마음을 어떻게 지킬 것인가? 중앙 통제소는 결국 마음이지만 본문에 암시되어 있듯이 우리의 **말**과 **눈**과 **발**이 마음에 영향을 미칠 수 있다. 대상을 자꾸 탐스럽게 바라보면 그것이 상상을 통해 마음을 사로잡을 수 있다(여호수아 7장의 아간도 보물을 보다가 탐이 나서 결국 훔쳤다). 상대에게 극언을 하면 마음까지 독해질 수 있다. 지혜 쪽으로 **마음**을 지키는 최선의 길은 예배다. 예배할 때는 입과 머리와 상상과 몸이 다 하나님께로 향한다.

지금 당신이 마음을 지키지 못하고 있는 부분이 있는가? 마음을 하나님과 멀어지게 하는 무언가를 보거나 그런 행동을 하고 있는가?

오늘의 마중물 기도. 주님, 마음을 지키게 도와주옵소서. 몸에 나쁜 것을 먹거나 흡입하고 싶지 않듯이, 상상과 상념을 통해 제 마음속에 해로운 이미지나 신념을 들여놓지 않도록 지혜와 자제력을 주옵소서. 아멘.

잠언 16장 2절 사람의 행위가 자기 보기에는 모두 깨끗하여도 여호와는 심령을 감찰하시느니라.

● 마음

하나님과 마음. 스스로의 동기가 결코 깨끗하지 않았음을 모르는 사람은 자신을 모른다. 우리에게는 동기가 늘 선해 보여도 **감찰**하시는 주님께는 그렇지 않다. 이는 우리의 결정과 관계에 지대한 영향을 미친다. 늘 스스로 진실하고 깨끗하다고 자신하는 사람은 충동적으로 속단하곤 한다. 어떤 대안은 아주 무시하면서 다른 개념에는 끈덕지게 집착한다.

자기 마음을 의지하지 않으면 두 가지 상반된 과오를 면할 수 있다. 첫 번째 과오는 우리 양심이 너무 느슨해지는 것이다. "내가 자책할 아무것도 깨닫지 못하나 이로 말미암아 의롭다 함을 얻지 못하노라"(고전 4:4). 자신의 감정 대신 하나님의 말씀을 따르라. 성경에 잘못이라고 했으면 잘못이다. 다른 하나는 우리 마음이 자신에게 너무 엄할 수 있다. "우리 마음이 혹 우리를 책망할 일이 있어도 하나님은 우리 마음보다 크시고"(요일 3:20). 자기 감정 대신 복음을 따르라. 우리가 사랑받음은 우리 마음과 삶이 완전해서가 아니라 그리스도 덕분이다. 하나님의 말씀이 우리를 든든히 세워주지 않으면(행 20:32) 우리는 불필요한 죄책감에 빠지거나 자신이 깨끗하다는 착각에 빠진다.

———

이 두 과오 가운데 당신이 더 빠지기 쉬운 쪽은 무엇인가? 어떤 조치를 취할 수 있겠는가?

오늘의 마중물 기도. 주님, 제 마음은 과민한 양심이나 무디어진 양심을 통해 제 힘으로 얻는 구원의 길을 고집합니다. 둘 다 제가 예수님으로 말미암아 순전히 은혜로 구원받았음을 믿지 않으려는 태도입니다. 성령의 능력으로 제 속사람의 가장 깊은 중심에까지 복음이 뿌리박히게 하옵소서. 아멘.

잠언 20장 9절   내가 내 마음을 정(淨)하게 하였다 내 죄를 깨끗하게 하였다 할 자가 누구냐.

● 마음

의인은 하나도 없다.   잠언은 인간 스스로 노력해서 선해질 수 있다고 말하는 듯 보인다. 그러나 책의 중요한 대목마다 지혜가 은혜의 선물임이 환기된다. 이번 본문도 그중 하나다. 아무도 스스로 선해질 수 없다. 비슷하게 "의인은 없나니 하나도 없다"(롬 3:10). "주께서 죄악을 지켜보실진대 주여 누가 서리이까"(시 130:3). 이 진리는 어떻게 우리를 지혜롭게 해 주는가?

첫째, 이는 모든 사람이 잃은 바 된 존재라는 뜻이다. 정하고 깨끗하다는 말은 하나님 앞에 받아들여질 만하다는 뜻인데, 그런 사람은 아무도 없다. 위에 인용한 시편 말씀처럼 아무도 하나님 앞에 설 수 없다. 그래서 지혜로운 사람은 세상을 '착한 사람'과 '나쁜 사람'으로 가르지 않는다. 도덕적인 사람이나 부도덕한 사람이나 방식만 다를 뿐 하나님과 분리되어 있기는 마찬가지다. 둘째, 하나님이 은혜로 구원해 주셔야 한다는 뜻이다. 그래서 지혜로운 사람이 의롭게 살려고 열심히 애쓰는 동기는 그리스도 안에서 값없이 받은 구원이 감사하고 기뻐서다. 구원받을 자격을 얻어내기 위해 의를 추구해야 한다면 이는 감당 못할 고역스러운 동기다. 지혜로운 사람은 거기서 벗어난다.

당신은 세상을 '선한' 부류와 '악한' 부류로 나누는 경향이 있는가? 이는 죄에 대한 건전한 교리에 어떻게 어긋나는가?

오늘의 마중물 기도.   주님, 인간이 이토록 악하다는 데 실망하기보다는 주님의 은혜로 이토록 선해진 사람이 아주 많다는 데 놀라게 하옵소서. 주님처럼 저도 죄인들을 은혜로 대하게 하옵소서. 아멘.

잠언 28장 13절　자기의 죄를 숨기는 자는 형통하지 못하나 죄를 자복하고 버리는 자는 불쌍히 여김을 받으리라.

● 마음

자백. 우리가 죄를 덮으려 하면 하나님이 드러내신다. 우리가 죄를 드러내면 하나님이 **불쌍히** 여겨 덮어 주신다. 우리는 어떻게 남에게 죄를 숨기는가? 거짓말한다. 책임을 전가하며 변명한다. 상관하지 말라며 자신이 잘한 일을 내세운다. 의도가 선했다거나 행동 자체가 나쁘지는 않았다고 합리화한다.

우리는 스스로에게도 죄를 숨긴다. 어떻게든 정당화한다. 말로만 인정할 뿐 죄를 버리지 않는다. 하지만 핑계에도 불구하고 속으로는 자신이 죄인임을 안다. 자신에게 무언가 심각한 문제가 있음을 안다. 이는 우리 심리 생활에 심한 불균형을 초래하고, 거기서 식생활 장애, 불안, 약물 남용, 과로, 분노 등 많은 병폐가 파생된다. 인정받으려는 욕구에 떠밀려 잘못된 관계를 유지하거나 심지어 계속 학대를 감수하기도 한다. 해답은 무엇인가? "만일 우리가 우리 죄를 자백하면 …… 아버지 앞에서 우리에게 대언자가 있으니 곧 의로우신 예수 그리스도시라 그는 우리 죄를 위한 화목 제물이니"(요일 1:9; 2:1-2).

당신이 남에게나 자신에게나 죄를 숨기는 가장 대표적인 수법은 무엇인가?

오늘의 마중물 기도.　주님, 저는 깨끗한 양심이 필요하고 또 그것을 원합니다. 하지만 양심에 어긋나는 부분을 십분 인정하지 않고는 불가능한 일이겠지요. 숨기고 있는 제 죄를 드러내 주옵소서. 그래서 자백하게 하옵소서. 저를 불쌍히 여겨 주옵소서. 주님의 무한한 자비로 제 죄를 덮어 주옵소서. 아멘.

잠언 15장 14절 명철한 자의 마음은 지식을 요구하고 미련한 자의 입은 미련한 것을 즐기느니라.

● 마음

명철한 마음. **미련한 자**는 **입**만 살아서 늘 미련함을 뿜어낸다. 그러나 지혜로운 사람은 마음을 중시하므로 모든 새로운 경험을 통해 마음이 더 명철해진다. 애거사 크리스티의 추리소설을 극화한 텔레비전 프로그램에 보면, 런던 경찰국의 은퇴 경감은 한 의심 많은 친구에게 마플 양이 영국 최고의 범죄학자임을 이렇게 설명한다. "겉보기에는 그냥 수더분하고 조용한 노처녀지만 머릿속으로 인간의 악을 속속들이 간파하고 있다네. 그것도 아주 일상적으로 말일세. 평생을 세인트 메리 미드라는 작은 시골 마을에 산 사람치고는 대단한 일이지! 세상을 그 마을과 그곳의 일상생활이라는 프리즘을 통해서만 아는데도, 워낙 마을을 훤히 꿰고 있다 보니 세상을 다 아는 것 같거든."[2] 최고의 지혜이신 예수님처럼 그녀도 사람을 사랑했지만 인간의 본성에 의지하지는 않았다(요 2:23-25). 지혜의 비밀은 우리의 평범한 경험 속에 숨어 있다. 거기서 배울 줄만 안다면 말이다. 하나님께 명철한 마음을 길러 달라고 기도하라.

———

지난 한 해 동안 당신이 하나님께 힘입어 더 명철해진 분야나 방식은 무엇인가?

오늘의 마중물 기도. 주님, 주님은 지혜의 최고 스승이십니다. 제자들과 함께 앉아 비유로 가르쳐 주셨지요. 저도 경험에서 지혜를 배우게 도와주옵소서. 앞으로 기도와 독서와 고독에 더 시간을 쓰겠습니다. 명철을 내려 주옵소서. 아멘.

잠언 27장 19절 물에 비치면 얼굴이 서로 같은 것같이 사람의 마음도 서로 비치느니라.

● 마음

내성적인가, 외향적인가. 물에 **얼굴이 비치듯이 사람의 마음도 서로 비친다.** 그런데 누구의 마음과 삶을 두고 하는 말일까? 내 마음속이 어떤지 알려면 지나온 삶을 돌아봐야 한다는 말일까? 어거스틴이 《참회록》(Confessions)에서 했던 것처럼 말이다. 아니면 남을 앎으로써 내 마음도 파악할 수 있다는 뜻일까? 예컨대 자기 결혼 생활의 문제가 무엇인지 알려면 부부 관계가 힘든 친구를 상담하며 돕는 것보다 더 좋은 방법은 없다.

이 잠언의 중의성이 의도적이라 볼 만한 충분한 이유가 있다. 참으로 지혜롭게 자아를 알려면 두 방법을 다 써야 한다. 내성적인 사람은 본래 자기 삶을 성찰하는 성향이 강하고, 외향적인 사람은 남의 삶에 개입하는 편이다. 하지만 자신을 알려면 양쪽 방식이 다 필요하다. 내성적인 사람은 더 밖으로 나가야 하고, 외향적인 사람은 홀로 생각하는 시간을 더 가져야 한다.

———

당신은 내성적인 편인가, 외향적인 편인가? 평소에 잘 쓰지 않던 지혜의 방식을 어떻게 지금부터 활용할 수 있겠는가?

오늘의 마중물 기도. "자기 허물을 능히 깨달을 자 누구리요 나를 숨은 허물에서 벗어나게 하옵소서 또 주의 종에게 고의로 죄를 짓지 말게 하사 그 죄가 나를 주장하지 못하게 하옵소서"(시 19:12-13). 주님, 이 기도를 응답하실 주님께 제가 어떻게 협력해야 하는지 알려 주옵소서. 아멘.

04/01

잠언 26장 23-25절 23 온유한 입술에 악한 마음은 낮은 은을 입힌 토기니라 24 원수는 입술로는 꾸미고 속으로는 속임을 품나니 25 그 말이 좋을지라도 믿지 말 것은 그 마음에 일곱 가지 가증한 것이 있음이니라.

● 마음

겉과 속의 구별. 23절에 비유된 그릇은 보기에는 순은 같지만 **낮은 은을 입힌** 하찮은 **토기**에 불과하다. 겉과 속의 구별은 성경의 지혜에서 매우 중요하다. 조지 맥도널드의 동화《공주와 난쟁이, 공주와 커디》(The Princess and Curdie, 현대지성사 역간)의 주인공은 비상한 능력이 있다. 상대의 손만 만져 보면 내면의 진짜 성품을 파악할 수 있다. 그가 악수하는 미녀나 미남의 손이 맹금의 발톱일 수도 있고, 거꾸로 괴물의 손을 잡았는데 마음씨 고운 아이의 손가락일 수도 있다. 물론 이 능력 덕분에 그는 승리한다.

경건한 지혜가 자랄수록 우리도 세상을 이기는 능력이 커진다. "지혜로운 사람은 위선의 가면을 꿰뚫어 보고 신뢰를 거두어들인다. 거짓말쟁이를 액면 그대로 받아들이지 않는다."³ 자화자찬, 가짜 뉴스, 대안적 사실, 이성의 실종 등이 판치는 이 시대 문화 속에서 지혜롭게 살아가려면 선의 탈을 쓴 악을 분간하는 능력이 더없이 중요하다.

당신이 남의 성품과 의도를 심각하게 잘못 짚었던 때를 떠올려 보라. 상대의 겉으로 드러난 매력 때문이었을 수도 있다. 똑같은 실수를 반복할 소지가 얼마나 되는가?

오늘의 마중물 기도. 주님, 제가 살고 있는 이 문화는 온통 이미지와 미모에 혈안이 되어 있습니다. 외모에 휩쓸리지 않게 하옵소서. 겉모습 때문에 사람을 편애하지 않게 하옵소서. 가장 아름다우신 예수님도 사람의 눈길을 끌 만큼 아름답지 못하셨음을 기억하게 하옵소서(사 53:2). 아멘.

잠언 20장 5절　사람의 마음에 있는 모략은 깊은 물 같으니라 그럴지라도 명철한 사람은 그것을 길어 내느니라.

● 마음

깊은 물. 무언가 숨기고 싶을 때 좋은 방법은 깊은 물속에 던지는 것이다. 인간의 마음속 동기도 잘 보이지 않는다. 그러나 "상대가 아무리 숨기려 해도 지혜로운 사람은 그 흉중을 겉으로 이끌어 낼 수 있다."[4] 지혜로운 사람은 능히 자신과 타인의 동기를 분별한다는 말이다. 누구나 자신이 고상한 동기로 진실을 말한다고 생각하겠지만, 사실은 정서 불안이나 적개심에 이끌린 것일 수 있다. 아무리 내 편이라고 힘주어 말하는 사람도 사실은 자신의 목적에 나를 이용하는 것일 수 있다.

물론 자칫 지나친 의심 내지 편집증에 빠지거나(28:1) 아예 무자비해질 가능성도 있다(고전 13:7). 이 또한 잘못된 결정을 낳기는 무턱대고 믿는 순진함 못지않다. **명철**함은 하나님의 선물이다(2:6; 9:10). 마음을 분별하는 이 능력을 무슨 기술로 볼 게 아니라 유일하게 모든 심령을 밑바닥까지 감찰하시는 분(16:2)의 은사로 보는 게 좋다. 시시콜콜한 징후를 찾아내 "거짓을 탐지하려" 하지 말라. 명철해지려면 지혜가 자라면서 이에 수반해 자신을 알아야 한다. "나 자신의 마음이" 다른 누구도 필요 없이 "불경한 부류의 악을 내게 보여 준다"(시 36:1).[5]

———

당신은 얼마나 속기 쉬운 사람인가?

오늘의 마중물 기도. 주님, 지혜로워지고 싶은데 속아 넘어간 적이 많습니다. 그렇다고 사사건건 의심하고 싶지도 않습니다. 제게 사람의 마음을 꿰뚫어 보는 명철함을 주옵소서. 믿을 사람은 믿고 조심할 사람은 조심하게 하옵소서. 아멘.

잠언 10장 24절; 11장 6절; 19장 2절 **24** 악인에게는 그의 두려워하는 것이 임하거니와 의인은 그 원하는 것이 이루어지느니라 …… **6** 정직한 자의 공의는 자기를 건지려니와 사악한 자는 자기의 악에 잡히리라 …… **2** 지식 없는 소원은 선하지 못하고 발이 급한 사람은 잘못 가느니라.

● 욕구

갈망의 덫. '마음'은 단지 감정이 아니라 가장 깊은 신뢰와 사랑의 자리다.³월 ²⁶일 오늘날 사회는 가장 강한 감정이 곧 '진짜 자아'라면서 그 감정을 표출해야 한다고 주장한다. 그러나 지혜는 우리가 갈망의 덫에 잡힐 수 있음을 아는 것이다. 욕구는 외부의 영향도 받는다. 현대의 소비자본주의는 재화를 축적하려는 갈망을 유발한다. 우리는 재물이 지위와 정체감을 가져다줄 줄로 생각한다. 그릇되게 양육된 자녀는 인정과 사랑을 과도히 갈망한 나머지, 학대당하면서도 관계를 유지하거나 일중독에 빠질 수 있다.

지혜로운 사람은 자신의 욕구를 무조건 그대로 받아들이지도 않고, 욕구를 이루려고 급한 발로 내달리지도 않는다. 오히려 어거스틴의 조언대로 진리의 지식으로 욕구의 우선순위를 바로잡는다. 예컨대 일중독자의 문제는 일을 너무 사랑하는 게 아니라 직업에 비해 하나님을 너무 적게 사랑하는 것이다. **의인**이 갈망하는 대상은 궁극적으로 하나님이다. 그분의 얼굴을 바라보는 일이다. "나는 …… 주의 얼굴을 뵈오리니 …… 주의 형상으로 만족하리이다"(시 17:15). 하나님과의 관계를 가꿔서 그분을 더 깊이 갈망해야만 다른 많은 갈망의 덫에 걸리지 않는다.

———

하나님을 첫자리에서 몰아내는 당신의 '과도한' 사랑 내지 갈망의 대상은 무엇인가?

오늘의 마중물 기도. 주님, 제 일이나 가족, 안락함을 사랑하는 것에 비해 주님을 너무 적게 사랑하고 있음을 고백합니다. 주님을 최고로 사랑해야 다른 모든 것을 적당하게 사랑할 수 있사오니 제 마음을 사로잡아 주옵소서! 아멘.

잠언 13장 19절; 23장 17-18절 19 소원을 성취하면 마음에 달아도 미련한 자는 악에서 떠나기를 싫어하느니라 …… 17 네 마음으로 죄인의 형통을 부러워하지 말고 항상 여호와를 경외하라 18 정녕히 네 장래가 있겠고 네 소망이 끊어지지 아니하리라.

● 욕구

욕구의 우선순위. 영혼도 욕구가 있다. 만족을 줄 만한 좋은 것에 이끌린다. 하나님 외에 그 무엇도 삶의 절대 필수가 되어서는 안 되건만, 우리는 다른 모든 낙을 그렇게 둔갑시킬 위험이 있다. "아무리 좋은 것이라도 거기에 마음을 두면 판단력이 약해진다. 이제 무슨 수를 써서라도 이를 가져야만 함은 그 자체의 가치 때문이 아니라 스스로 그렇게 정했기 때문이다."[6]

어떻게 하면 하나님을 다른 모든 것보다 더 갈망할 수 있을까? 플라톤은 생각이 행동을 낳는다고 말했고, 아리스토텔레스는 행동이 생각을 빚는다고 가르쳤다. 잠언에 보면 양쪽 다 맞다. 23장 본문을 묵상해 보라. 우선 머리를 써서 생각하라. 결국 영원히 남을 것은 무엇인가? **네 장래가 있겠고.** 또 기도와 예배로 마음을 하나님께 두라. 그래서 믿는 데서 그치지 말고 그분 앞에서 외경과 경이를 경험하라(**여호와를 경외하라**). 나아가 의지적으로 순종하라. **죄인의 형통을 부러워하지**(또는 본받지) 말라. 이렇게 하면 욕구의 우선순위가 바로잡힌다.

———

이런 전략 중 어느 하나라도 이번 주에 구체적으로 시행하겠는가? 다음 기도문을 참조하라.

오늘의 마중물 기도. 주님, 저는 주님의 위대하심을 찬양하고 경배하기보다 이것저것 구하는 데 들이는 시간이 훨씬 많습니다. 그러니 주님보다 그런 것을 더 열망하는 게 당연합니다. 주님께 가장 큰 영광이 되는 일일수록 제게도 가장 큰 변화를 가져다주니 얼마나 놀라운지요. 날마다 그 영광을 주님께 드리기로 다짐합니다. 아멘.

잠언 24장 1-2절 1 너는 악인의 형통함을 부러워하지 말며 그와 함께 있으려고 하지도 말지어다 2 그들의 마음은 강포를 품고 그들의 입술은 재앙을 말함이니라.

● 욕구

욕구의 사회학. 사회학자들은 많이 어울려 지내거나 매우 존경하는 대상의 생각에 쉽게 물들기 마련이라고 진단한다. 잔인하고 **강포**한 자(24:2)나 오만한 자들의 자리에 앉으면(시 1:1) 자신도 그들처럼 된다. 거만하고 잔인한 사람을 부러워하기 쉬운 이유는 그들이 무자비한 방식으로 대개 성공하기 때문이다.

오늘날 우리는 자유로운 선택으로 각자의 정체성을 만들 수 있다고 믿는다. 전통적 가치와 도덕의 제약을 버리면서 이를 "자아에 충실한" 행위라 생각할 수 있다. 하지만 사실은 새로운 단체에서 정해 주는 정체성을 받아들일 뿐이다. "개인의 정체성 문제는 가정과 교회와 학교와 회사에서부터 결국 나라와 정부에 이르기까지 언제나 단체의 문제였다. 우리는 단체가 내놓는 길을 걷는다."[7]

당신이 요즘 주로 어울리는 그 사람과 어울리는 이유는 무엇인가? 그 사람처럼 되고 싶은 갈망이 그런 선택에 영향을 미쳤는가?

오늘의 마중물 기도. 주님, 너무 바빠서 공동체 지체들과 꾸준히 함께 지낼 시간이 없다 보니 어느덧 세상의 다른 단체, SNS, 언론 매체, 날마다 쏟아져 나오는 광고들이 제 안을 채우고 있습니다. 믿는 친구들을 찾으려는 마음을 주시고, 실제로 찾게 도와주옵소서. 아멘.

잠언 29장 25절 사람을 두려워하면 올무에 걸리게 되거니와 여호와를 의지하는 자는 안전하리라.

● 욕구

인정 중독. 욕구의 우선순위를 하나님 쪽으로 바로잡으려면 현재 우리 마음이 어디에 바쳐져 있는지를 파악해야 한다. 오늘부터 나흘 동안 하나님의 자리를 대신하는 네 가지 대표적 대용품을 살펴보려 한다. 첫째는 인간의 인정이다. **사람을 두려워하면** 그게 **올무가** 된다. 하나님보다 사람에게서 ˙자존감과 가치를 얻으려 하면 불안의 덫에 걸린다. 지나치게 남의 비위를 맞춰야 한다. 착취당해도 관계를 끊지 못한다. 비판을 받아들일 줄 모른다. 비겁하게도 남의 잘못을 지적할 수 없다. 걸핏하면 감정이 상한다. 받아들여지려는 욕구 때문에 과잉 충성에 빠지기 쉽다.

사람을 두려워하면 각종 비참한 결과가 따른다. 예컨대 부모는 두려워서 자녀를 훈육하지 못하고, 직원은 회사의 부패상을 지적하지 못한다. 마땅히 우리는 사람보다 하나님께 순종해야 한다(행 5:29). 하나님과의 깊은 사랑의 관계만이 사람을 두려워하는 마음을 몰아낸다(요일 4:18). 그제야 우리는 "주는 나를 돕는 이시니 내가 무서워하지 아니하겠노라 사람이 내게 어찌하리요"(히 13:6)라고 고백할 수 있다.

———

당신에게 하나님의 인정보다 사실상 더 중요한 것은 누구의 인정인가?

오늘의 마중물 기도. 주 예수님, 주님은 우리를 자유롭게 하신다고 말씀하셨습니다(요 8:36). 사람을 두려워하는 속박에서 저를 자유롭게 하옵소서. 저는 사람들이 저를 어떻게 생각할까에 너무 신경을 많이 씁니다. 왕이 저를 인정해 주시니 이제 사람 말에 매이지 않겠습니다. 이 사실을 절대로 잊지 않게 하옵소서. 아멘.

잠언 20장 13절; 21장 17절 13 너는 잠자기를 좋아하지 말라 네가 빈궁하게 될까 두려우니라 네 눈을 뜨라 그리하면 양식이 족하리라 …… 17 연락을 좋아하는 자는 가난하게 되고 술과 기름을 좋아하는 자는 부하게 되지 못하느니라.

● 욕구

안락 중독. 둘째 부류의 과욕은 몸의 쾌락과 안락을 지나치게 사랑하는 것이다. 오늘 본문에서 말하는 **연락**이란 물리적 욕구가 채워진 데서 오는 기쁨이다. 물론 **술**은 기분을 돋우어 주고, **기름**은 화장품에 쓰여 아름다움과 감각적 안락을 상징한다.[8] 성경은 쾌락 자체를 반대하지는 않는다. 포도주는 사람의 마음을 기쁘게 하고 기름은 얼굴을 빛나게 한다(시 104:15). 또 안락을 과도히 사랑함 못지않게 불편을 과도히 사랑함도 잘못이다. 일해야 할 때 자고(20:13) 쉬어야 할 때 일함(시 127:2)은 둘 다 잘못이다.

그러나 "쾌락을 사랑하기를 하나님 사랑하는 것보다 더하면"(딤후 3:4) 경제적으로는 물론 정서적, 영적으로도 재앙에 빠진다. 우선 안락함에 중독된 사람은 사람들과 멀어질 수 있다. 자신의 시간과 편익을 지키려고 대인관계를 피하기 때문이다. 또 실제로 술과 약물과 섹스에 중독될 수도 있다. 우상숭배도 종류가 많지만, 지혜로운 사람은 하나님의 자리를 찬탈하는 것이면 무엇이든 능히 찾아내 박멸한다.

––––––

당신에게 요즘 중요해진 쾌락은 무엇인가? 그냥 즐거운 정도가 아니라 하나님께 받아야만 할 위안까지 거기서 받고 있지는 않은가?

오늘의 마중물 기도. 주 예수님, 주님은 저를 위해 천국의 상상 못할 안락을 떠나 이 땅에서 고생하며 사셨습니다. 언젠가는 저도 똑같이 그 상상 못할 영광스러운 세계에 살 것입니다. 하지만 그때까지는 짜릿한 흥분과 감각과 안락함에 마음을 두지 않고 주님의 발자취를 따르게 하옵소서. 아멘.

잠언 11장 16절; 24장 5절   16 유덕한 여자는 존영을 얻고 근면한 남자는 재물을[무자비한 남자는 재물만, NIV] 얻느니라 …… 5 지혜 있는 자는 강하고 지식 있는 자는 힘을 더하나니.

● 욕구

권력 중독. 셋째 과욕은 권력 의지다. 11장 말씀의 **얻는다**라는 단어는 순전히 힘으로 잡거나 붙든다는 뜻이다. **무자비한 남자**는 그렇게 살아간다. 반면에 유덕한 여자는 "은혜가 두드러진다. …… 보상을 바라지 않고 남에게 이롭게 행동하는 사람이다."[9] 후자는 권력을 버리고 남을 섬기지만 전자는 권력만을 탐하고 좇는다. 권력욕은 여러 형태로 나타날 수 있다. 야망과 출세를 부추기는 물욕도 권력을 쟁취하기 위한 수단일 수 있다. 또 권력을 과도히 사랑하는 사람은 독단적이고, 남의 말을 들을 줄 모르고, 논쟁을 일삼고, 당파심이 강하고, 배우려는 마음이 없고, 자신의 잘못 인정하기를 두려워할 수 있다.

유덕한 여자는 역설적으로 **존영**을 구하지 않음으로써 존영을 얻는다. 마찬가지로 예수님도 권력을 구하지 않고 섬기심으로써 참된 힘을 얻으셨다. "앉아서 먹는 자가 크냐, 섬기는 자가 크냐 …… 나는 섬기는 자로 너희 중에 있노라"(눅 22:27). 24장 말씀의 가르침처럼 결국 가장 강한 힘은 지혜 자체다. 스스로 지혜롭게 여기는 게 아니라 하나님을 사랑하고 남을 위해 불이익을 감수하는 삶이 지혜롭다.

───

남을 섬기기 위해 당신이 권력을 포기한 적이 마지막으로 언제인가?

오늘의 마중물 기도. 주님, 권력보다 솔깃한 유혹은 없습니다. 제가 즐기는 많은 상황과 관계도 주로 거기서 행사할 수 있는 권력 때문임을 솔직히 고백합니다. 권력욕을 즐기는 이 악한 마음을 죽이게 도와주옵소서. 아멘.

잠언 27장 1절 너는 내일 일을 자랑하지 말라 하루 동안에 무슨 일이 일어날는지 네가 알 수 없음이니라.

● 욕구

통제 중독. 인정 중독자와 안락 중독자와 권력 중독자에게 최악의 악몽이 각각 거부와 고생과 굴욕이라면 통제 중독자에게는 불확실성이다. 게으른 자는 계획이 없지만(20:4) 그 반대의 오류는 계획과 관리를 통해 미래와 자기 삶 전체를 통제할 수 있다는 생각이다. 불확실성을 스스로 없앨 수 있다고 믿는 사람은 **내일 일을 자랑**한다. 모든 변수에 대해 계획이 서 있다고 생각하기 때문이다. 통제 욕구가 지나친 사람은 권력을 남과 공유하기 힘들어하고, 일을 위임하지 못하며, 남을 조종하는 경향이 있다. 남에게 죄책감과 압력을 가해 자기가 원하는 대로 하게 만든다.

그러나 우리는 앞일을 알 수 없다. 미래는 전적으로 하나님의 손안에 있다(16:1, 3, 9). 지혜로운 자도 미래에 대한 확신은 가능하지만 그 근거가 자신의 능력은 아니다. 그런 확신은 "현실성 있고 겸손하며 하나님을 경외함에 기초해야" 한다.[10] 삶을 통제할 수 있다며 자신의 능력을 과신하는 사람은 늘 '염려'라는 끈질긴 죄에 시달린다(마 6:19-34). 권력욕에는 분노가 따라붙고, 사람을 두려워하면 비굴해지며, 쾌락을 사랑하면 권태에 빠지는 것과 같은 이치다.

―――――

당신은 관계나 상황을 통제하지 못하면 몹시 불안해지는가?

오늘의 마중물 기도. 주님, 주님은 하나님이십니다. 주님의 뜻 안이 아니고는 저는 어디서도 쉼을 얻을 수 없습니다. "제가 아무리 [주님]이 하시려는 일을 상상한다 해도 그 뜻은 제 생각을 뛰어넘습니다. 무한히, 헤아릴 수 없이, 말할 수 없이 뛰어넘습니다."[11] 아멘.

잠언 7장 13-14절   13 그 여인이 그를 붙잡고 그에게 입 맞추며 부끄러움을 모르는 얼굴로 그에게 말하되 14 내가 화목제를 드려 서원한 것을 오늘 갚았노라.

● 유혹

주술적 사고. 잠언 7장에 간음 행위가 극적으로 묘사된다. 그 과정에서 우리 마음이 어떻게 유혹에 빠져드는지 가르쳐 준다. 밀회의 서곡으로 여자는 예비 연인에게 자신이 성전에서 **화목제**를 드려 종교적 **서원**을 이행했다고 말한다(레 3:1-17 참조). 그러려면 많은 사람 몫의 음식도 준비해야 했다. 그러니까 여자의 말은 이런 것이다. "내가 하나님께 기도하고 제물을 바쳤다. 그러니 우리 집에 와서 함께 종교 의식을 마치자. 남편이 집에 없으니(7:19) 우리 둘이 동침해도 된다." 더 노골적으로 표현하면 "기도와 예식을 마친 뒤에 간음하자!"가 된다.

공적인 신앙 고백과 사생활 사이의 이런 괴리는 놀랄 일이지만 비일비재하다. 이 여인은 전인적 제자도를 주술적 관점으로 바꿨다. 그녀에게 하나님은 온갖 의식으로 달랠 수 있는 우상 같은 존재였다. 그러나 하나님이 창조와 구원을 통해 우리에게 해 주신 모든 일에 비춰 볼 때, 무조건적인 순종만이 합당한 제사임을 알아야 한다(롬 12:1-2).

━━━━━

당신의 공적인 신앙 고백과 사생활 사이에 괴리가 있다면 무엇인가?

오늘의 마중물 기도. 주님, 이제야 깨닫고 인정하는 사실이 있습니다. 저는 삶의 일부분을 주님을 믿는 믿음과 떼어 놓았습니다. 그 부분에서는 마치 주님이 계시지 않는 것처럼 행동했습니다. 회개하오니 고치도록 도와주옵소서. 아멘.

잠언 7장 15-18절   15 이러므로 내가 너를 맞으려고 나와 네 얼굴을 찾다가 너를 만났도다 16 내 침상에는 요와 애굽의 무늬 있는 이불을 폈고 17 몰약과 침향과 계피를 뿌렸노라 18 오라 우리가 아침까지 흡족하게 서로 사랑하며 사랑함으로 희락하자.

● 유혹

진입 단계. 유혹은 단계별로 찾아온다. 첫째는 합리화다(7:14). 본문의 경우 남녀가 화목제물을 함께 먹는다. 어떻게든 간음을 자신들이 여전히 착한 사람이라는 자아상과 조화시켜야 한다. 방법은 얼마든지 있다. 예컨대 과로하며 자기연민에 빠진 남자는 자기 아내가 아닌 여자를 음탕하게 쳐다보며 '죽도록 희생했으니 나도 이 정도는 즐길 자격이 있다'라고 생각할 수 있다.

둘째로 우리는 과장된 약속도 믿는다. 여자의 말을 직역하면 "내가 너만을 찾다가"(15절)가 된다. '내 평생 찾던 사람이 바로 너다'라는 뜻이다. 여기 어떤 성관계로도 결코 얻지 못할 우주적 차원의 만족이 약속된다. 셋째는 향수와 화려한 장식과 신체적 흥분 등 오감의 자극이다(**침상에 침향을 뿌렸으니 …… 흡족하게 서로 사랑하자**). 이쯤 되면 제동을 걸어 거부하기가 거의 불가능하다. 유혹을 아예 피할 수는 없다. 그러나 마르틴 루터가 했다는 말처럼 "머리 위로 날아다니는 새를 막을 수는 없어도 당신의 머리에 둥지를 트는 건 막을 수 있다." 늦기 전에 차단하라.

———

삶의 어느 부분에서든 이렇게 단계별로 진행되는 유혹을 경험한 적이 있는가?

오늘의 마중물 기도. 주님, 겟세마네에서 제자들에게 시험에 들지 않게 깨어 기도하라고 하셨으나 그들은 그러지 못했습니다. 간절히 구하오니, 정욕이든 교만이든 분노든 탐심이든 유혹을 진입 단계부터 간파하게 도와주옵소서. 통제 불능이 되기 전에 죄에서 돌아서게 하옵소서. 아멘.

04/12

잠언 7장 19-23절 19 남편은 집을 떠나 먼 길을 갔는데 20 은 주머니를 가졌은즉 보름날에나 집에 돌아오리라 하여 21 여러 가지 고운 말로 유혹하며 입술의 호리는 말로 꾀므로 22 젊은이가 곧 그를 따랐으니 소가 도수장으로 가는 것 같고 미련한 자가 벌을 받으려고 쇠사슬에 매이러 가는 것과 같도다 23 필경은 화살이 그 간을 뚫게 되리라 새가 빨리 그물로 들어가되 그의 생명을 잃어버릴 줄을 알지 못함과 같으니라.

● 유혹

쉽고도 어려운 회개. 유혹에 한 단계가 더 있을 때도 있다. ^{나머지 단계는 4월 11일} 뒤탈이 전혀 없을 거라며 안심시키는 말이다. **남편은 집을 떠나 보름날에나 집에 돌아오리라.** 끝내 아무도 모를 거라고 믿는 사람에게 유혹의 위력은 막강하다. 그러나 사실은 하나님이 정하신 영적, 도덕적 질서를 어기면 언제나 중대한 대가가 따른다(7:23). 간음의 경우 피해자인 남편의 분노로 말미암아 안팎으로 수모를 당하거나 금전적 피해와 일신상의 위해마저 따를 수 있다(6:33-35). 무엇보다 하나님이 늘 아신다.

17세기의 작가 토마스 브룩스는 저서 《사단의 책략 물리치기》(*Precious Remedies Against Satan's Devices*, 엘맨 역간)에 역설하기를, 사탄이 우리를 유혹할 때는 언제나 나중에 회개하면 된다며 안심시킨다고 했다. "그러나 지금은 회개가 쉽다며 당신을 죄로 유혹하는 사탄이 머잖아 당신의 영혼을 절망에 빠뜨려 영원히 멸망시킬 것이다. 그러면서 회개를 세상에서 가장 힘들고 어려운 일로 둔갑시킬 것이다."[12]

사탄의 이 책략을 경험한 적이 있는가? 언제 어떻게 그랬는가?

오늘의 마중물 기도. 주님, 지금 죄짓고 나중에 용서를 구하면 된다고 속이는 마귀의 거짓말에 저도 속았습니다. 죄를 지으면 제 마음이 더욱 완고해지고 낙담해 막상 회개하기 힘들다는 것을 그 길을 가 보고서야 깨달았습니다. 오늘 사탄의 이 책략을 일깨워 주시니 감사합니다. 다음번에 사탄이 또 그 수법을 쓸 때도 생각나게 해 주옵소서. 아멘.

잠언 7장 24-27절 24 이제 아들들아 내 말을 듣고 내 입의 말에 주의하라 25 네 마음이 음녀의 길로 치우치지 말며 그 길에 미혹되지 말지어다 26 대저 그가 많은 사람을 상하여 엎드러지게 하였나니 그에게 죽은 자가 허다하니라 27 그의 집은 스올의 길이라 사망의 방으로 내려가느니라.

● 유혹

유혹을 방어하려면. 그러면 돈, 섹스, 권력 등 우리 앞에 닥쳐오는 많은 유혹을 어떻게 방어할 것인가? 첫째, **마음**을 살피라(7:25). 유혹은 늘 내면의 생각에서 시작된다. 상념이 드는 거야 막을 수 없지만 계속 품고 있어서는 안 된다. 은밀한 생각을 즐기거나 합리화를 궁리하거나 가능한 결과를 저울질하지 말라. 그런 사고의 흐름 때문에 유혹이 우리를 공략해 온다. 둘째, **그 길에 미혹되지 말라**(7:25). 즉 우리의 사고를 잘못된 길로 끌어들이기 쉬운 장소와 상황과 사람을 물리적으로 피해야 한다. 셋째, 늘 수반되는 필연적 피해와 영적 파멸을 명심해야 한다(7:27). 그 길을 내려다보며 죄의 궁극적 비극과 폐단을 보라. 죄는 하나님을 슬프시게 하며, 우리를 구원하시고자 예수 그리스도가 치르신 희생을 능멸한다.

당신이 자제력을 발휘하고 유혹을 방어하는 데 이 세 가지 전략이 도움이 된 적이 있는가? 어떻게 이겨 냈는가?

오늘의 마중물 기도. 주님, 죄의 유혹을 물리칠 제 궁극적 방어는 죄 때문에 십자가를 지신 주님을 기억하는 것입니다. 주님은 저를 죄에서 해방시키시려고 모든 것을 잃고 죽으셨습니다. 그런데 어찌 제가 죄에 굴해 주님의 희생을 짓밟을 수 있겠습니까! 이 생각이 결코 저를 떠나지 않게 하옵소서. 아멘.

잠언 14장 30절; 17장 22절   30 평온한 마음은 육신의 생명이나 시기는 뼈를 썩게 하느니라 …… 22 마음의 즐거움은 양약이라도 심령의 근심은 뼈를 마르게 하느니라.

● 감정

전인적 존재.   현대 의학과 심리학이 있기 오래전부터 잠언은 정서적 행복이 신체적 건강과 행복으로 연결됨을 가르쳤다. **시기는 뼈를 썩게** 하지만 즐거운 마음은 좋은 약이다. 그런데 오늘날에는 전문화(specialization)와 관료주의 때문에 의사와 정신과의사와 사회복지사와 목사가 결국 인간의 어느 한 면만 따로 떼어서 다룰 때가 많다. 서로 자문하거나 인간을 전인적 존재로 보지 않고서 말이다.

영국의 목사 리처드 백스터는 우울증의 원인이 생리적 요인, 정서적 상처, 도덕적 죄책감, 악의 세력에 맞선 영적 전투 등일 수 있음을 17세기에 이미 알았다.[13] 현대 과학을 교육받지 않았는데도 이를 성경 전반 특히 잠언에서 배웠다. 경건한 지혜는 예컨대 우울증의 원인을 어느 하나로 축소하지 않는다. 화학적, 도덕적, 영적 요소 중 어느 하나만이 아니라 대개 인간 본성의 모든 차원이 개입된다. 따라서 해법을 '투약'이나 '회개'로만 축소하는 일은 어리석다.

―――――

당신이 지나친 단순 논리나 환원주의 입장을 취했는데 알고 보니 신체적, 정서적, 영적 요인이 모두 맞물린 복잡한 문제였던 적이 있는가?

오늘의 마중물 기도.   주님, 저도 문제가 생기면 인터넷으로 쉽게 찾을 수 있거나 짧막한 동영상으로 얻을 수 있는 빠른 답을 좋아합니다. 하지만 주님이 지으신 세상은 상상을 초월할 정도로 다차원입니다. 인내하며 조언을 많이 구하고 주님을 의지하게 도와주옵소서. 그래서 문제를 대하는 방식에서 진보를 이루게 하옵소서. 아멘.

04/15

잠언 12장 25절 　근심이 사람의 마음에 있으면 그것으로 번뇌하게 되나 선한 말은 그것을 즐겁게 하느니라.

● 감정

근심. **근심**으로 번역된 히브리어 단어는 삶의 중요한 요소를 위협받을 때 생겨나는 정서적 고뇌다.[14] 근심을 처리하려면 위협받는 요소에 대한 자신의 마음가짐을 살펴보는 게 핵심이다. 이 세상에서 질 높은 삶을 영위하는 데 중요하다고 여겨지는 요소가 많이 있다. 그러나 하나님을 최고로 의지하면 나머지는 덜 중요해진다. 그리고 그 결과로 우리 삶이 덜 취약해진다.

근심을 완전히 없앨 수는 없다. 바울은 교회를 사랑했기에 모든 신생 교회를 향한 염려가 있었다(고후 11:28). 하지만 그런 그도 맥 빠지는 염려를 삼가라고 조언한다. 그러려면 우리 마음이 의지적으로 다른 무엇보다도 하나님 안에서 쉼을 얻어야 한다(빌 4:6-9). 그런데 오늘 본문의 잠언은 근심을 스스로 해결하려 하지 말라고 말한다. 다른 사람의 **선한 말**이 필요하다. 다른 사람이 우리를 인정해 주고, 자신의 경험을 들려주고, 하나님을 가리켜 보여 줘야 한다. 혼자라고 느껴지지 않도록 그냥 곁에 있어 주기라도 해야 한다.

───────

근심이 있을 때 당신에게 가장 도움이 되는 것은 무엇인가? 주어진 모든 영적 자원을 근심에 활용해 봤는가?

오늘의 마중물 기도. 　주님, 특히 감사로 염려를 처리하라고 가르쳐 주셨지요(빌 4:6-9). 지난날 저를 돌봐 주신 모든 일에 감사드립니다. 또 앞으로 제게 해 주실 일도 모두 선하고 지혜로운 일일 줄 알기에 미리 감사드립니다. 아멘.

04/16

잠언 13장 12절 소망이 더디 이루어지면 그것이 마음을 상하게 하거니와 소원이 이루어지는 것은 곧 생명나무니라.

● 감정

소망. 인간의 마음 깊은 곳에는 감정만이 아니라 소망이 있다. 소망은 우리가 믿고 의지하는 행복의 출처다. **소망이 더디 이루어지면** 즉 지체되면 우리 **마음**이 상한다.

소망이 지체되는 상태가 이생에서는 결코 온전히 해결될 수 없다. 그 사실을 인정하는 게 지혜다. 히브리서는 그리스도인의 삶 전체를 이스라엘 백성이 노예 생활에서 해방됐으나 아직 약속의 땅에는 들어가지 못한 그 시기에 비유했다 (히 11:13-14). 오늘 본문 하반절에 소원이 이루어지면 그 옛날 **생명나무**에 다가갈 수 있었던 낙원에서처럼(창 2:9) 삶이 형통한다고 했으나, 아직은 잠시에 불과하다. 온전한 만족은 새 하늘과 새 땅에만 있다(계 22:2). 장차 그곳은 우리의 노력이 아니라 예수 그리스도가 이루신 일을 통해 우리의 것이 된다. 십자가가 그분께 죽음의 나무가 됐기에 우리는 믿음으로 생명나무를 얻는다. 현재의 실망에 부딪칠 때면 우리는 그리스도의 희생으로 보장된 미래를 떠올려야 한다.

당신의 가장 큰 소망은 솔직히 무엇인가? 그 소망이 더디 이루어지고 있는가? 그로 인해 상한 마음을 어떻게 하면 당신에게 주어진 영적 자원을 활용해 추스를 수 있겠는가?

오늘의 마중물 기도. 주님, 지체되는 소망 때문에 정말 마음이 상할 때가 많습니다. 제 마음을 굳건하게 해 주옵소서. 이 세상이 아직 약속의 땅이 아니라 광야임을 주님의 말씀을 통해 상기시켜 주옵소서. 또 주님이 제 가장 귀한 소망이 되어 주옵소서. 오늘도 주님을 누릴 수 있음을 믿습니다! 아멘.

잠언 14장 10절 마음의 고통은 자기가 알고 마음의 즐거움은 타인이 참여하지 못하느니라.

● 감정

외로움. 아무도 **타인**의 기쁨에 온전히 동참하거나 슬픔을 다 알지 못한다. 내 삶을 똑같이 경험한 사람은 아무도 없다. 여기에 많은 지혜가 함축되어 있다. 우선 외적으로, 결코 다른 사람의 행동을 완전히 예측하거나 이해할 수 있다고 자신하지 말라. 우리 짐작이 틀릴 수 있다. 상대가 무슨 생각을 하고 있고, 배후 동기는 무엇이며, 특정한 감정이 왜 그렇게 강한가 등을 말이다.

내적으로는, 아무도 내 마음을 읽을 수 없음을 기억해야 한다. 지독한 외로움이 싫거든 마음을 열고 자신을 내보여야 한다. 끝으로, 결국 마음의 모든 생각을 아시는 분은 주님뿐이다(고전 2:11). 우리 자신보다 그분이 더 잘 아신다(21:2; 렘 17:9-10). 예수님은 우리를 위해 죽음을 통과하셨다. 그래서 우리가 최후의 어두운 곳인 죽음의 문턱을 지날 때도 그분만이 손을 잡아 주실 수 있다(시 23:4).

누구나 인간의 우정이 필요하지만 그것이 하나님과의 참된 우정을 대신할 수는 없다. 당신은 하나님과의 우정을 누리고 있다고 말할 수 있는가?

오늘의 마중물 기도. 주님, 제게 참 좋은 친구와 가족이 있지만 주님만이 저와 늘 함께 계십니다. 주님을 만나는 시간이 늘수록 지독한 외로움에서도 벗어날 수 있음을 믿습니다. 주님과 함께하는 시간이 세상사에 밀려나지 않게 하옵소서. 아멘.

04/18

잠언 14장 13절 웃을 때에도 마음에 슬픔이 있고 즐거움의 끝에도 근심이 있느니라.

● 감정

더 깊이 보라. 노련한 상담자는 오늘 본문 잠언의 배후 진리를 잘 안다. 지혜롭게 살려는 사람이라면 누구나 알아야 한다.

첫째, 우리 삶에는 아무리 많은 경사나 낙으로도 헤어날 수 없는 비극과 **슬픔**이 존재한다. 어떤 상처는 끝내 아물지 않는다. 예수님이 가져다주시는 유쾌한 기쁨도 이생에서는 온전하지 못하고 늘 부분적이다. 그분도 많이 우셨다. 예수님께 무슨 문제가 있어서가 아니라 그 온전하고 자애로우신 마음이 인생의 슬픔에 영향을 받으실 수밖에 없었기 때문이다. 우리 마음도 마찬가지다. 둘째, "반대되는 감정이 묻어 있지 않은 기분은 드물며, 불변하는 기분은 아예 없다."[15] 아마도 이게 가장 단순한 교훈일 것이다. 즉 "잘 지냅니다"라는 표면적 말과 '파티의 주인공' 같은 외형적 행동만 볼 게 아니라 그 이면을 보며 더 주의 깊게 경청해야 한다. 그래야 상대가 정말 어떻게 지내고 있는지를 알 수 있다.

당신은 매사를 농담으로 넘기거나 태평하게 살아가는 경향이 있는가? 어떤 이들에게는 그게 즐거울 수 있다. 하지만 삶의 진정한 슬픔을 부정하거나 거기에 둔감한 처사일 수도 있지 않을까?

오늘의 마중물 기도. 주님, 이 땅에서는 가장 행복한 시간에도 슬픔이 묻어 있습니다. 하지만 주님의 약속을 알기에 그것이 상쇄됩니다. 가장 슬픈 시간에도 행복이 묻어날 수 있습니다. 고통 덕분에 우리는 주님을 더 의지하며 기도로 주님의 사랑을 간구합니다. 과연 주님은 "제 슬픔조차도 노래하게" 하십니다.[16] 아멘.

잠언 15장 30절 눈이 밝은 것은 마음을 기쁘게 하고 좋은 기별은 뼈를 윤택하게 하느니라.

● 감정

기쁨. 어제 본문이 우리에게 상대가 어떻게 지내고 있는지를 더 주의 깊게 보라고 권고해 주었다면, 오늘의 잠언은 **눈** 특히 **밝은** 눈빛을 보라고 말한다. 흔히들 눈이 환하거나 반짝이거나 빛난다는 표현을 쓰지만 문자적 의미의 발광(發光)은 아니다. 그래도 관찰력이 뛰어난 사람은 비록 상대의 말이 긍정적이어도 눈빛이 흐리면 슬플 수 있음을 안다. 친구가 빛나는 얼굴로 **좋은 기별**을 가져온다면 얼마나 기쁘겠는가. 그만큼 관계는 우리 삶의 기쁨에 매우 중요하다. 그래서 우리 마음이 기쁘려면 주위에 눈빛이 밝은 사람들이 필요하다. 그런 눈빛은 어디서 올까? 바울이 말했듯이 그리스도인이 기쁨을 누리려면 하나님이 지금까지 해 주신 일과 장차 해 주실 일을 곰곰이 묵상해야 한다(빌 4:4, 11-13). 이 기쁨은 환경에 기인하지 않고 최고의 기별인 복음을 통해서만 온다. 복음을 직역하면 '기쁨을 가져다주는 소식'이다. 예수님을 믿는 사람은 "큰 빛"을 참으로 봤다(마 4:16). 그 빛이 눈을 통해 주위 사람들에게 반사되게 마련이다.

당신의 기쁨과 행복을 보며 마음에 힘이 난다고 말할 사람이 있겠는가?

오늘의 마중물 기도. 주님, 하루를 살아가는 데 필요한 기쁨을 주옵소서. 제게 기쁨이 부족한 건 꾸준히 시간을 들여 이 땅에서의 복과 영적인 선물을 일일이 감사하지 않기 때문입니다. 저는 또 주님의 임재를 충분히 기뻐하지도 못합니다. 주님의 기쁨을 삶 속에서 누리도록 저를 분발시켜 주옵소서. 아멘.

잠언 28장 1절 악인은 쫓아오는 자가 없어도 도망하나 의인은 사자같이 담대하니라.

● 감정

죄책감. 많은 사람이 경험하는 정서 불안의 배후에 양심의 죄책감이 있다. 거짓말하고 배신할수록 자신도 배신당할 게 두려워져, 결국 **쫓아오는 자가 없어도 도망**한다. 이는 그저 과거의 비행을 후회하는 차원이 아니다. 현대의 상대주의 문화에도 "이상하게 집요한 죄책감"이 존재한다.[17] 내게 무언가 문제가 있어 본연의 내가 아니라는 느낌이 우리를 심히 괴롭힌다. 성경의 표현으로 하자면 우리는 자신이 죄인임을 알면서도 그 지식을 억압한다(롬 1:18).

하나님 앞에 양심이 깨끗한 사람은 미행당할 염려 없이 **사자처럼 담대**할 수 있다. 왜 그런가? 하나님의 은혜로 죄가 가려지면(시 32:1) 더는 과거가 나를 쫓아오지 못하고(민 32:23) 오직 하나님의 선하심과 인자하심만이 따라온다(시 23:6).[18] 맥베스 부인은 자기 손에 묻은 죄의 얼룩을 지울 수 없었으나 예수님은 언약의 사자(使者)로서(말 3:1-4) 우리의 모든 얼룩과 죄를 능히 깨끗하게 하신다(요일 1:7).

———

어떤 일로든 당신 양심에 죄책감이 있는가?

오늘의 마중물 기도. 아버지, 잘못한 줄 알면서도 죄를 자백하지 않고 버틸 때면 저는 과잉 충성으로 저를 혹사시키는 버릇이 있습니다. 죄를 스스로 속해 보려 했지만 부질없었습니다. 예수님이 제 대신 감당해 주신 희생 안에서 안식하게 하옵소서. 아멘.

잠언 21장 2절　사람의 행위가 자기 보기에는 모두 정직하여도 여호와는 마음을 감찰하시느니라.

● 감정

하나님의 저울. 16장 2절에 따르면 우리는 자신의 동기가 깨끗하지 않을 때도 깨끗한 줄로 착각한다.[3월 27일] 오늘 본문은 초점이 약간 다르다. 우리는 무엇이 옳고 정의롭고 참인지를 스스로 정할 수 있다고 생각하지만, 옳고 그름을 규정하는 주체는 인간이 아니라 하나님이다.[19] 우리가 살고 있는 이 시대는 "아무도 남에게 어떻게 살아야 할지를 말할 권리가 없다"라고 말한다. 옳고 그름은 각자 정하기 나름이라는 것이다. 하지만 이런 문화적 전제에는 모순이 도사리고 있다. 그 전제를 품고 있는 우리가 언제라도 남의 편견이나 탐심이나 잔혹성을 비판한다. 정의의 저울은 하나뿐이니 바로 하나님의 저울이다. 그분만이 모든 **마음을 감찰**하신다.

그러므로 자신의 도덕적 직관과 동기를 과신하지 말라. 말로는 상대의 유익을 위해 잘못을 지적한다지만, 사실은 그냥 벌하려는 것은 아닐까? 말로는 사랑해서 마음이 끌린다지만, 사실은 상대의 외모와 아름다움이 내 자존심을 세워 주기 때문은 아닐까? 자신의 직관과 동기를 하나님의 말씀으로 살펴서 걸러 내라. 그러려면 공부하고 기도해야 한다.

———

평소 자신의 동기가 선하다고 자주 속단하지는 않는가? 무언가를 추구하는 진짜 이유에 대해 스스로를 속였던 기억을 떠올려 보라.

오늘의 마중물 기도. 주님, 저는 지나친 성찰과 그 반대 모습을 왔다 갔다 합니다. 저를 복음으로 치유해 주옵소서. 그리스도 안에서 이제 저는 반성으로 주님의 사랑을 얻어 내려 할 필요도 없고 반성을 두려워할 필요도 없습니다. 아멘.

잠언 18장 14절 사람의 심령은 그의 병을 능히 이기려니와 심령이 상하면 그것을 누가 일으키겠느냐.

● 감정

상한 심령. 잠언은 심신과 건강이 맞물려 있어 둘 다 중요하다고 본다. 오늘 본문은 거기에 미묘한 가르침을 더해 준다. 즉 몸이 성하지 못하면 삶이 고달파지고, 아무런 기쁨도 없으면 삶을 감당할 수 없다.[20]

여기에 함축된 의미는 무엇인가? 영적 내면생활을 가꾸는 것보다 중요한 일은 없다. 몸이 상하면 마음을 굳게 먹고 어렵사리 버틸 수 있으나 **심령이 상하면** 천하장사라도 견뎌 낼 재간이 없다. 우리는 행복의 기초가 미모, 건강, 돈, 지위 등 외부 요소에 있다고 배웠다. 그런데 오늘 말씀은 "아니다. 외부 환경과는 무관하다. 속사람이 환경을 어떻게 보고 반응하고 대처하고 처리하느냐에 따라 행복이 좌우된다"라고 말한다.

————

요즘 당신의 심령을 상하게 하는 일은 무엇인가?

오늘의 마중물 기도. 주님, 저는 불행을 늘 환경 탓으로 돌립니다. 그리고 나면 은근히 주님이 원망스러워집니다. 기쁨은 사실 제 마음을 어디에 두느냐의 문제지요. 환경의 속박에서 저를 풀어 주옵소서. 제 소망과 마음을 주님께 두게 하옵소서. 아멘.

잠언 15장 13-14절 13 마음의 즐거움은 얼굴을 빛나게 하여도 마음의 근심은 심령을 상하게 하느니라 14 명철한 자의 마음은 지식을 요구하고 미련한 자의 입은 미련한 것을 즐기느니라.

● 감정

행복은 선택이다. 성경에서 **마음**은 감정이 아니라 태도와 신뢰임을 잊지 말라. 오늘 본문에 보면 즐거운 마음은 곧 지혜로운 소신과 헌신으로 가득한 **명철한 마음**이다. 즉 지혜로운 마음은 행복한 정서를 낳지만 미련한 마음은 감정을 상하게 한다는 말이다. 이는 미묘하지만 중요한 원리다. 결국 행복은 선택이라는 뜻이다. "결정적 요소는 환경이 아니라 …… 생각과 태도다."[21]
그동안 잠언을 충분히 공부했으니 알겠지만, 그렇다고 무조건 극기해야 한다는 말은 아니다. 그저 의지력으로 감정을 억누른다고 될 일이 아니다. 마음은 삶에 대한 태도와 자세로 이루어진다. 그래서 일부러라도 자신의 사고를 살펴야 한다. 예술과 노래와 예배를 통해 상상력에 불을 지필 수도 있다. 이 모든 일의 결과로 하나님의 진리와 실체와 은혜와 약속이 우리 시야를 가득 메우게 된다.

당신은 무엇 때문에 불행한가? 이번 잠언의 통찰이 오늘 당신에게 어떤 도움이 될 수 있겠는가?

오늘의 마중물 기도. 주님, 저는 영적으로 너무도 약합니다. 제대로 살아가려면 사고력과 상상력이 필요합니다. 사고는 탄탄한 논증으로 설득되어야 하고, 상상은 주님의 아름다운 성품과 주님의 이야기로 불붙어야 합니다. 삶에서 이 양쪽을 함께 가꾸는 법을 가르쳐 주옵소서. 아멘.

잠언 16장 32절 노하기를 더디 하는 자는 용사보다 낫고 자기의 마음을 다스리는 자는 성을 빼앗는 자보다 나으니라.

● 감정

절제의 중요성. **용사**는 온 도시를 정복해 굴복시킬 수 있다. 그런데 오늘의 본문은 자신을 정복해서 굴복시킬 인내와 절제를 할 줄 아는 사람이 그런 용사보다 낫다고 말한다. 그만큼 다른 사람이나 심지어 온 나라를 굴복시키기보다 자신을 굴복시키기가 어렵다는 뜻이다. 큰 상을 탔거나 실제로 나라를 정복했으나 자신의 성질이나 혀나 감정을 절제할 줄 몰랐던 일인자의 예는 세상에 얼마든지 있다.

고대에는 **자기의 마음을 다스리는** 지혜로운 사람이 감정대로 사는 기분파보다 높이 칭송됐다. 요즘 세련되고 창의적인 분야에서는 순간순간 감정에 따르며 분노에 충실한 삶을 중시한다. 하지만 그렇게 살다가 인생이 파탄 난 일류 유명 인사가 허다하다. 누차 봤듯이 성경의 지혜는 감정 자체를 선하게 본다. 그러나 절대 주권은 우리의 직관과 기분이 아니라 하나님의 말씀에 있어야 한다.

절제가 부족해 삶이 문제에 빠진 적이 있었는가? 어느 부분에서 그랬는가?

오늘의 마중물 기도. 주님, "성령의 열매" 중 마지막에 나오는 절제(갈 5:22-23)가 제 안에 가장 더디게 자라는 것 같습니다. 사랑과 겸손까지도 진전이 보이는데 언행의 절제는 잘 안 됩니다. 회개하오니 나아갈 길을 보여 주옵소서. 아멘.

잠언 25장 28절 자기의 마음을 제어하지 아니하는 자는 성읍이 무너지고 성벽이 없는 것과 같으니라.

● 감정

부절제의 폐해. 고대 도시에 **성벽**이 없으면 주민이 강도 때나 적군이나 짐승에게 습격당하기 쉬웠다. **자기의 마음을 제어하지 않는** 사람도 그와 같은 무방비 상태다. 식욕을 절제하지 못하면 몸이 망가진다. 혀나 성질을 절제하지 못하면 해서는 안 될 말이나 주워 담지 못할 말이 튀어 나온다. 성욕을 절제하지 못하면 관계를 망친다. 충분한 생각 없이 충동적이고 경솔하게 살면 성급한 결정을 내린다. 거절할 줄 모르면 약속이 너무 많아져 녹초가 되도록 자신을 혹사시키거나, 관계가 다 깨져 주위에 환멸에 빠진 사람이 넘쳐 난다.

성벽이 완전히 없어야만 도시가 약탈당하는 건 아니다. 한 지점만 무너져도 적이 침투한다. 절제도 마찬가지여서 삶의 어느 한 부분에만 부족해도 생사를 좌우하는 문제가 된다.

당신의 '성벽'이 무너졌거나 가장 취약한 지점은 어디인가?

오늘의 마중물 기도. 주님, 도시 성벽을 시찰하던 고대 군인처럼 저도 삶을 점검하게 도와주옵소서. 절제를 가장 강화해야 할 부분이 어디인지 보여 주옵소서. 언뜻 떠오르는 부분이 있지만, 시간이 걸리더라도 주님의 도움으로 저를 구석구석 더 면밀히 살피기를 원합니다. 아멘.

04/26

잠언 18장 10-11절 10 여호와의 이름은 견고한 망대라 의인은 그리로 달려가서 안전함을 얻느니라 11 부자의 재물은 그의 견고한 성이라 그가 높은 성벽같이 여기느니라.

● 감정

절제를 잘하려면. 고대의 성벽은 공격을 막아 주는 안전 장치였으나 **견고한 망대**는 그보다 더 나았다. 오늘 본문 잠언에 따르면 누구나 최후의 안전한 보루가 있다. "이것만 있으면 나는 안전하다"라고 말할 **견고한 성**이 있다. 재물이나 권력이나 미모를 갖춘 사람은 각각 이를 자신의 망대로 여긴다.

그러나 지혜로운 사람은 **여호와의 이름**을 향해 달려간다. 성경에서 하나님의 이름은 그분의 속성과 성품을 가리킨다. 하나님의 이름을 향해 달려간다는 말은 그분이 어떤 분인지를 의지적으로 상기해서 되뇐다는 뜻이다. 예수님은 폭풍 중에 두려워하는 제자들에게 "너희 믿음이 어디 있느냐"라고 물으셨다. 여태 그분이 하시는 일을 다 보고도 잊어버린 그들을 책망하신 것이다(눅 8:25). 우리를 향한 그분의 능력과 지혜와 사랑을 기억하지(그리로 달려가지) 못하면 겁에 질린다. 절제는 어떤 상황에서든 급한 일보다 중요한 일을 인식하고 선택하는 요긴한 능력이다. 하나님을 높이고 신뢰하고 기쁘시게 하는 일이 언제나 가장 중요하다.

———

현재 당신이 겪고 있는 어려운 일은 무엇인가? 기억하면 큰 도움이 될 텐데 혹 잊어버린 하나님의 속성은 무엇인가?

오늘의 마중물 기도. 주님, 주님이 제 생각과 감정의 주변부로 밀려나실수록 저는 절제를 못합니다. 주님이 중심에 계셔서 제 마음과 눈앞에 생생하실수록 절제가 잘됩니다. 주님, 매 순간 제 주목을 사로잡으소서. 그래야 제가 제대로 살 수 있습니다. 아멘.

잠언 29장 6절 악인이 범죄하는 것은 스스로 올무가 되게 하는 것이나 의인은 노래하고 기뻐하느니라.

● 감정

노래하고 기뻐하는 삶. 하나님의 창조세계 내에 질서가 있다 보니 **악인의 범죄**는 자신에게 **올무**가 된다. 그러나 죄와 의가 각각 제 운명을 맞이하기까지는 긴 세월이 걸릴 수 있다. 당장은 죄를 짓고도 형통하고, 의롭게 살아도 고난당할 수 있다. 사실 선악에 대한 상벌은 현세가 끝나야만 완전히 이루어진다. 그래서 악인도 오랫동안 올무에 걸리지 않을 수 있다. 하지만 신자가 굳이 끝까지 기다렸다가 그제야 **노래하고 기뻐할** 이유는 없다. 누구든지 지혜롭게 사는 사람은 불가피한 역경과 무관하게 자주 즐겁게 노래하고 웃는다. 예수님은 첫 기적을 통해 자신이 잔치의 주인이심을 드러내셨다(요 2:1-11). 그분은 우리에게 잔치의 기쁨을 주러 오셨다. 성찬식에 참여할 때마다 실제로 우리는 최후의 끝없고 비할 데 없는 잔치의 첫맛을 본다. 주님의 죽음과 부활을 통해 그 잔치가 우리에게 보장되어 있다(사 25:6-8; 계 19:6-8). 여기 어느 때고 누릴 수 있는 우리 기쁨이 있다.

하나님 안에서 노래하고 기뻐한 적이 마지막으로 언제인가? 너무 오래되지는 않았는가?

오늘의 마중물 기도. 주님, 가나의 혼인 잔치(요 2장)에서 주님은 흥겨운 무리 중에 앉아 장차 당하실 슬픔을 생각하셨습니다. 주님이 십자가를 지셨기에 우리는 이렇게 슬픔에 둘러싸여서도 장래의 기쁨을 조금이나마 맛봅니다. 이 큰 구원을 이루신 주님을 찬양합니다. 아멘.

04/28

잠언 14장 29절; 15장 18절; 29장 11, 22절   29 노하기를 더디 하는 자는 크게 명철하여도 마음이 조급한 자는 어리석음을 나타내느니라 …… 18 분을 쉽게 내는 자는 다툼을 일으켜도 노하기를 더디 하는 자는 시비를 그치게 하느니라 …… 11 어리석은 자는 자기의 노를 다 드러내어도 지혜로운 자는 그것을 억제하느니라 22 노하는 자는 다툼을 일으키고 성내는 자는 범죄함이 많으니라.

● 7대 죄악, 분노

분노의 위험.   오늘 본문에는 분노의 위험이 줄줄이 열거된다. 지혜로운 사람은 남에게 **노하기를 더디** 한다. 그릇된 행동이 나올 법한 정황과 합당한 사유를 보고 정상을 참작한다. 반면에 **마음이 조급한 자**는 이해심 없이 분노로 반응하며, 매사를 축소해 단순한 흑백논리로 분석한다(14:29). 분노는 더 큰 다툼을 유발해서, 협력과 타협으로 이룰 수 있는 선(善)을 망친다(15:18). 분노 자체가 죄는 아니지만 그래도 분노는 지나가는 과정일 뿐이어야 한다. 과해지지 않도록 문제 해결에만 초점을 맞춰 억제되어야 한다(29:11). 하나님의 분노도 잠깐이요 은총은 평생이다(시 30:5). 무절제한 분노는 다른 많은 죄의 '촉매제'임을 잊지 말라(29:22). 실제로 분노보다 더 많이 폭력과 살인을 부른 악감정은 없다.

가장 후회되는 말과 행동을 떠올려 보라. 그중 분노에서 시작한 것이 얼마나 많은가?

오늘의 마중물 기도.   아버지, 분노 때문에 구제 불능으로 망가진 관계와 삶을 많이 봤습니다. 분노를 부정하고 쌓아 두면 파멸에 이를 수 있음에도 저 자신에게조차 정직하지 못한 채 분노를 부정하는 저를 고백합니다. 저를 향한 주님의 분노는 지극히 마땅한데도 아버지는 예수님으로 말미암아 분노를 거두셨습니다. 제게도 예수님을 통해 제 분노를 치유하는 법을 가르쳐 주옵소서. 아멘.

04/29

잠언 19장 19절 노하기를 맹렬히 하는 자는 벌을 받을 것이라 네가 그를 건져 주면 다시 그런 일이 생기리라.

● **7대 죄악, 분노**

최악의 적. 상반절의 히브리어를 직역하면 기질상 분노가 많은 사람은 '**벌**을 품고 다닌다'라는 뜻이다. 성내는 사람에게 굳이 처벌하거나 벌금을 매길 필요가 없다. 화를 내면 늘 거기에 수반되는 당연한 결과를 피할 수 없다.

노하기를 맹렬히 한다고 해서 꼭 분노 폭발로만 생각해서는 안 된다. 사람을 대할 때 으레 비판적이고 인색해서 마찰을 일으키는 부류의 그리스도인이 있다. 그들은 여간해서 상대를 인정하지 않으며 대개 합의를 거부한다. 걸핏하면 독설과 신랄한 농담을 내뱉고, 반박당하면 금방 버럭 노기를 띤다. 이 모든 추한 행동의 배후는 무엇일까? 밑바닥에 흐르는 분노다. 자갈 위를 돌돌 흐르는 맑은 시내라기보다는 땅속에 감춰져 있는 탁한 물줄기에 가깝다.

하반절에 보면 쉽게 노하는 사람은 늘 새로운 문제를 자초한다. 최악의 적이 자신이다.

***

어떤 종류의 분노였든 지난날 당신의 삶에서 분노의 결과를 당한 적이 있는가?

오늘의 마중물 기도. 주님, 분노라고 다 잘못이 아닌 줄은 알지만 제 삶에 나타날 때는 의분인 적이 드뭅니다. 제 삶의 어디에 분노가 흐르고 있는지 감지하게 도와주옵소서. 주님의 은혜로 겸손해지고 주님의 사랑으로 안정되어야 분노에 사로잡히지 않을 수 있사오니, 오늘 그 은혜와 사랑을 채워 주옵소서. 아멘.

04/30

잠언 11장 4절; 22장 14절 4 재물은 진노하시는 날에 무익하나 공의는 죽음에서 건지느니라 …… 14 음녀의 입은 깊은 함정이라 여호와의 노를 당한 자는 거기 빠지리라.

● **7대 죄악, 분노**

분노의 순기능. 하나님 자신이 **진노**의 하나님이시다. 분을 내어도 죄를 짓지 말라는 사도 바울의 말(엡 4:26)은 분노에도 분수가 있다는 뜻이다. 즉 분노 자체는 악하지 않다. 다만 우리 경우는 분노가 순식간에 악해진다.

분노란 사랑하는 대상을 보호하고자 방출되는 에너지다. 하나님은 그분을 욕되게 하는 악, 그분이 사랑하시는 대상을 해치는 악에 노하신다. 그런데 우리는 엉뚱한 것을 과도히 사랑하는 경향이 있다. 인간의 분노는 거기에 문제가 있다. 자신의 이름과 평판을 아끼는 거야 잘못이 아니지만 이를 과도히 사랑하면 분노가 도를 벗어난다. 이런 분노는 사실상 자존심 지키기에 불과하다. 부모가 자녀에게 과도히 노함은 주로 남들 앞에서 자녀 때문에 창피를 당했기 때문일 수 있다. 우리의 사랑이 고장 나서 뒤죽박죽이다 보니 분노도 본래는 선한 것인데 악하게 쓰일 때가 너무 많다. 그래서 우리는 주님을 의지해야 한다. 그분의 분노는 자신을 향한 사랑이 아니라 늘 우리를 향한 사랑에서 비롯됐다(막 3:5; 요 2:14-17).

───────

가장 최근에 정말 화났던 때를 떠올려 보라. 당신이 보호하려던 것은 무엇인가?

오늘의 마중물 기도. 주님, 남에게 가해지는 악을 보고도 분노하지 않는 것은 죄입니다. 그런데 제게는 그런 분노가 없습니다. 대신 제 뜻이 가로막힐 때는 크게 분노합니다. 죄에 노하고 죄인에게 노하지 않도록, 문제에 노하고 사람에게 노하지 않도록 도와주옵소서. 아멘.

138

05/01

잠언 15장 1절 유순한 대답은 분노를 쉬게 하여도 과격한 말은 노를 격동하느니라.

● 7대 죄악, 분노

성난 사람을 돕는 법. 성난 사람을 도우려면 우선 성나지 않은 말로 상대를 에워싸야 한다. 거슬리는 말은 노를 더 부추긴다. 사실 **과격한 말** 한마디가 불씨처럼 격노의 화염을 유발할 수 있다. 과격하다는 단어는 고통스럽다는 뜻이다. 논쟁할 때 말의 목적은 두 가지로 판이할 수 있다. 단순히 사실을 밝히는 경우(듣기에 고통스러울 수 있다)와 상대를 멍청해 보이거나 기분 나쁘게 만들어 일부러 고통을 가하는 경우다. 물론 우리는 남에게나 자신에게나 전자가 배후 동기라고 말하지만 대개는 후자다. 한마디 쓰라린 말이 관계를 무너뜨리고 원한의 벽을 쌓아 올려 그 원한이 여러 해나 평생도 갈 수 있다.

반면에 **유순한 대답**은 인내심 있고 부드럽게 말한다는 뜻이다. 최대한 상대를 인정하면서 늘 침착해야 한다. 성난 사람이 인내를 배우도록 돕는 최선의 방법 중 하나는 인내심 있는 사람들이 그를 에워싸는 것이다. 유순한 대답은 엄연히 진실한 내용이로되(엡 4:15) 시종 애정이 명백하고 적의가 없어야 한다.

―――

누군가와 논쟁한 적이 마지막으로 언제인가? 동기가 무엇이었는가? 그때 당신의 말은 유순했는가?

오늘의 마중물 기도. 주님, 겟세마네에서 가장 절실한 순간에 제자들이 주님을 실망시켰을 때도 주님의 말씀은 한없이 유순했고(마 26:41) 앙심이 없었습니다. 저를 엄하게 대하실 때도 주님은 사랑이 넘치십니다. 저도 모든 사람을 그렇게 대하게 하옵소서. 아멘.

05/02

잠언 20장 22절 너는 악을 갚겠다 말하지 말고 여호와를 기다리라 그가 너를 구원하시리라.

● 7대 죄악, 분노

복수에 대한 새로운 시각. 성난 사람을 도우려면 복수를 새로운 시각으로 보게 해 줘야 한다. 분노에 찬 사람은 자신이나 제삼자가 당한 일을 그대로 갚아 주려 한다. 여기에는 자신의 도덕 기준이 높다는 전제가 깔려 있다. 상대의 악한 행동에 대해 '나라면 절대로 저렇게 안 한다'라고 생각하는 것이다. 그래서 자신이 상대에게 모욕이나 고통을 가할 권리가 있다고 느껴진다.

그런데 오늘 본문은 복수의 높은 도덕 기준이 하나님께만 있다고 성난 사람에게 말한다. 하나님은 상대의 속마음과 그에 합당한 결과를 다 아신다. 우리는 모른다. 하나님만이 거룩하셔서 '절대로 저렇게 안 하실' 분이며, 심판하실 권리도 그분께만 있다. 우리는 그럴 권리가 없다. 하나님은 또 적절한 타이밍과 방법으로 상대를 회개로 인도하실 능력도 있다(롬 2:4). 우리는 그렇지 못하다. 누군가 내게 정말 악을 행했다면 그분이 나를 **구원**하신다. 원수를 갚아 주신다. 우리는 그럴 필요가 없다.

___

주위에 용서하기 힘든 사람이 있는가? 혹시 '나라면 절대 저렇게 하지 않을 텐데'라는 생각 때문은 아닌가?

오늘의 마중물 기도. 주님, 우월감 없이는 상대를 향한 분노를 지속할 수 없음을 깨닫습니다. 저처럼 구원받은 죄인이 왜 우월감을 품어야 합니까? 제가 주님께 행한 대로 주님이 다 갚으셨다면 지금 저는 어디에 있겠습니까? 분노의 유혹이 밀려올 때 이 복음의 진리를 기억하게 도와주옵소서. 아멘.

잠언 24장 17-18절 17 네 원수가 넘어질 때에 즐거워하지 말며 그가 엎드러질 때에 마음에 기뻐하지 말라 18 여호와께서 이것을 보시고 기뻐하지 아니하사 그의 진노를 그에게서 옮기실까 두려우니라.

● 7대 죄악, 분노

고소한 쾌감. 독일어에 '샤덴프로이데'(Schadenfreude)라는 단어가 있다. 남의 슬픔이나 수치를 기뻐한다는 뜻이다. 내 견해와 신념에 반대하던 사람이 스캔들에 빠지거나 위선자로 드러나면 우리는 박수를 치며 "꼴좋군! 거봐, 내 말이 맞잖아"라고 말할 수 있다. 나를 해쳤다고 여겨지는 사람이 우환을 당하면 우리는 "그럼 그렇지!"라며 함께 쾌재를 부를 수 있다. 고소해하는 마음은 기회를 노리다가 즐기는 분노에 지나지 않는다.

그런데 오늘 본문 말씀은 원수의 실족을 결코 **즐거워하지** 말라고 말한다. 18절을 보면 17절이 단지 제안이 아님을 알 수 있다. "[하나님이 보시기에는] 원수의 모든 죄보다 당신의 고소해하는 마음이 마땅히 더 벌 받을 죄일 수 있다."[22] 원수가 넘어지거든 오히려 자신의 흠을 살피라. "그런즉 선 줄로 생각하는 자는 넘어질까 조심하라"(고전 10:12). 그리고 주님을 의지해야 한다. 그분은 우리의 슬픔을 기뻐하신 게 아니라 친히 십자가에서 죽으시는 슬픔을 당해 우리에게 기쁨을 주셨다(사 53:4).

남에게 나쁜 일이 벌어졌다는 말을 듣고 속이 후련했던 적이 있는가? 왜 그랬는가?

오늘의 마중물 기도. 주 예수님, 주님을 죽음으로 몰아넣을 그 도성의 파멸을 예언하실 때도 주님은 전혀 고소해하거나 쾌재를 부르지 않으셨습니다. 그들을 위해 우셨을 뿐입니다(눅 19:41-44). 주님의 그 성품을 제 안에도 빚어 주옵소서. 아멘.

잠언 10장 12절; 12장 16절   12 미움은 다툼을 일으켜도 사랑은 모든 허물을 가리느니라 …… 16 미련한 자는 당장 분노를 나타내거니와 슬기로운 자는 수욕을 참느니라.

● 7대 죄악, 분노

다툼과 분노.   오늘 본문에서 말하는 **다툼**(히브리어로 '마돈')은 소신에 따른 이견이나 서로를 존중하는 논쟁이 아니다. 다툼은 하나님이 미워하시는 일이며 (6:19) 그 중심에 **분노**가 있다. 본문의 분노는 사람 사이의 멸시와 경멸을 뜻하는 단어. 다툴 때 하는 말은 모두 설득하기 위한 게 아니라 깎아내리기 위한 것이다.

답은 **사랑**이다(10:12). 사랑은 주로 감정을 뜻하지 않으며, 책망해야 할 때 모른 척한다는 뜻도 아니다(27:5-6). 사랑이 **허물**을 가린다는 10장 12절의 표현은 '은폐한다'라는 뜻이 아니다. 분노는 상대의 치부를 낱낱이 드러내 비참한 꼴로 만들지만, 사랑은 앙갚음하지 않고 일부러 상대의 위신을 최대한 세워 준다. 사랑은 나보다 남의 필요를 앞세워 가능한 한 상대의 변화를 도우려 한다. 분노란 사랑하는 대상을 보호하고자 방출되는 에너지임을 잊지 말라. 이제 언쟁이 벌어지거든 자존심을 지키려고 상대에게 분노를 방출하지 말라. 사람한테가 아니라 둘을 갈라놓는 문제를 향해 에너지를 방출하라.

얼굴을 마주할 때든 온라인에서든 당신의 말에 분노가 드러나는가? 혹시 논쟁이 과열될 때 당신은 상대의 치부를 드러내려 하는가, 아니면 사랑으로 덮어 주려 하는가?

오늘의 마중물 기도.   아버지, 주님은 죄와 악을 향해 분노를 쏟으시고 예수 그리스도로 말미암아 분노를 거두십니다. 그런데 저는 늘 화를 내며 수많은 사람을 경멸합니다. 제게 은혜로운 심령을 더욱 부어 주셔서 다른 사람의 허물을 덮어 주고 원수의 위신까지도 최대한 세워 주게 하옵소서. 아멘.

05/05

잠언 25장 21-22절 21 네 원수가 배고파하거든 음식을 먹이고 목말라하
거든 물을 마시게 하라 22 그리하는 것은 핀 숯을 그의 머리에 놓는 것과
일반이요 여호와께서 네게 갚아 주시리라.

● 7대 죄악, 분노

원수를 사랑하라. 과도한 분노를 퇴치하는 최후의 일격은 앙갚음을 삼가는 정도를 벗어나 가해자를 적극적으로 사랑하고 선대하는 일이다. 저주하지 않을 뿐 아니라 사랑해야 한다(롬 12:14). 악을 악으로 갚지 않을 뿐 아니라(롬 12:17) 선으로 악을 이겨야 한다(롬 12:21).

이런 행동을 가리켜 왜 **핀 숯을 머리에 놓는 것**이라고 표현했을까? 우리의 친절이 원수에게 고통스럽게 느껴질 수 있다. 그래서 《레 미제라블》의 자베르는 장발장의 용서를 견디지 못했다. 원수는 우리를 멸시하면서 그 멸시의 정당성을 확인하기 원하는데, 우리의 친절한 행위가 이를 앗아 간다. 단 우리의 동기가 상대를 불편하게 만들려는 데 있어서는 안 된다. 상대방보다 고상해 보이려는 마음에서 선심 쓰지 않도록 조심하라. 그건 사랑이 아니라 은근한 복수다. 그냥 상대에게 선을 행하라. 상대가 원하지 않을 수도 있으나 우리로서는 할 수 있거든 시도해야 한다(롬 12:18).

―――――

굳이 해칠 마음까지는 없어도 그냥 거리를 두고 지내는 대상이 있는가? 어떻게 그 사람에게 선을 행할 수 있겠는가?

오늘의 마중물 기도. 주님, 이것이야말로 제게는 주님의 말씀에서 가장 힘들고 어려운 지시에 속함을 고백합니다. 저는 앙갚음을 하지 않는 것만으로도 잘했다 생각하는데, 주님은 적극적으로 그들에게 선을 행하라 하십니다! 주님, 그들을 위한 기도로부터 시작하게 하옵소서. 아멘.

잠언 14장 30절 평온한 마음은 육신의 생명이나 시기는 뼈를 썩게 하느니라.

● 7대 죄악, 시기

시기의 위력. 성경에 보듯이 하나님은 질투의 하나님이다(출 34:14). 그런데 그분의 질투는 대상을 위하시는 질투다. 질투란 "파괴적 침입을 용납하지 않는 온당한 처사며 따라서 [무관심의 반대인] 사랑의 표지다."[23] 본질상 질투는 관계에 헌신된 마음이다. 위태로운 관계를 유지하거나 깨어진 관계를 회복하려 할 때 질투가 촉발된다. 바울은 고린도 교인들이 오로지 하나님께만 헌신하기를 바라는 자신의 질투를 고백했다. 그래서 강경한 어조로 독자들을 깨우려 했다(고후 11:2 이하).[24]

그런데 악한 질투는 대상을 위하지 않고 오히려 탐한다. 시기는 남의 삶을 넘보는 마음이다. 내 것보다 더 좋은 게 남에게 있으면 상대의 그 복을 기뻐하기는커녕 내게 그것이 없음을 애통해한다. 이렇듯 시기는 남의 인생의 일면을 넘본다. 오늘 본문 하반절에 나와 있듯이 **시기는 뼈를 썩게** 한다. 우리의 육신과 영혼을 실제로 집어삼킨다.

———

당신이 누구의 삶을 부러워하고 있는지 솔직히 인정하라. 복음을 믿고 그리스도 안에서 누리는 모든 복이 어떻게 당신의 시기를 약화시킬 수 있겠는가?

오늘의 마중물 기도. 주님, 제가 다른 사람의 몸 상태와 재산과 관계와 다른 많은 것을 시기하고 있음을 고백합니다. 너무 창피해서 숨기고 스스로도 외면할 뿐입니다. 시기는 제 기쁨과 주님의 정당한 영광을 빼앗아 갑니다. 제 마음에서 시기를 뿌리 뽑게 도와주옵소서. 아멘.

잠언 27장 4절 분은 잔인하고 노는 창수 같거니와 투기 앞에야 누가 서리요.

● 7대 죄악, 시기

시기의 해악. 오늘 본문에 따르면 **투기**가 분노보다 더 해로울 수 있다. 왜 그럴까? 시기는 남의 삶을 넘보는 마음이지만[5월 6일] 거기서 그치지 않는다. 시기는 남의 인생을 탐할 뿐 아니라 분개하며 못마땅해한다. 칭찬하는 사람은 자기보다 훌륭한 대상을 알아보고 기뻐하지만, 시기하는 사람은 자기보다 유복한 대상을 알아보고 배 아파한다. 영국의 훌륭한 배우 존 길구드는 자서전에 "로런스 올리비에 경이 1948년에 햄릿을 연기해 비평가들의 극찬을 받았을 때 나는 울었다"라고 썼다.[25]

시기는 남의 행복에 불행해한다. 시기는 기뻐하는 사람 때문에 울고, 우는 사람이 있으면 기뻐한다. 경건한 마음 상태와는 정반대다(롬 12:5). 시기를 근절하려면 예수님을 바라보는 게 최고의 방법이다. 그분께는 "그들의 모든 환난에 동참하사"(사 63:9)라는 말이 아주 잘 어울린다.

───

당신이 누려야 마땅할 삶이 남에게 가 있다고 느껴지는가? 그런 생각과 감정 때문에 당신의 행복이 오히려 줄어들지 않는가? 어떤 조치를 취할 수 있겠는가?

오늘의 마중물 기도. 아버지, 제가 간절히 원하는 바를 남이 가졌어도 함께 행복해할 능력이 제게 필요합니다. 제 힘으로는 안 되지만 그런 사랑이 없이는 제대로 살 수 없습니다. 분통해하며 살고 싶지는 않습니다. 주님, 도와주옵소서! 아멘.

05/08

잠언 23장 17-18절; 24장 19-20절 17 네 마음으로 죄인의 형통을 부러워하지 말고 항상 여호와를 경외하라 18 정녕히 네 장래가 있겠고 네 소망이 끊어지지 아니하리라 …… 19 너는 행악자들로 말미암아 분을 품지 말며 악인의 형통함을 부러워하지 말라 20 대저 행악자는 장래가 없겠고 악인의 등불은 꺼지리라.

● **7대 죄악, 시기**

시기의 치료법. 부러워하는 마음은 두 가지 선입관에서 기인한다. 첫째, 우리는 자격에 집착한다. 우리 마음은 은혜를 기억하지 않고 스스로 얻어 낸 것만 생각한다. 둘째, 우리는 현재에 집착한다. 해법은 주님을 우러러보고(23:17) **소망**을 내다보는 데 있다(23:18). 즉 참된 보상의 근거가 하나님의 은혜임을 알아야 하고, 또 신자에게 전혀 부족할 게 없을 결말을 기억해야 한다(시 17:15).

잠언에는 없지만 그리스도인에게는 주님을 우러러볼 좋은 방법이 있다. 예수님은 마땅히 사셔야 할 분인데도 불평 없이 죽음을 맞이하셨다. 죽어 마땅한 우리에게 생명을 주시기 위해서였다. 예수님은 역사상 가장 시기하지 않는 인간이셨다. 그분이 해 주신 일을 생각하면 우리의 시기가 점차 녹아내린다. 그분은 자격에 절대 못 미치는 삶을 받으시고도 불평하지 않으셨는데, 우리는 왜 자격도 없이 무한히 나은 삶을 얻고도 불평하는가?

자격을 따지기에 바빠 삶을 못 누리고 있는 자신의 모습이 보이는가? 어떻게 해야 복음, 즉 예수님의 모본에 힘입어 이를 그만둘 수 있겠는가?

오늘의 마중물 기도. 주 예수님, 주님은 부당한 죽음을 당하시고도 원망하지 않으셨고, 주님의 고난을 통해 제가 자격 없이 구원을 받아도 못마땅해하지 않으셨습니다. 제 안에도 그 너그러운 마음을 빚어 주옵소서. 아멘.

잠언 30장 11-14절 11 아비를 저주하며 어미를 축복하지 아니하는 무리가 있느니라 12 스스로 깨끗한 자로 여기면서도 자기의 더러운 것을 씻지 아니하는 무리가 있느니라 13 눈이 심히 높으며 눈꺼풀이 높이 들린 무리가 있느니라 14 앞니는 장검 같고 어금니는 군도 같아서 가난한 자를 땅에서 삼키며 궁핍한 자를 사람 중에서 삼키는 무리가 있느니라.

● 7대 죄악, 교만

교만의 여러 얼굴. 각 절마다 다양한 종류의 사람이 묘사된다. 부모를 욕되게 하는 사람(30:11)은 **가난**하고 **궁핍**한 이들을 압제하는 사람(30:14)과는 다르다. 그러나 어떤 면에서 모든 구절에 교만의 여러 얼굴이 그려져 있다. 보다시피 교만은 모든 관계를 망가뜨리고 뒤틀어 놓는다.

우선 교만은 권위를 싫어해 인생의 첫 권위자인 부모에게 반항하게 한다(30:11). 또 교만은 자신의 결점을 보지 못하게 해서 자아와의 관계를 망가뜨린다. 그래서 잘못(**더러운 것**)을 고칠 수 없다(30:12). 또 교만은 눈이 높아져서 타인을 경멸하게 한다(30:13). 끝으로 교만은 사회적 약자를 무자비하고 부당하게 대하게 만든다(30:14). 교만은 전방위적인 악이다. "음란, 분노, 탐심, 술 취함 등은 다 교만에 비하면 새 발의 피에 불과하다. 마귀는 교만 때문에 마귀가 됐다. 교만은 일만 악의 뿌리요 완전히 하나님을 대적하는 마음 상태다."[26] 그리스도의 "마음"과는 얼마나 극과 극으로 다른가(빌 2:1-5). 그분은 "나는 내 영광을 구하지 않는다"고 말씀하셨다(요 8:50).

교만이 어떻게 당신의 관계를 망가뜨리는가?

오늘의 마중물 기도. 주님, 너무 교만해서 제 교만을 인정조차 하지 못하는 저임을 고백합니다. 복음서에서 주님의 위대한 겸손을 읽으면 그제야 제가 겸손하지 못함이 조금 보입니다. 이 고통스러운 진리를 제게 더 보여 주옵소서. 그래서 독소 같은 교만의 악영향에서 해방되게 하옵소서. 아멘.

147

잠언 11장 12절 지혜 없는 자는 그의 이웃을 멸시하나 명철한 자는 잠잠 하느니라.

● 7대 죄악, 교만

깔보지 말라. 잠언은 **이웃을 멸시**하지 말라고 말한다. 비하하고 하찮게 여기지 말라는 뜻이다. 남을 멸시하고 깔보려는 충동을 성경은 교만과 연결시킨다(시 123:4). 교만은 왜 죄인가? 단순히 직업이나 재산을 자랑함과는 다르다. 악한 교만은 소유 자체를 기뻐하지 않고 옆 사람보다 많이 가져야만 기뻐한다. 즉 교만한 사람은 그냥 성공이나 지식이나 미모를 자랑하는 게 아니라 자기가 주위 사람보다 더 부유하거나 더 똑똑하거나 더 잘생겼다고 자랑한다. 교만의 본질은 남과 비교해서 내가 최고라는 쾌감이요 상대를 멸시하고 경멸하는 마음이다.[27]

예수님은 인간을 대하는 무례한 태도나 경멸조의 말을 금하셨다(마 5:22). 지극히 높은 신으로 자처하시면서도 태도와 행동은 친절하고 겸손하셨다. 점잖은 사회에서 쓰레기 취급당하는 이들과도 어울리셨다. 그분이 아무도 깔보지 않으셨는데 우리가 어찌 그럴 수 있겠는가?

─────

솔직히 당신이 멸시하는 사람이나 부류는 누구인가? 어떤 조치를 취할 수 있겠는가?

오늘의 마중물 기도. 주님, 주님은 매춘부나 죄인이나 로마에 부역한 세리와도 함께 음식을 드셨습니다. 이 땅에 사실 때 아무도 멸시하지 않으셨습니다. 편협한 부류에게도 편협해지지 않으시고 바리새인과도 함께 식사하셨습니다. 주님의 발자취를 따를 수 있도록 제 마음을 변화시켜 주옵소서. 아멘.

148

05/11

잠언 15장 25절 여호와는 교만한 자의 집을 허시며 과부의 지계를 정하시느니라.

● 7대 죄악, 교만

거짓된 위엄. 교만은 남을 낮추볼 뿐만 아니라 위를 우러를 줄도 모른다. 우리 삶에서 하나님의 정당한 자리를 빼앗는다. 본문에 **교만한**으로 번역된 히브리어 단어 '게에'가 하나님께 쓰이면 지극한 위엄을 뜻한다. 그래서 인간에게 쓰이면 어불성설일 뿐더러 본심이 그대로 드러난다. 우리는 스스로 구주와 주님이 되려 한다. 스스로 삶을 운영하고, 자존감을 얻어 내고, 옳고 그름을 정하려 한다.
루이스 스미즈는 이렇게 썼다. "종교적 의미의 교만이란 하나님의 하나님 되심을 거부하는 태도다. 하나님의 지위를 찬탈하는 행위다. …… 교만은 하나님의 동산에서 피조물로 살라는 그분의 초청을 물리치고 대신 자력으로 독립적인 창조주가 되려 한다. …… 교만은 거대한 기만이고, 모든 망상 중의 망상이며, 우주적 허세다."[28] 교만한 사람은 현실과 동떨어진 채 자기를 과신하므로 결국 미련해진다. 또 오늘 본문 말씀에 따르면 교만은 사회적 불의를 낳는다. 교만한 자가 힘없는 사람을 짓밟으려 함은 결국 하나님을 대적하는 일이다.

———

우리 삶에서 하나님의 하나님 되심을 거부할 수 있는 방식에는 무엇이 있는가?

오늘의 마중물 기도. 주님, 저는 성경의 가르침이 더러 싫습니다. 주님이 정해 주신 제 삶의 조건도 더러 싫습니다. 솔직히 은혜의 교리까지도 싫습니다. 구원을 제 힘으로 얻어 주님 앞에 당당해지고 싶어 합니다. 이 모든 방식으로 저는 주님의 하나님 되심을 거부합니다. 용서해 주옵소서. 아멘.

05/12

잠언 30장 12-13절   12 스스로 깨끗한 자로 여기면서도 자기의 더러운 것을 씻지 아니하는 무리가 있느니라 13 눈이 심히 높으며 눈꺼풀이 높이 들린 무리가 있느니라.

● 7대 죄악, 교만

동정할 줄 모름. 교만한 자는 **눈이 높다.** 직역하면 '눈알을 위로 올린다'라는 뜻이다. 교만한 자는 사람의 눈을 보지 않는다. 이해하고자 대등한 존재로 대하지 않고 상대를 지나쳐 자신의 목표만 본다. 상대는 도구와 이용물일 뿐이다.²⁹ 교만한 자에게 타인은 목표를 이루는 수단, 박수와 칭찬을 내놓는 자판기, 자아상을 높이는 방편이다. 교만하면 동정을 품기가 거의 불가능하다. 교만하면 남에게 제대로 주목하거나 남의 입장이 되어 보거나 남의 상처와 불행을 알아볼 수 없다. 교만하면 자신의 의제와 필요에 함몰된다. 교만한 자는 남의 고생을 보면서 자기는 똑똑해서 그런 일을 당할 리 없다고 생각한다. 또는 본인의 문제 때문에 자기 연민에 빠져 상대는 안중에도 없다.

반면에 예수님을 보라. 그분은 귀먹고 말 더듬는 사람 때문에 깊이 탄식하셨고(막 7:34) 나사로의 무덤 앞에서 눈물을 흘리셨다(요 11:35). 그분은 우리를 동정하시는 대제사장이시다(히 4:14-16). 그래서 우리 눈을 보시며 얼마든지 능히 우리의 고충 속으로 들어오신다.

사람들이 당신에게 찾아와 자신의 문제를 털어놓는가? 그렇지 않다면 혹시 당신이 별로 동정할 줄 몰라서는 아닌가?

오늘의 마중물 기도. 주님, 자기 연민에 빠지고 저 자신에 함몰되어 있느라 남의 고충에 인내하지 못함을 고백합니다. 주변에 별로 신경 쓸 필요가 없는 사람들만 있었으면 좋겠습니다. 그러나 주님도 만일 그렇게 생각하셨다면 지금 저는 어디에 있겠습니까? 긍휼을 베푸시는 주님의 마음을 제 안에도 빚어 주옵소서. 아멘.

05/13

잠언 19장 11절 노하기를 더디 하는 것이 사람의 슬기요 허물을 용서하는 것이 자기의 영광이니라.

과민함. 부상을 입었거나 염증이 있는 신체 부위를 건드리면 즉시 움찔하며 피하기 마련이다. 본문에 **노하기를 더디 하는**으로 번역된 히브리어 단어는 느긋한 얼굴을 뜻한다. 거슬린다고 버럭 되쏘는 사람에 대비된다. 당신은 누가 듣기 싫은 말을 하면 바로 되받아치는가? 아니면 반사 반응을 늦추고 주도적으로 행동하는가? 우리는 무엇에 그토록 과민한가? 우리는 어떻게든 자신의 영광 내지 명예를 지키려 한다. 과민한 부위는 바로 자존심이다.

여기 우리가 배워야 할 게 있다. 신체 부위는 무언가 잘못되기 전에는 주목을 끌지 않는다. 누구든 "오늘 내 팔꿈치가 훌륭하게 작동하고 있군"이라고 말하지는 않는다. 그런데 자존심은 매 순간 주목해 달라고 아우성이다. 죄는 자의식의 기초인 우리 정체성을 변질시켰다. 그래서 우리는 은혜로 구원받고 고침받아야 한다. 자존심이 제대로 작동하는 사람이라면 남의 냉대나 무례함을 되갚지 않는 행위야말로 참된 영광임을 알 것이다. 예수님은 "아버지, 저들을 사하여 주옵소서 자기들이 하는 것을 알지 못함이니이다"(눅 23:34)라고 말씀하셨다. 이것이 진정한 영광이다.

쉽게 상처받는 편인가? 얕보이고 무시당하는 기분이 자주 드는가? 비판을 너무 심각하게 받아들이는가?

오늘의 마중물 기도. 주님, 오늘 저는 어떤 사람에게 몹시 과민했습니다. 많은 일로 피곤해 스트레스가 쌓여 있긴 했지만, 그게 구실이 될 수는 없지요. 주님은 스트레스가 훨씬 많은 상황에서도 절대로 홧김에 말로 되쏘지 않으셨습니다. 끊임없이 주님의 인내에 경탄하며 주님을 찬양하게 하옵소서. 제 안에도 그 인내가 자라게 하옵소서. 아멘.

잠언 16장 5, 18절   5 무릇 마음이 교만한 자를 여호와께서 미워하시나니 피차 손을 잡을지라도 벌을 면하지 못하리라 18 교만은 패망의 선봉이요 거만한 마음은 넘어짐의 앞잡이니라.

● 7대 죄악, 교만

눈먼 교만.   성경에 따르면 **교만**의 결과는 '어쩌면 패망'이 아니라 '반드시 **패망**' 이다. 왜 그럴까? 교만하면 실제로 충고나 비판을 받아들이기 어렵기 때문이다. 실수에서 배우거나 약점을 인정할 수 없다. 매사가 남 탓이어야 한다. 유능한 사람, 남보다 나은 사람이라는 자신의 이미지를 유지해야 한다. 교만하면 현실관이 왜곡되기 때문에 비참한 결정을 내릴 수밖에 없다.

희곡 《트로일러스와 크레시다》에서 위대한 용사 에이잭스가 "나는 교만한 사람이 정말 싫다"라고 말하자 다른 등장인물이 청중을 향해 "그런데 자신을 사랑하다니 이상하지 않은가?"라고 묻는다. 에이잭스는 엄청나게 교만한 사람이다. 남들이 다 아는 그 사실을 본인만 알지 못한다. 아킬레스의 갑옷이 자신이 아닌 율리시즈에게 수여되자 그는 교만 때문에 치욕스러워 자살한다. 또 다른 등장인물이 에이잭스를 두고 말했듯이 "교만한 사람은 자기를 삼켜 버린다."[30] 과연 그렇다.

———

근래에 당신이나 지인의 삶에서 실제로 봤던 교만의 부정적 결과는 무엇인가?

오늘의 마중물 기도.   주님, 교만 때문에 저는 열등감을 느낄 때도 있고 우월감을 느낄 때도 있습니다. 교만 때문에 너무 두려울 때도 있고 조심성이 떨어질 때도 있습니다. 제 수많은 문제의 뿌리가 교만인 것 같습니다. 주님, 무슨 수를 쓰셔서라도 제 삶에서 교만이 사라지게 하옵소서. 아멘.

잠언 13장 10절; 14장 3절　10 교만에서는 다툼만 일어날 뿐이라 권면을
듣는 자는 지혜가 있느니라 …… 3 미련한 자는 교만하여 입으로 매를 자
청하고 지혜로운 자의 입술은 자기를 보전하느니라.

● 7대 죄악, 교만

다툼과 교만. **교만**하면 넘어질 수밖에 없는 실제적인 이유가 또 있다. 교만이
사람 사이에 **다툼**을 일으키기 때문이다. 14장 본문에 **교만**한 **입**은 **매를 자청**한
다고 했다. 지혜로운 말이 화자 자신을 보호해 준다는 하반절과 비교해 보더라
도, 교만한 말로 인한 매가 본인의 몫임을 알 수 있다.

브루스 월키의 지적대로 이 구절은 작대기나 회초리로 자기를 때리는 사람에
빗댄 은유다. 교만한 말이 어떻게 그런 역할을 할까? 허풍선이와 신경과민인
사람의 한결같은 특징인 "경솔한 모욕적 언사는 남을 자극해 분노와 조롱과 경
멸과 복수의 반응을 낳기" 때문이다.[31] 교만한 사람은 늘 논쟁을 벌이니 누군가
와 싸움이 붙는 건 시간문제고, 그러다 상대에게 큰코다칠 수 있다. 반면에 겸
손하고 신중하고 사려 깊은 말은 상대를 무장 해제시켜 다툼의 큰 대가를 면하
게 한다. 최고의 예는 바로 예수님이다. 친구를 원수로 만드는 미련한 자들과
달리 그분은 원수를 친구로 삼으시는 일이 주업이었다(롬 5:10).

───────

당신에게 대들거나 비난을 가하는 사람을 떠올려 보라. 어떻게 해야 그 적의를
무장 해제시키고 상대를 친구로 삼을 시도라도 해 볼 수 있겠는가?

오늘의 마중물 기도.　주님, 제 입에 도움이 필요합니다. 함부로 말해 놓고 나중
에 후회합니다. 제 경솔한 말에 상처를 입은 관계도 꽤 있습니다. 원수가 될 법
한 사람에게도 다정하게 다가가 친구로 삼는 법을 가르쳐 주옵소서. 아멘.

잠언 16장 19절 겸손한[압제당하는, NIV] 자와 함께하여 마음을 낮추는 것이 교만한 자와 함께하여 탈취물을 나누는 것보다 나으니라.

● 7대 죄악, 교만

교만한 자를 미워하시는 하나님. 교만은 현실적인 이유로도 패망을 낳지만 더 중대한 이유라 할 만한 것도 있다. 주님은 과부, 고아, 약자 등 **압제당하는** 부류를 사랑하신다. 왜 그럴까?

하나님은 한 분이시지만 삼위일체의 세 인격체가 영원토록 서로 사랑하시며 영화롭게 하신다(요 17:1-6). 사랑의 "타자 지향성"이다.[32] 그러므로 남을 섬기며 공로를 돌리지 않고 자신의 영광과 인정을 탐하는 사람은 우주의 순리를 거스른다. 예수 그리스도는 친히 섬기시는 삶으로 우주의 원리이기도 한 하나님의 속성을 계시해 주셨다. **교만한 자**는 또 하나님의 미래와도 충돌할 수밖에 없다. 성경에 하나님이 결국 겸손한 자를 높이시고 교만한 자를 낮추신다고 말씀하셨기 때문이다. 하나님은 우리가 압제당하는 이들에게 동화해 마음을 낮추기를 원하신다.

―――――

왜 우리는 정당해 보이는 대우나 인정을 받지 못하면 그토록 질색하는가? 당신은 무시나 냉대를 당할 때 이를 얼마나 심각하게 받아들이는가?

오늘의 마중물 기도. 주 예수님, 저는 아직도 영광과 명예를 탐합니다. 하지만 공로를 인정받을 생각 없이 섬겨야 함을 압니다. 참 어렵습니다. 저를 향한 주님의 이타적 사랑이 아주 생생히 느껴지게 하옵소서. 저도 남의 시선에 신경 쓰지 않게 하옵소서. 아멘.

잠언 15장 33절 여호와를 경외하는 것은 지혜의 훈계라 겸손은 존귀의 길잡이니라.

● 7대 죄악, 교만

최고의 역설. 겸손한 부류는 자신의 명예를 구하지 않는다. 그런데 결국은 그들이 명예를 얻는다(**겸손은 존귀의 길잡이니라.** 존귀를 안겨 준다는 뜻이다). 이 역설이야말로 성경 메시지의 핵심이다. 구약에 보면 하나님은 하갈이 아니라 사라, 라헬이 아니라 레아, 에서가 아니라 야곱, 더 듬직한 형들이 아니라 다윗을 통해 세상에 구원을 이루신다. 어느 세대에나 그분은 으레 아무에게도 환영받지 못하는 소녀와 모두에게 잊힌 소년을 통해 일하신다.

세상에 오실 때도 예수님은 장군이나 귀족이 아니라 빈민으로 오셨고, 결국 권좌에 오르신 게 아니라 권력을 잃고 죽으셨다. 바로 그 희생으로 세상에 구원을 이루셨다. 그분이 십자가의 수욕을 당하셨기에 우리에게 영광과 존귀가 주어진다. 겸손히 회개하고 그리스도를 믿기만 하면 누구나 그리스도 안에 받아들여져 입양되는 상상 못할 존귀를 누린다. 우주의 절대 권력자가 약해지실 수 있음은 그만큼 강하시기 때문이다(빌 2:5-8). 우리도 겸손을 통해서만 미련함에서 벗어나 존귀에 들어설 수 있다.

성경의 이 역설이 당신이나 지인들의 삶에 재현되는 것을 마지막으로 본 때가 언제인가?

오늘의 마중물 기도. 주님, 저는 인간의 이력과 외모에 휩쓸리지만 주님은 그러지 않으십니다. 주님이 저를 그런 식으로 판단하신다면 저는 망할 것입니다. 현란한 광채에 현혹되지 않도록 늘 똑똑히 보게 하옵소서. 아멘.

05/18

잠언 25장 6-7절 6 왕 앞에서 스스로 높은 체하지 말며 대인들의 자리에 서지 말라 7 이는 사람이 네게 이리로 올라오라고 말하는 것이 네 눈에 보이는 귀인 앞에서 저리로 내려가라고 말하는 것보다 나음이니라.

● 7대 죄악, 교만

진짜 겸손과 가짜 겸손. 겸손은 일상생활과 대인관계 속에서 어떻게 나타날까? 수수한 성격인지 아닌지로도 알 수 있다. 주제넘은 사람은 온갖 방법으로 자신을 높인다. 대화 중에 불쑥불쑥 끼어들고, 늘 자신의 생각이 더 예리하고 중요하다고 생각한다. 일터에서는 늘 남의 공로를 가로챌 뿐 잘못을 책임지는 일은 없다. 온라인에서도 요란한 자화자찬으로 대중의 인기를 노린다. 이런 자기홍보는 부당한 소송이나 살벌한 권력 다툼보다 더 해로운 형태를 띨 수도 있다. 남을 조종해 성공의 사다리를 오르는 방법은 그밖에도 많다. 그런데 오늘 본문 7절에 보면 명예를 받아들이는 일 자체는 전혀 잘못이 아니다. 다만 가짜 겸손이 존재한다는 뜻이다. 가짜 겸손은 자신이 이 정도로 겸손하다고 보란 듯이 자랑한다.

입신출세주의를 경계하는 잠언의 충고를 예수님은 삶 전반의 태도로 확대하신다(눅 14:7-11). 참된 겸손이란 자신을 못났다고 생각하는 게 아니라 자신에 대한 생각을 줄이는 것이다. 자신의 서열이 어디쯤인지 신경 쓸 필요조차 없다. 그냥 기회가 닿는 대로 주위 사람을 섬기면 된다.

오늘의 마중물 기도. 주님, 겸손이란 주제는 아예 접근하기도 힘듭니다. 겸손하게 해 달라고 기도할 때조차도 제 겸손한 태도에 은근히 자만심이 듭니다. 주 하나님, 이 죄인을 불쌍히 여겨 달라는 말밖에 할 말이 없습니다. 제가 사랑받는 죄인임을 결코 잊지 않게 하옵소서. 아멘.

05/19

● 7대 죄악, 교만

하나님께 갈급한 마음. 오늘 본문에서 화자는 삶과 하나님에 대한 자신의 이해가 겨우 **짐승** 수준이라고 말한다. 과장일까? 그렇긴 하지만 건강한 역설적 과장이다. 그는 자신이 하나님을 모른다고 했지만 바로 그 고백이 영적 각성의 표지다. 하나님을 잘 안다고 자신하는 사람일수록 그분을 모르지만, 전혀 모른다고 울부짖는 사람은 그분을 아는 길에 들어섰다. 하나님의 부재가 예민하게 느껴진다면 때로는 그게 그분이 실제로는 우리를 자신께로 더 가까이 이끌고 계시다는 징후다.

"내가 믿나이다 나의 믿음 없는 것을 도와주옵소서"라고 외친 사람은 그 순간 예수님을 믿었다(막 9:24). 무지를 해결하는 첫걸음은 자신의 철저한 무지를 아는 데 있다. "겸손을 얻으려는 사람이 있다면 내 생각에 첫걸음은 이것이다. …… 스스로 교만하지 않게 여긴다면 당신은 매우 교만하다."[33] 오늘 본문의 현자는 그 첫걸음을 내디뎌 하나님의 지식과 인간의 지식 사이에 무한한 괴리가 있으며 따라서 하나님의 계시가 필요함을 인정했다. 그다음 걸음은 하나님의 말씀을 듣고 자신이 은혜가 필요한 죄인임을 인정하는 일이다.

당신에게 하나님을 알려는 갈급한 마음이 있다고 솔직히 말할 수 있겠는가?

오늘의 마중물 기도. 주님, 참된 회개와 성찰을 제게 가르쳐 주옵소서. 병적인 내성에 스스로 함몰되지 않게 하옵소서. 아멘.

잠언 20장 3절; 29장 23절 3 다툼을 멀리하는 것이 사람에게 영광이거늘
미련한 자마다 다툼을 일으키느니라 …… 23 사람이 교만하면 낮아지게 되
겠고 마음이 겸손하면 영예를 얻으리라.

● 7대 죄악, 교만

자기 부인. 2006년에 한 총기 난사범이 다수의 아미시 초등학교 학생을 죽이
고 자살했다. 대개 이런 경우 범인의 생존 가족은 살해 위협을 받고 주택은 파
손된다. 그런데 아미시 공동체는 범인의 가족을 용서하고 사랑했다. 이 모범을
모두가 본받을 수 있다는 희망까지 일각에서 제기됐다.

용서는 사회적, 정서적으로 건강한 일이긴 하지만 용서하려면 자기를 부인해
야 한다. 그러나 우리가 살고 있는 문화는 자기를 주장하도록 부추긴다. 정당하
다 싶게 존중받지 못하면 우리는 목소리를 높여 따지도록 교육받았다. 분노는
자기를 존중하는 표징으로 간주된다. 그래서 우리 사회는 용서하는 사람을 배
출하지 못하고, 서로 명예를 얻겠다며 **다툼을 일으키는** 부류를 쏟아 낸다. 이런
문화에서는 갈수록 더 다툼이 많아진다.[34] "복수를 장려하고 은혜를 비웃는 문
화가 우리 대부분을 빚어냈다."[35] 그러나 누차 봤듯이 존엄의 절정은 굳이 존엄
에 구애받지 않는 상태다. 자신을 변호하기에 바쁜 사람일수록 오히려 나약한
법이다.

───────

자신을 변호해야 한다고 느꼈을 때가 마지막으로 언제인가? 혹시 너무 성급하
지는 않았는가?

오늘의 마중물 기도. 아버지, 이제 아들 예수님이 제 크신 대언자십니다(요일
2:1). 예수님이 흘리신 피가 영원한 도덕법의 형벌로부터 저를 보호해 줍니다.
주님 안에서 저는 용서받고 받아들여졌습니다. 그런데 왜 저는 항상 저 자신을
변호해야 한다고 느낄까요? 그런 강박에서 벗어나게 하옵소서. 제 놀라우신 대
제사장을 기억하게 하옵소서. 아멘.

05/21

잠언 13장 18절 훈계를 저버리는 자에게는 궁핍과 수욕이 이르거니와 경계를 받는 자는 존영을 받느니라.

● 7대 죄악, 교만

교정을 받으라. 교만은 **경계**(교정)받기를 싫어하지만 그럴수록 공공연한 실패가 불가피해져 결국 **수욕**을 당한다. 이것이 교만의 아이러니다. 수욕으로 번역된 히브리어 단어는 가볍게 취급당한다는 뜻이다. 요컨대 교만한 사람은 자기가 피하려던 최악의 악몽에 봉착한다. 그렇다면 교만은 어떻게 퇴치할 수 있을까? 이런 방법도 있다. 의지를 가지고 체계적으로 다른 사람의 교정을 달게 받으라. 가볍게 취급당하지 않고 존중받는 사람이 되려면 내 자아를 타인의 자아에 복종시키는 훈련으로 내면이 빚어지는 수밖에 없다.[36] 자만심을 버려야 건강한 자긍심을 제대로 얻는다. 이런 일은 교회 안에서 가능하다. 단 지혜로운 지도자의 조언과 교훈에 작정하고 따라야 한다. 부부 사이에도 가능하다. 단 배우자에게 안심하고 나를 교정할 수 있게 해 줘야 한다. 그리스도인 친구끼리도 가능하다. 단 상대에게 내 결점과 죄에 대해 수시로 말할 권리를 줘야 한다(히 3:13). 교정을 받으려면 내 쪽에서 이를 삶의 일부로 받아들여야만 한다.

당신이 속해 있는 기독교 공동체 내의 관계는 서로 감시와 교정을 맡길 수 있을 만큼 친밀한가? 근래에 교정을 받은 적이 있는가?

오늘의 마중물 기도. 주님, 주위에 저를 교정해 달라고 믿고 맡길 만한 사람이 부족합니다. 그러나 인내와 헌신으로 그런 관계를 가꾸고, 용감하게 마음을 열겠습니다. 모든 과정을 도와주옵소서! 아멘.

05/22

잠언 12장 8절; 27장 2절 8 사람은 그 지혜대로 칭찬을 받으려니와 마음이 굽은 자는 멸시를 받으리라 …… 2 타인이 너를 칭찬하게 하고 네 입으로는 하지 말며 외인이 너를 칭찬하게 하고 네 입술로는 하지 말지니라.

● 7대 죄악, 교만

서로 칭찬하는 공동체. 자기 입으로 하는 자화자찬은 거의 매번 역풍을 부른다. 정도가 심할수록 남들은 그 사람에게 공로를 돌리기가 싫어진다. 셰익스피어는 "교만은 …… 자찬의 나팔이다. 자신의 행위를 칭찬하기 바쁜 사람은 자찬으로 그 행위마저 까먹는다"라고 썼다.[37] 오늘 본문에 따르면 신앙 공동체는 각방으로 서로를 꾸준히 칭찬하고 인정해 줘야 한다. 진정하고 진실한 **칭찬**이 우리에게 꼭 필요하기 때문이다. 31장 10-31절에 보면 남편이 아내의 덕을 즐거이 칭찬하는 말이 구구절절 이어진다.

교회는 사람들이 자화자찬하지 않고 서로 칭찬해 주는 장이 되어야 한다. 우리는 그리스도 안에서 존귀한 존재가 됐기에(엡 1:19; 요 12:43; 17:23) 이제 더는 남의 주목을 얼마나 끌지 걱정할 필요가 없다. 오히려 주위 사람을 세워 주는 데 전력할 수 있다(롬 12:10). "[그리스도 안에서] 하나님의 칭찬만이 조종당하거나 변질될 수 없다."[38] 복음 안에서 우리는 하나님이 그리스도로 말미암아 우리를 기뻐하시며 박수를 보내심을 확신할 수 있다. 그러면 늘 칭찬에 굶주리지 않고, 칭찬이 없어도 억울하지 않으며, 칭찬받아도 우쭐해지지 않는다. 나아가 칭찬을 후히 베풀 수 있다. 가장 겸손한 사람일수록 남을 가장 많이 칭찬한다.[39]

당신은 남을 칭찬하고 인정하는 것에 빠른 편인가? 이 부분에서 잘하고 있는지 당신을 잘 아는 사람에게 물어보라.

오늘의 마중물 기도. 주님, 죄인인 제가 그리스도 안에서 오히려 주님의 칭찬과 기쁨의 대상이라니 정말 신기합니다(롬 2:29; 습 3:17). 이것으로 제 영혼에 충분하게 하옵소서. 그래서 저도 누구에게나 아낌없이 감사와 칭찬을 건네게 하옵소서. 아멘.

잠언 21장 15, 17, 20절   15 정의를 행하는 것이 의인에게는 즐거움이요 죄인에게는 패망이니라 17 연락을 좋아하는 자는 가난하게 되고 술과 기름을 좋아하는 자는 부하게 되지 못하느니라 20 지혜 있는 자의 집에는 귀한 보배와 기름이 있으나 미련한 자는 이것을 다 삼켜 버리느니라.

● 7대 죄악, 식탐

쾌락을 사랑하는 시대. **술과 기름**은 잔치에 쓰이는 참 좋은 것이다(시 104:15). 그러나 육신의 감각과 쾌락을 사랑해 거기에 지배당하면 '식탐'의 대죄가 된다. 지금은 이 단어에 과식의 의미만 있지만 전통적으로는 만족을 뒤로 미룰 줄 모르는 삶을 뜻했다. "식탐은 우리를 춤과 음식과 스포츠로 숨 가쁘게 몰아가고, 부리나케 여기저기 돌아다니며 관광 명소에 넋을 잃게 한다."[40] 식탐 때문에 음식이나 술이나 약물에 중독되어 **다 삼켜** 버릴 수도 있다. 거기까지 가지 않는다 해도 식탐의 정신은 늘 편한 길을 택한다.

지혜로운 사람은 감각적 쾌락 대신 **정의**에서 **즐거움**을 얻는다(21:15). 정의를 행하려면 자신의 안락과 쾌락을 희생해야 할 때가 많다. 예컨대 가난한 사람에게 후히 베풀면 물리적 안락을 가져다줄 재물을 잃는다. 그러나 하나님과 이웃을 위해 손해를 보면 더 깊은 기쁨이 부산물로 따라온다. 식탐의 큰 과오는 행복을 책임감 있는 삶의 부산물로 보지 않고 직접 추구하는 데 있다. "쾌락을 사랑하는 사람은 즐거움 자체에 매달리다가 오히려 가난해진다"(21:17).[41]

당장의 쾌락을 희생하면 어떻게 큰 만족과 행복이 찾아오는지 사례를 들어 보라.

오늘의 마중물 기도.   주님, 언론과 광고와 문화가 합세해서 제 안락과 쾌락 욕구를 채우라고 충동질합니다. 주님은 죽으실 때 재산이라곤 달랑 옷가지 하나뿐이었습니다. 제게 지혜를 주옵소서. 고생을 위한 고생을 율법적으로 즐기지도 말고, 무조건 고생을 피해 달아나지도 말게 하옵소서. 아멘.

잠언 3장 9-10절; 20장 1절   9 네 재물과 네 소산물의 처음 익은 열매로 여호와를 공경하라 10 그리하면 네 창고가 가득히 차고 네 포도즙 틀에 새 포도즙이 넘치리라 …… 1 포도주는 거만하게 하는 것이요 독주는 떠들게 하는 것이라 이에 미혹되는 자마다 지혜가 없느니라.

● 7대 죄악, 식탐

음주. 잠언에 **포도주는 거만하게 하는 것**으로 표현된다. 술에 절어 살면 패가 망신한다. 그래서 잠언은 술에 취해 '절제'라는 안전 장치가 사라진 상태를 삼가라고 경고한다. 삶의 스트레스를 풀려고 술에 과도히 의존하면 가산을 탕진하거나(21:17; 23:19-21) 학대와 불의를 저지를 수 있다(31:4-5). 그러나 3장 본문에 보듯이 잠언은 반드시 금주를 권하지는 않는다. 포도주는 좋은 선물이기도 하기 때문이다(창 27:28; 신 14:26). 예수님이 제정하신 성찬식에도 포도주가 쓰인다(마 26:27-29).

그러나 지도자가 중대한 결정을 내릴 때나(31:4-5) 신자가 하나님께 특별한 서원을 할 때는(민 6:3) 포도주와 독주가 금지됐다. 지혜로운 사람은 알듯이 "포도주에는 양면성이 있다. …… 유익도 있지만 저주도 된다. 하나님 앞에서 받아 누릴 수 있으나 경계 대상이기도 하다. 구약 전체에 그 양쪽이 맞물려 있다. 마음을 기쁘게 하는 포도주(시 104:15)가 생각을 오류에 빠뜨릴 수도 있다(잠 28:7)."[42]

음주의 양면성에 대한 잠언의 인식이 당신에게도 있는가? 술의 위험성을 피하기 위해 현재 어떤 조치를 취하고 있는가?

오늘의 마중물 기도. 주님, 선하지도 않고 악하지도 않지만 신중하게 써야 할 것들이 참 많습니다. 그게 무엇인지 알고 현명한 사용법을 아는 게 지혜지요. 잘 분별하지 못해서 망한 인생이 많습니다. 저와 제 사랑하는 이들이 음식과 음주 부분에서 어리석음에 빠지지 않도록 지켜 주옵소서. 아멘.

05/25

잠언 23장 29-35절 29 재앙이 뉘게 있느뇨 근심이 뉘게 있느뇨 분쟁이 뉘게 있느뇨 원망이 뉘게 있느뇨 까닭 없는 상처가 뉘게 있느뇨 붉은 눈이 뉘게 있느뇨 30 술에 잠긴 자에게 있고 혼합한 술을 구하러 다니는 자에게 있느니라 31 포도주는 붉고 잔에서 번쩍이며 순하게 내려가나니 너는 그것을 보지도 말지어다 32 그것이 마침내 뱀같이 물 것이요 독사같이 쏠 것이며 33 또 네 눈에는 괴이한 것이 보일 것이요 네 마음은 구부러진 말을 할 것이며 34 너는 바다 가운데에 누운 자 같을 것이요 돛대 위에 누운 자 같을 것이며 35 네가 스스로 말하기를 사람이 나를 때려도 나는 아프지 아니하고 나를 상하게 하여도 내게 감각이 없도다 내가 언제나 깰까 다시 술을 찾겠다 하리라.

● 7대 죄악, 식탐

중독의 덫. 술 취한 사람은 코미디의 소재다. **사람이 나를 때려도 나는 아프지 아니하고 나를 상하게 하여도 내게 감각이 없도다.** 그러나 중독은 비극이다. 본문에 실족과 싸움으로 인한 상처(23:29)라든가 진전(震顫) 섬망증(23:33)이 서글프게도 자세히 묘사된다. 모든 중독자는 처음에 딱 한 잔으로 시작한다. 그렇다면 술을 마시는 사람은 이 덫을 어떻게 피할 수 있을까?

포도주는 좋은 음식으로 그쳐야 한다. 그런데 술을 항상 눈앞에 두고 그 성능에서 헤어나지 못한다면, 이미 그 매혹은 성욕에 맞먹는다. 다른 모든 음식처럼 음주도 불안을 달래는 깊은 위안의 방편이 될 수 있다. 만족을 모르는 욕구는 시간이 갈수록 왕성해지건만 중독자는 무력하다. **내가 언제나 깰까 다시 술을 찾겠다.** 중독을 극복하기란 결코 간단하지 않아 평생이 걸린다. 우리에게 필요한 궁극의 위안을 사도 바울이 제대로 지적했다. "술 취하지 말라 …… 오직 성령으로 충만함을 받으라"(엡 5:18). 성령으로 충만하다는 말은 그리스도를 생생히 보며 기뻐한다는 뜻이다(요 15:26; 16:14). 이 기쁨 덕분에 다른 위안을 능히 버릴 수 있다.

중독의 종류는 다양하다. 당신은 스트레스와 불안과 불행에 어떻게 대처하는가?

오늘의 마중물 기도. 주님, 제 고민과 슬픔을 주님께 가져가게 하옵소서. 음식과 술, 성적인 해소, 비디오게임, 텔레비전 시청에 의지하지 않게 하옵소서. 주님의 "생명 샘물 마시고 우리 소생하게" 하옵소서.[43] 아멘

05/26

잠언 21장 25-26절 25 게으른 자의 욕망이 자기를 죽이나니 이는 자기의 손으로 일하기를 싫어함이니라 26 어떤 자는 종일토록 탐하기만 하나 의인은 아끼지 아니하고 베푸느니라.

● 7대 죄악, 나태

게으름은 일을 싫어한다. **게으른 사람**은 편히 쉬는 안락을 과도히 탐한다.[44] 그런데 오히려 불만 속에 살아간다. 자기 인생에 별로 만족하지 못하기 때문이다. 도로시 세이어즈는 "나태"를 정의하기를 "아무것도 믿지 않고, 아무런 관심도 없고, 아무것도 알려 하지 않고, 아무 데도 관여하지 않고, 아무것도 즐기지 않고, 무엇도 사랑하지 않고, 무엇도 미워하지 않고, 아무런 목적도 없고, 무엇을 위해서도 살지 않고, 죽지 못해 겨우 목숨을 부지하는 죄"라 했다.[45]

게으른 사람은 삶에 대한 애정이 부족하다 보니 삶을 더 누리고자 열심히 일하지 않는다. 사람을 향한 애정도 부족하다 보니 의인처럼 **아끼지 않고 베풀고자** 열심히 일하지 않는다(21:26). 나태를 퇴치하려면 "믿음의 주요 또 온전하게 하시는 이인 예수"를 바라보라. "그는 그 앞에 있는 기쁨을 위하여 십자가를 참으사 부끄러움을 개의치 아니하시더니 하나님 보좌 우편에 앉으셨느니라"(히 12:2). 그분은 버거운 짐을 기쁘게 지셨다. 우리를 구원하실 만큼 족히 사랑하셨기 때문이다. 우리도 그분을 족히 사랑해 맡겨진 본분을 다하자.

의무감에서만 일하는가, 아니면 사랑하고 섬기려고 돈을 버는가? 동기가 바뀌면 일하는 자세가 어떻게 바뀌겠는가?

오늘의 마중물 기도. 주님, 지금 하려는 제 기도의 동기가 바르게 하옵소서. 충분히 벌고 충분히 소유해 많은 사람에게 '아끼지 않고 베풀게' 하옵소서. 아멘.

05/27 **잠언 12장 27절; 19장 24절** 27 게으른 자는 그 잡을 것도 사냥하지 아니하나니 사람의 부귀는 부지런한 것이니라 …… 24 게으른 자는 자기의 손을 그릇에 넣고서도 입으로 올리기를 괴로워하느니라.

● **7대 죄악, 나태**

게으름은 일을 하다 만다. 흔히들 생각하는 게으른 사람은 일을 시작조차 하지 않는 부류다. 하지만 늘 계획하고 시작은 하는데 무엇 하나 끝내지 못하는 부류도 있다. 그들은 한 직장에 오래 붙어 있지 못하면서 매번 자신의 끈기 부족이 아니라 직장을 탓한다. 내면에 아무런 열정도 없어 흥미를 잃거나,^{5월 26일} 미리 대가를 따져 보지 않고 나중에 기겁한다.

그래서 게으른 자는 사냥감을 잡지 못하고(12:27), 음식은 입에 넣기도 전에 식어 버린다(19:24). 당신이 일을 하다 마는 사람이라면 당신을 끝까지 사랑하신 예수님을 기억하라(요 13:1). 그분은 중간에 포기하지 않아 마침내 "다 이루었다"라고 말씀하실 수 있었다(요 19:30).

———

당신이 여태 끝내지 못한 일이 있는가? 그 일로 혜택을 볼 사람들을 생각해서 사랑으로 분발하고, 우리의 믿음을 "온전하게 하시는" 주님을 바라보라(히 12:2). 그래서 그 일을 끝마치라.

오늘의 마중물 기도. 주님, 주님은 주님의 사람들을 사랑하시되 "끝까지 사랑"하셨습니다(요 13:1). 주 예수님, 저도 주님을 닮게 하옵소서. 약속한 일은 실행하고 한번 시작한 일은 끝마치는 사람이 되게 하옵소서. 아멘.

05/28

잠언 26장 13-16절 13 게으른 자는 길에 사자가 있다 거리에 사자가 있다 하느니라 14 문짝이 돌쩌귀를 따라서 도는 것같이 게으른 자는 침상에서 도느니라 15 게으른 자는 그 손을 그릇에 넣고도 입으로 올리기를 괴로워 하느니라 16 게으른 자는 사리에 맞게 대답하는 사람 일곱보다 자기를 지 혜롭게 여기느니라.

● 7대 죄악, 나태

게으름은 현실을 직시하지 않는다. 오늘 본문에 그려진 초상은 풍자다. 게으른 자는 **길에 사자가 있을지도 모른다**며 매사에 위험을 과장한다. 경첩에 고정된 문처럼 방구들에 들러붙어 빈둥거린다. 먹는 수고조차 너무 힘들어 아예 먹다 만다.

전체를 관통하는 주제는 비참하게 눈먼 상태다. 본문에 게으른 자의 특징이 폭넓게 개괄된 것은 그가 무엇 하나도 보지 못함을 강조하기 위해서다. 스스로 보기에 "그는 기피자가 아니라 '현실주의자'고(26:13), 방종에 빠진 게 아니라 '아침이라 아직 몽롱한' 상태다(26:14). 그의 타성은 '서두르지 않겠다는 저항'이고(26:15), 정신적 태만은 꿋꿋이 '자기 입장을 고수하는 소신'이다(26:16)."[46] 누가 보기에도 터무니없는 그의 변명(26:13)이 자신에게만은 예외다(26:16). 모든 부류의 미련한 자처럼 **게으른 자도** 현실을 부정한다. **자기를 지혜롭게 여기기** 때문이다. 게으른 자는 현실뿐 아니라 특히 이렇게 되어 버린 자신의 모습을 직시하지 못한다.

———

사실은 그냥 어려운 일에 손댈 마음이 없는 건데, 그럴 때 당신의 '편리한' 변명은 무엇인가?

오늘의 마중물 기도. 주님, 이번 잠언에 게으른 사람의 변명이 과장되어 있으나, 힘든 일을 피할 때면 제 안에도 정도만 약할 뿐 그런 모습이 보입니다. 지금 생각하면 창피하지만 왠지 저를 보호하는 것처럼 느껴져서 떨치기가 쉽지 않습니다. 이런 변명을 버릴 수 있는 용기를 주옵소서. 아멘.

잠언 20장 4절 게으른 자는 가을에 밭 갈지 아니하나니 그러므로 거둘 때에는 구걸할지라도 얻지 못하리라.

● **7대 죄악, 나태**

게으름은 주위를 살피지 않는다. 고대 농경 사회에서는 날씨를 유심히 관찰해 제철 제때에 나가 일해야 했다. 그런데 **게으른 자**는 자신의 일정을 고집하는 특성이 있다. 너무 자아에 함몰되어 있어 기회의 창을 살피지 않는다. 그 창은 한번 닫히면 영원히 끝이다.

전도서에 보면 "찾을 때가 있고 잃을 때가 있으며 지킬 때가 있고 버릴 때가 있으며 찢을 때가 있고 꿰맬 때가 있다"고 했다(전 3:6-7). 세상 만물이 변하고 죽는다는 사실은 우리에게 전혀 위로가 못 된다. 하나님이 사람들에게 "영원을 사모하는 마음"을 주셨으므로(전 3:11) 주기적 변화는 우리를 슬프게 한다. 그런데 나태한 마음은 이런 현실을 이해하지 못하기 때문에 제때에 수고하고 제때에 쉴 줄을 모른다. 게으른 자가 배워야 할 사실이 있다. 하나님의 궁극적 미래에만 우리는 샬롬의 왕이신 예수 그리스도를 통해 완전한 샬롬과 안식을 누린다(사 9:6). 그때까지는 일해야 한다.

———

당신이 그동안 놓쳤던 기회들을 떠올려 보라. 왜 놓쳤는가? 어떻게 하면 더 지혜로워져서 앞으로는 기회를 놓치지 않을 수 있겠는가?

오늘의 마중물 기도. 주님, 주님은 "때가 차매" 오셨습니다(갈 4:4). 심지어 주님도 기회와 타이밍에 주목하셨습니다! 그런데 솔직히 저는 삶의 이치에 순응하기보다 제 일정에 세상을 맞추려 합니다. 제게 경건한 융통성을 주셔서 제 계획보다 주님의 계획을 더 신뢰하게 하옵소서! 아멘.

05/30

잠언 18장 9절 자기의 일을 게을리 하는 자는 패가하는 자의 형제니라.

● 7대 죄악, 나태

게으름은 파멸을 부른다. 나태한 사람은 **패가한다.** 앞서 봤듯이 해를 자초한다. 나아가 게으름은 주위 사람의 선(善)까지도 파괴한다. 어떻게 그런가? 우선 게으른 사람은 가정이나 사회에서 제 몫을 다하지 않음으로써 분명히 남의 짐을 가중시킨다. 또한 마음먹고 일을 할 때도 자기를 먼저 생각한다. 자신의 안락이나 유익을 위해 일을 선택할 뿐, 그 일이 타인과 공동체와 사회에 어떻게 도움이 될지는 뒷전이다.

도로시 세이어즈에 따르면 제2차 세계대전 기간에 많은 군인이 평소의 생업보다 군부대 일에서 훨씬 큰 만족을 얻었다. 왜 그랬을까? "난생처음 그들은 봉급을 위해서나"(군인의 월급은 형편없었다) "지위를 위해서 일하지 않고"(군대에서는 모두가 같은 처지였다) "우리 모두를 위해 일했다."⁴⁷ 덕분에 사회 구조가 탄탄해지고 심리적 건강도 향상됐다. 지혜는 여기 있으니 곧 자신의 승진보다 남을 위해 일하는 것이다. 요컨대 게으름은 공동체를 파멸시키며, 사익만을 위해 선택한 일도 마찬가지다.

———

솔직히 당신은 자기의 일을 게을리 하는 자인가?

오늘의 마중물 기도. 주님, 잠언 전체가 제 개인주의 성향에 어긋납니다. 주위 사람에게 제 돈과 시간과 직업의 선택에까지 관여할 권리가 있다는 개념이 저는 너무 싫습니다. 제게 그리스도의 마음을 주옵소서(빌 2:3-5). 주님의 말씀과 성령으로 그 마음을 부어 주옵소서. 아멘.

잠언 19장 15절 게으름이 사람으로 깊이 잠들게 하나니 태만한 사람은 주릴 것이니라.

● 7대 죄악, 나태

게으름은 점점 심해진다. 게으르면 처음에는 잠에 취하다가 결국은 배를 곯는다. 다시 말해서 **게으름**은 열심히 일하는 능력을 점점 떨어뜨린다. 몸 상태가 나빠진 사람이 갑자기 마라톤을 달릴 수 없듯이 게으른 사람도 정신노동이나 수고를 장시간 견딜 역량이 갈수록 줄어든다. 일을 잘하는 데 필요한 기본자세와 습관을 서서히 잃어 원상 복구가 어려울 수도 있다. 예컨대 약속을 지키고, 일을 기한 내에 마치고, 외부 환경에 지배당하지 않고, 누가 지적하거나 강요하지 않아도 스스로 알아서 하고, 자신의 탁월한 일처리에 자부심을 느끼는 등이 다 그에 해당한다. 이런 습관을 한번 잃거나 아예 기른 적이 없으면 되찾기가 몹시 어렵다.

게으름의 점진성은 본능이지만 또 다른 점진적 과정이 있다. 죄의 자연적 악화를 능히 이겨 내는 초자연적 '성화'의 과정이다. 현세에는 결코 완결되지 않지만(빌 3:12) 이를 통해 우리는 한 걸음씩 점점 더 그리스도의 형상을 닮아 간다(엡 4:23-24).

───────

당신의 이타심과 평정심과 자제력은 이전보다 나아졌는가? 당신을 잘 아는 사람이나 친구에게 물어보라.

오늘의 마중물 기도. 주님, 제게 성화보다 더 큰 기도 제목은 없습니다. 주님의 값없는 은혜로 제 전 존재를 새롭게 하셔서 그리스도의 형상을 닮아 가게 하옵소서. 죄에는 더욱더 죽고 의에는 더욱 살아나게 하옵소서.[48] 아멘.

06/01

잠언 15장 19절　게으른 자의 길은 가시 울타리 같으나 정직한 자의 길은 대로니라.

● 7대 죄악, 나태

게으름은 진정한 쉼을 앗아 간다.　여기 **게으른** 사람과 대비되는 대상은 근면한 사람이 아니라 **정직한** 사람이다(마 25:26 참조). 나태는 단지 기질이 아니라 도덕적 결점이다. 게으른 사람은 자기 본위라서 사랑할 줄을 모른다. 게으름은 부정직해 "사실관계와 자기 몫의 짐을 피하려 한다."[49] 게다가 심히 미련하기까지 하다. **게으른 자의 길이 가시 울타리** 같다는 말은 게으를수록 결국 일이 더 많아진다는 뜻이다. 날마다 양치질을 하지 않으면 나중에 큰돈 들여 고통스러운 치과 치료를 받아야 한다. 감염되어 온몸의 건강이 위태로워질 수도 있다.

가시의 은유가 우리에게 일깨워 주는 사실이 또 있다. 타락한 세상에서는 모든 일이 힘들고 어렵다. "가시덤불과 엉겅퀴"(창 3:18)는 인간이 하나님께 등을 돌린 결과다. 그래서 지금은 모든 일에 어느 정도의 좌절과 난관이 따른다. 정직한 자에게도 마찬가지다. 그런데 예수님이 십자가에서 우리 몫의 저주와 가시 면류관을 담당하셨고, 그래서 그분을 믿는 사람은 장차 새롭고 온전해진 세상에 살게 된다. 그분이 가시에 찔리심으로 우리는 대로를 걸을 수 있다.

게으를수록 결국 일이 더 많아지는 원리를 삶에서 어떻게 경험했는가?

오늘의 마중물 기도.　주님, 고달픈 삶이 저를 불안하게 합니다. 포기하고 싶어집니다. 하지만 주님은 약속대로 자기 백성에게 화평을 말씀하십니다(시 85:8). 저도 제 마음을 향해 이렇게 말하도록 도와주옵소서. "잠잠하라 내 영혼아, 최고의 친구가 하늘에 계시니 가시밭길 지나 기쁨의 나라로 인도하시리."[50] 아멘.

잠언 27장 18절 무화과나무를 지키는 자는 그 과실을 먹고 자기 주인에게 시중드는 자는 영화를 얻느니라.

● 7대 죄악, 나태

직업에는 귀천이 없다. 오늘 본문 말씀의 하반절에 역설이 담겨 있다. **주인에게 시중드는** 가장 천한 일도 잘만 하면 종에게 **영화**가 따른다. 어떤 일이든 잘 감당하면 하나님 보시기에 귀하다(엡 6:5-8 참조).

바빌론의 창조 신화인 "에누마 엘리시"에 보면 인간은 신보다 하급의 일을 하도록 창조됐다. 그런데 창세기의 하나님은 말 그대로 손에 흙을 묻혀 가며 육체노동을 하시면서도(창 2:7) 이를 하급으로 여기지 않으셨다. 지금도 성령은 지면을 새롭게 하신다(시 104:30). 노동은 하나님이 인류를 위해 창조하신 낙원에 처음부터 있었다(창 2:15). 예수님도 이 땅에 오실 때 한량이 아니라 목수로 오셨다. 물론 자긍심을 품을 만한 일이어야겠지만 일하지 않는 사람은 인간이기를 일부 포기한 것이며, 그 결과 영혼이 영양실조에 걸린다. 일이란 필요악이 아니라 성경 말씀대로 선이기 때문이다. 그렇다고 세상을 바꿔 놓을 만한 거창한 직업일 필요는 없다. 어떤 일이든 남을 이롭게 하는 일에 최선을 다한다면 마땅히 영화를 누릴 만하다.

───────

소위 블루칼라 일이라고 얕보지는 않는가? 또 반대로 직업상 당신보다 기술도 많고 교육도 더 받은 부류를 불신하거나 몹시 싫어하지는 않는가?

오늘의 마중물 기도. 주 예수님, 제가 사는 사회의 일각에서는 다년간의 교육을 요하는 고소득 직업군을 지나치게 떠받드는가 하면 다른 일각에서는 오히려 그런 부류를 지독히도 불신합니다. 하지만 계층과 지위의 이런 구분이 주님께는 중요하지 않습니다. 제게도 중요하지 않게 해 주옵소서. 아멘.

잠언 15장 27절 이익을 탐하는 자는 자기 집을 해롭게 하나 뇌물을 싫어하는 자는 살게 되느니라.

● 7대 죄악, 탐욕

탐욕은 사람을 죽인다. **뇌물을 싫어하는 자**는 아주 큰돈을 잃을지언정 정직을 타협하지 않는다. 그런데 **이익을 탐하는 자**는 수단으로 목적을 정당화한다. 탐욕은 "거짓이나 뇌물을 동원해서라도 큰돈을 벌 수만 있다면야 못할 것도 없지 않은가?"라고 속삭인다. 탐욕에 이끌리는 사람은 부정직한 재정 거래를 어떻게든 합리화하는데, 이때 자기 집이나 가족에게 이익이 된다는 말보다 더 그럴듯한 구실은 없다.

하지만 이는 망상이다. 자고로 탐하는 자는 사칭과 뇌물과 거짓이 탄로 나는 순간 오히려 자기 집을 해롭게 했다. 재정 문제에 늘 정직하고 신중한 자가 **살게 된다**는 본문 말씀에는 이런 의미가 암시되어 있다. 즉 비리가 발각되면 경제적 재앙만 아니라 자살까지 부를 수도 있다. 예수님은 탐욕이 우리 영혼을 위태롭게 한다고 말씀하셨고(막 8:37) 바울도 똑같이 덧붙였다(엡 5:5). 그러므로 돈을 악착같이 탐하면 설령 거짓이나 뇌물이 탄로 나지 않더라도 성품이 비뚤어지고 가정이 위태로워진다. 반면에 정직과 섬김을 이익보다 앞세우는 사람은 살게 된다.

―――――

그동안 당신이나 주변 사람이 재정 거래에 부정한 편법을 쓰면서 동원한 정당화는 무엇인가?

오늘의 마중물 기도. 주님, 재정 거래에서 고용주나 고객이나 사는 사람이나 파는 사람을 속이고 사기 치는 크고 작은 방법은 얼마든지 많습니다. 저를 돈 문제에서 절대적으로 정직한 사람이 되게 하옵소서. 아멘.

● **7대 죄악, 탐욕**

탐욕은 안정을 무너뜨린다. 성경은 부의 창출이나 이익 자체를 반대하지 않는다. 그렇다면 탐욕이란 무엇인가? 어제 봤듯이 탐하는 마음의 한 가지 징후는 부를 도덕 원리보다 앞세운다는 것이다. 탐심의 또 다른 특성은 부를 누리는 정도가 아니라 부를 **의지하는** 데 있다. 욥의 말마따나 돈을 향해 "너는 내 의뢰하는 바라"라고 말하는 것은 중죄다(욥 31:24-28).

어떤 사람은 재물을 의지해 이 세상에서 안전해지려 한다. 어떤 사람은 돈으로 존재감과 자존감을 얻으려 한다. 그러나 이는 하나님만이 주실 수 있는 것들이다. 이를 다른 데서 구하면 어떤 결과가 나올까? 탐하는 사람은 **패망한다.** 이 히브리어 단어는 망해서 죽는다는 뜻이다. 왜 패망할까? 경기 침체나 사업 실패는 어차피 불가피한 일인데, 자아상의 기초가 하나님의 사랑에 있으면 그런 일이 벌어져도 슬퍼하는 데서 그친다. 그러나 자아 자체가 부의 수준과 얽혀 있으면 그런 기복이 훨씬 더 참담하게 다가온다. 탐욕은 삶의 안정을 무너뜨린다. 온전히 의뢰할 만한 대상은 하나님뿐이다(22:19). 참된 보화는 예수님과 그분의 구원뿐이다(골 2:3).

———

당신이 돈을 의지해 얻으려는 것은 안전, 권력, 사람들의 인정, 통제 또는 다른 무엇인가?

오늘의 마중물 기도. 주님, 제 주변에 돈을 의지하면서도 그 사실을 알아차리지 못하는 사람들이 있습니다. 그러니 저 또한 똑같이 하고 있지 않은지 어찌 알겠습니까? 과감히 제 마음을 살피며 가까운 사람들과 대화하게 하옵소서. 그래서 돈에 대한 제 영적 태도의 실상을 파악하게 하옵소서. 아멘.

잠언 15장 16-17절   16 가산이 적어도 여호와를 경외하는 것이 크게 부하고 번뇌하는 것보다 나으니라 17 채소를 먹으며 서로 사랑하는 것이 살진 소를 먹으며 서로 미워하는 것보다 나으니라.

● 7대 죄악, 탐욕

탐욕은 굶주리게 한다. **살진 소**는 귀했고(왕상 4:23) 잔치의 상징이었다(눅 15:23). 그러나 **사랑**이 삶의 주요리가 되면 반찬이 채소뿐이어도 상관없다. 미움이 메인 코스라면 살진 소로도 이를 상쇄할 수 없다. 탐욕으로 산해진미를 살 수는 있어도 인간의 영혼은 여전히 굶주려 가장 갈망하는 양식을 먹을 수 없다. 탐욕은 이기적이라서 희생적 사랑과 반대되기 때문이다.

오늘 본문은 재물을 항상 하나님의 은총과 노고의 징표로만 보는 단순논리를 바로잡아 준다. 욥의 친구들의 견해가 그랬다. 예수님의 제자들도 재물이 영적 성장과 구원에 도움은커녕 오히려 방해가 될 수 있다는 그분의 가르침에 충격을 받았다(눅 18:25-27). 그러나 본문의 핵심은 재물의 문제점보다는 사랑의 위대함에 있다. "불의와 부조리가 판치는 망가진 세상에서 …… 믿음[오늘 본문에 **사랑하는 것**과 **여호와를 경외하는 것**으로 대변되는]은 푸성귀뿐인 밥상을 잔치의 연속으로 바꿔 놓을 수 있다(15:15)."[51]

부유해질수록 더 불행하고 불만이 많아지는 사람이나 가정을 직접 본 적이 있는가?

오늘의 마중물 기도.   주 예수님, 수익성 높은 일자리나 거래 때문에 가족과 친구들과 함께 보낼 시간이 줄어들 때가 있습니다. 돈을 더 벌려면 남에게 불이익을 끼쳐야 할 때가 있습니다. 주님은 사랑으로 우리를 위한 뜻을 이루시고자 권력을 잃으셨습니다. 제가 사랑보다 돈을 선택하지 않게 하옵소서. 아멘.

06/06 잠언 6장 23-25절   23 대저 명령은 등불이요 법은 빛이요 훈계의 책망은 곧 생명의 길이라 24 이것이 너를 지켜 악한 여인에게, 이방 여인의 혀로 호리는 말에 빠지지 않게 하리라 25 네 마음에 그의 아름다움을 탐하지 말며 그 눈꺼풀에 홀리지 말라.

● 7대 죄악, 음욕

음욕이란 무엇인가.   25절에 남의 **아름다움을 탐하지** 말라는 경고가 나온다. 사람의 신체적 매력을 알아보고 인정하는 거야 좋지만, 그 아름다운 몸을 내 것으로 소유하려는 강렬한 충동은 문제다. 흔히들 남자가 음욕에 끌려 "여자를 원하는" 거라고 말하지만, C. S. 루이스가 지적했듯이 "엄격히 말해서 그가 원하는 것은 여자가 아니라 [미모의] 여자를 필수 도구로 한 쾌락이다."[52]

진정한 사랑은 우리를 감화해 특정한 이성에게 자신을 온전히 내주게 한다. 음욕은 그 반대쪽으로 작용한다. 상대로부터 만족스러운 경험을 얻어 내 자아를 극대화하려 한다. 성경적 관점에서 성관계의 목적은 (행복해지기 위한) 개인적 자기표현이 아니라 (그리스도를 본받아, 엡 5:22 이하) 영원한 연합과 생명을 이루는 자기희생이다. 자신을 내주지 않는 성관계는 머리 없이 걸어 다니는 몸처럼 기형이다. 혼외의 음욕과 성관계는 음식을 삼켜 소화하지 않고 맛만 보는 것과 같다.[53]

─────

포르노가 왜 이렇게 만연해 있는가? 이번 묵상에 비춰 볼 때 포르노의 중대한 위험은 무엇인가?

오늘의 마중물 기도.   주님, 아간은 아름다운 금덩이를 탐해서 훔쳤습니다(수 7:21). 저도 남의 신체적 아름다움에서 눈을 떼지 못하고 탐한다면, 음욕이 불타올라 훔치고 부당하게 취할지도 모릅니다. 친밀함과 아름다움을 원하는 제 갈망의 방향을 가장 아름다우신 주 예수님과의 교제 쪽으로 틀게 하옵소서. 아멘.

잠언 5장 3-5절 3 대저 음녀의 입술은 꿀을 떨어뜨리며 그의 입은 기름보다 미끄러우나 4 나중은 쑥같이 쓰고 두 날 가진 칼같이 날카로우며 5 그의 발은 사지로 내려가며 그의 걸음은 스올로 나아가나니.

● 7대 죄악, 음욕

꿀 같은 섹스. 죄는 언제나 입에는 달지만 속에 들어가면 독처럼 쓰다. 죄는 늘 "미끼만 보여 주고 바늘은 감춘다."[54] 노련한 낚시꾼도 그런 식으로 물고기를 잡아서 먹는다. 당장은 쾌락과 형통을 안겨 줄지라도 하나님의 말씀과 뜻에 어긋나는 것이면 무엇이든 실망으로 끝나게 마련이다.

성적인 죄를 꿀에 비유한 것은 적절하다. 꿀은 짜릿할 정도로 달고 입안에서 살살 녹지만, 한 끼를 골고루 차려 먹는 것과 비할 수 없다. 게다가 꿀을 너무 많이 먹으면 병이 날 수 있다. 그래서 성경에 따르면 평생의 혼인 서약이 빠진 섹스는 꿀로만 목숨을 연명하려는 것과 같다. 삶 전체를 서로 헌신한다는 약속 없이 성관계만 가지면, 한쪽의 정서적 투자가 상대 쪽보다 훨씬 커져 괴로운 결과를 낳을 수 있다. 양쪽 다 성을 철저한 자기희생이 아닌 쾌락을 위해서만 이용하도록 길들 수도 있다. 어느 경우든 꿀만 먹어 허기진 상태와 같다.

―――――

평생의 혼인 서약이 빠진 성관계는 고루 갖춘 식사를 즐기기보다 꿀만 먹는 것과 같다. 어떤 면에서 그런지 생각해 보라.

오늘의 마중물 기도. 주님, 결혼을 떠나서도 성적인 기쁨과 친밀함을 얻을 수 있다는 거짓된 약속에 속지 않게 하옵소서. 이 거짓말 때문에 자신도 가정도 망친 사람이 너무도 많습니다. 제게 성적인 유혹을 물리치는 법을 가르쳐 주옵소서. 아멘.

잠언 5장 15-17절 15 너는 네 우물에서 물을 마시며 네 샘에서 흐르는 물을 마시라 16 어찌하여 네 샘물을 집 밖으로 넘치게 하며 네 도랑물을 거리로 흘러가게 하겠느냐 17 그 물이 네게만 있게 하고 타인과 더불어 그것을 나누지 말라.

● **7대 죄악, 음욕**

기독교 성윤리. 히브리어의 "음녀"(5:3)를 직역하면 '모르는 여자'라는 뜻이다. 부부간의 잠자리는 시원한 샘물의 기쁨에 비견된다. 그런데 왜 모르는 사람과 잠자리를 하는가? 그렇다고 아는 사람과는 아무하고나 성관계를 해도 된다는 말이 아니다. 이 말씀은 혼외 성관계와 우리의 참속성이 서로 이질적이라는 뜻이다. 로켓을 타고 금성에 간다고 생각해 보라. 밖으로 나가 공기를 들이마시면 죽는다. 왜 그럴까? 그곳에 자욱한 황산과 우리 허파의 속성이 서로 이질적이라서 그렇다.

"결국 인간이 하나님의 도덕 질서를 떠나 살 수 없음은 …… 물고기가 …… 하나님의 생태 질서를 떠나 살 수 없음과 같다. 하나님의 규정을 벗어나면 생명을 잃고 결국 사망에 이른다."[55] 하나님은 "자신의 전부를 결혼을 통해 법적으로 영원히 내준 사람에게만 성적으로도 자신을 내주어야 한다"라고 말씀하신다. '본래 내가 창조한 너라는 존재에 이게 딱 맞는다'라는 뜻이다. 죄는 우리를 본연의 속성과 하나님의 창조 질서로부터 갈라놓는다. 그 결과는 파멸이다.

오늘날 기독교 성윤리는 왜 비난받는가? 그런 반론에 답할 수 있는가? 혹시 당신도 일부 그렇게 믿고 있지는 않은가?

오늘의 마중물 기도. 주님, 교회가 처음 생겨났을 때 교회의 성윤리는 이상하고 편협하고 불쾌하게 여겨졌습니다. 2천 년이 지난 지금도 똑같습니다. 구름같이 둘러싼 허다한 증인처럼 저도 성에 대한 주님의 말씀을 확신하고 거기에 충실하게 하옵소서. 그대로 이해하고 변호하고 실천하게 도와주옵소서. 아멘.

잠언 5장 18-19절 18 네 샘으로 복되게 하라 네가 젊어서 취한 아내를 즐거워하라 19 그는 사랑스러운 암사슴 같고 아름다운 암노루 같으니 너는 그의 품을 항상 족하게 여기며 그의 사랑을 항상 연모하라.

● 7대 죄악, 음욕

소모품으로 **전락한 성.** 이 시대의 결혼이란 사회적 입지를 다지기 위한 계약일 때가 다반사다. 그러나 오늘 본문 말씀에 보면 **연모**하는 사랑이 부부 관계의 표지여야 한다. ^{9월 5일, 24일} 배우자는 서로 아낌없이 기쁘게 자신을 내주어야 한다. 언제라도 관계를 끝낼 권리와 독립성을 유지한 채 혼외 성관계를 즐기는 사람에게는 성이 한낱 소모품으로 전락한다. 둘 다 통제권을 쥐고 있는 남남일 뿐이다. 언제나 성적 연합은 결혼을 통해 법적, 사회적, 경제적, 인격적 연합까지 공유하는 남편과 아내 사이에서만 이뤄져야 한다. 그러면 성관계가 연합의 징표이자 연합을 더 강화시키는 방편이 된다. 부할 때나 가난할 때나 기쁠 때나 슬플 때나 병들 때나 건강할 때나 부부가 회개와 용서를 통해 백년해로하기로 헌신하면, 성적 친밀함이 날로 더 풍요로워진다. 배우자가 내게 어떤 의미이며 그동안 내게 무엇을 해 주었는지가 신기하게 성관계 속에 모두 녹아든다. 그래서 둘이 참으로 하나가 된다.

혼외 성관계는 어떤 면에서 부부간의 성과 다른가?

오늘의 마중물 기도. 주님, 주님은 기꺼이 저를 위해 죽으셨습니다. 삶 전체를 주님께 바치지 않고는 누구의 심령도 주님의 사랑에 흠뻑 젖을 수 없습니다. 그러니 주님의 백성을 지켜 주셔서, 혼인 서약 바깥에서의 성관계도 때로는 주님 보시기에 괜찮다는 비참한 착각에 빠지지 않게 하옵소서. 결코 괜찮지 않습니다. 아멘.

잠언 5장 18-20절 **18** 네 샘으로 복되게 하라 네가 젊어서 취한 아내를 즐거워하라 **19** 그는 사랑스러운 암사슴 같고 아름다운 암노루 같으니 너는 그의 품을 항상 족하게 여기며 그의 사랑을 항상 연모하라 **20** 내 아들아 어찌하여 음녀를 연모하겠으며 어찌하여 이방 계집의 가슴을 안겠느냐.

● 7대 죄악, 음욕

가짜 친밀함. 결혼 생활의 기쁨에는 성적 쾌락도 포함되지만(5:18-19) 그 이상의 의미도 아주 많다. 성경에 우리의 **복**으로 칭해진 사람(5:18)은 우리를 참으로 행복하게 해 줄 힘이 있고 신앙과 사회적 유대로 우리와 밀접하게 관계된 사람뿐이다. [56] 결혼이 가져다주는 성장은 안전하고 *끈끈한* 연합을 떠나서는 불가능하다. 힘들다고 그냥 관계를 끝낼 수는 없기에 부부는 점점 더 자신을 알아 가고, 정서적으로나 영적으로 성장하며, 서로를 깊이 인정하고 지지할 수밖에 없다. 온갖 어려움을 무릅쓰고 곁을 지킨 사람과만 함께 누릴 수 있는 독특한 기쁨이 있다.

혼외 성관계는 "참된 친밀함과 맞바꾼 모조품"이다. [57] 모조품은 우스운 사이비다. 결혼을 통해 자신을 상대에게 온전히 내주었고 상대 또한 어기기 힘든 엄숙한 헌신을 했다면, 새로운 차원의 신뢰가 싹터 두려움에서 해방된다. 그래서 말 그대로 서로의 사랑 안에서 망아(忘我)에 이를 수 있다(5:19). [58] 이런 헌신이 없다면 그냥 길을 잃을 뿐이다.

엄숙한 서약과 법적 구속력에서 비롯되는 신뢰는 어떤 식으로 사랑과 영적 성장을 심화시켜 주는가?

오늘의 마중물 기도. 주님, 인간 사이의 참된 친밀함은 성적인 궁합이든 다른 궁합이든 덧없는 '궁합'에 달려 있지 않고 주님 앞에서 상대를 있는 모습 그대로 받아들이려는 장기적인 헌신과 신실함에 달려 있음을 압니다. 주님이 주신 이 깨달음이 부부 관계를 비롯한 제 모든 관계에 녹아들게 하옵소서. 아멘.

06/11

잠언 6장 27-29절   27 사람이 불을 품에 품고서야 어찌 그의 옷이 타지 아니하겠으며 28 사람이 숯불을 밟고서야 어찌 그의 발이 데지 아니하겠느냐 29 남의 아내와 통간하는 자도 이와 같을 것이라 그를 만지는 자마다 벌을 면하지 못하리라.

● 7대 죄악, 음욕

제한에서 비롯되는 자유.   성적 부정(不貞)이 품안의 불에 비유되어 있는데, 여기서 우리는 하나님의 창조 질서라는 익숙한 주제로 다시 돌아간다. 성관계를 부부 사이로 제한함은 다이어트와 운동으로 자신을 제한해 건강이란 자유에 이르는 것과 유사하다. 하나님의 설계를 존중하면 해방에 이른다. "자신을 제한하고 …… 대인관계의 제한과 우주의 제한을 신중히 받아들이는 일이야말로 성경적 지혜의 기초. 성, 음식, 잠, 운동, 일, 놀이, 말 …… 등에서 자기를 훈련하는 사람은 점점 더 자아를 알고 극복해서 역설적으로 자유를 누린다."[59] 디트리히 본회퍼는 "오직 절제를 통하지 않고는 아무도 자유의 비결을 배울 수 없다"라고 썼다.[60]

하나님이 정해 주신 제한을 받아들여 자유를 누리려면 어떻게 해야 할까? 우선 제한에서 비롯되는 유익을 기억하면 좋다. 그래서 우리는 이렇게 기도한다. "오 하나님, 주님은 평화의 근원이시고 조화를 사랑하십니다. 주님을 알 때 우리는 영생을 얻고 주님을 섬길 때 온전한 자유를 누립니다."[61] 그러나 결국 최고의 동기 부여는 우리를 위해 자신을 제한하신 구주를 바라보는 일이다. "하나님이 시공에 갇혀 인간이 되시니 신기하도다."[62]

―――

더 큰 자유를 얻고자 기꺼이 작은 자유를 포기했던 순간들을 떠올려 보라.

오늘의 마중물 기도.   주 예수님, 주님은 저를 위해 스스로를 제한하셨을 뿐 아니라 "종의 형체"를 가지기까지 예속되셨습니다(빌 2:7). 그런데 제가 어떻게 성과 돈과 권력에 대한 주님의 명령을 짐으로 여길 수 있겠습니까? 주님의 놀라운 규례에 행여 반감을 품지 않게 하옵소서. 아멘.

06/12

잠언 23장 26-28절 26 내 아들아 네 마음을 내게 주며 네 눈으로 내 길을 즐거워할지어다 27 대저 음녀는 깊은 구덩이요 이방 여인은 좁은 함정이라 28 참으로 그는 강도같이 매복하며 사람들 중에 사악한 자가 많아지게 하느니라.

● 7대 죄악, 음욕

성적 죄와 신앙. 오늘 본문 잠언에 음행 상대를 지칭하는 **깊은 구덩이**는 '덫'이라는 뜻이다. 그런데 이 단어에는 궁극적 구덩이, 즉 스올과 지옥의 의미도 함축되어 있다. 요컨대 간음은 이생의 현실적 문제를 일으킬 뿐 아니라 영혼의 상태마저 위태롭게 한다. 어떻게 그럴까? 신념이 행동을 빚는다는 말도 맞지만, 행동 역시 사고와 신념에 영향을 미친다. 많은 신자가 이미 간증했듯이 양심을 어길수록 하나님과도 멀어진다. 내가 여태 대화해 본 교회 출신의 대학생 중에는 신앙을 잃었기 때문에 성적인 죄를 짓기 시작한 경우도 있지만 성적인 죄를 짓기 시작했기 때문에 신앙을 잃은 경우도 그 못지않게 많았다.

그래서 성적인 죄는 **사악한**(불충실한) **자**가 많아지게 한다. "사람들은 이런 식으로 삶을 탐색한다고 생각하지만 사실은 사망에 얼씬거리는 것이다. 이는 최고의 길에서 단지 우회하는 게 아니라 그야말로 막다른 죽음의 길이다."[63] 오늘 말씀의 아버지는 아들에게 마음을 달라고 당부한다. 거기서 더 나아가 우리는 주님께 "일심으로 주의 이름을 경외하게 하옵소서"(시 86:11)라고 구해야 한다.

———

행동의 영향으로 신념이 빚어지는 경우를 당신의 삶에서 경험하거나 다른 사람의 삶에서 본 적이 있는가?

오늘의 마중물 기도. 아버지, 믿는 대로 사는 것도 사실이지만 사는 대로 믿는 것 또한 사실입니다. 주님을 사랑하며 충실하게 행동하면 마음속에 주님과 저 사이에 오가는 사랑이 자라는 게 느껴집니다. 성령으로 저를 일깨우셔서 제 마음 상태나 감정과 무관하게 늘 순종하며 주님을 섬기게 하옵소서. 아멘.

Part 4.

오늘,
타인을 더 깊이
알다

잠언 18장 24절 많은 친구를 얻는 자는 해를 당하게 되거니와 어떤 친구는 형제보다 친밀하니라.

● 우정

의지적이어야 한다. 친구가 형제보다 나을 수 있다는 말은 지금보다 훨씬 가족 지향적이었던 그 당시 문화에서는 대단한 발언이다. 어떻게 그럴 수 있을까? 가족은 곁에 있더라도 실제로는 나를 좋아하거나 이해하지 못할 수 있다. 또 연애 상대나 배우자는 인생의 오랜 기간 동안 부재할 수도 있다. 그러나 친구는 긴긴 세월 두고두고 **형제보다 친밀**할 수 있다.

우리는 생의 초반에는 대부분 가족을 통해 형성된다. 그러나 나머지 인생에는 다분히 친구를 통해 빚어진다. 가장 많은 시간을 함께 보내는 사람끼리 닮아 가게 마련이다. 누구도 우정 없이는 살 수 없다. 다만 우정에 관한 한 얼마나 의지적이어야 하는지를 잊어서는 안 된다. 이성 관계와 가족 관계는 여러모로 자연스럽게 끌리지만 우정은 그렇지 않다. 우정은 얼굴을 맞대고 시간을 함께 보내며 의지적으로 신중히 가꿔야 한다. 우리처럼 바쁜 문화에서는 대개 밀려나는 게 우정이다.

———

지난 세월 친한 친구들이 어떻게 당신을 빚어내고 영향을 미쳤는가? 현재 당신의 가장 친한 친구들은 누구인가?

오늘의 마중물 기도. 주 예수님, 주님은 소수의 제자에게 친구가 되셨고 그 우정을 통해 세상을 변화시키셨습니다. 저도 친구를 지혜롭게 택하고, 우정을 신중히 가꾸며, 친구에게 배워야 할 바를 다 배우게 도와주옵소서. 그래서 주님이 부르신 모습으로 자라게 하옵소서. 아멘.

06/14

잠언 17장 17절; 19장 6-7절; 20장 6절   17 친구는 사랑이 끊어지지 아니하고 형제는 위급한 때를 위하여 났느니라 …… 6 너그러운 사람에게는 은혜를 구하는 자가 많고 선물 주기를 좋아하는 자에게는 사람마다 친구가 되느니라 7 가난한 자는 그의 형제들에게도 미움을 받거든 하물며 친구야 그를 멀리하지 아니하겠느냐 따라가며 말하려 할지라도 그들이 없어졌으리라 …… 6 많은 사람이 각기 자기의 인자함을 자랑하나니 충성된 자를 누가 만날 수 있으랴.

● 우정

한결같음. 친구의 표지는 무엇인가? 우선 한결같음을 꼽을 수 있다. 좋을 때나 궂을 때나 **친구는 사랑이 끊어지지 않는다.** 19장 본문이 쓰라린 진리를 상기시켜 주듯이 관계란 대부분 거래다. 즉 사람이 타인에게 다가감은 그 관계로부터 경제적, 사회적, 정서적 유익을 얻기 위해서다. 상대가 가난해져 관계상의 쓸모를 잃으면 소위 친구들도 그를 피하고 멀리한다. "신뢰할 수 없는[NIV] 친구를 얻는 자는 해를 당하게 되거니와"(18:24). 알고 보면 그들은 애초부터 친구가 아니었다.

친구는 내 형편이 나빠져 내 쪽에서 줄 게 별로 없을 때도 곁에 남는다. 친구란 어떤 목적의 수단이 아니라 그 자체로 소중한 존재다. 한결같은 사이란 늘 시간을 낸다는 뜻이기도 하다. 여건상 어려울 때도 꾸준히 볼 수 있는 게 친구다. 최고의 우정일수록 시간이 걸린다는 뜻인데, 시간은 누구한테나 유한하다. 그래서 이론상으로는 많은 친구를 사귈 수 있어도 현실은 20장 6절과 같다. 좋은 친구는 저절로 생겨나지 않는다. 친구가 많기도 어렵다. 이미 있는 친구들에게 시간을 더 내라.

어떻게 하면 의지적으로 현재의 우정을 더 키울 수 있겠는가?

오늘의 마중물 기도. 주 예수님, 주님은 작정하고 예루살렘에 올라가 죽음을 맞이하셨습니다. 온갖 지옥 권세가 주님을 덮쳤지만 그래도 주님은 피하거나 물러나지 않으셨습니다. 저를 위해서 그러셨지요. 그런데 제가 어떻게 친구가 어려울 때 그들을 외면할 수 있겠습니까? 주님이 제게 좋은 친구이시듯 저도 다른 이에게 좋은 친구가 되게 하옵소서. 아멘.

잠언 27장 5-6절 5 면책은 숨은 사랑보다 나으니라 6 친구의 아픈 책망은 충직으로 말미암은 것이나 원수의 잦은 입맞춤은 거짓에서 난 것이니라.

● 우정

투명함. 우정의 둘째 요건은 투명성이다. KJV에는 6절 상반절이 "친구가 주는 상처는 충직하나"라고 옮겨져 있다. "충직한(faithful) 상처"란 무엇일까? 이 말은 진정한 친구란 드러내 놓고 책망한다는 뜻이다. 아플지라도 꼭 들어야 할 말을 서로 해 준다는 뜻이다. 너무 두려워서 할 말을 못하는 사람은 오히려 친구의 영혼을 해치는 적이다.

자신의 녹음된 말을 들으면서 '내 목소리 같지 않은데?'라고 생각한 적이 있는 가? 하지만 자기 목소리가 맞다. 내 음성이 외부로 어떻게 들리는지를 내 몸 안에서는 들을 수 없다. 내 장단점도 타인의 관점을 통하지 않고는 결코 알 수 없다. 세상에서 지위가 꽤 높거나 지금까지 친구를 잘못 골랐다면, 우리 주위에 온통 아첨꾼뿐일 수 있다(29:5). 투명성은 무섭지만 꼭 필요하다. 용기를 얻으려면 주님을 바라보라. 그분은 우리를 위해 약해지시되 십자가에서 죽기까지 하셨다. 그분이 친구로서 우리에게 주시는 아픔은 얼마나 충직한가!

당신에게 사랑으로 진실을 말해 줄 진정한 친구가 몇이나 되는가?

오늘의 마중물 기도. 주 예수님, 주님은 연약한 인간이 되셔서 우리에 대한 진실을 보여 주셨습니다. 십자가에서 죽기까지 충직하셨고 한결같으셨습니다. 주님, 그 동일한 성품을 제 안에도 빚으셔서 주님이 제게 친구이시듯 저도 누군가에게 그런 친구가 되게 하옵소서. 아멘.

잠언 25장 20절; 27장 14절 20 마음이 상한 자에게 노래하는 것은 추운 날에 옷을 벗음 같고 소다 위에 식초를 부음 같으니라 …… 14 이른 아침에 큰 소리로 자기 이웃을 축복하면 도리어 저주같이 여기게 되리라.

● 우정

민감함. 우정의 셋째 표지는 민감함과 기지다. 이제 막 잠에서 깬 사람을 향해 경우 없이 떠들어 대는 이유는 무엇인가?(27:14) 마음이 상해(25:20) 슬퍼하는 사람에게 실없는 우스갯소리를 하거나(26:19) 태평하게 말하는 이유는 무엇인가? 정서적으로 단절되어 있어 서투르기 때문이다. 이런 사람은 상대의 속마음을 잘 모르기 때문에 무엇이 도움이 되고 감화나 자극을 주며 무엇이 상처나 권태나 짜증을 유발하는지 모른다.

상대는 슬픈데 나만 희희낙락할 수 있다면 나는 그의 친구가 아니다(25:20). 친구 사이는 자진해서 서로의 마음을 한데 묶는다. 나의 행복을 친구의 행복 속에 둔다. 그래서 친구가 평안하지 않은 한 내 기분만 평안할 수는 없다. 예수님은 그분의 마음을 우리에게 묶으셨다. 그래서 우리에게 이루어 주실 구원 때문에 고난 중에도 기쁨을 아셨다(히 12:2; 사 53:11). 우정의 결속은 연애만큼 감정적으로 뜨겁거나 가족 관계만큼 평생 가지 않을 수도 있다. ^{그래도 6월 13일의 18:24를 기억하라} 그럴수록 우정은 더 소중하다. 자진해서 의지적으로 가꾸는 인연이기 때문이다.

친구다운 친구가 되려고 노력하고 있는가?

오늘의 마중물 기도. 주님, 주님은 우리 죄 때문에 아파하셨고(창 6:6) 마음이 상한 우리 곁으로 다가오셨습니다(시 34:18). 우리를 향한 주님의 사랑은 젖먹이를 향한 모정보다도 부드럽고 민감합니다(사 49:15). 그 사랑에 깊이 감화되어 저 또한 주위 사람의 필요에 한없이 민감하게 하옵소서. 아멘.

06/17

잠언 27장 17절 철이 철을 날카롭게 하는 것같이 사람이 그의 친구의 얼굴을 빛나게 하느니라.

● 우정

진심 어린 충고. 참된 친구의 넷째 표지는 충고다. 친구는 "충성된 권고"를 베푼다(27:9). **친구**는 서로 도전하며 **빛나게** 한다. 서로 민감하게 약한 모습도 보이지만 또한 상대가 어떻게 달라져야 하는지를 제안한다. 친구는 수시로 건설적으로 부딪쳐 상대의 세계관과 자아상을 다듬어 준다.

전문 상담자는 조언을 베풀지만 우리 쪽에서는 조언하지 않는다. 업무상의 감독자는 비판을 가할 수 있지만 우리 쪽의 대등한 비판은 부적절하다. 상호 간에 주고받는 깊은 충고는 친구 사이의 진귀한 일로 누구에게나 필요하다. 충고는 듣기 좋아 즐거울 때도 있고^{6월 18일의 27:9} 날카롭다 못해 쓰라릴 때도 있다(27:17). 참된 우정은 서로를 "다독여 주면서도 분발하게 한다."[1] 연애 관계나 가족 관계에 이런 식의 교류와 성장이 존재한다면 이는 우정의 일면을 그런 관계 속에 통합했기 때문이다. 어쨌든 충고가 없이는 누구도 바람직한 사람이 되거나 잠재력을 실현할 수 없다. 우리를 빛나게 하는 충고의 역할은 다른 무엇으로도 대신할 수 없다.

─────

진심 어린 충고와 비판을 주고받을 수 있는 관계가 몇이나 되는가?

오늘의 마중물 기도. 주님, 요즘의 친구란 '좋아요'를 눌러 주는 사람입니다. 제 어떤 면을 싫어해서 그대로 말해 줄 수 있는 친구에 저는 익숙하지 못합니다! 하지만 그런 친구가 필요하다는 걸 마음으로 압니다. 주님도 그렇게 말씀하셨지요. 그런 친구들을 제게 인도해 주시고, 제 마음을 활짝 열게 하옵소서. 아멘.

/18

잠언 27장 9절 기름과 향이 사람의 마음을 즐겁게 하나니 친구의 충성된 권고가 이와 같이 아름다우니라.

● 우정

우정은 발견으로 시작된다. 우정은 아름답다. 이 단어를 직역하면 '달콤하다' 라는 뜻이다. 잠언이 기록되던 그 시대에는 음식의 단맛을 만들어 낼 수 없고 발견할 뿐이었다. 우정도 그와 같다. 물론 노력해서 한결같음과 투명성과 민감함과 충고를 더 발전시킬 수 있다. 하지만 우정은 발견으로 시작된다. 좋아하는 것이나 비전이 공통된 사람을 찾아야 한다. C. S. 루이스는 이렇게 썼다. "'당신이 보는 진리도 동일한가?'라는 물음에 대한 솔직한 답이 '나는 아무것도 보지 않고 진리에 관심도 없다. 친구를 원할 뿐이다'라면, 거기서는 우정이 싹틀 수 없다. …… 우정이 개입될 소지가 전혀 없다. …… 아무것도 없는 사람은 아무것도 나눌 수 없고, 아무 데도 가지 않는 사람은 길동무도 있을 수 없다."[2]
기독교 신앙은 극과 극으로 다른 사람 사이에서도 깊은 친밀감을 자아낸다. 그래서 인종 배경이 다양한 신자들 사이의 우정은 내면을 빚어내는 위력이 막강하다. 이 능력의 근원은 우리 영혼의 최고의 친구이신 그분을 믿는 믿음에 있다 (요 15:13-15). 그 무엇도 그분의 한결같음과 스스로 약해지신 모습과 사랑을 능가할 수 없다.

당신에게는 인종과 국적의 장벽을 뛰어넘는 신앙의 친구가 있는가? 어떻게 하면 새로운 우정을 가꾸고 기존의 우정을 더 키울 수 있겠는가?

오늘의 마중물 기도. 주님, 주님의 복음은 민족과 문화가 서로 다른 사람들 사이의 벽을 허뭅니다 (갈 3:26-28). 그런데 저는 여전히 저와 비슷한 사람들하고만 교류하고 어울리고 있습니다. 민족과 인종을 초월해 우정을 깊이 나누게 도와주옵소서. 그럼으로써 저를 풍요롭게 하시고, 복음의 능력을 세상에 알리옵소서. 아멘.

잠언 12장 18절; 18장 21절 18 칼로 찌름같이 함부로 말하는 자가 있거니와 지혜로운 자의 혀는 양약과 같으니라 …… 21 죽고 사는 것이 혀의 힘에 달렸나니 혀를 쓰기 좋아하는 자는 혀의 열매를 먹으리라.

● 말

사람을 죽이는 말. 말의 위력을 온전히 터득하지 못한 사람은 아직 지혜롭지 못하다. 말은 **칼로 찌름같이** 마음과 영혼 속에 박힌다. 말로 상처를 입히면 절대로 그 말이 없던 때로 돌아갈 수 없다. 칼에 베인 자상과 같다. 상처가 아물어도 몸은 결코 자상을 입기 전과 똑같을 수 없다. 흉터가 남는다.

함부로 하는 말은 우리의 평판에 상처를 입힌다. 남들이 나를 다시 온전히 신뢰하기가 힘들어진다. 18장 본문은 한 걸음 더 나아가 혀가 사람을 죽일 수도 있다고 말한다. 말 때문에 벌어진 살인, 자살, 전쟁이 얼마나 많은가. 말은 사람을 심리적으로도 죽인다. 아이에게 "멍청하다"라거나 "아무짝에도 쓸모가 없다"라고 말해 보라. 그 아이는 내면에 심겨진 자기 회의를 몰아내려고 평생 몸부림칠 수도 있다. 작정하고 내뱉는 가시 돋친 말은 독극물과도 같아서 한번 땅속에 흘러들면 모든 것을 오염시킨다. 막대기와 돌멩이로는 뼈가 부러질 뿐이지만 말은 영혼을 파멸로 몰아갈 수 있다.

─────

경솔한 말의 독한 위력을 직접 경험하거나 다른 사람의 삶에서 본 적이 있는가?

오늘의 마중물 기도. 아버지, 제 입술을 잘 간수해 행여 경솔한 말로 남에게 깊은 상처를 입히지 않게 하옵소서. 또 주님의 말씀에 푹 잠겨 그리스도 안에서 제가 누구인지 말씀대로 바로 알아 사람들의 가시 돋친 말에도 상처를 입지 않게 하옵소서. 아멘.

잠언 12장 14절; 15장 4절   14 사람은 입의 열매로 말미암아 복록에 족하며 그 손이 행하는 대로 자기가 받느니라 …… 4 온순한 혀는 곧 생명나무이지만 패역한 혀는 마음을 상하게 하느니라.

● 말

사람을 살리는 말.   말은 상처를 입힐 뿐 아니라 치유할 수도 있다. **혀가 온순**해지면 **생명나무**가 된다. 말은 열매나 음식과 같아서 그게 있어야만 살 수 있다. 세월이 가도 기억에 남는 말은 누구에게나 있게 마련이다. 책에서 읽은 말이나 친구나 스승의 말이 깨달음을 주기도 하고 영영 잊지 못할 신개념을 심어 주기도 한다.

우리를 인정하고 확증해 주는 말도 외부로부터 꼭 필요하다. 그림을 그리는 사람을 상상해 보라. 화가는 "남들이 다 내 그림을 쓰레기라고 해도 상관없다. 나만 좋으면 된다"라고 말하는가? 화가가 자신의 작품에 참으로 자부심을 느끼려면 누군가 말로 그 그림을 칭찬해 줘야 한다. 무엇보다도 하나님의 말씀에는 우리를 하나님과 맺어 주고 마음과 생각을 변화시키는 생명력이 있다(히 4:12; 벧전 1:23). 우리는 **빵**으로만 살지 않고 선한 말로, 특히 하나님의 말씀에 조화되는 말로 산다.

———

무심코 하는 말에도 남을 축복하는 능력이 있음을 아는가? 당신의 삶에서 그 위력을 경험하거나 다른 사람의 삶에서 목격한 적이 있는가?

오늘의 마중물 기도.   주님, 제게 축복과 인정의 말을 간절히 바라고 기대하는 사람이 주변에 참 많습니다. 그런데 저는 마음이 너무 산만해서 매일 그들을 의지적으로 칭찬하고 인정해 주지 못합니다. 그들에게 "잘하였도다, 착하고 충성된 종아"(마 25:23)라고 말해 줄 수 있는 길을 보여 주옵소서. 아멘.

잠언 16장 28절 패역한 자는 다툼을 일으키고 말쟁이는 친한 벗을 이간하느니라.

● 말

이간질하는 말. 우정에서 말은 굉장히 중요하다. 악의적이고 유해한 말, 부정직하게 속이는 말, 심지어 그냥 서투르고 부적절한 말은 우정에 타격을 입힌다. 관계가 끝내 거기서 회복되지 못할 수도 있다.

오늘 본문에 말로 관계를 망치는 두 부류의 사람이 언급된다. 첫째는 **다툼**을 일으키는 사람이다. 진실한 말이 쓰라릴지라도 솔직함은 좋은 것이다. 그러나 어떤 사람은 말싸움을 즐기고, 너무 함부로 비판하며, 늘 남과 논쟁을 벌인다. 둘째 부류는 **말쟁이**다. 남을 뒤에서 험담해 최악의 모습으로 둔갑시키는 사람이다(험담에 대해서는 나중에 더 살펴볼 것이다). 브루스 월키에 따르면 두 부류 모두 늘 남을 깎아내려 자신을 높여야만 한다.[3] 그러면 친밀한 우정이 불가능해진다. 반대로 우리가 바라봐야 할 그분은 다투거나 남에게 소리를 지르지 않으신다(마 12:19-20). 친구들이 실망시킬 때도 다정하게 말씀하신다(마 26:41).

———

위의 두 부류 같은 행동이 실제로 관계를 해쳤던 경우를 마지막으로 어디서 봤는가?

오늘의 마중물 기도. 주님, 이간질하는 제 말을 정직히 직시하게 하옵소서. 저야 진실을 대변할 뿐이라고 되뇌지만 주님이 제 동기를 드러내 주옵소서. 그래서 사실은 자기중심적인 마음일 뿐임을 깨닫게 하옵소서. 생각하면 너무 부끄러울 만큼 그런 일이 아주 빈번합니다. 아멘.

잠언 12장 13-14절 **13** 악인은 입술의 허물로 말미암아 그물에 걸려도 의인은 환난에서 벗어나느니라 **14** 사람은 입의 열매로 말미암아 복록에 족하며 그 손이 행하는 대로 자기가 받느니라.

● 말

말은 마음을 채운다. 두 구절의 대구에 깊은 뜻이 숨어 있다. 14절에 보면 선한 말은 우리 내면을 **복록에 족하게** 채워 준다. 악한 말의 피해도 내면적이라는 뜻이다(12:13). 어떻게 그럴까? 말은 생각을 구현하고 굳혀 준다. "나는 너를 미워한다. 네가 죽었으면 좋겠다"라고 말하는 이유는 그렇게 느끼기 때문이다. 하지만 말하고 나면 그 감정이 더 강해진다. 말하는 대로 마음이 채워진다.

자신의 감정에 솔직하지 말아야 한다는 말이 아니다(10:18). 다만 마음에 미움이 있거든 말로 이를 자백해야지 마구 퍼부어서는 안 된다. 분노나 낙심이나 유혹이 속에 있다고 하나님께 아뢰거나 친구에게 말하라. 말하면 생각이 가시화된다. 생각을 걸러 바른 시각으로 볼 수 있다. 이미 거론했기 때문에 미련하고 악한 생각을 훨씬 쉽게 버릴 수 있다. 자아 전체를 다스리려면 혀를 제어해야 한다(약 3:2). 예수님은 온전하셨기에 그분의 말도 온전했다(요 7:46).

내면을 빚는 말의 위력이 당신 삶에 나타난 경험을 말해 보라.

오늘의 마중물 기도. 주님, 제 마음이 제 악한 말을 더는 못 견디겠습니다. 진심으로 간구합니다. "여호와여, 내 입에 파수꾼을 세우시고 내 입술의 문을 지키소서"(시 141:3). 주님의 이름을 위해 응답해 주옵소서. 아멘.

잠언 13장 3절 입을 지키는 자는 자기의 생명을 보전하나 입술을 크게 벌리는 자에게는 멸망이 오느니라.

● 말

말은 속을 드러낸다. 오늘 본문 말씀은 함부로 말하지 말라는 경고지만 속뜻은 단지 부주의함 이상이다. **크게 벌린다**라는 히브리어 단어는 흔히 성 문란에 쓰인다. 가려야 할 은밀한 부위를 드러낸다는 뜻이다. 충동적이고 무분별한 말은 마음의 후미진 구석까지 내보인다. 그래서 미련한 말은 우리의 내면을 해칠 뿐 아니라[6월 22일] 우리를 세상에 노출시켜 외적으로도 해를 입게 할 수 있다. 함부로 말했다가 그 뒤로 영영 신임을 잃고 수치를 당한 사람의 예는 헤아릴 수 없이 많다.

예수님은 선악 간의 모든 말이 마음의 지표라고 말씀하셨다. "이는 마음에 가득한 것을 입으로 말함이라"(마 12:34). 존재의 응어리가 혀를 통해 밝혀진다(약 1:26). 대드는 혀, 거짓말하는 혀, 미련한 혀는 다 말하는 사람의 마음속에 원망과 부정직과 교만이 있다는 징후다. 그런데 여기 역설이 있다. 내 마음을 나보다 남들이 (내 말을 통해) 더 잘 볼 수 있다는 사실이다.

———

함부로 말했다가 문제를 자초한 경우를 떠올려 보라. 그때 어떤 마음에서 그 말이 나왔는가?

오늘의 마중물 기도. 주님, 악한 충동을 죽여 제 마음을 변화시켜야 함을 알면서도(롬 8:13) 자꾸만 저는 질질 시간을 끌게 됩니다. 제 마음의 이기심과 교만과 불안을 주님과 저 외에는 아무도 볼 수 없다는 생각 때문입니다. 하지만 오늘도 제 입이 이 사실을 만방에 드러냅니다. 더는 미루지 않게 하옵소서. 변화되게 도와주옵소서. 아멘.

잠언 18장 8절   남의 말하기를 좋아하는 자의 말은 별식과 같아서 뱃속 깊은 데로 내려가느니라.

● 말

말은 세상을 해석한다.   험담하면 험담하는 사람은 선해 보이고 험담의 대상은 악해 보인다. 말에는 현실을 규정하는 힘이 있다. 말은 사실만 전달하는 게 아니라 그 의미까지 설명한다. 이로써 듣는 사람에게 세상을 보는 눈과 살아가는 방식을 정해 준다. 남에 대한 부정적인 말은 **뱃속 깊은 데로** 내려간다. 이 경우 그 사람을 보는 시각을 지배한다는 뜻이다. 하나님은 우리의 중심이 진실하기를 원하시건만(시 51:6) 우리는 자신과 세상에 대한 많은 왜곡을 더 선뜻 믿는다. 그래서 현실을 왜곡하는 말은 **별식**처럼 매력이 대단하다. 말로 조장되고 지속되는 선입견, 편견, 두려움, 불안을 뿌리 뽑기란 불가능에 가깝다.

예레미야가 더 좋은 본을 보였다. 그는 하나님의 말씀을 먹고 즐거워했다(렘 15:16; 골 3:12-20). 우리도 그렇게 하면 왜곡하는 말이 우리의 중심을 휘어잡고 거짓된 세계관을 조장할 수 없다.

———

"늘 자신에게 충실해야 한다"와 같은 상투어는 어떻게 누구에게나 자명해 보이는 거짓된 세계관을 조장하는가?

오늘의 마중물 기도.   주 예수님, 제가 매일 읽고 듣는 말들이 주님을 중심에서 제외시킨 채 모든 현실을 재정의하려 합니다. 저를 감화하셔서 주님 말씀에 푹 잠기게 하옵소서. 주님이 두 번 만져 주셔서 세상을 똑똑히 보게 된 그 사람처럼 되게 하옵소서(막 8:25). 아멘.

잠언 29장 5절 이웃에게 아첨하는 것은 그의 발 앞에 그물을 치는 것이 니라.

● 말

부풀린 말. 우리의 말은 친절하고 긍정적이어야 하지만 오늘 본문에는 **아첨**에 대한 경고가 나온다. 아첨이란 남에게 찬사를 보내되 단순히 장점 자체를 칭찬 하거나 상대를 사랑으로 세워 주기 위해서가 아니라 내 쪽에서 무언가 이익을 얻기 위한 말이다(유 1:16). 동기가 그렇다 보니 아첨의 말은 대개 현실과 동떨어 져 있다. 자존심을 자극해 관심을 끌려고 내용을 과장한다. 그래야 상대가 고맙 게 받고 보답을 내놓을 테니 말이다.

그런데 아첨은 어째서 듣는 사람에게 **그물**이 될까? 아첨은 상대의 장단점을 정 확히 보여 주는 게 아니라 일부러 그의 자아상을 비현실적으로 부풀린다. 미련 함과 그로 인한 파멸의 정수는 자아의 실상을 보지 못하는 데 있다. 모든 덫이 그렇듯이 아첨도 교묘히 자신의 정체를 숨긴다. 하지만 덫이 튀어 오르고 그물 이 당겨지는 순간 피해자는 무력하다. 그리스도인은 사업상 고객이나 투자자 를 얻기 위해서는 물론이고 전도에도 절대로 아첨을 동원해서는 안 된다(살전 2:4-6).

―――――

혹시 당신 삶에 가정생활, 사업 등 아첨으로 무언가 얻어 내려 하는 영역이 있 는가?

오늘의 마중물 기도. 주님, 까다로운 사람을 다루거나 중요한 관계를 유지하기 위해 아첨한 적이 있음을 인정합니다. 진실하지 못한 이런 식의 말을 주님이 얼 마나 미워하시는지를 보니 정신이 번쩍 듭니다(시 12:2-3). 회개하오니 제게 달라 질 용기를 주옵소서. 아멘.

잠언 16장 27절 불량한 자는 악을 꾀하나니 그 입술에는 맹렬한 불 같은 것이 있느니라.

● 말

말은 퍼져 나간다. 잠언은 말의 위력을 다각도로 탐색한다. 인터넷이 있기 오래전부터 말은 입소문을 타고 번지는 마력이 있었다. 요즘은 첨단 기술 덕분에 헛소문과 가짜 뉴스가 순식간에 확산된다. 하지만 어떤 의미에서 늘 그랬다. 산불 취약 지역에 사는 사람은 잘 알겠지만 부주의하게 방치된 작은 모닥불 하나가 아주 빠른 속도로 삼림 전체를 삼킬 수 있다. 오보는 언제나 **맹렬한 불같이** 퍼져 평판을 망치고 사람 사이를 갈라놓는 위력이 있다(참이지만 악의적인 말도 마찬가지다).

야고보는 이 잠언을 염두에 두고 이렇게 썼는지도 모른다. "보라 얼마나 작은 불이 얼마나 많은 나무를 태우는가 혀는 곧 불이요"(약 3:5-6). 나아가 그는 거짓되고 악의적인 말이 속으로도 퍼져 혀가 "삶의 수레바퀴를 불사른다"고 덧붙였다(약 3:6).[4] 이와는 대조적으로 예수님 나라의 말인 복음은 "가루 서 말[을] 전부 부풀게 한 누룩과 같다"(마 13:33). 복음도 무섭게 번지는 위력이 있어 한 인생이나 공동체나 온 사회 속으로 파고들어 하나님과 인간을 화목하게 한다.

거짓되고 악의적인 말이 퍼져 피해를 입히는 사례를 최근 어디서 봤는가?

오늘의 마중물 기도. 주 예수님, 해로운 말의 확산력으로부터 저를 보호해 주옵소서. 제 쪽에서 그런 말을 지어내 남을 해치지 않게 하옵소서. 또 그런 말의 위력이 제 관계와 좋은 평판을 더럽히지 못하게 지켜 주옵소서. "나를 판단하시되 내 송사를 변호하소서"(시 43:1). 제 대언자가 되어 주옵소서. 아멘.

잠언 12장 17절; 24장 26절   17 진리를[진실을, 새번역] 말하는 자는 의를 나타내어도 거짓 증인은 속이는 말을 하느니라 …… 26 적당한[정직한, NIV] 말로 대답함은 입맞춤과 같으니라.

● 말

진실한 말. 선한 말의 표지는 무엇인가? 첫째는 **진실**이다. 17절 앞부분에 언급된 법정 증언은 실상과 일치하며, 사실을 왜곡하거나 숨기지 않는다. 예수님은 제자들이 마치 성경에 손을 얹고 선서하며 맹세라도 한 듯이 모든 말을 진실하게 해야 한다고 역설하셨다(마 5:33-37).

예나 지금이나 **입맞춤**(24:26)은 특별히 친밀한 행위다. 이 구절은 거짓말에는 근본적으로 사랑이 없다는 뜻이다. 조이 데이빗먼은 이렇게 썼다. "험담의 거짓말은 …… 우리를 혐오자로 만든다. 광고와 장삿속의 거짓말은 우리를 돈줄로 보고, 정치가의 거짓말은 우리에게서 권력을 얻어 낸다."[5]

모든 거짓말은 상대를 사랑하기보다 이용한다. 진실을 차단함으로써 상대를 의존적 입장에 몰아넣고 이를 악용한다. 무해한 거짓말이란 존재하지 않는다. 성령은 결코 부정직한 말을 통해 역사하지 않으신다. 아무리 우리가 자신의 속셈을 스스로 속일지라도 소용없다.

─────

마지막으로 언제 남에게 거짓말을 했는가? 어떤 상황에서 자꾸 진실을 왜곡하게 되는가?

오늘의 마중물 기도. 아버지, 예수님은 고문과 죽음도 불사하시고 진실을 말씀하셨습니다. 저를 위해 그리하셨습니다. 그런데 어떻게 제가 진실을 말하기를 주저할 수 있겠습니까? 대가가 따를지라도 진실만을 전부 말해야 하지 않겠습니까? 주님, 제게 주님을 믿는 믿음을 더하셔서 결과와 상관없이 진실하게 하옵소서. 아멘.

잠언 14장 5, 25절; 24장 28절   5 신실한 증인은 거짓말을 아니하여도 거짓 증인은 거짓말을 뱉느니라 25 진실한 증인은 사람의 생명을 구원하여도 거짓말을 뱉는 사람은 속이느니라 …… 28 너는 까닭 없이 네 이웃을 쳐서 증인이 되지 말며 네 입술로 속이지 말지니라.

● 말

속이는 말. **진실**은 속임과 대비된다. 어떤 진술을 평가할 때는 내용만 볼 게 아니라 의도까지 봐야 한다. 문구 자체는 사실이어도 오도할 목적으로 말했다면 역시 부정직하다. 어쩌면 위력이 더 셀지도 모른다. 유능한 거짓말은 진실을 최대한 많이 포함하되 여전히 속인다. 사실대로 정확히 진술하고는 "나는 정말 거짓말한 게 없는데"라고 되뇌는 것만으로 부족하다. 사익을 챙기려고 사실을 이용해 남을 오도해서는 결코 안 된다.

진실을 말하라. 오직 진실만을 전부 말하라. 과장하거나 비틀지 말라. 자신에게 불리할까 봐 진실의 중요한 부분을 빼놓지도 말라. "각각 그 이웃과 더불어 참된 것을 말하라"(엡 4:25). 세상에 오신 목적 자체가 진리를 증언하시려 함이었던 그분을 의지하라(요 18:37).

―――――

맞는 사실이긴 하지만 일부만 골라서 부정확하게 말할 때가 있었는가? 즉 당신이 정치적 발언을 하거나 광고나 마케팅을 하거나 투자자에게 보고하거나 고객에게 제품 정보를 내놓거나 상사에게 보고할 때 그런 경우가 있었는가?

오늘의 마중물 기도.   아버지, 노골적인 거짓말은 대체로 삼가지만 그래도 저한테 유리하게 진실을 살짝 고칠 때가 많음을 고백합니다. 저도 모르는 사이에 그러곤 합니다. 끊게 하옵소서. 모든 무익한 말에 대해 저를 심판하실 주님을 기억하게 하옵소서. 진실한 사람이 되게 하옵소서. 아멘.

잠언 11장 3절 정직한 자의 성실은 자기를 인도하거니와 사악한 자의 패역은 자기를 망하게 하느니라.

● 말

성실함. 여기에서 **성실**(integrity)이란 표리부동(패역)하지 않고 하나로 온전하다는 뜻이다. 성실한 사람은 상황에 따라 행동을 표변하지 않는다. 당신은 일요일에는 교회에 나가지만 주중에는 냉혹한 사업가인가? 전통적 부류에게는 보수적인 양 말하다가 청년층을 상대할 때는 진보적으로 말을 바꾸는가? 온라인에서 내보이는 모습과 실생활에서 살아가는 모습이 생판 다른가? 요즘은 첨단 기술이 발달해서 얼마든지 자신의 브랜드를 지어낼 수 있다. 마음대로 이미지를 창출해 투사할 수 있다. 그래서 우리는 이력서를 부풀려 써넣고, 자기소개에 이것저것 덧붙이고, 학위 논문을 위조하고, 무슨 수를 써서라도 자신을 포장한다. 하지만 지혜롭고 정직한 사람을 인도하는 것은 성실이다. 한결같은 성품이다. 그들의 자아는 여러 개가 아니다. 참자아 외에 여러 개의 거짓 자아가 있는 게 아니다. 하나의 참자아뿐이며, 그 자아가 숨겨져 있지도 않다. 모든 상황 모든 역할 속에서 그대로 드러난다. 겉으로 보이는 게 곧 그들의 참모습이다.

―――――

어느 영역에서든 자신에게 이런 행동이 있는가? 즉 말하고 행동하는 방식이 상황이나 대상에 따라 아주 달라지는가? 당신에게 성실함이 부족한 영역은 어디인가?

오늘의 마중물 기도. 주님, 때로 시류에 영합하는 제 모습을 고백합니다. 그런데도 주님은 항상 저를 지켜보시며 늘 곁에 계십니다. 제가 신경 써야 할 것은 주님의 시선과 말씀뿐입니다. 늘 의식적으로 주님의 얼굴 앞에서 살게 하옵소서. 제게 부족한 성실함이 치유될 것을 믿습니다. 아멘.

잠언 19장 5절   거짓 증인은 벌을 면하지 못할 것이요 거짓말을 하는[쏟아 내는, NIV] 자도 피하지 못하리라.

● 말

거짓말을 쏟아 내다. **쏟아 낸다**는 은유를 직역하면 숨 쉴 때마다 거짓말이라는 뜻으로, **거짓말**이 얼마나 전방위적이고 가지각색일 수 있는지를 일깨워 준다.[6] 거짓말의 종류는 하도 많아서 온종일 계속되는 거짓말도 가능하다. 예의상 거짓말은 "저도 꼭 가고 싶은데 선약이 있어서요"라고 말한다. 완곡어법은 "당신의 글은 우리 독자층이 읽기에는 너무 세련된 것 같습니다"라고 말한다. 속뜻인즉 '당신은 형편없는 작가입니다'이다. 과장도 있다. 배우자의 입에서 "당신은 항상"이나 "당신은 한번도"라는 말이 단골로 나온다. 이런 말은 사실과도 다를 뿐더러 의도가 일격을 날리려는 데 있다.

말의 인플레이션도 있다. 그리스도인이 특히 이 부분에 약하다. "얼마나 큰 복인지요. 다 주님이 하셨습니다." 물론 주님이 정말 함께하시고 해당 사건이 정말 복일 때도 있다. 하지만 사사건건 다 복이면 냉소를 불러일으킨다. 그런가 하면 소위 선의의 거짓말도 있다. 예컨대 친구의 생활방식을 오히려 지적해 줘야 하는데도 친구를 비호하려고 반복하는 거짓말이다. 일상화된 사업상의 거짓말도 있다. "우리는 높은 품질을 지향합니다"라고 말하는 사람이 뒤로는 종업원에게 무리한 요구를 일삼는다. 이렇듯 우리는 거짓말을 쏟아 낸다.

하루 동안 자신을 관찰해 보라. 진실을 과장하거나 비틀거나 숨기거나 얼버무릴 때가 얼마나 잦은가?

오늘의 마중물 기도. 주님, 제 혀는 죄가 심히 많습니다! 교만 때문에 말이 너무 많거나 매정해지고, 두려움 때문에 말이 너무 적거나 부정직해집니다. 용서해 주옵소서. 주님과는 너무도 다른 제 말의 모든 잘못된 동기를 치유해 주옵소서. 아멘.

잠언 20장 25절 함부로 이 물건은 거룩하다 하여 서원하고 그 후에 살피면 그것이 그 사람에게 덫이 되느니라.

● 말

약속을 지키라. 진실을 말하려면 **서원** 내지 약속을 지키는 게 중요하다(시 15:4; 마 5:33-37). 루이스 스미즈는 이렇게 썼다. "내 아내는 결혼 후 적어도 다섯 남자와 함께 살았는데 다섯 사람 다 나였다. 예전의 나와 이어 주는 연결 고리는 늘 '평생을 당신과 함께하겠다'던 결혼식 날의 내 서약이었다."

어떻게 하면 약속을 지킬 수 있을까? 예수님을 보라. 그분은 하나님의 약속대로(히 8:6) 우리를 구원하시려고 이 땅에 오셔서 죽으셨다. 그분이야말로 영원히 우리와 함께하기로 서약하신 분이다. 그리스도인의 삶 전체는 그분이 큰 희생을 치러 약속을 지키셨기에 가능하다. "약속이란 내가 ⋯⋯ 운명적으로 이미 정해진 존재가 아니라는 증언이다. 남에게 무언가를 약속할 때 나는 나를 제한하는 모든 조건을 뛰어넘는다. ⋯⋯ 가정용 컴퓨터가 나를 신실하게 돕겠다고 약속한 일은 일찍이 없다. 사람만이 약속할 수 있으며, 약속할 때 가장 자유로워진다."[7]

———

당신이 마지막으로 약속을 지키지 못한 때는 언제인가? 약속해야 하는데 두려워서 하지 못하는 게 혹시 있는가?

오늘의 마중물 기도. 주님, 생명(딤후 1:1)과 성령(갈 3:14), 주님과의 연합을 저는 모두 "보배롭고 지극히 큰 약속"(벧후 1:4)을 통해 받습니다. 오직 약속으로 사는 저이니 또한 약속을 지키는 사람이 되게 하옵소서. 약속하기를 두려워하지 말게 하시고, 너무 나약해서 약속을 어기는 일이 없게 하옵소서. 아멘.

잠언 16장 11절; 30장 5절 11 공평한 저울과 접시저울은 여호와의 것이요 주머니 속의 저울추도 다 그가 지으신 것이니라 …… 5 하나님의 말씀은 다 순전하며 하나님은 그를 의지하는 자의 방패시니라.

● 말

진실하신 하나님. 진실을 중시함은 실용성의 문제만이 아니라 옳은 길이다. 경영대학원의 윤리 수업에서는 정직을 가장 수익성 높은 사업 정책으로 권장한다. 그러나 오늘 본문에서 보듯이 하나님은 **저울과 접시저울**로 감쪽같이 속여 큰돈을 벌 수 있을 때조차도 사업상의 정직을 요구하신다. 이유가 무엇일까? 하나님의 속성 자체가 진리이시다. 그분의 말씀은 다 순전하고 진실하다. 주님은 거짓과 대비되는 참이시고, 상대성과 대비되는 절대자이시며, 껍데기와 대비되는 실체이시다.

우리도 "하나님을 따라 의와 진리의 거룩함으로 지으심을 받은 새사람을 입고"(엡 4:24) "이웃과 더불어 참된 것을 말해야" 한다(엡 4:25). 하나님을 닮으려면 진실해야 한다. 그분은 거짓말을 하실 수 없고(딛 1:2; 히 6:18) 늘 약속을 지키시기 때문이다(고후 1:20). 하나님은 항상 본심대로만 말씀하시고, 말씀하시는 대로가 본심이다. 자체 모순이 있을 수 없다. 무엇보다 예수님은 진리 자체이시며(요 14:6), 궁극의 진리이신 하나님을 온전히 계시하신다(요 1:18; 히 1:3).

가장 실용적인 정책이라서 정직해야 한다는 윤리 논리의 문제점은 무엇인가?

오늘의 마중물 기도. 아버지, 하나님이 얼마나 진리의 하나님이신지를 말씀에서 읽노라면 저 또한 진실을 알기도 전에 입부터 열지 않도록 더욱 조심하고 싶어집니다. 저는 본의 아니게 거짓을 옮길 때가 많습니다. 진실에 너무 무관심해서 내용을 확인하지 않기 때문입니다. 주님을 욕되게 하지 않도록 진리 가운데 행하게 하옵소서. 아멘.

잠언 12장 25절 근심이 사람의 마음에 있으면 그것으로 번뇌하게 되나 선한 말은 그것을 즐겁게 하느니라.

● 말

선한 말. 건강한 말의 둘째 표지는 선함이다. 말이 진실하기만 해서는 부족하다. 본문에 **선**하다로 번역된 단어는 "인격적이고 친절하다, 즐겁고 아름답다, 때에 맞고 사려 깊다"라는 뜻이다.[8] 우리의 말은 생명을 살려야 한다(15:4). 그래서 진실을 무기로 사용해서는 결코 안 된다. 진실을 말할 때는 자신에게 물어야 한다. 논쟁에서 이기기 위해서인가? 상대를 궁지에 몰아넣어 벌하거나 복수하기 위해서인가? 상대의 옳은 말이 듣기 싫어 깎아내리기 위해서인가? 내 자존심을 지키기 위해서인가? 불평을 늘어놓기 위해서인가? 남에게 잘 보이기 위해서인가?

사도 바울은 모든 말이 통과해야 할 시험을 이렇게 제시했다. "소용되는 대로 …… 듣는 자들에게 은혜를 끼치게 하라"(엡 4:29). 진실을 말할 때는 늘 '섬기려는 동기'로 해야 한다. 잘못을 지적할 때는 오직 상대의 깨달음과 이해를 돕기 위해, 상대와 나 사이의 거리와 장벽을 허물기 위해서라야 한다. 진실을 말하되 사랑 안에서 하라(엡 4:15). 그렇게만 하면 불안과 두려움에 찌든 사람도 일으켜 세울 수 있다.

───────

최근 당신이 다른 사람의 잘못을 지적했던 상황을 떠올려 보라. 섬기려는 동기로 했는가? 선한 말로 했는가?

오늘의 마중물 기도. 아버지, "예수님은 사랑과 자비로 오셔서 제 영혼을 되찾으셨습니다."[9] 예수님의 선하심만으로 살아가는 제가 어찌 남을 선하게 대하지 않을 수 있겠습니까? 성령으로 역사하셔서 주님의 사랑이 아주 생생히 느껴지게 하옵소서. 아무에게도 짜증이나 조바심이나 무관심으로 대하지 않게 하옵소서. 아멘.

잠언 15장 1절 유순한 대답은 분노를 쉬게 하여도 과격한 말은 노를 격동하느니라.

● 말

유순한 말. 잠언에서 선한 말은 말의 동기를 가리키는 반면 **유순한** 말은 말의 형식 즉 어조와 태도를 가리킨다. 유순함은 동의한다는 뜻이 아니라[8월 6일] 우호적으로 존중한다는 뜻이다. 화나서 맞부딪쳤을 때도(그럴 때일수록 특히 더) 우리는 똑같이 **과격**하고 거칠게 되받을 게 아니라 유순하게 말하도록 부름받았다. 그런 순간에 유순하게 말하기란 어렵다. 특히 자신이 약해 보일까 봐 그렇다. 르호보암은 왕의 체신을 잃을까 두려워 과격하게 답변했다가 나라의 분열을 초래했다(왕상 12:1-16).

저주받아도 도로 저주하지 않으면(롬 12:14) 무장이 해제되면서 논쟁이 완화된다. 유순하게 반응하면 성난 상대 쪽에서 이렇게 나올 여지가 생긴다. '듣기 싫은 말이지만 나를 생각해 주는 마음만은 분명하군.' 유순한 말이 "그렇다면 그런 줄 알아!"라는 주장보다 역설적으로 더 설득력을 얻는다. 과격한 말은 이미 내 말에 동의하는 사람에게는 잘 통하지만, 설득력도 없고 진실을 퍼뜨리는 데도 도움이 안 된다. 욕을 당하시되 맞대어 욕하지 않으신 그분을 본받으라(벧전 2:23).

───────

분노의 상황을 유순한 말로 진정시키는 사람을 마지막으로 본 때가 언제인가?

오늘의 마중물 기도. 주 예수님, 주님은 온유하고 겸손하시면서도(마 21:5) 성전의 환전상들을 내쫓으셨습니다(마 21:12). 저도 주님의 형상을 닮게 하옵소서. 주님처럼 자기 생각이 분명하면서도, 독불장군처럼 행세하지는 않게 하옵소서. 아멘.

잠언 10장 20, 32절; 12장 18절 20 의인의 혀는 순은과 같거니와 악인의 마음은 가치가 적으니라 32 의인의 입술은 기쁘게 할 것을 알거늘 악인의 입은 패역을 말하느니라 …… 18 칼로 찌름같이 함부로 말하는 자가 있거니와 지혜로운 자의 혀는 양약과 같으니라.

● 말

알맞은 말. 12장 18절의 경고처럼 우리는 **함부로**(무심코 충동적으로) 말할 게 아니라 **순은과 같이**(잘 다듬어서) 말해야 한다. 또 10장 32절의 지침대로 **기쁘게 할** 말을 알아야 한다. 즉 어떤 말이 매력 있고 설득력 있는지를 알아야 한다. 물론 우리의 말은 진실해야 하기에 아플 수 있으며, 감화를 받아 사랑으로 친구의 잘못을 지적할 수도 있다(27:6). 그러므로 기쁘게 할 말을 찾는다고 해서 상대에게 불쾌한 말을 절대로 안 한다는 뜻이 아니다. 그보다 듣는 사람의 상황, 역량, 감정, 기질, 문화에 우리의 말을 맞춘다는 뜻이다. 그래야 설득력과 감화력과 매력이 극대화된다.

"진실이 두루뭉술하면 아무런 감화를 끼치지 못하지만 경우와 소임에 맞게 다듬으면 머릿속에 각인될 수 있다."[10] 그냥 "나는 사실대로 말했으니까"라고만 말하지 말라. 진실을 정말 중시한다면 그 진실을 상대가 믿을 만하게 말해 줘야 한다. 그러니 최대한 귀에 쏙 들어가게 말하라. 말에도 솜씨가 필요하다. 말은 진실하고 선하고 유순할 뿐 아니라 적절하고 알맞고 아름다워야 한다.

말을 조심해서 하는 편인가? 아니면 별생각 없이 충동적으로 말하는가?

오늘의 마중물 기도. 아버지, 제 말은 생각이 부족해서 선부를 때가 많습니다. 제가 선지자는 아니지만 제 말을 정결하게 해 주셔서, 듣는 사람에게 지금보다 훨씬 매력 있고 설득력 있게 하옵소서. 제 명예를 위해서가 아니라 주님의 명예를 위해서 구합니다. 아멘.

07/06 잠언 12장 23절; 15장 23절; 25장 11절 **23** 슬기로운 자는 지식을 감추어도 미련한 자의 마음은 미련한 것을 전파하느니라 …… **23** 사람은 그 입의 대답으로 말미암아 기쁨을 얻나니 때에 맞는 말이 얼마나 아름다운고 …… **11** 경우에 합당한 말은 아로새긴 은 쟁반에 금 사과니라.

● 말

때에 맞는 말. 말은 또한 **때**에 맞아야 한다. 어떤 때는 아예 말을 줄이는 게 최고의 지혜다(12:23). 어떤 말을 해도 더 악화될 수밖에 없는 상황이 존재한다. 한 예로 사랑하는 사람을 사별해 애도 중인 사람을 대할 때는 말을 아끼는 게 좋다. 때에 맞지 않는 말의 또 다른 종류는 너무 친근하게 구는 것이다. 상대는 아직 그렇게 말할 권리가 내게 있다고 느끼지 못하는데 말이다. 셋째로, 때에 맞지 않는 말은 사적으로 해야 할 말을 공공연히 할 때다. 끝으로, 듣는 사람에게 있지도 않은 지식이나 경험을 내 쪽에서 예단하는 말은 때에 맞지 않다. 우리 입에서 맨 먼저 나오는 말이 더 나중으로 가야 한다. 때를 맞추기란 쉽지 않다. 대개 너무 성급하거나 너무 더디게 말하는 게 우리의 본능적 성향이기 때문이다. 그러므로 기도로 지혜를 구하라!(약 1:5) 때에 맞지 않는 말을 한 번도 하신 적이 없는 그분을 의지하라. "그 사람이 말하는 것처럼 말한 사람은 이때까지 없었나이다"(요 7:46).

───────

최근 당신이나 가까운 사람이 내용은 맞지만 때에 맞지 않은 말을 한 때는 언제인가?

오늘의 마중물 기도. 주님, 제 말은 너무 이르거나 너무 늦습니다. 조바심이 나서 너무 이르고, 두려워서 너무 늦습니다. 주님을 온전히 신뢰해서 평소에 더욱 자족하고 당당하게 하옵소서. 제 말이 더욱 때에 맞게 나오게 하옵소서. 아멘.

잠언 18장 2, 13절 2 미련한 자는 명철을 기뻐하지 아니하고 자기의 의사를 드러내기만 기뻐하느니라 13 사연을 듣기 전에 대답하는 자는 미련하여 욕을 당하느니라.

● 말

선입견. **듣기 전에 대답하는** 것은 행동이자 태도다. 행동의 차원에서 상습적으로 말허리를 자르는 사람을 가리킨다. 그들은 상대의 말이 끝날 때까지 기다릴 필요를 못 느낀다. 진정한 대화를 하는 게 아니다. 실제로 상대의 말에 반응하는 게 아니다. 그들에게 대화란 자기의 의사를 드러낼 또 하나의 기회일 뿐이다(18:2).

더 깊은 차원에서, 듣기 전에 대답하는 것은 선입견이 있다는 말이다. 이는 상대의 진실을 다 알기도 전에 말 그대로 '미리 판단한다'라는 뜻이다. 선입견은 '그 부류의 사람은 다 그렇다'라는 식으로 상대를 단정한다. 진실을 별로 중시하지 않기 때문에 이 특정 상대가 어떤 사람이고 무슨 말을 하는지는 관심 밖이다. 우리는 특정한 성별, 인종, 계층, 직업, 문화의 사람이면 기본적으로 다 똑같을 거라고 단정하는 버릇이 있다. 그러면서도 남이 자기를 그렇게 대하면 개성을 무시당했다고 느낀다. 선입견도 사연을 듣기 전에 대답하는 것의 일종이다. 인종(눅 10:30-37)과 계층(눅 17:11-19; 18:22)과 성별(요 4:1-42)에 대한 선입견을 일관되게 깨뜨리신 예수님을 잊지 말라.

───

솔직히 당신이 싫어하는 부류나 계층의 사람이 있는가? 그래서 사연을 듣기보다 자꾸 고정관념으로 대하는가?

오늘의 마중물 기도. 주 예수님, 주님이 선입견을 품으셨다면 모든 언어와 모든 종족, 모든 민족을 위해 죽으시기는커녕 아예 인간 세상에 오지도 않으셨을 것입니다! 특정 부류의 사람들을 얕보려는 유혹이 들 때마다, 주님이 선입견 없이 제게 거저 베푸신 은혜를 기억하게 도와주옵소서. 아멘.

잠언 17장 27절 말을 아끼는 자는 지식이 있고 성품이 냉철한 자는 명철하니라.

● 말

침착한 말. **성품이 냉철한** 사람은 차분하다. 성질이 급한 사람은 걸핏하면 흥분하고 참을성이 없다. 자신의 뜻을 당장 관철시켜야만 직성이 풀린다. 냉철한 사람은 침착하고 인내심이 많다. 지혜로운 사람은 자신이 진실하고 중요한 말을 할 때도 하나님이 주관자시며 그분만이 사람의 마음을 여실 수 있음을 안다(행 16:14; 요 6:44).

"이렇게 침착함을 예찬하는 데는 세 가지 이유가 있다. 첫째, 침착하면 공정하게 들을 시간을 번다(18:13, 17). 둘째, 침착하면 화가 식는다(15:1). 셋째, 침착함의 위력은 막강하다. '부드러운 혀는 뼈를 꺾느니라'(25:15)."[11] 예수님은 가장 괴롭거나(사 53:7) 가장 모욕적인(벧전 2:23) 상황에서 한 번도 무절제하게 또는 홧김에 말을 내뱉으신 적이 없다. 아울러 명심해야 할 게 있다. 예수님은 우리가 본받아야 할 모본만이 아니다. 우리 구주이신 그분은 성령을 보내서 우리 내면에 그분을 사랑하는 마음을 주시고, 또 그분을 닮은 모습으로 우리를 변화시키신다.

―――

당신의 말은 늘 차분하고 침착한가? 가장 최근에 그렇지 못했던 적이 언제인가? 그 결과는 어떠했는가?

오늘의 마중물 기도. 아버지, 엘리야가 주님의 음성을 듣고자 했을 때 주님은 지진이나 바람이나 불 속에 계시지 않고 '세미한 소리' 속에 계셨습니다. 제 죄가 주님께 거슬릴 텐데도 주님은 진노하지 않으시고 은혜로 저를 대하십니다. 제 말도 침착하고 은혜로워지게 해 주옵소서. 아멘.

잠언 10장 19절; 17장 27-28절   19 말이 많으면 허물을 면하기 어려우나 그 입술을 제어하는 자는 지혜가 있느니라 …… 27 말을 아끼는 자는 지식이 있고 성품이 냉철한 자는 명철하니라 28 미련한 자라도 잠잠하면 지혜로운 자로 여겨지고 그의 입술을 닫으면 슬기로운 자로 여겨지느니라.

● 말

말의 경제성. 지혜로운 사람은 말이 많지 않고 **입술을 제어**한다. "잠언에서는 말이 적은 게 많은 것보다 낫다고 일관되게 가르친다."[12] 왜 그럴까? 말이 많을수록 내게 불리하게 이용될 소지도 많아진다(10:14; 13:3). 말이 많을수록 남의 말을 덜 듣는다. 그래서 정작 말할 때는 내용이 부실해진다(18:13). 또 말이 많을수록 상대도 내 말을 덜 듣는다. 끝까지 참고 들어 줄 사람이 누가 있겠는가. 아울러 말이 너무 많은 사람은 상대보다 자신에게 더 관심이 많아 보이며, 실제로 그럴 때가 잦다.

말을 줄여야 할 이유가 또 있다. 어떤 주제에 대해 지혜로운 사람일수록 설명은 간단명료해진다. 단순성과 복잡성은 상극을 이룬다. 간략히 말할 수 없다면 그 주제에 대해 발언할 만큼 충분히 몰라서일 수 있다. 끝으로 혀의 제어는 전반적 절제에 이르는 길이다(약 3:1-2). 말을 절제하기란 힘든 일이다. 사사건건 훈수하려는 그 욕심을 다스릴 수 있다면 다른 분야의 절제도 훨씬 쉬워진다.

─────

당신은 말이 너무 많은가? 당신을 잘 아는 두어 사람에게 부탁해 솔직한 대답을 들어 보라.

오늘의 마중물 기도.   주님, 제가 제 말에 취해서 좋아할 때가 많습니다. 구구절절 장황한 제 말이 간혹 재미는 있을지 몰라도 사람을 세워 주지는 못합니다. 주님의 말씀은 온전해서 한 마디도 버릴 게 없습니다. 저야 그렇게 될 수는 없겠지만 그래도 제게 절제와 지혜를 주셔서 하는 말마다 가치 있게 하옵소서. 아멘.

잠언 25장 12절; 28장 23절 12 슬기로운 자의 책망은 청종하는 귀에 금고리와 정금 장식이니라 …… 23 사람을 경책하는 자는 혀로 아첨하는 자보다 나중에 더욱 사랑을 받느니라.

● 말

직언. 믿을 만한 증인으로서만이 아니라 잘못을 직언한다는 의미에서도 우리는 진실을 말해야 한다. 25장 본문에 따르면 직언과 잘 다듬어진 **책망**은 **정금 장식** 곧 아름다운 예술 작품과 같다! 28장 말씀은 배척당할까 두려워 칭찬과 **아첨**만 늘어놓는 사람보다 직언하는 사람이 결국 더 존중과 **사랑**을 받음을 일깨워 준다.

예수님은 온유하고 겸손하셨지만 우물가 여인의 파탄 난 성생활을 솔직하게 지적하셨다(요 4:9-27). 삭개오에게도 로마 정부를 등에 업은 착취를 중단하게 하셨다(눅 19:1-9). "나도 너를 정죄하지 아니하노니"에 뒤이어 "가서 다시는 죄를 범하지 말라"라고 명하신 분이 바로 그분이다(요 8:11).[13]

요컨대 우리의 말은 선하고 유순하고 신중해야 하지만 또한 솔직하고 투명한 직언도 필요하다. 그 두 가지 말이 모두 필요하다.

———

대체로 우리는 둘 중 어느 한 방식의 말에 더 어려움을 느낀다. 당신은 '진실한 직언'과 '선하고 유순한 말' 중 어느 쪽을 더 잘하는가?

오늘의 마중물 기도. 주 예수님, 바울이 황제 앞에 섰을 때 아무도 변호해 주지 않았지만 주님이 곁에 서서 그에게 직언할 힘을 주셨습니다(딤후 4:16-17). 간구하오니 오늘 제 곁에도 함께 서서서 저 또한 사람들에게 진실을 말할 수 있게 하옵소서. 아멘.

잠언 16장 24절 선한 말은 꿀송이 같아서 마음에 달고 뼈에 양약이 되느니라.

● 말

치유하는 말. 여기 **꿀송이**는 긍정적 은유로 쓰였다. 요나단은 전투 중에 허기져 쓰러지려 할 때 꿀을 먹고 눈이 밝아져 소생했다(삼상 14:27). 마찬가지로 어떤 말은 **마음에 달고** 전인을 치유해 준다.

건강한 말의 특성마다 갖가지 병을 고치는 특유의 치유력이 있다. 선한 말은 근심을 치유할 수 있다(12:25). 유순한 말은 분노와 적의를 잠재울 수 있다(15:1). 직언은 무지와 자기기만을 고칠 수 있다(19:25; 27:5). 지혜로운 언어생활은 진실하고, 속임이 없고, 선하고, 유순하며, 알맞고, 때에 맞고, 선입견이 없고, 침착하며, 직언할 줄 알고, 과묵하다. 당신의 말이 이런 균형에 근접할 수 있다면, 듣는 사람이 누구든 모두에게 능히 도움을 줄 수 있다.

야곱이 평생 찾던 복을 하나님께 구하자 그분은 복을 베푸셨다(창 32:29). 우리도 그리스도를 믿으면 이 복만이 아니라 그 이상도 받는다(엡 1:3). 이렇게 내면이 충만해지면 우리의 말이 복을 끼치고 남을 세워 줄 수 있다. 살아 있는 말씀이신 그분을 알기 때문이다.

━━━━

지혜로운 말의 표지를 되돌아보라. 지혜로운 말은 진실하고, 속임이 없고, 선하고, 유순하며, 알맞고, 때에 맞고, 선입견이 없고, 침착하며, 직언할 줄 알고, 과묵하다. 이중 당신이 가장 노력해야 할 부분을 한 가지만 골라 보라.

오늘의 마중물 기도. 주님, 제 말의 도움이 절실히 필요한 사람들이 주위에 보입니다. 그런데 저는 너무 바쁘고 두렵고 무관심하고 저밖에 모른 나머지 아예 그런 기회를 알아차리지도 못합니다. 제 눈을 밝게 하시고 입술에 기름을 부으셔서 제 말이 사람들의 마음에 달게 하옵소서. 아멘.

잠언 16장 23절; 22장 11절　23 지혜로운 자의 마음은 그의 입을 슬기롭게 하고 또 그의 입술에 지식을 더하느니라 …… 11 마음의 정결을 사모하는 자의 입술에는 덕이 있으므로 임금이 그의 친구가 되느니라.

● 말

말도 치유되어야 한다. 말에 치유력이 있지만 우리의 말은 무엇이 치유할까? 바로 **지혜로운 마음**이 말을 덕이 있고 **슬기롭게** 한다. 예수님은 마음에 가득한 것을 입으로 말하는 법이라며(마 12:34) 나무도 좋고 열매도 좋든지 아니면 그 반대라고 말씀하셨다(마 12:33).

이 일은 의지만으로 역부족이다. **정결**한 **마음**은 뜻을 허탄한 데에 두지 않는 것이다(시 24:4). 우리 마음이 기쁨과 소망과 구원과 가치와 안전을 주님께만 바라고 다른 무엇도 의지하지 않을수록, 그만큼 우리의 말도 지혜로운 말을 닮는다. 바벨탑을 쌓은 무리는 자기 이름을 내려는 일념하에(창 11:4) 말이 심히 부패한 나머지 결국 사회가 붕괴됐다. 바벨탑의 저주는 오순절 날 전복됐다. 사람들의 마음이 예수님의 아름다움과 그 구원하신 일로 충만해지자 듣는 사람이 모두 그들의 말에 설득됐다. 마치 예수님이 친히 말씀하시는 것처럼(요 7:46), 불필요하고 거짓되고 부적절하고 악하고 부덕한 말은 전혀 없었다. 언어생활의 수준은 하나님과의 동행 그리고 기도 생활과 더불어 발전한다.

당신의 말이 서서히 치유되고 있다는 증거가 보이는가?

오늘의 마중물 기도. 주님, 주님은 간절히 복을 구하는 야곱에게 응답하셨습니다. 그에게 주신 말씀이 성경에 나오지 않는 것으로 보아 은밀하게 하셨겠지요(창 32:29). 제 가장 내밀한 속사람에도 주님의 복이 필요합니다. 주님의 사랑으로 충만하게 하셔서(엡 3:16-19) 제 말이 주님을 닮게 하옵소서. 아멘.

잠언 11장 13절　두루 다니며 한담[험담, NIV]하는 자는 남의 비밀을 누설하나 마음이 신실한 자는 그런 것을 숨기느니라.

● 험담

치명적인 습관.　꼭 거짓 진술이어야만 험담은 아니다. 오늘 본문의 **험담**은 남에 대한 참된 정보지만 **비밀**로 지켜져야 할 내용이다. 즉 험담은 진위 여부와 무관하게 말하는 이와 듣는 이를 험담 대상보다 우월해 보이게 만들려는 부정적 정보다. 야고보는 "형제들아 서로 비방하지 말라"(약 4:11)라고 했는데, 여기 '비방하다'라는 동사는 '대적해서 말하다'(헬라어로 '카타랄레인')라는 뜻이다. 반드시 틀린 내용은 아니고 그냥 '대적하는 말'이다. 듣는 이로 하여금 험담 대상을 존중하지 않고 사랑하지 못하게 하는 말이다. 그에 비해 건설적 평가는 온유하고 신중하며 선의에서 비롯된다. 비판 대상의 약점과 인간적 한계와 죄성이 내게도 있다는 화자의 신념이 늘 드러난다. 자신의 죄에 대한 깊은 인식이 묻어난다. 이런 평가는 절대로 '대적해서 말하지' 않는다.

인간의 마음이 자기 정당화를 일삼다 보니 험담은 거의 불가항력적이다(18:8). 험담이 워낙 전염성이 높기 때문에 지혜로운 사람은 이를 아예 차단한다. 말을 옮기지도 않을 뿐더러(17:9; 16:28; 26:20) 말쟁이와는 아예 상종하지 않는다(20:19). 로마서 1장 29절에 하나님 대신 일부러 우상을 숭배하는 사람의 죄가 나열되는데, 거기에 수군수군하는 험담도 들어 있다. 험담은 사소한 문제가 아니다.

험담과 건설적 평가를 구분할 수 있는가? 평소에 험담을 하는가?

오늘의 마중물 기도.　주님, 험담이 무엇인지 더 신중히 생각해 보니 제가 험담에 동조할 뿐 아니라 조장하고 있었습니다. 지난 세월 험담으로 많은 사람을 해쳤습니다. 험담에 더욱 민감하게 하옵소서. 그동안 제가 했던 악한 말들을 용서해 주옵소서. 아멘.

잠언 16장 28절; 20장 19절; 26장 20절 **28** 패역한 자는 다툼을 일으키고 말쟁이는 친한 벗을 이간하느니라 …… **19** 두루 다니며 한담[험담, NIV]하는 자는 남의 비밀을 누설하나니 입술을 벌린 자를 사귀지 말지니라 …… **20** 나무가 다하면 불이 꺼지고 말쟁이가 없어지면 다툼이 쉬느니라.

● 험담

험담의 위력.   **험담**은 관계를 망쳐 놓는다. **친한 벗을 이간**한다. 친한 벗만이 아는 내밀한 정보를 남에게 누설하면 그렇게 된다(16:28). 대개는 본의 아니게 그리된다. 그냥 말이 너무 많다 보면 그런 부주의한 실언이 불가피해진다(20:19). 하지만 고의적인 마음의 습관에서 그리될 때도 있다. 어떤 사람은 솔깃한 비밀을 퍼뜨려 남의 이목을 끌 때의 그 권력을 물리치지 못한다(16:28).

험담은 또 공동체 내에 **다툼**이 끊이지 않게 한다(26:20). 두 사람이 앙숙이면 서로 직접 말해서 풀면 된다. 그런데 험담은 일을 복잡하게 만든다. 존이 톰과 화해하려 하는데 존의 친구들이 계속 톰을 험담한다면 존도 난감해진다. 오히려 톰의 친구들까지 화가 치밀어 존을 중상하고 나서기 쉽다. 큰 무리의 사람을 서로 화해시키기는 훨씬 어렵다. 자신과 직접 관련되지도 않은 문제로 말이 많기 때문이다. 7월 28일 험담은 그리스도의 몸 된 교회에 암과 같다.

험담 때문에 약해진 공동체를 가장 최근에 본 때는 언제인가?

오늘의 마중물 기도.   주님, 험담은 험담하는 본인을 얼마나 기만하는지요! 말로는 경고하거나 공감을 나누거나 한바탕 웃고 싶다지만, 이 모두를 빙자해서 남의 평판을 해칩니다. 제가 험담하거나 험담을 들을 때 그게 험담임을 알아차리고 단호히 돌아서게 하옵소서. 아멘.

잠언 25장 23절 북풍이 비를 일으킴같이 참소하는 혀는 사람의 얼굴에 분을 일으키느니라.

● 험담

교묘한 험담. 오늘 본문의 **참소하는 혀**는 교활한 혀로도 옮겨질 수 있다. 이는 험담과 중상이 교묘해서 얼른 눈에 띄지 않음을 일깨워 준다. 험담은 변장술이 뛰어나다. '꼭 알아 둘 일'을 예고하는 식일 수도 있고, '딱한 아무개'를 향한 거짓 연민의 표현으로 꾸밀 수도 있다. 심지어 기도 제목이라는 이름으로 나눠질 수도 있다. 험담은 늘 말로만 전해지는 것도 아니다. 야고보서 5장 9절에 "서로 원망하지 말라"라고 했는데, 여기서 '원망하다'라는 단어는 본래 탄식하며 남에게 눈알을 굴린다는 뜻이다. 경멸하는 태도를 전달하는 데는 몸짓 언어도 말 못지않게 중요하다. 분한 얼굴로 노기를 띠고 고개를 내두르고 눈알을 굴리고 한숨을 내쉬며 묘한 웃음을 흘린다면, 말이 없어도 피해를 입히기에 충분하다. 남에 대한 내 말이 험담인지 아닌지 어떻게 분간할 수 있을까? 자신에게 이렇게 물어보라. '혹시 상대에게 직접 말해야 할 문제는 아닌가? 이 정보를 공개해도 상대가 괜찮아 하겠는가? 나라면 누가 나에 대해 이런 내용을 말하기를 원하겠는가?'

최근에 누가 당신에게 남을 험담한 적이 있는가? 말하는 사람에게 어떻게 반응했는가? 어떻게 반응했어야 하는가?

오늘의 마중물 기도. 주님, 제 혀로만 아니라 몸짓 언어로도 누군가의 평판을 해칠 수 있습니다. 주 예수님, 주님은 원망하거나 불평하거나 사람을 비웃으신 적이 없습니다. 저도 주님을 본받아 그러지 않게 해 주옵소서. 아멘.

잠언 12장 1, 15절   1 훈계를 좋아하는 자는 지식을 좋아하거니와 징계[교정, NIV]를 싫어하는 자는 짐승과 같으니라 15 미련한 자는 자기 행위를 바른 줄로 여기나 지혜로운 자는 권고를 듣느니라.

● 경청

고치려는 마음. **교정**과 비판을 받아들이는 마음이야말로 지혜의 정수다. **권고**를 듣고 늘 "자신의 선입견을 걸러 내는"[14] 사람만이 이성적 존재다. 고대인은 다른 계층과 인종과 문화에 대한 고정관념에 물들어 있었다. 반면 현대인은 아주 개방적이라고 자처한다.

그러나 아무도 객관적이지 못하다. 현대인은 '개화되지' 못한 것, 전근대적인 것이면 무조건 배척해야 한다는 선입견이 있다. 모든 문화에는 삶에 대한 깊은 '배후 신념'이 있다. 그것이 하도 당연시되다 보니 아예 신념으로 보이지도 않는다. '원래 늘 그런 것'으로 여겨진다. 이런 신념을 따져 보지 않고는 누구도 지혜로워질 수 없다. 궁극적으로는 하나님의 말씀에 비춰 봐야 하지만 스승, 동료, 가족, 친구가 바로잡아 줘야 한다. 내가 아는 게 늘 최고라면 나는 **짐승**과 같다 (12:1,15).

당신의 문화나 지역 사회에서 체득된 신념인데 하나님의 말씀을 배우고 나서 버린 것을 하나 꼽아 보라.

오늘의 마중물 기도.   주 예수님, 우리 마음은 이 세대를 본받아서는 안 됩니다 (롬 12:2). 제가 살아가고 있는 이 세상과 사회는 전혀 진리가 아닌 많은 신념을 '상식'이라는 이름으로 제게 강요합니다. 주님의 말씀이 제 속에 풍성히 거하게 하셔서(골 3:16) 그런 오류를 분별하고 물리치게 하옵소서. 아멘.

잠언 15장 31-33절 31 생명의 경계를 듣는 귀는 지혜로운 자 가운데에 있느니라 32 훈계받기를 싫어하는 자는 자기의 영혼을 경히 여김이라 견책을 달게 받는 자는 지식을 얻느니라 33 여호와를 경외하는 것은 지혜의 훈계라 겸손은 존귀의 길잡이니라.

● 경청

배우려는 마음. 가끔씩 불청객 같은 **경계를 듣는** 정도로는 안 된다. 내 쪽에서 **견책**과 **훈계**와 배움을 청해야 한다(15:32-33). 즉 특정한 주제를 나보다 잘 아는 사람에게 늘 찾아가 배워야 한다. 고집스런 태도가 아니라 배우려는 마음이 삶 전체를 지배해야 한다.

32절에 보듯이 교만해서 배우려는 마음이 없는 사람은 자신을 **경히** 여길 뿐이다. 하나님을 깊이 **경외**하며 열린 마음으로 배워야만(15:33) "올바른 자아상과 실질적인 겸손"을 얻을 수 있다.[15] 여기서 환기되는 사실이 또 있다. 회개야말로 배우려는 마음의 궁극이므로 가장 근본적인 차원에서 인간은 회개를 통해서만 구원받을 수 있다(행 11:18; 마 4:17; 눅 13:3). 겸손히 회개하며 예수님을 구주로 믿으면 최고의 명예와 영광인 하나님의 영원한 사랑을 누린다(요 17:20-26). "영광스러운 하나님 앞에서 스스로 영광을 취하지 않는 사람일수록 역설적으로 결국 영광과 부의 면류관을 쓰고 널리 존중받는다(3:16; 8:18; 11:16)."[16]

당신은 배우려는 마음이 있는가, 아니면 남들에게 고집스런 사람으로 비쳐지는가? 당신을 잘 아는 두세 사람에게 물어보라.

오늘의 마중물 기도. 주님, 제게 배우려는 마음이 없는 것은 너무 교만해서 충고를 원하지 않기 때문이고, 듣기 싫은 말을 들을까 봐 너무 두렵기 때문입니다. 주님의 위대하심을 상기시켜 저를 낮춰 주옵소서. 제 기쁨이자 생명인 복음 자체도 처음에는 제게 듣기 싫은 말이었음을 명심하게 하옵소서. 아멘.

잠언 17장 10절; 19장 25절; 21장 11절   10 한마디 말로 총명한 자에게 충고하는 것이 매 백 대로 미련한 자를 때리는 것보다 더욱 깊이 박히느니라 …… 25 거만한 자를 때리라 그리하면 어리석은 자도 지혜를 얻으리라 명철한 자를 견책하라 그리하면 그가 지식을 얻으리라 …… 11 거만한 자가 벌을 받으면 어리석은 자도 지혜를 얻겠고 지혜로운 자가 교훈을 받으면 지식이 더하리라.

● 경청

배우려는 마음의 정도 차이.   고대에는 매 40대가 최악의 범죄에 대한 벌이었다. 그러니 **매 백 대**는 요지를 전달하기 위한 과장법이다. 어떤 사람은 최악의 징벌을 받아도 성품이 바뀌지 않는다(17:10). 실직하고 퇴학당하고 벌금이나 처벌을 받을수록 오히려 남 탓만 할 뿐 옹고집을 꺾을 줄 모른다. 이 고집스러운 마음의 반대쪽 끝에는 **총명한 자**가 있다. 남들은 참담한 상실을 겪어야만 이해하는 내용을 이런 사람은 한마디 **충고**만 듣고도 배운다.

배우려는 마음의 연속선 가운데쯤에는 **어리석은 자**가 있다(19:25). 앞에서 이미 살펴본 부류다. 이들은 총명한 자만큼 빠릿빠릿하게 배우지는 못하지만 막무가내로 고집을 피우지도 않는다. 재앙이나 처벌을 당하는 사람, 예컨대 벌을 받는 **거만한 자**를 눈앞에서 봐야 하긴 하지만, 그래도 지혜를 얻고 행실을 고친다.

오늘 본문의 요지는 배우려는 마음에도 정도 차이가 있다는 것이다. 사람을 고용하거나 동지로 삼거나 어떤 식으로든 운명을 같이하려면, 배우려는 마음이 그에게 얼마나 있는지 미리 평가할 줄 알아야 한다. 또 자신을 평가해야 한다.

─────

다른 사람의 삶을 보고 중요한 교훈을 배운 때는 언제인가? 배우려는 마음의 연속선에서 당신의 좌표는 어디쯤인가?

오늘의 마중물 기도.   주님, 한마디 지혜로운 충고만 듣고도 배우는 총명한 사람과 결코 아무것도 배우지 못하는 미련한 사람 사이에서 제 자리는 어쩔 수 없이 중간쯤입니다. 주님이 메시지를 여러 번 보내셔야만 비로소 알아듣는 저임을 고백합니다. 용서해 주옵소서. 주님의 음성을 단번에 듣도록 제 마음을 변화시켜 주옵소서. 아멘.

잠언 11장 14절; 24장 5-6절 **14** 지략이 없으면 백성이 망하여도 지략이 많으면 평안을 누리느니라 …… **5** 지혜 있는 자는 강하고 지식 있는 자는 힘을 더하나니 **6** 너는 전략으로 싸우라 승리는 지략이 많음에 있느니라.

● **경청**

조언을 최대한 많이 들으라. 우유부단해서는 안 되지만(약 1:8) 그래도 충동적인 사람이 너무 많다. 잠언에 따르면 결정을 내리기 전에 '다른 의견을 구하는' 정도로는 안 되며, 친한 친구 몇에게만 자문해서도 안 된다. 잠언은 우리에게 **많은 지략**을 얻으라고 명한다. 직역하면 '무수한' 조언이다.

왜 그럴까? 첫째 이유는 두엇에게만 자문하면 나와 관점이 같거나 내 편인 사람들만 택할 소지가 높기 때문이다. 그래서 오늘 본문은 "파벌 정치의 위험을 배격한다."[17] 당파심을 초월하라는 것이다. 둘째 이유는 참신한 사고를 하기 위해서다. 창의적 해법을 내놓으려면 모든 문제를 예견하고 모든 가능한 대안을 모색해야 한다. 이는 두세 사람으로는 불가능한 일이며, 그것으로는 새로운 발전 방식을 기획하기 어렵다. 예수님은 혼자서 가져오신 구원 계획으로도 자유주의 사두개인과 보수 바리새인을 양쪽 다 충격에 빠뜨리셨다(막 3:6 참조). 그러나 우리는 **많은** 조언이 없이는 지혜로워질 수 없다.

당신은 견해와 배경이 다양한 사람으로부터 두루 조언을 듣는 편인가?

오늘의 마중물 기도. 주님, 저는 마트에서 물건이 어디에 있는지를 묻는 일도 주저합니다. 그런데 성부와 성자와 성령은 하나님이신데도 함께 의논하십니다. 저를 상담해 줄 만한 친구를 주시고, 겸손히 그들의 말을 듣게 하옵소서. 아멘.

잠언 27장 22절 미련한 자를 곡물과 함께 절구에 넣고 공이로 찧을지라도 그의 미련은 벗겨지지 아니하느니라.

● 경청

고난에서 배우라. 지혜는 남의 조언을 들을 뿐 아니라 경험을 통한 삶 자체의 말도 듣는다. 고난은 우리를 성장시킬 수 있다(히 12:7-11). 자만심을 깨뜨리고, 공감 능력을 키워 주고, 자신의 약점을 깨닫게 하고, 회복력을 길러 주고, 하나님을 더 의지하게 한다. 하지만 저절로 되는 일은 아니다. 어떤 사람은 가루처럼 **빻아져도** 아무것도 배우지 못한다. **곡물을 공이로 찧는다**는 것은 이루 말할 수 없는 고통의 은유다.

역경을 거치며 하나님의 사랑 속에 더 깊이 잠기는 사람이 있는가 하면 사랑의 하나님이 존재할 수 없다고 결론짓는 사람도 있다. 어디서 오는 차이일까? 미련함의 정수는 '스스로 지혜롭게 여김'에 있다. 고난당하는 사람이 자칫 빠지기 쉬운 유혹이 있다. 내가 모른다는 이유만으로 이 고난에 하나님의 선한 목적이 있을 수 없다고 단정하는 일이다. 나보다 무한히 지혜롭고 사랑이 많으신 하나님을 상상할 수 없다면, 그분을 신뢰하며 은혜 가운데 성장할 수 없다. 하나님의 성품을 신뢰하는 게 지혜의 기본 중의 기본이다. 그분은 예수 그리스도로 오셔서 우리를 위해 고난당하고 죽으셨으며, 우리의 궁극적 기쁨에 필요한 것이라면 그 무엇도 아끼지 않으신다.

─────

살아오면서 겪었던 큰 시련이나 고난을 떠올려 보라. 무엇을 배웠는가? 이를 통해 어떻게 성장했는가?

오늘의 마중물 기도. 주님, 힘들 때면 저는 폭풍이 지나갈 때까지 그냥 이를 악물고 악착같이 버팁니다. 하지만 그렇게 해서는 주님께 배울 수 없습니다. 다음 번에는 저를 진정한 기도로 이끌어 주옵소서. 그래서 마침내 주님의 임재와 사랑이 제 마음속에서 새로운 차원에 도달하게 하옵소서. 아멘.

07 / 21

잠언 29장 1절 자주 책망을 받으면서도 목이 곧은 사람은 갑자기 패망을 당하고 피하지 못하리라.

● 경청

너무 늦기 전에. 목이 곧은 소나 말은 주인이 시키는 대로 목을 굽히지 않으므로 쓸모가 없다. 오히려 위험해서 **패망**을 당할(처분됨) 수도 있다. 스스로 지혜롭게 여겨 하나님의 말씀과 통치에 저항하는 사람에게 이 은유가 적용된다. 이런 사람에게 희망이 있을까?

구원은 우리의 선행과 행위에 달려 있지 않고 믿음과 회개로 이루어진다(롬 3:28). 그런 의미에서 누구나 언제든지 하나님께로 돌아올 수 있다(사 45:22). "참으로 회개하는 사람에게 저주를 부를 만큼 큰 죄란 없다."[18] 그러나 인간이 영적으로 궤도를 이탈하다 보면 결국 너무 완악해져 진정한 회개가 불가능해질 수 있다(28:14). 하나님의 문은 항상 열려 있어 우리의 통회를 들으시지만 우리 쪽에서 회개할 기회의 창은 닫힐 수 있다.[19] 혹시 회개할 마음이 들거든 즉각 반응해야 한다. 내 마음대로 언제 어디서든 회개할 수 있다고 교만하게 단정해서는 안 된다(딤후 2:25). 회개할 마음을 주시는데도 회개하지 않는다면 **목이 곧은 사람**이다.

영적으로 성장할 기회의 창이 열렸는데 이를 무시했다가 닫힌 것 같은 경험이 있는가? 이 질문에 마음이 찔린다면 지금이야말로 새로운 변화의 기회가 아니겠는가?

오늘의 마중물 기도. 아버지, 회개에 능하게 하옵소서. 제 허물을 빨리 인정하게 하옵소서. 투덜대거나 변명하거나 억울해하지 않고 속히 회개하게 하옵소서. 회개야말로 슬픔을 지나 더 큰 기쁨에 이르는 길임을 알게 하옵소서. 아멘.

07/22

잠언 17장 4절; 21장 28절 4 악을 행하는 자는 사악한 입술이 하는 말을 잘 듣고 거짓말을 하는 자는 악한 혀가 하는 말에 귀를 기울이느니라 …… 28 거짓 증인은 패망하려니와 확실히 들은 사람의 말은 힘이 있느니라.

● 경청

듣지 말아야 할 말. 거짓말쟁이일수록 **사악한 입술이 하는 말을** 덥석 잘 듣는다. 스스로 똑똑한 줄로 아는 사람을 속이기란 쉽다. 마음이 교만하고 남을 시기하는 사람은 자신의 허물과 은밀한 죄를 정당화하려 든다. 우선 이는 걸핏하면 자신에게 아첨하며 불쾌한 사실을 숨기는 거짓말에 속아 넘어간다는 뜻이다. 또 험담이나 악평을 너무 잘 믿어 속기 쉽다는 뜻이기도 하다. 자신부터가 남을 최악으로 생각하기 때문이다. 거짓말하는 사람이나 거짓말을 듣는 사람이나 결국 똑같이 **패망**한다. 거짓말쟁이는 들통 나게 마련이고, 행동과 방침의 기초를 거짓말에 두는 사람은 재앙을 면할 수 없다.

잘 듣는 사람의 말만이 경청할 가치가 있다(21:28). 예수님은 고난당하는 종으로서 아버지의 말씀을 온전히 들으셨고, 그래서 우리에게 진리를 온전히 말씀하신다(사 50:4-5). 우리도 그분처럼 되어야 하는데, 그러려면 그분과 함께 시간을 보내야만 한다. 예배와 기도로 그분과 함께 시간을 보내면 우리도 담대히 잘 말할 수 있으며, 다른 사람들도 우리가 그분과 동행하는 사람임을 알 수밖에 없다(행 4:13).

———

잘 속는 편인가? 자신의 선입견에 일치하는 말을 너무 덥석 믿는가? 아니면 반대로 너무 의심이 많아 남의 말을 믿지 않으려고만 드는가?

오늘의 마중물 기도. 주님, 저를 정당화시켜 준다는 이유로 제가 믿고 싶은 말이 수없이 많습니다. 예수님, 날마다 주님의 의롭게 해 주심에 기대어 살게 하옵소서. 그래야 진실을 잘 분별할 수 있습니다. 아멘.

잠언 26장 3절 말에게는 채찍이요 나귀에게는 재갈이요 미련한 자의 등에는 막대기니라.

● 경청

노새가 되지 말라. 짐승은 당근과 **채찍**으로 길들여진다. 미련한 사람을 다룰 때도 똑같은 방식으로만 가능하다. 시편 32편 9절에 "너희는 무지한 말이나 노새같이 되지 말지어다 그것들은 재갈과 굴레로 단속하지 아니하면 너희에게 가까이 가지 아니하리로다"라는 권고가 나온다. 대신 주님은 우리에게 "내가 너를 주목하여 훈계하리로다"(시 32:8)라고 말씀하신다.

양쪽이 대조적이다. 전자는 어쩔 수 없이 하나님께 순종하지만, 후자는 하나님을 인격적으로 알며 그분의 자애로운 주목을 사모한다. 키드너는 시편 32편 8-9절을 주해하며 "매를 자초하는 사람은 그분의 주목을 무시하기로 작정했다"라고 썼다.[20] 물론 하나님이 중간에 어려운 환경으로 우리의 안일이나 어리석음을 깨우쳐 주셔야 할 때도 있다. 그러나 우리는 최대한 빨리 기도와 말씀을 통해 그분과의 교제로 돌아가야 한다. 인생의 시련보다 하나님을 길잡이로 삼으라.

─────

하나님의 말씀에서 배울 수 있고 배웠어야 하는 교훈을 인생의 시련을 통해 배운 적이 있는가?

오늘의 마중물 기도. 아버지, 이것이야말로 제가 주님께 짓는 최악의 죄가 아닌지요. 저는 자원해서 순종하지 않고 마지못해 합니다. 죄가 제 사랑하는 하나님을 슬프시게 하기 때문에 회개하는 게 아니라 죄의 대가가 무서워서 회개합니다. 저를 위해 고난당하신 예수님의 사랑을 다시금 보여 주옵소서. 나귀처럼 순종하는 게 아니라 감사하고 기뻐서 순종하게 하옵소서. 아멘.

잠언 20장 30절 상하게 때리는 것이 악을 없이하나니 매는 사람 속에 깊이 들어가느니라.

● 경청

치유하는 채찍. 하나님으로 하여금 고난으로만 우리를 빚으시도록 해서는 안 된다.[7월 23일] 하지만 그럼에도 진정한 성장은 **상하게 때리는** 삶의 난관이 없이는 여간해서 드물다. 탄탄대로만 걸어온 사람은 대개 피상적이며 남에게 공감할 줄 모른다. 또 자신의 인내와 끈기와 힘을 턱없이 과대평가하기 일쑤다.

오늘 본문에 지적되어 있듯이 겉몸을 훈련하면 **속**이 강해질 수 있다. 기초 훈련으로 다져지는 내공에 대해서는 군대가 좋은 증거다. 그러나 성경 전체의 맥락에서 볼 때 여기에는 더 큰 원리가 내포되어 있다. 바울은 말하기를 자신의 겉모습은 고난과 고생과 노화와 질병을 통해 낡아지나 속사람은 날로 새로워진다고 했다. "우리가 잠시 받는 환난의 경한 것이 지극히 크고 영원한 영광의 중한 것을 우리에게 이루게 함이니"(고후 4:16-17).

그러나 결국 우리를 정화시키는 것은 우리의 상처가 아니라 예수님의 상처다. 그분이 상하시고 채찍에 맞으심으로 우리는 나음을 입는다.[21] 그분이 우리를 위해 고난당하셨기에 우리는 환난 중에 그분을 신뢰할 수 있다. 그분을 신뢰하면 고난을 통해 그분을 닮아 갈 수 있다.

———

고난 덕분에 예수님께로 떠밀렸던 때를 떠올려 보라. 당신의 삶에 역사하시는 그분께 오늘 중으로 시간을 내서 감사를 드리라.

오늘의 마중물 기도. 주님, 세상 모든 종교의 하고많은 '신' 중에 오직 예수 그리스도께만 이렇게 고백할 수 있습니다. "하나님의 상처만이 우리의 상처에 답이 되오니 그 어떤 신도 상처가 없으나 주님만이 상처를 입으셨습니다."[22] 저를 위해 상하신 주님을 보면 저도 제 상처를 참고 견딜 수 있습니다. 아멘.

잠언 14장 21절　이웃을 업신여기는 자는 죄를 범하는 자요 빈곤한 자를 불쌍히 여기는 자는 복이 있는 자니라.

● 갈등

우월감 물리치기.　인간관계는 늘 무너진다. 집처럼 인간관계도 수시로 큰 복구는 물론 작은 보수와 수리가 필요하다. 지혜로운 사람은 두 가지를 모두 시행할 기술이 있다. 주변 사람을 업신여기려는 본능적 성향 즉 우월감을 물리치는 일도 작은 보수에 해당한다. 오늘 본문에서 보듯이 사람들이 **빈곤한 자를 불쌍히** 여기지 않는 데는 그런 이유도 있다. 우월감의 파급 효과는 엄청나다. 비교하고 남을 깎아내려서 자신을 정당화하려는 이 본능적 충동을 물리치지 않는한, 우리의 관계는 통상적 기복과 반전을 견뎌 내지 못한다. 어떻게 하면 그런 결과를 면할 수 있을까?

다음 사실을 묵상하라. 우선 믿음이 있는 우리는 지극히 거룩해져야 마땅하지만, 고질적인 죄 때문에 결코 그 수준까지 이를 수 없다. 반면 믿지 않는 사람은한없이 악해지는 게 당연하지만, 피조물을 향한 하나님의 은혜 때문에 결코 거기까지 가지 않는다. 그러니 흠투성이인 사람에게도 우리가 배울 게 있음을 잊지 말라. 하나님은 그런 사람을 통해서도 뜻을 이루실 수 있다.

———

가장 최근에 마음속으로 이웃을 업신여긴 적은 언제인가? 자신의 그런 모습을 알아차리고 즉각 회개하는 법을 배우는 건 중요한 영적 훈련이다.

오늘의 마중물 기도.　주님, 저는 사람을 만날 때마다 본능적으로 흠을 찾거나 흠이 있는 자로 여겨서 우월감을 느끼려 합니다. 이는 각각 자기보다 남을 낮게 여기라는 주님의 명령에 어긋나는 중죄입니다(빌 2:3). 제 모습이 주님과 너무도 다릅니다. 회개하오니 주님의 형상대로 변화시켜 주옵소서. 아멘.

잠언 16장 2절 사람의 행위가 자기 보기에는 모두 깨끗하여도 여호와는 심령을 감찰하시느니라.

● 갈등

건강한 자기비판. 남에게 우월감을 느끼려는 본능적 성향을 물리치려면[7월 25일] 자기비판도 필요하다. 우리 **심령이 자기 보기에는** 죄나 흠이 없이 **깨끗해도** 주님은 훤히 다 아신다. "제자는 하나님의 계시된 기준에 비춰 자신의 동기와 행실을 평가해야 하며, 스스로의 평가를 절대화해서는 안 된다."[23] 욥을 향한 사탄의 비난을 기억하는 것도 한 방법이다. 사탄은 욥이 하나님을 그분 자체로 사랑한 게 아니며 그분께 받는 혜택 때문에 순종한다고 했다(욥 1:8-10). 이는 의미심장한 비판으로 우리에게도 일부분은 늘 해당한다.

자신의 죄를 새롭게 보는 그리스도인은 그리스도 안에서 자신이 얼마나 의롭고 온전히 사랑받는 존재인지도 더 깊이 깨달을 수 있다(빌 3:9). 즉 죄의 자각은 우리를 더 겸손하게 할 뿐 아니라 감사와 기쁨도 배가시킬 수 있다. 불순한 동기를 깨닫고 겸손해지면 감히 자신의 상태를 과신할 수 없을 뿐더러 아무리 분쟁 상대라도 매몰차게 비난할 수 없다.[8월 1일]

━━━━━

선행조차도 많은 불순한 동기로 하고 있는 자신을 본 적이 있는가? 이를 알면 다른 사람을 대할 때 얼마나 더 너그러워지겠는가?

오늘의 마중물 기도. 주님, 제 마음은 끊임없이 저를 죄로 몰아갑니다. 그런데 저는 영적으로 무력해 주님의 초자연적 도움이 없이는 털끝만큼도 달라질 수 없습니다. 상대가 누구든 제가 어떻게 우월감을 품을 수 있단 말입니까? 사람을 만날 때마다 그 사실을 기억하게 하옵소서. 저를 향한 주님의 놀라운 사랑도 일깨워 주옵소서. 아멘.

잠언 29장 9절[NIV]　지혜로운 자와 미련한 자가 다투면 미련한 자가 노하고 비웃어서 그 다툼은 그침이 없느니라.

● 갈등

바른 태도를 고수하라. **미련한 자**는 노해서 고함을 지른다. 설명하거나 논증하지 않고 상대를 조롱하며 비웃는다. 고함치고 비웃는 사람은 설득하거나 관계를 개선하려 하지 않는다. 그저 '진지를 굳힐' 뿐이다. 즉 이미 견해가 같은 부류에게 설교를 늘어놓아 그들의 기존 관점과 편견을 고착시킨다. 이것이야말로 오늘날 공공 담론의 주된 형태다.

오늘의 잠언은 매우 현실적이다. 우리도 때로 이렇게 화내는 사람을 상대하기 마련이다. 그때는 길고 고통스러운 과정을 예상해야 한다. 그러나 그 과정에 들어설 때도 우리는 바른 태도를 고수해야 한다. 예컨대 고함치는 사람을 업신여기지 말고 ^{7월 25일} 늘 인간으로서 존중해야 한다. ^{5월 10일} 상대가 나를 설득하기보다 악마 취급하며 따돌리려 해도 나는 그를 똑같이 대해서는 안 된다. 신약의 지침대로 우리는 힘닿는 한 주변 사람과 화목하게 지내야 한다(롬 12:18). 고함치고 비웃는 사람을 대할 때도 마찬가지다.

당신은 화가 나면 고함을 지르는 편인가? 고함치는 소리나 공격적인 성향의 글을 읽으면 덩달아 속이 후련한가?

오늘의 마중물 기도. 주 예수님, 주님은 적들에게 지혜롭게 대답하시면서도 한결같이 인내하셨습니다. 하지만 저는 비판자에게 경멸당하면 더 세게 되갚아 주고 싶어집니다. 제가 닮고 싶은 대상은 그들이 아니라 주님입니다. 제 마음을 온유하게 변화시켜 주옵소서. 아멘.

잠언 26장 17절   길로 지나가다가 자기와 상관없는 다툼을 간섭하는 자는
개의 귀를 잡는 자와 같으니라.

● 갈등

주제넘게 참견하지 말라. 두 사람이 서로 분쟁 중이면 주변 사람까지 엉망진
창이 될 수 있다. 어느 한쪽을 편들려는 유혹이 강하게 든다. 더 잘 아는 사람
쪽을 지지하지 않기도 어렵거니와 그 사람도 내게 상처를 털어놓을 때 대개 갈
등 상대를 비방한다. 그 결과 불화가 일파만파로 번진다. 친구의 적은 다 내 적
이 되고, 친구의 적의 친구도 마찬가지다. 이런 난장판은 다반사다.

개의 귀를 잡으면 개에게 물린다. 내 문제가 아닌 제삼자의 일로 남과 다투면
해결 방도가 없다. 지혜로운 사람은 판단을 보류한 채(어차피 모든 사실을 다 알 수는
없기에) 양쪽 모두에게 화해를 권한다. 나아가 지혜로운 사람은 **자기와 상관없
는 다툼** 즉 "자기 일이 아닌 분쟁을 피해야 한다."[24]

───────

두 개인의 갈등으로 모임 전체가 분열된 예를 본 적이 마지막으로 언제인가? 당
신도 그 일에 말려들었는가?

오늘의 마중물 기도. 주 예수님, 요즘은 첨단 기기 때문에 자기와 상관없는 다
툼에 말려들기가 참 쉽습니다. 하지만 주님은 사명에 중대한 분쟁이 아니면 "재
판장이나 물건 나누는 자"(눅 12:14)가 되기를 마다하셨습니다. 제게 겸손하고 올
곧은 마음을 주셔서 어느 한쪽을 편들거나 혀의 들불에 기름을 끼얹지 않게 하
옵소서. 아멘.

잠언 26장 18-19절 18 횃불을 던지며 화살을 쏘아서 사람을 죽이는 미친 사람이 있나니 19 자기의 이웃을 속이고 말하기를 내가 희롱[농담]하였노라 하는 자도 그러하니라.

• 갈등

농담을 조심하라. 관계를 보수하는 기술을 7월 25일부터 쭉 살펴보고 있다. 관계를 잘 회복한 상태로 유지하려면 꼭 필요한 조치들인데, 오늘의 잠언에도 하나가 더 나온다. 잠언은 유머를 사용할 때 신중할 것을 조언한다.

농담은 자칫 선을 넘어 잔인해질 위험이 크다. 유머는 대개 즉흥적이다. 따라서 방금 떠오른 재미있는 생각을 표현해야 할지 여부를 순간적으로 판단해야 한다. 나중에 상처를 보면서 "어, 죄송합니다! 그런 뜻이 아니었는데……"라고 말하면 너무 늦다. 유머는 문화마다 달라서, 같은 유머라도 때나 장소나 상황에 따라 무난하기도 하고 상처나 분노를 유발하기도 한다. 대체로 남보다 자신을 유머의 소재로 삼는 게 지혜롭다. 그러면 결례를 범할 소지가 줄어든다. 하지만 자기를 비하하는 농담조차도 좌중을 불편하게 할 수 있다. 유머에는 각별한 주의가 필요하다.

당신이나 다른 사람의 농담이 역효과를 내는 것을 가장 최근에 경험하거나 본 적이 언제인가? 그 유머가 의도한 효과를 얻지 못한 이유는 무엇인가?

오늘의 마중물 기도. 주님, 저는 생각 없는 말의 칼로 남을 벤 괴로운 기억이 적지 않습니다. 주님은 말씀하실 때나 사람의 마음을 대하실 때나 신중하기가 심히 절묘하십니다. 저도 말할 때마다 모든 인간 영혼의 무한한 가치를 기억하게 도와주옵소서. 아멘.

잠언 17장 19절; 26장 20-21절 19 다툼을 좋아하는 자는 죄과를 좋아하는 자요 자기 문을 높이는 자는 파괴를 구하는 자니라 …… 20 나무가 다하면 불이 꺼지고 말쟁이가 없어지면 다툼이 쉬느니라 21 숯불 위에 숯을 더하는 것과 타는 불에 나무를 더하는 것같이 다툼을 좋아하는 자는 시비를 일으키느니라.

● 갈등

다툼을 좋아하지 말라. 논쟁을 즐기는 사람이 있다. 진정한 지적 호기심에서 비롯된 것일 수도 있다. 소크라테스의 대화법이 그런 예다. 그러나 17장 본문에 직설적으로 말했듯이 **다툼을 좋아하는 것**은 곧 죄를 좋아하는 것과 같다. 26장 본문도 다툼을 좋아하는 사람이 존재하면 공동체가 결코 평화로울 수 없다고 확언하고 있다.

어떤 사람이 논쟁을 일삼는 이유는 다툴 만한 가치가 있는 본질적 진리와 부수적이거나 비본질적인 사안을 구분할 줄 모르기 때문이다. 어떤 사람은 교만해 자신의 잘못을 인정하기 힘들어서 잘 다툰다. 체면을 살려야 하므로 순순히 미안하다는 말을 할 수 없다. 그런가 하면 그냥 짜증을 잘 내고 충동을 통제할 줄 몰라 번번이 신랄한 말로 상황을 악화시키는 사람도 있다. 17장 본문에 보면 **다툼을 좋아하는 자**는 지위를 추구하는 자와 같다. 저택에 사는 것처럼 보이려고 **문을 높이는** 사람이다. 아마도 논쟁을 즐기는 주된 이유는 자신이 옳다고 입증될 때 진리보다는 권력이 행사되기 때문일 수 있다. "다투지도 아니하며 들레지도 아니하시는" 그분을 바라보라(마 12:19).

당신은 다투기를 좋아하는가? 논쟁을 일삼는 몇 가지 이유를 위에 제시했는데 그중 당신에게 해당되는 게 있다면 무엇인가? 어떻게 달라질 수 있겠는가?

오늘의 마중물 기도. 주님, 저는 이길 수 있겠다 싶으면 논쟁을 즐기지만 지게 생겼으면 논쟁을 질색합니다. 진리를 위해서는 용감하지 않고 저를 위해서만 용감한 저를 불쌍히 여겨 주옵소서. 주님의 선의와 온유한 심령을 제 안에도 빚어 주셔서 '다툼을 좋아하지' 않게 하옵소서. 아멘.

잠언 22장 10절   거만한 자를 쫓아내면 다툼이 쉬고 싸움과 수욕이 그치느니라.

● 갈등

모욕하기를 즐기지 말라.   **거만한 자**의 냉소는 세련된 것처럼 보이기 때문에 거만한 자는 《피노키오》의 램프윅이나 영화 〈퀸카로 살아남는 법〉의 레지나처럼 대개 우두머리가 된다. 그가 주로 하는 건 **수욕**이다. 즉 대개 재미있고 기발한 말로 남을 모욕하고 깎아내린다. 모욕은 말로 그리는 만화와 같다. 만화가는 인물의 어느 일면을 과장해 우스꽝스러워 보이게 만든다. 모욕도 사람의 외모나 성격의 일면을 과장하거나 비틀어서 바보처럼 보이게 만든다.

물론 겸손과 사랑도 남의 잘못을 지적하는 동기가 될 수 있다. 지적해 주는 게 상대에게 최선이라면 말이다. 그러나 모욕은 스스로 지혜롭게 여기는 교만의 산물이다. 걸핏하면 남을 모욕하는 사람은 늘 관계를 허물어 버린다. 오늘 본문 말씀에 특효약이 처방되어 있다. 사랑의 관계를 가꾸고 중시하는 공동체가 모욕의 주체에게 고치든지 아니면 떠나든지(**거만한 자를 쫓아내면**) 양자택일을 요구해야 한다. 거만한 자의 심령을 낮추고 치유하려면 다음 사실을 기억하라. 우리가 당해 마땅한 모욕과 저주가 이미 예수님께 임했다(롬 15:3).

당신은 남을 깎아내리는 재치 있는 말을 좋아하는가? 직접 그런 말을 건네는가? 당신의 공동체 안에나 가까운 사람 중에 이런 잘못을 지적받아야 할 사람이 있는가?

오늘의 마중물 기도.   주 예수님, 남을 기발하게 깎아내리는 말을 들으면 저도 어느새 속으로 웃으며 그 대상을 멸시합니다. 조롱하고 비웃을 권리가 있는 분이 있다면 바로 주님이십니다. 그런데 주님은 그러지 않으셨습니다. 제 교만을 불살라 주셔서 주님을 닮게 하옵소서. 아멘.

잠언 16장 2절   사람의 행위가 자기 보기에는 모두 깨끗하여도 여호와는 심령을 감찰하시느니라.

● 갈등

동기를 예단하지 말라.   앞서 살펴본 잠언이지만 미처 다루지 못한 의미가 함축되어 있다. **심령**을 참으로 평가하실 수 있는 분은 하나님뿐이시므로 우리는 자신이 다른 사람의 동기를 완전히 판단할 수 있다고 생각해서는 안 된다. 마태복음 7장 1절은 남을 "비판"하는 일을 단죄한다. 그러나 남을 평가하지 말아야 한다는 뜻은 아니다. 여기서 비판이란 (단지 사람의 일면을 비평하는 게 아니라) 사람 자체를 최종적으로 정죄한다는 뜻이다. 그러려면 심령의 동기를 완전히 알아야 하는데 이는 하나님만 하실 수 있는 일이다.

고린도전서 13장 7절에 사랑은 모든 것을 믿으며 모든 것을 바란다고 했다. 어수룩해지라는 말은 아니지만 늘 습관적으로 남을 의심해서는 안 된다는 뜻임은 분명하다. 심중을 제대로 들여다볼 줄도 모르면서 섣불리 남의 행동의 동기를 시기나 교만이나 적의나 탐욕으로 돌려서도 안 된다.[25] 잘못된 행동을 지적하는 거야 옳지만 거기서 선을 넘어 남의 속뜻까지 훤히 아는 양 행세한다면, 단순한 이견이 위험한 분쟁으로 비화된다. 하나님만이 **심령을 감찰**하실 수 있다(롬 2:16).

───────

남의 동기를 헤아릴 때 적절히 자제하는가? 당신이 다른 사람의 동기를 심히 오해했던 적을 떠올려 보라.

오늘의 마중물 기도.   주님, 비판받아 마땅한 제 마음이 자꾸 남을 비판하려 들다니 참 어이가 없습니다. 주님만이 모든 심령의 심판자이자 왕이십니다. 제게 어수룩하고 순진한 마음이 아니라 은혜로운 마음을 주셔서 일단 상대의 입장에서서 생각해 보게 하옵소서. 아멘.

잠언 24장 29절 너는 그가 내게 행함같이 나도 그에게 행하여 그가 행한 대로 그 사람에게 갚겠다 말하지 말지니라.

● 갈등

관계가 깨졌을 때. 관계가 깨질 때 어떻게 해야 할까? 첫째로 할 일은 용서다. 오늘 본문은 원한의 심리 구조를 보여 준다. 우리는 속으로 **'그가 내게 행함같이 나도 그에게 행하겠다'**라고 말한다. 하지만 잠언은 그렇게 말하지 말라고, 즉 그런 생각을 애써 떨치라고 명한다. 왜 그럴까? 복수욕은 항상 부메랑으로 돌아온다. 가인은 자신의 악한 원한에 지배당했다(창 4:6-7). 누가 나를 해치면 우리는 우선 그 사람이 불행해지기를 바란다. 그러다 점차 말과 행동으로 그와 그의 주변 사람을 해칠 수도 있다. 그러면 어떻게 될까? 내게 가해진 악이 내 속을 장악해 지배한다. 영화 〈라스트 모히칸〉의 호크아이는 원한에 찬 마구아에 대해 이렇게 말한다. "마구아는 마음이 비뚤어져 있다. 자기를 비뚤어지게 만든 그것처럼 자기도 똑같이 될 것이다."[26]

용서하려면 가해자에게 복수하지 말아야 한다. 복수는 우리 소관이 아니라 하나님의 소관이다(롬 12:19). 예수님은 그분께 무한한 빚을 진 우리를 용서하려고 죽으셨다. 그런데 어찌 우리가 우리에게 유한한 빚을 진 가해자를 용서하지 않을 수 있겠는가?(마 18:21-35)

남에 대한 원한을 버리지 못해 오히려 자신의 삶이 악영향을 입은 사례가 주변에 있는가? 당신의 삶에는 원한이 어떤 영향을 미쳤는가?

오늘의 마중물 기도. 주님, 특정한 사람과 특정한 부류에 대한 제 원한이 자꾸만 짜증과 거친 말이 되어 튀어나옵니다. 저는 주님께 용서받은 대로 남을 용서하지 못합니다. 용서하지 못하는 저를 용서해 주옵소서! 십자가에서 죽으신 주님의 사랑을 보며 제 분노가 녹아 없어지게 하옵소서. 아멘.

08/03

잠언 24장 29절　너는 그가 내게 행함같이 나도 그에게 행하여 그가 행한 대로 그 사람에게 갚겠다 말하지 말지니라.

● 갈등

용서하려면.　피해를 입으면 그대로 갚고 싶어진다. 그러나 용서란 되갚지 않고 오히려 그 대가를 자신이 감당하겠다는 다짐이다. 어떻게 하면 될까? 첫째, 용서는 상대에게 피해를 입히지 않는다. 은근히 앙갚음하지 않도록 조심하라. 지난 일을 자꾸 끄집어내지 말라. 받을 빚이 있다는 심리로 상대에게 요구를 일삼거나 그를 지배하려 들지도 말라. 상대를 회피하거나 쌀쌀맞게 대해서도 안 된다. 둘째, 용서는 남 앞에서 상대를 깎아내리지 않는다. 남에게 '경고한다'거나 심리적 지지를 얻는다는 미명하에 풍자나 암시나 험담이나 노골적 비방 따위로 상대를 공공연히 비하하지 말라. 끝으로, 용서는 피해 입은 기억을 머릿속에 자꾸 떠올리지 않는다. 상실감과 상처를 절절하게 남겨 두며 가해자를 향한 적대감을 애써 유지하지 말라. 자기만 고상한 척하지 말라. 죄의 대가를 내 쪽에서 감당하면 우리도 주님의 발자취를 따르는 것이다(골 3:13).

———

당신에게 잘못한 사람을 떠올려 보라. 그 사람을 용서하기 위해 위에 열거한 대가를 당신 쪽에서 치렀는가?

오늘의 마중물 기도.　주님, 제 용서는 아주 얄팍합니다. 노골적인 복수는 삼가지만 속이 부글부글 끓습니다. 분노와 자기 연민을 물리치고, 저 또한 용서받은 죄인임을 기억하며, 상대를 위해 진심으로 기도해야 하지요. 그러려면 피눈물 흘리는 노력이 필요합니다. 그래도 저를 위해 엄청난 대가를 치르신 주님의 사랑을 기억하며 저 또한 대가를 감당하기로 다짐하오니, 주님, 도와주옵소서. 아멘.

잠언 17장 9절 허물을 덮어 주는 자는 사랑을 구하는 자요 그것을 거듭 말하는 자는 친한 벗을 이간하는 자니라.

● 갈등

사랑을 구하라. 관계가 깨지면 용서해야 한다. **허물을 거듭 말**해서 되갚아서는 안 된다. 단지 복수를 삼가는 데서 그칠 일이 아니라 **사랑**을 구해야 한다. 원수만 아니면 되는 게 아니라 여전히 **벗**으로 남는 게 목표다. 어떻게 하면 될까? 관계를 회복하려면 상대의 가해 사실을 상대에게 알려야 한다(눅 17:3-4). 계속 내게 죄를 짓게 두는 건 결코 사랑이 아니다. 이 문제로 대화하지 않고는 관계가 개선될 수 없다. 알고 보면 나도 상대에게 원망 들을 만한 일이 있을 수 있다(마 5:24). 이 부분에 대해서는 8월 5일자 묵상에서 살펴볼 것이다.

성경의 조언은 우리의 통상적 반응과는 거의 정반대다. 피해를 입으면 우리는 속으로는 원한에 불타면서 아무 말도 하지 않는다. 그러나 사실 우리는 속으로 용서하되 진실을 말하도록 부름받았다. 깊이 용서해야만 내가 표현하는 진실에 원한이 서리지 않고, 상대 쪽에서도 듣기에 힘들지 않다. 용서해야만 나의 책망이 나를 위한 것이 아니라 하나님과 상대를 위한 것이 된다.

───────

한때 친구였으나 지금은 '원수가 아닌' 정도에 그친 대상이 있는가? 당신이 취할 수 있는 조치는 무엇인가?

오늘의 마중물 기도. 아버지, 주님은 죽은 것도 살리십니다. 친척 간에든 친구 사이든 제 어떤 관계는 사실상 죽어 있습니다. 구하오니 주님이 새로 살려 주옵소서. 제 안에서부터 부활이 시작되게 하옵소서. 주님의 사랑이 제 마음속에 새롭게 느껴져 여전히 남아 있는 완고한 마음이 싹 녹아지게 하옵소서. 아멘.

잠언 17장 9절 허물을 덮어 주는 자는 사랑을 구하는 자요 그것을 거듭 말하는 자는 친한 벗을 이간하는 자니라.

● 갈등

화해하려면. 관계의 회복이 필요하다는 몇 가지 징후가 있다. 서로를 피하기 시작할 때 그렇다. 유난히 형식적으로 대할 때도 그렇다. 같은 말도 그 사람이 하면 남이 할 때보다 더 짜증이 난다면 그때도 마찬가지다.

관계를 회복해서 형제나 자매를 얻으려면 어떻게 해야 할까?(마 18:15) 첫째, 언제나 내 쪽에서 먼저 다가가야 한다(마 5:24; 18:15). 둘째, 우선 이 문제에 내가 한 몫한 부분을 인정하라. 이어 상대에게 힘든 부분이 있다면 이야기해 달라고 청하라. 어떤 비판이든 존중하며 들으라. 서둘러 자신을 변호하거나 해명하지 말라. 거기까지 다 끝나거든 용서를 구하고, 해당 사건에 대해 도움이 될 만한 설명(변명이 아니라)을 덧붙이라. 셋째, 필요하다면 상대가 내게 잘못했다고 여겨지는 점을 그에게 온유하게 말해 주라(마 18:15-19). 내가 잘못 알고 있다면 바로잡아 달라고 청하라. 상대도 본인의 잘못을 시인하거든, 그 일을 기꺼이 잊겠다고 말하라. 앞으로 조심하고 노력해야 할 점을 부드럽게 제안하라.

이런 과정을 시도하는 사람을 본 적이 있는가? 효과가 있었는가? 왜 그런 결과가 나왔는가?

오늘의 마중물 기도. 주님, 제가 어떤 사람과 한동안 갈등 관계에 있다가 지금은 서로 냉랭합니다. 우리에게 서서히 신뢰를 다시 쌓을 용기와 묘안을 주셔서 친구로 남게 하옵소서. 주님은 친구들에게 배반당하시고도 그들을 끝까지 사랑하셨습니다. 저를 도와주옵소서. 아멘.

잠언 25장 15절　오래 참으면 관원도 설득할 수 있나니 부드러운 혀는 뼈를 꺾느니라.

● 갈등

부드러운 끈기. "유순한 대답"은 격한 불화를 금방 누그러뜨릴 수 있다(15:1). 유순한 말이 언뜻 보기에는 마치 불량배에게 항복하듯 고분고분 비위를 맞춘다는 뜻처럼 보일 수 있다. 그러나 오늘 본문을 보면 전혀 그렇지 않다. **뼈를 꺾는다**는 은유에는 이런 의미가 있다. 즉 어떤 개념에 대한 완고한 저항을 무너뜨리는 데는 **부드러운 혀**가 공격적인 말보다 낫다. 예리하게 논리를 전개하면서도 온유하고 참을성 있고 정중하게 할 수 있다.

이 통찰은 상대가 아무리 나를 대적하거나 심지어 해를 끼쳤더라도 우선은 무조건 진심으로 용서해야 한다는 신약의 권고와도 잘 맞아든다. 논쟁할 때는 멸시와 능욕(18:3)의 어조를 띠기 쉬운데, 용서하면 그것이 대폭 사그라진다. 인간은 대부분 기질상으로 직선적이고 당당하고 집요하거나, 아니면 부드럽고 침착하고 공손하거나 둘 중 하나다. 양쪽 다인 경우는 없다. 그런데 지혜로운 사람은 양쪽을 모두 배운다. 우리가 따르는 주님은 늘 당당하면서도 매정하지 않으셨고, 겸손하면서도 우유부단하지 않으셨고, 진리를 말씀하실 때도 사랑이 넘치셨다.

―――

직선적이고 집요한 쪽과 부드럽고 공손한 쪽 중에서 당신의 성향은 어느 쪽인가? 어떻게 하면 양쪽을 겸비할 수 있겠는가?

오늘의 마중물 기도. 주 예수님, 주님은 겸손과 위엄을 겸비하셨습니다. 일찍이 누구에게도 없던 자질입니다. 복음은 우리를 바닥까지 낮추면서도 왕으로서 다스리게 합니다. 우리를 주님의 형상대로 빚으셔서 온유하면서도 진리를 고수하게 하옵소서. 아멘.

잠언 17장 14절 다투는 시작은 둑에서 물이 새는 것 같은즉 싸움이 일어나기 전에 시비를 그칠 것이니라.

● 갈등

성급함은 금물. 둑이 터지면 피해를 각오해야 한다. 싸움에 돌입할 때도 뒷일을 예상해야 한다. 오늘 본문은 잠언의 원리를 보여 주는 좋은 예다. 언뜻 보면 도매금으로 넘기는 말 같기도 하다. 싸움이 나겠거든 논쟁하지 말고 무조건 **시비를 그치라**는 식으로 말이다. 그러나 책망은 대체로 지혜로운 일일 수 있으며 (15:10; 27:5-6), 압제당하는 사람을 위한 변호는 지당한 일이다(31:8-9).

그렇다면 싸움과 논쟁에 대해 잠언에서 배우는 전반적 교훈은 무엇인가? 잠언 전체에 비춰 보면 오늘 본문을 이유를 불문하고 모든 경우에 적용해야 하는 금령으로 볼 수 없다. 그럼에도 이 강경한 경고에는 논쟁이 당연한 수순이 아니라 최후의 수단이어야 한다는 뜻이 담겨 있다. 싸움에 돌입하려면 그전에 자신의 동기를 살피고, 좋은 조언을 듣고, 정의(진정 불의가 저질러졌는가)와 사랑(진실을 듣는 게 상대에게 유익하겠는가)의 문제를 둘 다 생각해 봐야 한다.

싸움을 피하기 위해 최선을 다하는가? 아니면 싸움에 잘 말려드는 편인가?

오늘의 마중물 기도. 아버지, 갈등 관계에 있을 때 어떤 사람은 너무 다짜고짜 싸우고 어떤 사람은 너무 신중합니다. 예수님은 상대를 회칠한 무덤이라 칭하실 때와 자신을 변호하지 않으실 때(막 11:33)를 아셨습니다. 제게도 언제 어떻게 해야 하는지를 아는 지혜와 그대로 행할 수 있는 절제를 주옵소서. 아멘

잠언 18장 17절 송사에서는 먼저 온 사람의 말이 바른 것 같으나 그의 상
대자가 와서 밝히느니라.

● 갈등

악평을 들었을 때. 우리는 속단하는 경향이 있다. 흔히 벌어지는 일을 오늘 본
문에서 지적한 것이다. 어느 한쪽의 진술이 편견 없는 전말인 경우는 거의 없
다. 그런데 우리는 한쪽 말만 듣고 당연한 듯 결론을 내린다. 지혜로운 사람은
그러지 않고 마음을 열어 둔다. 늘 상대 쪽에 다른 관점이 있음을 안다. 분쟁 상
대의 관점까지 충분히 대변할 수 있는 사람은 극히 드물다.
본문의 지침대로 우리는 남에 대한 고발이나 악평을 들을 때 내게 모든 정보가
있지 않음을 잊어서는 안 된다. 더 조사하지 않고는 전말을 알 수 없다. 악평 대
상에 대해 속단해 부정적 정보를 퍼뜨릴 게 아니라 혼자서만 알고 있어야 한다.
비교적 드물긴 하지만 생명의 안전이 위태로운 상황에서는 물론 예외다. 오늘
날 세상에서 이 원리는 국내외 모든 뉴스를 하나의 편향된 매체에서만 얻어서
는 안 된다는 뜻이다.

최근에 단 하나의 악평에 기초해서 속단을 내린 적이 있는가? 어떻게 하면 이런
일을 삼갈 수 있겠는가?

오늘의 마중물 기도. 주님, 주님은 모든 심령과 사건을 완전히 아시므로 주님의
계획과 지략은 흠이 없습니다. 저는 그렇지 못함을 제 의식에 깊이 각인시켜 주
옵소서. 걸핏하면 속단하는 제 버릇을 고쳐 주옵소서. 제가 그다지 지혜롭지 못
함을 생각나게 해 주셔서 신중함으로 더 지혜로워지게 하옵소서. 아멘.

잠언 25장 8-10절   8 너는 서둘러 [법정에, NIV] 나가서 다투지 말라 마침내 네가 이웃에게서 욕을 보게 될 때에 네가 어찌할 줄을 알지 못할까 두려우니라 9 너는 이웃과 다투거든 변론만 하고 남의 은밀한 일은 누설하지 말라 10 듣는 자가 너를 꾸짖을 터이요 또 네게 대한 악평이 네게서 떠나지 아니할까 두려우니라.

● 갈등

신중을 기하라.   오늘 본문의 상황은 화해해야 할 쌍방 간의 상호 불만이 아니라[8월 4-5일] 내 쪽에서 누군가의 불의를 알게 되어 당국에 고발하기로 한 경우다. 그런데 본문은 성급하게 소송하지 말라고 경고한다. 데렉 키드너는 이렇게 요약했다. "사건의 전말을 알거나 완벽하게 해석하는 사람은 여간해서 없다(25:8). 내 동기도 …… 웬만해서는 내가 내세우는 만큼 그렇게 순수하지 못하다(25:10). 서둘러 법이나 제삼자에게 호소하는 것은 대개 정작 당사자와의 관계에서 본분을 저버리는 처사다. …… 마태복음 18장 15절 하반절에 나오는 그리스도의 결정적 말씀에 주목하라."[27]

남에 대한 악평을 듣거든 더 잘 알 때까지 판단을 보류해야 한다. 행동을 요하는 일이라면 대개 우선은 당사자에게 직접 말해야 한다. 그래도 소용없거든 다른 방식으로 문제를 시정하려 하되 늘 사랑 안에서 해야 하며, 그 과정에서 다른 불의를 저지르지 않도록 만전을 기해야 한다.[28]

너무 성급히 불만을 제기했다가 결국 불의가 저질러진 상황을 당신이 경험하거나 가까운 사람에게서 본 적이 있는가?

오늘의 마중물 기도.   주님, 요즘은 자극적인 영상과 궤변이 실시간으로 퍼지고 감정이 순식간에 법정 소송으로 비화됩니다. 제가 분을 낼 때 진정시켜 주시고 제 허물을 기억하게 하옵소서. 당사자에게 직접 말하거나 아예 문제 삼지 않을 담대한 마음을 주옵소서. 아멘.

08/10

잠언 18장 18-19절 18 제비 뽑는 것은 다툼을 그치게 하여 강한 자 사이에 해결하게 하느니라 19 노엽게 한 형제와 화목하기가 견고한 성을 취하기보다 어려운즉 이러한 다툼은 산성 문빗장 같으니라.

● 갈등

교회에 말하라. 노엽게 한 형제와 화목하기는 어렵다. 화해할 희망이 있을까? 본문 18절은 다툼이 극에 달한 경우 제비뽑기를 제안한다. 구약에서는 하나님께 가부간의 응답을 받을 때 제비를 뽑았다(수 14:1-2). 그러나 이 방법이 성경에서 마지막으로 쓰인 때는 오순절 직전에 가룟 유다의 후임자를 뽑을 때였다(행 1:26). 그 후로는 하나님의 말씀에 기초해 기도하는 가운데 회의(행 15:1-29)나 선출(행 6:1-7)을 통해 결정을 내렸다.[29]

오순절 이후로는 어떻게 하나님의 뜻을 구해야 할까? 그리스도인 지도자에게 가서 사건을 의논한 뒤 그들의 결정을 받아들이는 방법이 있다(마 18:15-18). 지금은 개인주의 시대인데다 건강하지 못한 교회도 많다 보니 이런 조언이 달갑지 않을 것이다. 하지만 그럴수록 그리스도인은 존경할 만한 지도자가 있는 교회를 찾아서(히 13:7, 17) 그들의 도움으로 관계를 풀어 나갈 책임이 있다. 성령은 해결되지 않은 분쟁과 원한을 특히 슬퍼하신다(엡 4:30-32).

교회 지도자의 도움으로 분쟁을 해결하거나 관계를 회복하려 했던 예를 본 적이 있는가? 효과가 있었는가? 왜 그런 결과가 나왔는가?

오늘의 마중물 기도. 주님, 교회가 무너지고 있는 이 시대에 교회 지도자를 존경하고 복종하라는 성경의 명령은 생뚱맞아 보입니다. 사역 현장에 비리와 학대가 많습니다. 그러나 경건한 지도자가 사람들을 도와 지혜로운 길을 찾게 해줄 때는 얼마나 아름다운지요. 그런 지도자들을 일으켜 세워 교회마다 보내 주옵소서. 아멘.

Part 5.

오늘,
때와 시대를 더 깊이
알다

08/11

잠언 16장 33절; 19장 21절 33 제비는 사람이 뽑으나 모든 일을 작정하기는 여호와께 있느니라 …… 21 사람의 마음에는 많은 계획이 있어도 오직 여호와의 뜻만이 완전히 서리라.

● 인도, 계획, 결정

하나님의 인도. 그리스도인은 하나님의 인도하심을 원한다. 우리가 여러 상황에서 어떻게 결정해야 할지 도와주시기를 바라는 것이다. 그런데 오늘 본문은 그분이 이미 우리를 인도하고 계시다고 일깨워 준다. 하나님을 의지하면 그분이 능히 우리의 결정을 도우신다.

하지만 다른 의미에서 본문은 우리 인생과 역사에 대한 계획이 이미 그분께 있다고 말한다. 하나님은 전능하시고 사랑이 무한하시다. 완전한 지혜로 우리를 사랑하시고 우리 삶을 이루어 가신다. 우리의 선을 위해(롬 8:28) "모든 일을 그의 뜻의 결정대로 일하시는 이"시다(엡 1:11). 이보다 큰 위로는 없다. 누가 뭐래도 나를 향한 하나님의 뜻은 이루어진다. **여호와의 뜻만이 완전히 서리라.** 야곱이 아무리 거짓말하고 속이고 삶을 망쳤어도 그의 인생을 향한 하나님의 계획을 무산시킬 수는 없었다. 그분의 뜻대로 야곱은 메시아의 조상이 됐다. 어떤 의미에서는, 그리스도인에게 최선책이 실패할 경우를 대비한 대안(Plan B)이란 없다.

────────

하나님께 우리 인생을 향한 선한 계획이 있다는 이 진리는 매사에 지혜롭게 결정하려는 당신에게 어떻게 위로와 도움이 되는가?

오늘의 마중물 기도. 주님, 심히 제한된 제 눈에는 어떻게 보일지 몰라도 주님은 전적으로 정의롭고 공정하시며 누구에게도 잘못하신 적이 없습니다. 저로서는 가히 헤아릴 수 없지만 저를 향한 주님의 계획은 흠이 없습니다. 이 사실을 알 때에만 누릴 수 있는 깊은 자족과 평안을 제게 주옵소서. 아멘.

잠언 16장 1, 9절; 20장 24절 1 마음의 경영은 사람에게 있어도 말의 응답은 여호와께로부터 나오느니라 9 사람이 마음으로 자기의 길을 계획할지라도 그의 걸음을 인도하시는 이는 여호와시니라 …… 24 사람의 걸음은 여호와로 말미암나니 사람이 어찌 자기의 길을 알 수 있으랴.

● 인도, 계획, 결정

하나님과 인간의 협력. 현대인은 하나님이 역사를 주관해서 매사를 뜻대로 행하시거나 우리 쪽에 선택의 자유가 있거나 둘 중 하나라고 생각한다. 하지만 성경을 보면 양쪽 다 맞다. 신학에서는 이를 가리켜 "협력"(concurrence)이라 한다. 예수님이 십자가에서 죽으신 일은 확고하게 예정된 일이지만, 그분을 죽인 사람은 모두 자기 행동에 책임져야 했다(행 2:23).

마음의 경영은 우리 몫이요 우리 책임이다. 하나님은 역사를 주관하신다 해서 우리의 행동을 강요하지 않으신다. 그런데 우리의 행위는 걸음 하나하나까지도 다 그분의 계획 속에 들어 있다. 모순 같기도 하고 우리로서는 다 이해할 수 없지만, 이 원리는 지극히 실용적이다. 우리 쪽에서 주도권을 행사할 엄청난 동기로 작용한다. 즉 선택이 부실하면 고통과 고생이 뒤따른다. 그러나 설령 우리가 실패해도 인생이 완전히 파탄 나지는 않음을 잊지 말라. 하나님이 우리의 실패까지도 엮으셔서 본래의 계획을 이루신다. 20장 본문에 부연되어 있듯이 그러므로 우리는 미래가 내 소관이 아니라 해서 남들처럼 걱정할 필요가 없다. 우리 미래는 하나님의 손안에 있다.

———

당신은 성경의 이 균형 잡힌 역사관을 깨달아 알고 있는가? 아니면 필요 이상으로 염려하거나 수동적인가?

오늘의 마중물 기도. 주님, 주님은 영원하시지만 저는 시간에 매여 있습니다. 그래서 모든 세세한 역사가 주님의 계획과 주관하에 있는데도 인간의 모든 행위가 자유롭고 책임이 따르는 원리를 저는 이해하지 못합니다. 하지만 실상이 그러합니다. 불가해하고도 경이로운 이 지혜 앞에 두렵고 떨림으로 엎드립니다. 아멘.

08/13

잠언 11장 3절; 12장 5절; 14장 22절　3 정직한 자의 성실은 자기를 인도하거니와 사악한 자의 패역은 자기를 망하게 하느니라 …… 5 의인의 생각은 정직하여도 악인의 도모는 속임이니라 …… 22 악을 도모하는 자는 잘못 가는 것이 아니냐 선을 도모하는 자에게는 인자와 진리가 있으리라.

● 인도, 계획, 결정

비법이 아니라 됨됨이다.　하나님의 뜻을 분별하는 방법을 잠언에서 쭉 찾아보면 도출되는 결론이 있다. 잠언의 관건은 하나님이 어떻게 인도하시는지보다 어떤 사람을 인도하시는지에 있다. 현대인은 거의 일종의 마법을 원한다. 자잘한 표징과 느낌으로 하나님에게서 나온 올바른 결정을 분별하려 한다. 하지만 이는 젖먹이를 인도할 때나 쓰는 방법이다. 아기는 말을 알아듣지 못하므로 안고 가거나 손을 잡아끌어야 한다. 성인을 인도할 때는 말로 하면 된다. 그러면 굳이 사사건건 손을 잡아끌지 않아도 본인이 알아듣고 결정을 내린다.

긴 여정 속에서 많은 노력을 통해(1-4장) 우리는 **성실**과 의를 기른다. 바로 이런 성품을 통해 하나님은 우리를 인도하신다. 하나님과 자아와 인간의 마음과 창조 질서와 때와 시대를 더 알수록, 결정을 잘 내릴 지혜도 자란다. 현대인은 '바른 결정의 5단계'처럼 비법을 원하지만 하나님은 지혜로운 성품을 주신다. 그리고 성품은 평생의 노력을 통해 얻어진다.

사람들이 결정을 내릴 때 지혜에 의지하기보다 표징과 느낌을 선호하는 이유가 무엇이라 보는가?

오늘의 마중물 기도.　아버지, 요즘의 문화는 슬라이드나 짤막한 동영상에 담길 만한 속답을 찾도록 저를 길들입니다. 하지만 주님은 응답 자판기나 지혜 지급기가 아닙니다. 긴 여정일지라도 이제 저는 주님이 인도하실 만한 사람이 되기로 다짐합니다. "그 마음에 시온의 대로가 있는" 사람이 되겠습니다(시 84:5). 아멘.

08 / 14

잠언 12장 15절; 16장 25절 **15** 미련한 자는 자기 행위를 바른 줄로 여기나 지혜로운 자는 권고를 듣느니라 …… **25** 어떤 길은 사람이 보기에 바르나 필경은 사망의 길이니라.

● 인도, 계획, 결정

냉엄한 현실. 우리는 성경을 따라 바른 결정을 내리며 제대로만 살면 만사가 잘 풀린다고 생각하는 경향이 있다. 일이 잘못되면 하나님의 인도를 받지 않았기 때문이라고 결론짓기도 한다. 하지만 오늘의 두 말씀은 공히 세상의 냉엄한 현실을 보여 준다. 지혜로워지려면 이 현실을 알아야 한다.

12장 말씀을 보면 미련한 자는 재앙의 길도 **바른 줄로** 여긴다. 즉 미련한 자는 지혜의 길(하나님을 신뢰하는 것, 좋은 조언을 경청하는 것, 신중히 계획하는 것, 자신의 말과 감정을 통제하는 것, 자기 마음을 아는 것 등)을 거부하기 때문에 내놓는 계획마다 아주 형편없다. 그 예로 압살롬이 떠오른다(삼하 17장).

그런데 16장 말씀에 따르면 재앙의 길도 **보기에** 바를 때가 있다. 전혀 달갑지 않지만 현실이 그러하니 어쩔 수 없다. 아무리 지혜의 길을 따라 최선의 계획을 세워도 이 세상에서는 일이 처참하게 틀어질 수 있다. 지혜로운 사람은 어느 길이나 다 때로 잘못될 수 있음을 안다.[1] 그래도 하나님은 약속대로 모든 것을 합력해 궁극의 선과 영광을 이루신다(롬 8:28).

———

이제 와서 보면 어차피 좋은 결과가 나올 만한 선택이나 대안이 아예 없었던 상황이 있다. 당신이나 주위 사람에게 그런 상황이 있었는가?

오늘의 마중물 기도. 아버지, 어떤 대안을 택하든 바르게 행동해도 결과가 힘들고 고통스러울 때가 있음을 믿고 싶지 않습니다. 하지만 예수님의 경우도 그랬습니다. 고뇌와 죽음을 피하실 수 없었지요. 그런데도 주님은 그 길을 받아들여 충성되게 순종하셨으며 그 결과는 새 생명이었습니다. 저도 똑같이 순종하도록 도와주옵소서. 아멘.

잠언 21장 5절; 24장 27절 5 부지런한 자의 경영은 풍부함에 이를 것이나 조급한 자는 궁핍함에 이를 따름이니라 …… 27 네 일을 밖에서 다스리며 너를 위하여 밭에서 준비하고 그 후에 네 집을 세울지니라.

● 인도, 계획, 결정

계획을 세울 때. 여기 잠언의 한 주제가 있다. 결정을 내릴 때는 **조급한** 충동을 삼가고 멀리 내다보며 신중히 계획해야 한다(21:5). 부지런히 세세한 데까지 주목하며 인내해야 한다. 좋은 계획이란 모든 가능한 대안을 찾아내 각각의 장단점을 저울질한다는 뜻이다. 삼위일체 하나님도 우리의 구원을 이루실 때 뛰어나고 치밀한 계획을 세우셨다(갈 4:1-7).

24장 말씀에서 (농경문화의 언어로) 경고했듯이 집을 얼마나 크게 지을지 알려면 먼저 자신의 수입부터 따져 봐야 한다. 자립 능력도 없으면서 특정한 생활양식을 탐해서 그대로 살려고 한다면 이는 미련함의 극치다. C. S. 루이스도 이 구절에 꼭 들어맞는 말을 했다. 고대에는 "인생의 기본 문제가 영혼을 객관적 실재에 맞추는 일이었고, 그 해법은 지혜와 절제와 덕이었다. 현대인의 기본 문제는 실재를 인간의 소원에 맞추는 일이며, 그 해법은 기교(technique)다."[2]

당신이나 타인의 삶에서 부실한 계획의 결과를 마지막으로 본 때는 언제인가? 구체적으로 어떻게 일이 틀어졌는가?

오늘의 마중물 기도. 주님, 주님은 지식과 사랑과 거룩함에 완전하시므로 계획도 완전하십니다. 저는 그렇지 못하므로 계획도 완전하지 못합니다. 주님은 서두르시는 법이 없습니다. 인간의 눈으로 보는 것과는 달리 한 번도 이르거나 늦지 않으셨습니다(막 5:35-36). 저를 이 충동적인 성미에서 구원해 주옵소서. 아멘.

08/16

잠언 16장 3절   너의 [모든, NIV] 행사를 여호와께 맡기라 그리하면 네가 경영하는 것이 이루어지리라.

● 인도, 계획, 결정

전적인 신뢰.   언뜻 보기에 이 구절은 "주님, 제 계획에 복을 주셔서 형통하게 하옵소서!"라고 기도하면 그분이 소원을 이루어 주신다는 말처럼 보인다. 하지만 본문은 '너의 계획을 여호와께 맡기라'라고 하지 않고 **너의 모든 행사를 여호와께 맡기라**라고 했다. 맡긴다는 단어는 대상에 푹 기대어 내 무게를 다 싣는다는 뜻이다. 오늘의 본문 잠언이 우리에게 명하는 바는 모든 분야에서 무조건 그분을 신뢰하고 순종하는 삶이다. 그럴 때에만 우리는 지혜롭고 현실적인 계획을 세우는 사람으로 서서히 그러나 확실히 변화되어 간다. ^{2월 18일}

요셉은 어떻게 지혜로운 지도자가 되어 애굽과 자기 집안을 살려 냈는가? 그는 노예로 팔려 가 억울하게 감옥에 갔다. 그 모든 암울한 시절에 무조건 하나님을 신뢰하지 않았다면 결코 지혜로운 사람이 되지 못했을 것이다. 하나님을 신뢰하면 세월이 흐르는 사이에 모든 좋고 궂은 시절이 우리의 인격을 변화시킨다. 그래서 우리의 계획과 결정도 날로 지혜로워진다.

―――――

결정을 내리는 부분에서 당신은 날로 더 지혜로워지고 있는가? 그 이유를 말해 보라.

오늘의 마중물 기도.   주님, 주님은 절대 주권자이시므로 아무도 주님의 뜻을 꺾을 수 없습니다. 그러나 또한 무한히 인자하고 선하시므로 우리가 그 절대 주권을 두려워할 필요가 없습니다. 요셉처럼 저도 그저 엎드려 경배하고 복종합니다. 주님의 선하신 뜻에 순복합니다. 그것이 주님께 영광이 되고, 저도 더욱 지혜로워질 것을 믿습니다. 아멘.

잠언 11장 14절; 20장 18절; 24장 6절 **14** 지략이 없으면 백성이 망하여
도 지략이 많으면 평안을 누리느니라 …… **18** 경영은 의논함으로 성취하나
니 지략을 베풀고 전쟁할지니라 …… **6** 너는 전략으로 싸우라 승리는 지략
이 많음에 있느니라.

● 인도, 계획, 결정

선택 훈련. 다양한 견해의 **지략**을 얻는 건 분명 좋은 방침이다. ^{7월 19일} 하지만 아
합(왕상 22:1-39)과 압살롬(삼하 17:1-23)은 참모가 많았는데도 하필 엉뚱한 조언을
따랐다. 요컨대 지략은 도움이 되지만 지혜로운 인도의 대안은 못 된다. 행동
노선을 정할 때는 나쁜 길과 좋은 길과 최선의 길을 분간할 줄 알아야 한다. 어
떻게 하면 바른 길을 선택할 수 있을까?

사람들의 조언을 다 들은 뒤에는 관련된 성경 말씀, (가정과 교회와 정부) 지도자의
견해, 본인의 양심(약 4:17) 등에 비춰서 최선의 노선을 정하라. 아울러 자신의 동
기를 성찰하고, 은사와 재능을 최대한 선용해 하나님을 섬기며, 끝으로 이 결정
이 다른 사람들에게 미칠 영향도 고려해야 한다. 각 요인을 살펴 잘 선택하라.

———

위에 열거한 좋은 결정의 요소 중 당신이 자주 놓치는 것은 무엇인가?

오늘의 마중물 기도. 주님, 주님은 "두 마음을 품는 우유부단한 마음"을 경계하
라고 하셨지요(약 1:8). 주님이 능력과 사랑이 많으시고, 저를 향한 주님의 선한
계획이 결코 실패할 수 없음을 저는 자꾸 잊어버립니다. 그럴 때마다 제 마음이
나뉘고 우유부단해집니다. 저를 향한 선한 계획을 반드시 이루실 주님을 믿으
며 평안을 누리게 하시고, 주님 뜻대로 선택할 힘을 주옵소서. 아멘.

08/18

잠언 13장 17절 악한 사자는 재앙에 빠져도 충성된 사신은 양약이 되느니라.

● 현대 사회와 문화

뉴스. 고대의 "**사자**는 현대인이 이해하기 힘든 중요한 임무를 맡았다."[3] 가짜 뉴스와 SNS로 대변되는 우리 문화에서는 아무도 자신에게 전해지는 메시지가 **충성된** 즉 믿을 만한 것인지 확신할 수 없다. 루이스 스미즈는 이렇게 썼다. "진실성은 눈에 보이지 않게 인간다운 사회를 떠받치는 또 하나의 근간이다. 소통 대상의 진실성을 전제할 수 없다면 그들과 더불어 살아갈 수 없다. 현실에 반응할 내 자유와 권리를 남이 존중하리라고 믿을 수 없다. 이 기본권의 존중에서 서로 신뢰할 수 없다면 우리는 하나님의 순리대로 함께 인간다워질 기회를 상실한 것이다. …… 진실을 말하고 진실이 되라. 당신의 진실이 타인을 자유롭게 하기 때문이다."[4]

자고로 정부와 언론의 말을 믿을 수 없던 사회, 시민이 감독관과 경찰관에게 어떤 취급을 당할지 안심할 수 없던 사회가 많이 있었다. 그런 사회는 몰락했다. 건강한 사회를 이루려면 진실한 소통과 언론보다 중요한 게 없다. 그런데 우리 시대에는 첨단 기술이 발달하고 이념이 붕괴되면서 그것이 이루기 힘든 목표가 됐다.

―――

살면서 언론을 향한 당신의 신뢰도는 갈수록 더 높아졌는가, 더 떨어졌는가, 아니면 얼추 그대로인가?

오늘의 마중물 기도. 주님, 사익을 챙기려고 진실을 속이고 숨기는 게 인간의 본성입니다. 우리 사회에서 인간의 그런 악한 성향을 주님의 능력과 은혜로 억제해 주옵소서. 국가가 참과 거짓을 분별하게 도와주옵소서. 주님의 백성이 어두운 세상의 소금과 빛이 되게 하옵소서. 아멘.

250

잠언 29장 10절 피 흘리기를 좋아하는 자는 온전한 자를 미워하고 정직한 자의 생명을 찾느니라.

● 현대 사회와 문화

선은 적의를 부른다. 한 청년이 여름방학 아르바이트로 어느 회사에 취직했다. 출근 이틀째 날 정식 직원들이 그에게 다가와 말했다. "너무 열심히 일하지 마. 너 때문에 우리가 게을러 보이잖아. 험한 꼴 안 당하려면 적당히 해라." 한 경찰관이 관행적 뇌물을 받지 않기로 했다. 포주들이 휘하의 윤락녀를 경찰에 체포되지 않게 막으려고 관할구에 쭉 돌리던 뇌물이었다. 그러자 다른 경찰관들이 알고 찾아와 말했다. "자네가 뇌물을 받지 않으면 우리도 자네의 뒤를 봐줄 수 없네."[5]

그리스도인은 "세상의 빛"이 되어야 하고(마 5:14) 빛은 주변을 드러낸다. 그런데 사람들은 노출되기를 원하지 않는다. 그저 우리가 그리스도인답게 살기만 해도 직장의 비리, 동네의 인종차별, 소속 모임의 험담, 정부 기관의 부패가 드러날 수 있다. 정직하게 살기만 해도 많은 사람의 반감을 산다. 그래서 순전한 선은 단지 선하다는 이유로 적의를 부른다. 사람들은 **온전한 자를 미워한다.** 지혜로운 사람은 여기에 놀라지 않는다. 우리도 이를 당연히 예상해야 한다(딤후 3:12). 빛으로 오셔서 어둠을 드러내신 우리 주님도 똑같이 미움을 받으셨다(요 1:5-11).

———

당신의 신앙이나 행실 때문에 적의의 대상이 된 적이 있는가? 사람들이 반감이나 위협을 느낀 부분은 무엇인가? 당신은 얼마나 잘 대응했는가?

오늘의 마중물 기도. 아버지, 제 옳은 행실을 사람들이 트집 잡을 때 솔직히 저는 두렵습니다. 눈을 돌려 저를 위해 험한 일을 당하신 주님을 보게 하옵소서. 저를 "그 이름을 위하여 능욕받는 일에 합당한 자로 여기심을 기뻐하게" 하옵소서(행 5:41). 아멘.

08/20

잠언 30장 21-23절   **21** 세상을 진동시키며 세상이 견딜 수 없게 하는 것 서넛이 있나니 **22** 곧 종이 임금된 것과 미련한 자가 음식으로 배부른 것과 **23** 미움 받는 여자가 시집간 것과 여종이 주모를 이은 것이니라.

● 현대 사회와 문화

원한다고 무엇이든 될 수는 없다. 능력 없는 **종**이 **임금**이 된다. **미움받는 여자** 가 **시집**가서 형편없는 아내가 된다. (암시적으로) 자격을 갖추지 못한 **여종**이 권력을 얻는다. 하지만 이 모든 일은 재앙을 부른다. 그래서 **세상이 견딜 수 없다** 고 했다. 요지는 무엇인가?

잠언에서는 사회 계층의 고착화를 말하는 게 아니다. 17장 2절에 보면 슬기롭고 근면한 종은 높은 자리에 올라 마땅하다. 하나님은 비천한 자를 즐겨 높이신다(눅 1:46-55). 오늘 본문이 일깨우는 바는 성품이나 역량으로 보아 본인이 원한다고 해서 어느 역할에나 다 맞지는 않다는 점이다. 재능과 은사는 물론 경우에 따라 체력까지 요구되는 역할이 많은데 이를 누구나 갖춘 것은 아니다. 현대 문화는 아이들에게 야망만 있으면 무엇이든 될 수 있다고 가르친다. 하지만 그중에는 잘못된 야망도 있고, 하나님이 지어 주신 자신의 참모습에 맞지 않는 야망도 있다. 물론 그리스도 안에서 우리는 결국 이 땅을 상속받아 그분과 함께 통치하고 다스릴 것이다(마 5:5; 계 1:6). 그러나 그때까지는 자신이 원한다고 무엇이든 될 수는 없다.

———

현실과 동떨어진 야망 때문에 안타까운 결과를 맞이한 적이 있는가? 혹은 가까운 사람의 삶에서 이런 경우를 본 적이 있는가?

오늘의 마중물 기도. 주님, 주님은 비천한 자를 높이시지만 그렇다고 이 세상에서 누구나 다 통치자가 될 수는 없습니다. 저로 하여금 주님의 선하심과 지혜를 온전히 신뢰하게 하옵소서. "오직 주께서 나눠 주신 대로, 하나님이 부르신 그대로"(고전 7:17) 즐거이 주님을 섬기게 하옵소서. 아멘.

08/21

잠언 23장 1-3절 1 네가 관원과 함께 앉아 음식을 먹게 되거든 삼가 네 앞에 있는 자가 누구인지를 생각하며 2 네가 만일 음식을 탐하는 자이거든 네 목에 칼을 둘 것이니라 3 그의 맛있는 음식을 탐하지 말라 그것은 속이는 음식이니라.

● 현대 사회와 문화

매너. 관원과 함께 음식을 먹는 자리에 초대받거든 몸가짐을 바로 해야 한다. 사소해 보이는 매너에까지 마음을 써야 할 이유는 무엇일까? "예절 없이는 사회가 존재할 수 없다. …… 사람마다 합의하에 충동을 절제하고 행동의 공용 양식을 따라야 한다. 그래야 공동생활에 마찰과 불쾌감과 파열이 없어진다. 물론 그러려면 개인적 제약을 요하지만, 늘 분노에 찬 사람들 사이에 살지 않아도 된다는 이점은 그만한 가치가 있다."[6]

반 리웬은 이렇게 썼다. "식탁 예절과 음식도 전체 질서의 일부로서 우리를 물질계와 연결시키고 생명을 부지시킨다. 또 다양한 사람을 서로 맺어 주어 다양한 관계가 표현되게 한다. …… 결국 하나님을 섬기는 삶과 무관한 것은 없으며 식탁 예절도 예외가 아니다. 하나님이 종 된 우리에게 가지각색의 요리와 문화를 창출할 엄청난 자유를 주셨음에도 불구하고 그렇다."[7] 아무것도 사소하지 않다. 하다못해 우리가 머리만 빗어도 태초에 하나님이 창조하실 때처럼 혼돈이 질서로 바뀐다(창 1:1-3). 무슨 일이든 하나님의 영광을 위해서 하라(고전 10:31).

―――――

매너와 예의는 하나님을 영화롭게 하는 지혜로운 행실인데 당신은 혹시 이를 간과해 왔는가? 그렇지 않다면 평소에 어떻게 예의를 지키고 있는가?

오늘의 마중물 기도. 주님, 그동안은 매너와 예절을 특권층의 전유물로 생각했는데, 제가 생각했던 것보다 더 귀하고 중요한 것임을 이제 깨달았습니다. 매너는 삶의 아주 작은 부분부터 서로의 공통분모를 존중하는 사랑과 배려입니다. 저부터 친절하게 예의를 다하도록 도와주옵소서. 아멘.

잠언 26장 4-5절 4 미련한 자의 어리석은 것을 따라 대답하지 말라 두렵건대 너도 그와 같을까 하노라 5 미련한 자에게는 그의 어리석음을 따라 대답하라 두렵건대 그가 스스로 지혜롭게 여길까 하노라.

● 현대 사회와 문화

기질을 넘어서라. 상호 모순처럼 보이는 두 잠언이 병렬된 데는 그만한 취지가 있다. **미련한 자**에게는 말상대를 하지 않는 게 최선일 때도 있고 그 반대일 때도 있다. 언제가 그때인지 어떻게 알까?

분별에 도움이 될 조건이 나와 있다. 잘못이 바로잡힐 가망 없이 미련한 자에게 자신의 미련함을 표출할 기회만 더 주고 말겠거든 대화를 삼가라. 반대로 상대 쪽에서 자신의 오류를 깨달을 가망이 보이거든 대화에 뛰어들어 지금까지 살펴본 말하기와 듣기의 모든 통찰을 활용하라. 나아가 더 큰 취지가 있다. 대부분 우리는 기질상 대화를 피하거나 반대로 논쟁에 끌리는 성향이 있다. 본능이 맞을 때도 있지만 그렇지 않을 때도 많다. 그러므로 잘 생각해서 때로 자신의 기질과 반대되게 행하는 것도 지혜다.

───

위의 두 가지 성향 중 당신은 기질적으로 어느 쪽인가? 그 기질과 반대되게 행한 게 결과적으로 지혜로운 일이 됐던 때는 가장 최근에 언제였는가?

오늘의 마중물 기도. 주님, 그동안 주님의 말씀의 권위를 받아들이도록 이끌어 주셔서 감사합니다. 덕분에 많은 경우에 제 기질과 반대되게 행할 수 있었습니다. 그래서 더 지혜로워졌을 뿐 아니라 구원받을 수 있었습니다. 아멘.

잠언 29장 8절 거만한 자는 성읍을 요란하게 하여도 슬기로운 자는 노를 그치게 하느니라.

● 현대 사회와 문화

인터넷 문화. **거만한 자**는 진리 주장과 덕을 일체 비웃는다. 오늘 본문에 보면 이런 행위는 대인관계를 해칠 뿐 아니라 **성읍을 요란하게** 할 수 있다. 즉 사회 질서 전체를 무너뜨린다. 이 구절을 직역하면 거만한 자는 '성읍에 불을 질러' 대중을 선동하고 의심과 불신과 분열과 냉소를 조장한다는 뜻이다. 그러면 사회가 붕괴된다. 거만한 자의 말을 듣는 사람은 그 어떤 이상이나 숭고한 대의나 절대 도덕도 제대로 믿거나 신뢰할 수 없기 때문이다.

첨단 기술이 거만한 부류에게 우리 사회에 불을 지를 고도의 장을 제공했다 해도 과언이 아니다. 그래서 그들은 자극적인 말로 양극화를 조장한다. 인터넷 문화는 낚시 기사로 욕설과 집중 공격을 퍼붓는 거만한 부류에게 유리하다. 사회의 다양성을 융화하려면 시민 의식과 인내심을 갖춘 정중하고 신중한 대화가 필요한데, 인터넷 문화는 그런 대화에 불리하다. 이 문화가 유발하는 분노를 어떻게 그치게 할 것인가? 그것이 문제다. 그것이 지혜로운 사람이 타개해야 할 오늘의 도전이다. 우선 자신부터 그 분노에 빠져들지 말라.

SNS의 글을 보고 화난 적이 있는가? 그 속에 말려들었는가? 어떻게 해야 그런 일을 피할 수 있겠는가?

오늘의 마중물 기도. 주님, 많은 사람이 제 분노를 자극해 후원과 돈과 투표와 물건 구매를 끌어내려 합니다. 주님의 도움으로 이를 물리치기로 다짐합니다. 주님은 재판장이시며 저는 그리스도 안에서 사면받은 죄인임을 잊지 말게 하옵소서. 제 독선적인 의가 이 놀라운 진리에 삼켜지게 하옵소서. 아멘.

잠언 16장 31절; 20장 29절   **31** 백발은 영화의 면류관이라 공의로운 길에서 얻으리라 …… **29** 젊은 자의 영화는 그의 힘이요 늙은 자의 아름다움은 백발이니라.

● 현대 사회와 문화

노화.   우리는 젊음의 아름다움과 활력과 창의력을 우상화하는 문화 속에 살고 있다. 그러나 잠언은 인생의 각 시기와 연령층 특유의 **영화**와 **아름다움**을 놀랍도록 균형 잡힌 시각으로 본다. 청춘에게는 노인이 동원할 수 없는 **힘**과 지칠 줄 모르는 야망이 있다. 고령자에게는 젊은이가 아직 체득하지 못한 혜안과 지혜와 품격이 있다. 이 모든 고유의 선을 때에 맞게 누려야 한다.

그러나 최종 구원이 완성될 때까지는 양쪽의 영화가 한 사람 안에 공존할 수 없다. 마지막 날 예수님이 우리를 영화롭게 하실 때에야(롬 8:18-21) 비로소 전체가 연합된다. J. R. R. 톨킨은 아라곤의 죽음을 묘사할 때 그 위대한 소망을 이렇게 표현했다. "이윽고 그의 안에서 위대한 아름다움이 드러나자 거기 오는 사람마다 보며 경이에 잠겼다. 청년의 멋과 장년의 용맹과 노년의 지혜와 위엄이 모두 한데 어우러진 모습을 그에게서 봤던 것이다. 그렇게 그는 인간 제왕(諸王)의 영화와 창세전의 훼손되지 않은 영광을 두른 채 오래도록 그 자리에 누워 있었다."[8]

─────────

어떻게 하면 지금의 나이를 두려워하거나 다른 시절과 바꾸고 싶어 하지 않고 잘 누릴 수 있겠는가?

오늘의 마중물 기도.   주님, 부활을 약속하신 주님을 찬양합니다. 그때가 되면 노년기의 오랜 경륜과 지혜에 청년기의 창의력과 멋과 활력이 어우러질 뿐 아니라 지금까지 몰랐던 영광과 아름다움까지 더해질 것입니다. 그때까지 인내하며 즐거이 소망 중에 기다리게 도와주옵소서. 아멘.

08/25

잠언 14장 30절; 17장 22절 30 평온한 마음은 육신의 생명이나 시기는 뼈를 썩게 하느니라 …… 22 마음의 즐거움은 양약이라도 심령의 근심은 뼈를 마르게 하느니라.

● 현대 사회와 문화

진짜 약. 현인들은 정신 건강과 신체 건강의 긴밀한 관계를 알았다. 우울(심령의 근심)은 말 그대로 뼈를 썩게 하거나 마르게 한다. 여기 뼈라는 말이 영과 육의 전인을 의미할 수 있음을 염두에 두라(17:22).[9] 시기심과 거기서 유발되는 적개심도 같은 작용을 해서 특히 심장혈관계에 영향을 미친다(14:30).

그러므로 건강관리를 지혜롭게 하려면 인간을 단지 물리적 대상이 아니라 통합된 전인으로 대해야 한다. 어느 젊은 크리스천 의사가 저명한 선배 의사와 대화하면서 보니 절반이 넘는 선배의 진단 노트에 "과로"나 "불행한 부부 관계" 등 비신체적 요인이 포함되어 있었다. 다시 말해서 정서적, 영적 문제가 신체적 문제를 유발하거나 악화시켰다. 그런데도 그 선배 의사는 주장하기를 의사라면 마땅히 비신체적 요인일랑 무시하고 "진짜 약"만 써야 하며 사람을 상담하려 해서는 안 된다고 했다. 젊은 의사는 삶 전체를 다루지 않고는 환자를 제대로 치료할 수 없다고 반론을 폈는데, 그 말이 옳다.[10] 현대 의학은 성경의 지혜를 배워 이 중요한 통찰을 수용해야 한다.

영적, 정서적 문제가 몸의 병을 악화시킨 경우를 당신이 경험하거나 가까운 사람의 삶에서 본 적이 있는가? 당시에 어떤 도움을 받았는가?

오늘의 마중물 기도. 주님, 우리를 육체로만 보지 않고 영과 육의 복합적 전인으로 보는 의사들과 의료계 종사자들을 일으켜 세워 주옵소서. 저 또한 주님의 선물인 이 몸의 지혜로운 청지기로 살아가도록 가르쳐 주옵소서. 정서적, 영적 행복을 무시하다가 본의 아니게 제 몸을 학대하지 않게 하옵소서. 아멘.

08/26

잠언 3장 7-8절   7 스스로 지혜롭게 여기지 말지어다 여호와를 경외하며 악을 떠날지어다 8 이것이 네 몸에 양약이 되어 네 골수를 윤택하게 하리라.

● 현대 사회와 문화

건강한 생활. 어제 봤듯이 우리의 영과 육, 즉 정신 건강과 신체 건강은 서로 맞물려 있으므로 함께 다뤄져야 한다. 어떻게 하면 될까? 본문에 따르면 **여호와를 경외하며**(하나님을 알고 그분과의 교제를 즐기며) **악을 떠나면**(그분의 뜻에 맞춰 삶을 변화시키면) 그것이 **몸에 양약**이 된다. 그렇다고 믿음만 있으면 만사형통한다는 약속은 결코 아니다. 제대로 살면 하나님이 건강과 형통을 주신다는 기복 신학은 욥기 전체에서 배격된다.

이 구절은 "하나님이 주시는 건강과 …… 행복은 궁극적 선을 추구할 때 자연스레 따라오는 부산물이다"라는 뜻이다.[11] 즉 심신의 건강을 구하기보다 하나님을 알고 섬기기를 더 힘쓰면, 하나님보다 건강을 더 구할 때에 비해 건강까지 받을 소지가 훨씬 높다. 게다가 하나님과의 바른 관계에서 오는 건강과 양식은 "단지 병고가 없는 상태가 아니라 심신이 온전히 행복한 상태"다.[12]

영적 성장과 경건하고 지혜로운 우선순위는 당신의 신체 건강에 어떻게 도움이 되는가?

오늘의 마중물 기도. 아버지, 제 몸이 약할 때 먼저 영적으로 강건해지기를 구합니다. 몸의 병과 불편함을 신호로 삼아 제가 꼭 주님을 의지해야만 함을 더 절실히 깨닫게 하옵소서. 또 간구하오니 제게 건강을 주셔서 전심전력으로 주님을 섬기게 하옵소서. 아멘.

잠언 26장 25-26절 25 그 말이 좋을지라도 믿지 말 것은 그 마음에 일곱 가지 가증한 것이 있음이니라 26 속임으로 그 미움을 감출지라도 그의 악이 회중 앞에 드러나리라.

● 현대 사회와 문화

내면을 가꾸라. 인간은 갈수록 자신을 상품화한다. 착용하는 옷과 소비하는 상품과 게시하는 사진으로 이미지를 꾸며 낸다. 흉한 모습일수록 감추는 게 인간 심리의 기본값이다(창 3:7-8). 사람의 **말이 좋을지라도**(유창하고 동정적이고 멋지다는 뜻이다) 그 **마음**에는 교만과 시기와 **미움**과 정욕과 탐심 같은 **일곱 가지 가증한 것**이 있다.

반듯한 시민이 인종 혐오를 품고 있다가 그게 폭력으로 터져 나오면 누구나 충격을 받는다. 존경받던 그리스도인의 부도덕과 타락이 들통날 때도 마찬가지다. 이는 그들이 속사람보다 이미지를 더 가꾼 결과다. 외도하다 발각된 어떤 목사는 기도하지 않고 설교한 지 여러 해라고 털어놓았다. "목사가 청중의 입과 회중석과 교적부를 채울 수는 있으나 전능하신 하나님 앞에 홀로 무릎 꿇고 있을 때가 그 목사의 참모습이며 그 이상은 없다."[13] 다른 사람도 다 마찬가지다. 이미지를 가꿀 게 아니라 하나님 앞에서 마음을 가꾸라. 그렇지 않으면 **회중 앞에** 본색이 드러나게 되어 있다.

———

가만히 숨겨 두고 있었으나 이제라도 하나님께 내려놓고 그분의 도움으로 고쳐야 할 당신의 나쁜 태도나 습관은 무엇인가?

오늘의 마중물 기도. 아버지, 통찰력을 주셔서 제 고질적인 죄를 보게 하옵소서. 그런 무절제한 마음가짐에서 잘못된 행동이 나옵니다. 깊이 사랑해야 하는데도 사랑하지 못하는 부분들과, 반대로 그저 감사함으로 받으면 그만인 것을 지나치게 좋아해 숭배하는 부분도 보여 주옵소서. 아멘.

잠언 3장 11-12절; 10장 16절   11 내 아들아 여호와의 징계를 경히 여기지 말라 그 꾸지람을 싫어하지 말라 12 대저 여호와께서 그 사랑하시는 자를 징계하시기를 마치 아비가 그 기뻐하는 아들을 징계함같이 하시느니라 …… 16 의인의 수고는 생명에 이르고 악인의 소득은 죄에 이르느니라.

● 현대 사회와 문화

두 가지 큰 시험. 3장 본문은 고난이 **여호와의 징계**일 수 있다고 말한다. 이를 **경히** 여기면 아무것도 배우지 못한다. 그런데 10장 말씀에 보면 형통(**소득**)도 사람을 **죄**로 이끌 수 있다.⁸ᵂ ²⁹ⁱ 왜 그럴까? C. S. 루이스는 이렇게 썼다. "지하실에 쥐가 있을 경우 불시에 쳐들어가면 쥐를 볼 공산이 크다. 그러나 갑자기 문을 연다고 해서 쥐가 생겨난 게 아니라 쥐가 숨을 겨를이 없어진 것일 뿐이다. 마찬가지로 누가 갑자기 도발한다고 해서 내가 성질부리는 사람이 되는 것은 아니다. 원래 성질부리는 사람임이 드러날 뿐이다."¹⁴

자신의 약점은 보이지 않는 법이다. 약점을 '쥐'라고 하자. 쥐가 눈에 띄게 우르르 몰려나올 상황은 기본적으로 두 가지, 곧 형통과 역경이다. 성공과 고난은 공히 우리를 시험해 내 최악의 모습인 쥐를 들춰낸다. 둘 다 똑같이 영적 위기다. 여기서 드러나는 내 모습을 받아들이고 변화될 것인가, 아니면 그 알게 된 것을 부정하고 억누를 것인가? 이 두 시험을 통해 우리는 더 발전하거나 퇴보한다. 그대로 남아 있을 수는 없다.

―――――

순탄한 형통 때문에 오히려 최악의 모습이 드러난 경우가 당신이나 가까운 사람들에게 있었는가?

오늘의 마중물 기도. 주님, 성공과 고생은 둘 다 제 마음속의 섬뜩한 일면을 들춰냅니다. 주님은 처음부터 그 모습을 다 보시고도 저를 사랑하셨습니다. 저를 밑바닥까지 아시고도 사랑해서 천국에 받아 주시니, 주님의 사랑은 얼마나 큰지요! 아멘.

08/29

잠언 3장 11-12절; 10장 16절; 24장 10절　11 내 아들아 여호와의 징계를 경히 여기지 말라 그 꾸지람을 싫어하지 말라 12 대저 여호와께서 그 사랑하시는 자를 징계하시기를 마치 아비가 그 기뻐하는 아들을 징계함같이 하시느니라 …… 16 의인의 수고는 생명에 이르고 악인의 소득은 죄에 이르느니라 …… 10 네가 만일 환난 날에 낙담하면 네 힘이 미약함을 보임이니라.

● 현대 사회와 문화

형통과 역경.　성공과 고난은 둘 다 우리를 시험한다.[8월 28일] 똑같이 재정적으로 성공해도 지혜로운 사람은 **생명**에 이르지만 **악인**은 **죄**에 이른다(10:16). 하나님이 인간에게 행하실 수 있는 최악의 일 중 하나는 원하는 대로 얻도록 욕심에 내버려 두시는 것이다(롬 1:24, 26). 교만한 사람이 성공하고 욕심 많은 사람이 부자가 되고 정욕에 찬 사람이 미모를 얻는다면, 이는 자기 힘으로 행복을 손에 넣을 수 있다는 망상을 굳혀 줄 뿐이다. 결국은 더 큰 절망에 이른다. 낙원인 줄 알았던 그 모든 게 벼랑 끝으로 변하기 때문이다. 오직 예수님의 생수만이 우리를 만족시켜 줄 수 있다(요 4:13-14).

그런가 하면 **환난 날에 낙담**하기는 또 얼마나 쉬운가. 어떻게 하면 두 가지 시험에 모두 통과할 수 있을까? 예수님의 복음을 믿으면 된다. 복음의 메시지에 담긴 우리의 철저한 죄성을 알면 성공에 취할 수 없다. 아울러 같은 메시지에 담긴 하나님의 무조건적인 사랑 덕분에 우리는 어떠한 음침한 골짜기도 헤쳐 나갈 수 있다.

─────

지나온 삶을 돌아볼 때 형통과 역경 중 어느 쪽이 당신에게 더 큰 영적 시련과 시험이 됐는가?

오늘의 마중물 기도.　주님, 우리는 고난을 두려워하지만 제 마음을 보나 지인들을 보나 "역경이 죽인 자는 천천이요 형통이 죽인 자는 만만"입니다.[15] 좋은 시절일수록 주님이 멀게 느껴질 소지가 훨씬 큽니다. 형통에서 우리를 영적으로 구원해 주옵소서. 아멘.

잠언 19장 2절 지식 없는 소원은 선하지 못하고 발이 급한 사람은 잘못 가느니라.

● 현대 사회와 문화

지성은 중요하다. 지식 없는 소원은 선하지 못하고. 열정만 있고 신중한 분석과 지식이 없으면 **잘못** 간다. 엉뚱한 길을 선택한다. 현대 문화는 감정과 느낌을 가장 강조한다. 현대 기독교도 다분히 반지성적이다. 우리는 감정으로 결과를 내려 한다. 하지만 거기서 비롯되는 "단순 논리식의 행동주의에는 열정만 있을 뿐 …… 삶의 복잡성을 꿰뚫는 통찰이 없다. 우리는 문제를 다 이해하기도 전에 해답과 대책부터 원한다."[16]

기독교 교회가 문화의 변화에 늘 뒤통수를 맞는 데는 그런 이유도 있다. 우리는 문화가 얼마나 복잡한지 모른다. 그리스도인이 대개 생각 없이 그냥 문화를 모방하는 이유도 거기에 있다. 우리는 성경적 신학과 교리로 주변 세상을 분석할 줄을 모른다. 이런 반지성주의의 결과로 교회는 날로 세상과 시류를 닮아 간다. 성경의 지혜 문학은 "하나님의 종인 인간이 지성을 계발해서 삶의 모든 영역에 구사할 것을 촉구한다. 그래야 …… 우리는 '모든 이론을 무너뜨리며 하나님 아는 것을 대적하여 높아진 것을 다 무너뜨리고 모든 생각을 사로잡아 그리스도에게 복종하게' 할 수 있다"(고후 10:4-5).[17]

당신이 보기에 반지성주의는 구체적으로 어떻게 교회를 해치고 있는가? 당신도 그런 태도를 품고 있는가?

오늘의 마중물 기도. 주님, 지성도 나머지 못지않게 제 일부입니다. 제 자아 전체가 주님 것입니다. 열정과 지식 중 어느 한 쪽만이 아니라 양쪽을 다 제게 주옵소서. 아멘.

08/31

잠언 15장 25절   여호와는 교만한 자의 집을 허시며 과부의 지계를 정하시느니라.

● 현대 사회와 문화

경계선 지키기.   과부는 사회적 권력이 없었다. 그래서 **과부의 지계**(地界)를 옮겨 땅을 빼앗는 일이 가능했다. 하지만 하나님이 배당해 주신 일가족의 땅을 훔치는 일은 곧 그들의 인간성을 짓밟는 행위였다. 농경 사회에 살지 않는 우리에게 "잠언 15장 25절은 신체와 정서와 직장과 평판 등의 경계선에 적용되어야 한다."[18] 삶 전체를 내주는 부부 사이도 아닌데 성관계를 가지려 한다면 이는 몸의 경계선을 침범하는 일이다. 상대를 섬기기보다 이용하는 것이다. 남을 조종하거나 말로 학대하는 사람은 정서적 경계선을 존중하지 않는 것이다. 사람에게 신체적, 정서적, 영적으로 이롭지 않은 제품을 팔아 재산을 불리는 회사는 인간을 착취하는 것이다.

반대로 우리는 예수님을 바라봐야 한다. 그분은 섬김을 받으러 오신 게 아니라 섬기러 오셨다(막 10:45). 권세 있는 자를 내리치시고 비천한 자를 높이실 뿐 아니라(눅 1:52-53) 자신의 모든 신체적, 정서적, 영적 경계선을 침해당하신 채 우리 죄의 형벌을 대신 받으셨다.

―――――

당신은 어떤 식으로 경계선을 침범했는가? 어떤 조치를 취하겠는가?

오늘의 마중물 기도.   아버지, 저를 그토록 존중해 부드럽게 대하시는 예수님을 보면 제 말과 유머와 행동이 경계선을 존중하지 못할 때가 많다는 가책이 듭니다. 제 생각을 진리로 채우셔서 "제 이웃"이 곧 "제 오감에 지각되는 가장 거룩한 대상"이 되게 하옵소서.[19] 아멘.

09/01

잠언 21장 30-31절　30 지혜로도 못하고, 명철로도 못하고 모략으로도 여호와를 당하지 못하느니라 31 싸울 날을 위하여 마병을 예비하거니와 이김은 여호와께 있느니라.

● 현대 사회와 문화

첨단 기술 사회. **마병**은 보병을 거의 무용지물로 만든 "고도의 기술"이었다. 오늘의 잠언은 "권력과 첨단 기술을 과신하지 말라는 경고다."[20] 오늘날 많은 사람이 첨단 기술로 인류의 문제가 해결될 줄로 믿는다. 그러나 첨단 기술은 과학으로 가능한 일과 그 일의 가장 효과적인 방법을 말해 줄 뿐 그 일을 해야 하는지 여부는 말해 줄 수 없다. 그 일이 인간의 삶에 이로운지 해로운지는 말해 줄 수 없다. 이를 정하는 기준은 기술이 아니라 도덕적 지혜이기 때문이다.

도덕적 지혜가 없으면 비용편익분석이 궁극적 가치가 된다. 경제적 수익성과 효율성 자체가 목표가 된다. 사회학자 막스 베버는 기술이 "철장"을 만들어 내 순전히 효율성과 타산성에 근거한 비인간적 관료제도에 개개인을 가둔다고 역설했다. 기술로는 결코 인류의 문제를 다 해결할 수 없다. 우리가 물질 이상이기 때문이다. 지혜로운 사람은 우리 삶이 하나님의 손안에 있음을 안다. 알다시피 교육받지 못한 어중이떠중이 남녀 집단이 예수님을 믿어 역사상 가장 막강했던 인간 문명을 "어지럽게" 했다(행 17:6). 이런 **이김은 여호와께** 있다.

———

도덕적 지혜를 절실히 요하는 인간의 문제에 한낱 기술과 데이터를 적용한 사례를 어디서 봤는가?

오늘의 마중물 기도. 주님, 인격적인 주님은 세상에 주님의 형상을 닮은 인격체를 지으셨습니다. 주님이 창조하신 우주는 기계가 아니며, 주님이 친히 사랑의 손으로 운행하십니다. 날씨와 계절도 다 주님이 다스리십니다(렘 5:24). 그런데도 우리 사회는 갈수록 더 비인간적이고 관료주의적인 기술에 지배당하며 사람을 인격체가 아닌 숫자로 취급합니다. 우리를 구원해 주옵소서! 아멘.

09/02

잠언 22장 17-21절 17 너는 귀를 기울여 지혜 있는 자의 말씀을 들으며 내 지식에 마음을 둘지어다 18 이것을 네 속에 보존하며 네 입술 위에 함께 있게 함이 아름다우니라 19 내가 네게 여호와를 의뢰하게 하려 하여 이것을 오늘 특별히 네게 알게 하였노니 20 내가 모략과 지식의 아름다운 것을 너를 위해 기록하여 21 네가 진리의 확실한 말씀을 깨닫게 하며 또 너를 보내는 자에게 진리의 말씀으로 회답하게 하려 함이 아니냐.

● 현대 사회와 문화

하나님의 대사. 오늘 본문은 상전의 파송을 받은 어느 사신에게 주어진 지침이다. 사신은 예의 주시해서 자신이 보고 들은 바를 다 기억해야 한다. 그래야 돌아와서 사실대로 보고할 수 있다. 이것은 우리와 어떤 관계가 있는가? 그리스도인은 실제로 사신이다. 그리스도를 대변하는 대사다(고후 5:20). 우리가 전해 줘야만 사람들이 진리를 알 수 있다.²¹ 잠언을 읽을 때 "이를 통해 내 삶이 어떻게 풍요로워질 수 있을까?"라는 관점에서 접근할 수도 있다. 하지만 하나님의 진리를 자신을 위해서만 배워서는 안 된다. 사람들에게 **진리**를 알게 하는 일이 우리에게 달려 있다. 하나님의 말씀을 충분히 알고 있는가? 자신의 주어진 상황에 적용할 때든 남에게 전해 줄 때든, 말씀이 바로바로 떠오를(22:18) 정도인가? 하루에도 수시로 말씀이 생각나 결정을 잘 내리도록 이끌어 주는가? 하나님을 신뢰하거나 옳은 길을 택해야 할 순간에 말씀이 힘이 되어 주는가?(22:19-21) 우리는 다 예수님을 닮아야 한다. 그분은 하나님의 말씀을 혼자만 간직하신 게 아니라 무한한 대가를 치르시고 우리에게 알려 주셨다(요 12:49-50).

───────

그리스도의 대사로 살라는 소명을 더 진지하게 받아들인다면 당신의 삶은 어떻게 달라지겠는가?

오늘의 마중물 기도. 아버지, 구원이 제 행위에서 나지 않고 예수님이 이루신 일로 말미암았으니 주님을 찬양합니다. 하지만 제가 주님을 대변하기 때문에 제 삶의 질도 중요합니다. 제가 사랑하지 않으면 예수님이 세상에 흉하게 보일 텐데(요 17:24), 사랑이신 구주를 욕되게 하지 않게 하옵소서. 주님의 형상을 닮게 하옵소서. 제 절박한 기도를 들어주옵소서. 아멘.

09/03

잠언 29장 27절　불의한 자는 의인에게 미움을 받고 바르게 행하는 자는 악인에게 미움을 받느니라.

● 현대 사회와 문화

불관용.　서로 모순처럼 보이는 두 시류가 우리 사회를 지배하고 있다. 한편으로는 절대 진리를 주장하면 무조건 배척한다. 다른 한편으로는 "하나의 견해나 집단이 절대적으로 옳다는 광신"이 공존한다. 이에 따르면 "아무것도 모호할 게 없으며, 여기서 벗어난 견해는 다 말살되어야 한다."[22]

이 양쪽은 상호 의존적이다. 상대주의는 오히려 광신을 부추긴다. 내면의 직관을 평가할 객관적 기준이 없다면 무엇이든 가장 강한 느낌이 절대적으로 옳다. 오늘 본문을 보면 의인과 악인 모두 무언가를 불관용할 수 있다. 물론 의인은 진리를 소유한 데서 오는 독선 때문에 매정하게 남을 경멸하고 비하할 수 있다. 반대로 불의한 부류는 '진리를 소유했다고 생각하는' 사람을 미워할 수 있다. 그들은 말로만 도덕과 무관하거나 자유사상가로 자처할 뿐 오히려 자기네가 진리, 즉 진리란 없다는 진리를 소유했다고 생각한다. 해법은 무엇인가?

우리는 영원히 멸망할 죄인인데 순전히 은혜로 구원받았다. 이 복음이 양쪽의 오류를 모두 막아 준다. 복음은 우리를 죄인으로 규정한다. 따라서 상대주의가 들어설 수 없다. 그런데 구원은 우리의 노력이 아니라 은혜로만 가능하기에 복음은 본질상 우리를 겸허하게 한다. 우리는 누구에게도 우월감을 품을 수 없는 존재다. 복음은 상대주의와 빗나간 광신을 둘 다 무너뜨린다.

당신의 독선을 자각한 적이 있는가? 독선적인 태도를 유발하거나 그쪽으로 당신을 유혹하는 요인은 무엇인가? 유혹에 어떻게 대처할까?

오늘의 마중물 기도.　주님, 죄를 관용하지 않고, 죄를 대적하고자 우월감을 품지도 않는 그리스도인을 일으켜 세워 주옵소서. 온 세대가 그렇게 되게 하옵소서. 아멘.

266

오늘,
삶의 현장을 더 깊이
알다

잠언 2장 16-17절 16 지혜가 또 너를 음녀에게서, 말로 호리는 이방 계집에게서 구원하리니 17 그는 젊은 시절의 짝을 버리며 그의 하나님의 언약을 잊어버린 자라.

● 결혼[1]

언약 관계. 간음의 심각성은 **언약**을 어기는 데 있다. 결혼은 엄숙한 서약으로 맺어지는 법적 결속이다. 결혼식의 관건은 현재의 사랑을 고백하기보다 미래의 사랑을 약속하는 데 있다. 웬만한 관계라면 기복과 변화 때문에 끝장나겠지만, 서약은 그 속에서도 둘을 하나로 유지시킨다. 그렇게 결속을 지속시켜 주는 언약이 없다면 우리는 평생의 헌신이라는 풍성한 사랑으로부터 끊어진다. 그 사랑이 있어야 삶의 질곡을 이겨 낼 수 있다.[2]

이기적인 관계는 양쪽 다 "이 관계가 내게 만족을 주는 한 당신과 함께 가겠다"라고 말한다. 중요한 건 우리가 아니라 나다. 그러나 언약 관계는 양쪽 다 "끝까지 당신 곁을 지키겠다"라고 말한다. 참신랑이신 예수님이 우리를 사랑하심은 우리가 사랑스럽고 그분께 만족을 드려서가 아니라 우리를 사랑스럽게 빚으시기 위해서다(엡 5:25-27). 지혜로운 사람은 알거니와, 만족이란 직접 그것을 구해서 얻어지는 게 아니라 역설적이게도 약속을 지켜 희생적으로 섬길 때 찾아오는 부산물이다.

서약으로 맺어진 언약 관계는 본질상 어떻게 자기만족보다 희생적 섬김을 중시하는가?

오늘의 마중물 기도. 주님, 주님은 제 아름다움에 매혹되신 게 아님에도 저와 영원한 언약을 맺으셨습니다. 이 땅에 오셔서 죽으심으로 저를 주님 것으로 삼으셨으며, 지금도 오래 참으시며 저를 주님 닮은 모습으로 빚고 계십니다. 그 언약의 사랑이 오늘도 저를 살게 합니다! 저도 가족과 친구에게 언약의 사랑을 실천하도록 가르쳐 주옵소서. 아멘.

잠언 5장 18-19절　**18** 네 샘으로 복되게 하라 네가 젊어서 취한 아내를 즐거워하라 **19** 그는 사랑스러운 암사슴 같고 아름다운 암노루 같으니 너는 그의 품을 항상 족하게 여기며 그의 사랑을 항상 연모하라.

● **결혼**

연인.　배우자는 언약으로 맺어진 사람이다. 그렇다면 그 언약에서 생성되는 관계란 무엇인가? 우선 배우자는 연인이다. 고대 사회에서 결혼의 목적은 가문의 안전과 지위를 확보하는 데 있었다. 그래서 가문의 지위에 가장 도움이 될 만한 사람과 결혼했다. 남편이 성적 쾌락을 구하는 곳은 대개 따로 있었다는 뜻이다.

그러나 성경은 배우자가 연인이어야 한다고 말한다. 남편은 아내의 **사랑을 항상 연모**해야 한다. 그렇다고 현대인처럼 성적 궁합을 진정한 친밀함으로 착각했다는 뜻은 아니다. 언약으로 맺어졌기에 우리는 무슨 일이 있더라도 해로하며, 서로 잘못했을 때는 뉘우치고 용서할 줄 알아야 한다. 그래야만 가장 깊고 풍성한 친밀함이 깊어진다. 그러면 성(性)은 함께 사는 삶의 축제가 된다. 육체의 연합은 삶의 모든 영역이 연합됐다는 놀라운 징표다. 요컨대 진정한 성적 궁합은 전인적 관계에서 비롯된다. 관계의 기초가 성적 궁합에 있는 게 아니다.

결혼 전부터 성적 궁합이 맞아야만 한다는 현대의 신념은 어떻게 연애 과정과 결혼 자체를 둘 다 변질시키는가?

오늘의 마중물 기도.　주님, 성경은 성이 선물이라고 말합니다. 성관계의 건강한 위력은 혼인 언약 내에서만 풀려 나옵니다. 또한 우리가 누릴 온전한 사랑은 오직 주님과의 친밀함뿐입니다. 주님의 백성이 말씀 안에 거하게 하옵소서. 모든 부부들은 서로 연인이 되고, 모든 싱글들은 순결하게 살게 하옵소서. 아멘.

잠언 1장 8-9절; 4장 3절; 6장 20절; 10장 1절   8 내 아들아 네 아비의 훈계를 들으며 네 어미의 법을 떠나지 말라 9 이는 네 머리의 아름다운 관이요 네 목의 금 사슬이니라 …… 3 나도 내 아버지에게 아들이었으며 내 어머니 보기에 유약한 외아들이었노라 …… 20 내 아들아 네 아비의 명령을 지키며 네 어미의 법을 떠나지 말고 …… 1 솔로몬의 잠언이라 지혜로운 아들은 아비를 기쁘게 하거니와 미련한 아들은 어미의 근심이니라.

● 결혼

지적인 동반자.   오늘 본문에 뜻밖의 사실이 또 나온다. 옛날에는 여성들이 대개 교육을 받지 못했다. 그런데 잠언에는 아들에게 지혜를 가르치는 부모가 서두부터 등장한다(1:8-9; 10:1). **어머니도 아버지**처럼 권위가 있었다. 간명하고 난해한 지혜의 시를 남에게 가르치려면 교육과 훈련이 필요했다. 오늘 본문은 아내도 교육을 받았을 뿐 아니라 배우고 가르치는 일에 참된 동반자였음을 전제로 한다.[3]

부부간에 있을 수 있는 학력 차이를 두고 하는 말이 아니다. 다만 신자 부부는 진정한 동료이자 학도가 되어 함께 하나님의 말씀에서 지혜를 배워야 한다는 뜻이다. 지적인 호기심을 함께 품어야 한다. 길동무가 되어 성경의 진리를 익히고, 삶의 모든 영역을 그 지혜에 맞추는 법을 모색해야 한다. 그러다 부모가 되면 부부는 2인조 교수진이 되어 자녀의 지성과 덕성을 길러 줘야 한다.

———

(기혼자라면) 당신 부부는 진정 함께 배우는 사이인가? (미혼이지만 결혼할 의사가 있다면) 당신은 성적 궁합 못지않게 이 부분에도 관심을 기울여 왔는가?

오늘의 마중물 기도.   주님, 부부가 둘 다 '주님의 말씀'을 알고 사랑하고 서로와 가족과 이웃과 친구에게 가르치는 결혼 생활을 누리게 하옵소서. 처음부터 그런 결혼을 찾게 하옵소서. 가정마다 성경학교가 되게 하시고, 신앙을 가진 부부마다 서로 지적인 동반자가 되게 하옵소서. 아멘.

잠언 14장 1절; 31장 27절   1 지혜로운 여인은 자기 집을 세우되 미련한 여인은 자기 손으로 그것을 허느니라 …… 27 자기의 집안일을 보살피고 게을리 얻은 양식을 먹지 아니하나니.

● 결혼

공동 경영자. 성경 전체와 마찬가지로 잠언에도 남편이 가장(家長)으로 전제된다(엡 5:22-26).^{9월 18일} 가장 역할의 형태는 부부마다 다르다. 그러나 어떻게 해석하든 남편이 '경영상의 결정'을 혼자 도맡는다는 뜻일 수는 없다. **지혜로운 여인은 자기 집을 세운다.** 여기 집이란 단어는 단지 물리적 거처를 짓는다는 뜻이 아니라 사회적, 경제적, 물질적, 정서적, 영적으로 가정생활의 기초를 놓는다는 뜻이다. 한 주석가는 아내의 지혜에 "집안의 안정이 주로 달려 있다"라는 의미라고 썼다.[4]

남편과 아내가 **집안일**에 어떻게 기여할지는 각자의 은사와 재능에 따라 달라진다. 잠언 31장의 아내는 행정가, 중개인, 자선가, 장인(匠人)이었다(31:10 이하). 이것이 모든 아내나 남편의 절대적 모형은 아니다. 각자 자신에게 주어진 것으로 능력껏 기여해 함께 집안을 세우고 경영하면 된다.

─────

(기혼자라면) 당신 부부는 정말 집안일의 공동 경영자인가? (미혼이지만 결혼할 의사가 있다면) 당신의 생각이 이러함을 예비 배우자에게 분명히 밝히겠는가?

오늘의 마중물 기도. 주 예수님, 주님은 우리의 참신랑이요 가장이시지만(엡 5:25) 우리를 종이 아니라 친구로 대해 주님의 일에 동역하게 해 주셨습니다(요 15:15). 장차 우리는 주님과 함께 다스릴 것입니다(딤후 2:12). 각 교회의 남편들도 주님의 형상을 닮아 아내를 그렇게 대하게 하옵소서. 아멘.

잠언 2장 16-17절 16 지혜가 또 너를 음녀에게서, 말로 호리는 이방 계집에게서 구원하리니 17 그는 젊은 시절의 짝을 버리며 그의 하나님의 언약을 잊어버린 자라.

● 결혼

친구. 고대 근동에 일부다처가 흔했으나 잠언은 결혼을 한 남자와 한 여자의 연합으로 규정한다. 그 연합은 너무도 전인격적이라서 일부다처에는 맞지 않는다. 본문의 짝(히브리어로 '알루프')이란 단어는 가장 가까운 친구를 뜻한다(16:28; 17:9). "이는 아내를 반려자가 아니라 재산과 출산 도구로 보던 고대의 흔한 개념과는 거리가 멀다."⁵

여자를 주로 소유물로 보던 문화에서 아내를 유일한 연인이자⁹ᵂ⁵ᵂ 절친한 친구로 대하라는 명령은 세간의 문화적 범주를 뒤흔들어 놓았다. 우정의 특성인 한결같음, 민감함, 사랑으로 서로 진실을 말하는 것, 서로 상담해 주는 것 등이 부부 사이에도 존재해야 한다. 이것이야말로 최고의 결혼관이다. 그 당시 사람들은 낭만적 희열을 맛보거나 친밀한 동반자가 되려고 결혼한 게 아니다. 그런데 잠언에서는 이 두 가지를 다 요구했다.

(기혼자라면) 배우자가 당신의 절친한 친구이거나 그에 가까운가? (미혼이지만 결혼할 의사가 있다면) 당신은 성적 궁합 못지않게 이 부분에도 관심을 기울여 왔는가?

오늘의 마중물 기도. 아버지, 주님은 삼위일체 하나님 사이의 우정으로부터 세상을 창조하셨습니다. 또 저를 예수님의 친구로 삼아 주셨고, 교회 안에서 나누는 영적 우정을 통해 저를 변화시켜 주십니다. 부부는 연인과 동반자만이 아니라 최고의 친구입니다. 그리스도인의 결혼 생활이 그렇게 알려지게 하옵소서. 아멘.

잠언 12장 4절   어진 여인은 그 지아비의 면류관이나 욕을 끼치는 여인은 그 지아비의 뼈가 썩음 같게 하느니라.

● 결혼

존중.   남의 **면류관**이 된다는 말은 상대를 세워 주고 존중한다는 뜻이다. 면류관에는 내면의 자신감과 복원력이 따라온다. 반대로 뼈를 썩게 함은 내면을 약하고 무르게 만든다는 뜻이다. 부부는 서로 덕을 세우고 굳건하게 해 줘야 한다. 사실 부부에게는 서로의 존엄성과 자신감과 자아상을 살리거나 꺾을 수 있는 위력이 있다.

우리의 통상적 자아상은 오랜 세월 많은 사람에게 들은 판결의 집합체다. 그런데 결혼하면 배우자에게 그 모든 판결을 뒤집을 능력이 있다. 세상이 나를 못생겼다고 해도 배우자가 아름답다고 하면 나 자신도 아름답게 느낀다. 부부는 서로에게 입력된 자아상을 대폭 수정해 줄 능력이 있다. 과거의 많은 뿌리 깊은 상처도 서로 치유해 줄 수 있다. 배우자가 그리스도인이어서 나를 그냥 사랑하는 정도가 아니라 그리스도 안의 내 정체성을 가리켜 보이기까지 한다면(갈 3:25-29), 이런 부부는 참으로 서로의 면류관이 될 수 있다.

―――――

(기혼자라면) 당신 부부는 서로를 세워 주는가, 비난할 때가 더 많은가? (미혼이라면) 당신은 배우잣감을 볼 때 부부가 서로의 삶에 행사할 수 있는 심리적 영향력도 고려하는가?

오늘의 마중물 기도.   주님, 주님은 은혜의 말씀으로 우리를 세우십니다(행 20:32). 우리도 공식적으로는 교회 사역을 통해, 비공식적으로는 우정을 통해 서로를 세워야 합니다. 덕을 세우시는 성령을 보내 주옵소서. 우리의 부부 관계가 무엇보다 서로를 비방하지 않고 세워 주는 장이 되게 하옵소서. 아멘.

잠언 21장 9, 19절 9 다투는 여인과 함께 큰 집에서 사는 것보다 움막에서 사는 것이 나으니라 19 다투며 성내는 여인과 함께 사는 것보다 광야에서 사는 것이 나으니라.

● 결혼

다투지 말라. 배우자의 또 다른 본분을 표현하면 다투지 않는 것이다.[6] 여기 다툰다는 개념은 요즘 말로 하면 '잔소리'에 가장 가깝다. 잔소리는 사려 깊은 비판이 아니라[9월 11일] 오며가며 한마디씩 내뱉는 말이다. 신랄하게 불평을 늘어놓고 냉소적으로 동기와 성품을 의심하는 말이다. 잔소리의 두 가지 확실한 신호가 있다. "당신은 항상"이나 "당신은 한번도"라는 말로 시작된다는 것이다. **움막**이나 **광야**에 산다는 은유는 비바람에 노출되는 상황을 연상시킨다. 부부는 서로 면류관이 되어 세워 줘야 하건만[9월 9일] 잔소리는 오히려 상대를 무너뜨린다. 결혼은 세상 풍파에서 벗어나 쉬는 안식처가 되어야 한다. 그런데 잔소리로 공격하면 지붕이나 담장이 없는 것처럼 느껴진다. 삶의 폭풍우를 피할 집다운 집이 없다고 느껴진다.

———

가족이나 친구에게 잔소리가 많은 편인가? 존중하는 자세로 비판하기보다 습관적으로 잔소리하는 사람을 알고 있는가? 그런 사람을 어떻게 도울 수 있겠는가?

오늘의 마중물 기도. 주님, 저는 사랑으로 바로잡아 주기보다 그저 잔소리할 때가 많습니다. 교만하고 잘 참지 못하는데다 제 마음속에 주님의 사랑이 부족합니다. 모든 크리스천 부부들과 이 땅의 모든 교회가 이러한 말의 죄에서 해방되게 하옵소서. 제 입술에도 파수꾼을 세워 주옵소서. 아멘.

잠언 19장 13절 미련한 아들은 그의 아비의 재앙이요 다투는 아내는 이어 떨어지는 물방울이니라.

● 결혼

진실을 말하라. 한 방울씩 계속 새는 물은 무익할 뿐 아니라 해롭다. 잔소리도 천천히 계속 날아드는 뭉툭하고 불쾌한 가시와 화살이다. 낙숫물이 돌조차 뚫을 수 있듯이 잔소리에 관계의 사랑도 고갈된다.

물의 은유에는 부부간의 비판이 어떠해야 하는지도 암시되어 있다. 친구처럼[9월 8일] 부부도 사랑으로 서로 건설적 도전을 가해야 한다(27:5, 17). 비판을 **물방울**처럼 떨어뜨려 아프게 쿡쿡 찌르지 말라. 그래 봐야 비슷하게 성난 반응만 단답식으로 돌아올 뿐이다. 그러지 말고 아예 흠뻑 부으라. 성품을 공격할 게 아니라 시간을 내서 진득이 앉아 문제 행동을 짚어 내라. 변화를 위한 구체적인 방법도 제안하라. 무엇보다 이 모두에 배합해 사랑과 격려를 자주 표현하라. 내 허물과 죄를 배우자보다 더 잘 볼 수 있는 사람은 없다. 자신을 가장 잘 알려면 배우자의 말을 들어야지 다른 방식으로는 어렵다. 부부는 진실한 말로 서로 세우는 법을 함께 배워야 한다. 예수님도 진리로 우리를 세우신다(요 17:17; 엡 5:25-27).

———

(기혼자라면) 당신 부부는 서로의 허물에 대해 사랑으로 진실을 말할 수 있는 사이인가? (미혼이지만 결혼할 의사가 있다면) 당신은 평소에 유익한 방식으로 친구에게 진실을 말하는가?

오늘의 마중물 기도. 주님, 저는 진실을 말하되 매정하게 말하거나 아예 입을 다물곤 합니다. 하지만 매정함도 두려움도 다 제 이기심임을 고백합니다. 저를 치료해 주옵소서! 주님의 공동체와 부부 관계마다 사랑과 지혜로 매일 피차 권면하는 장이 되게 하옵소서. 죄의 유혹으로 완고해지지 않게 하옵소서(히 3:13). 아멘.

잠언 11장 16절 유덕한 여자는 존영을 얻고 근면한 남자는 재물을 얻느니라.

● 결혼

은혜. 오늘 잠언의 첫 단어는 **유덕**하다는 말 외에도 '매력적이다, 아름답다' 등 여러 가지로 번역된다. 그러나 직역하면 '은혜롭다'는 뜻이다. 이런 여자는 매정하지 않아 남에게 은혜를 베푼다. 사랑으로 진실을 말한다면 결혼 생활은 서로의 깊은 성장과 변화를 낳을 수밖에 없다. 그런데 어떤 사람은 '사랑'하기에 비판하거나 지적하지 않는다. 어떤 사람은 '진실'을 말하긴 하는데 사랑이 없다. 사랑 없는 진실은 참진실이 아니고, 진실 없는 사랑은 참사랑이 아니다. 양쪽이 조화되지 않는 한, 진정한 성품의 변화는 불가능하다.

그래서 셋째 성분이 필요하다. 돌멩이를 다듬는 연삭 통에 완충용 가루를 넣어 주면 돌끼리 부딪쳐 깨지지 않고 예쁘게 갈아진다. 그리스도인도 부부 관계에 복음의 은혜를 주입해야 한다. 그리스도인은 "하나님이 그리스도 안에서 너희를 용서하심과 같이"(엡 4:32) 모든 사람을 용서하도록 부름받았다. 결혼 생활에는 일말의 우월감 없이 거저 용서하는 능력, 마지못해서가 아니라 기꺼이 뉘우치는 능력이 요구된다.

———

(기혼자라면) 당신 부부는 서로 은혜를 베푸는가? 사과하고 용서한 뒤 발전된 관계로 나아가는가? (미혼이라면) 당신은 친구에게 은혜를 베푸는 연습이 충분히 되어 있는가? 언제라도 결혼한다면 그대로 부부 관계에 적용할 수 있을 정도인가?

오늘의 마중물 기도. 주 예수님, 신랑 되신 주님은 우리에게 은혜와 용서를 베푸십니다. 장차 영광스럽고 티 없이 거룩해질 우리의 모습을 늘 내다보십니다(엡 5:27). 성령으로 모든 신자에게 그렇게 서로 사랑할 능력을 주옵소서. 특히 주님 백성의 부부 관계마다 이런 은혜로 변화하게 하옵소서. 아멘.

09/13

잠언 31장 10절   누가 현숙한 여인을 찾아 얻겠느냐 그의 값은 진주보다 더하니라.

● 결혼

용기. 부부는 사랑으로 서로 세워 주고, 진실한 말로 잘못을 고쳐 주고, 언제라도 사과하며 용서해야 한다. 하나같이 큰 용기를 요하는 일이다. 단기간의 분노와 상처일지라도 배우자의 상태를 직시하고 진실을 말해 주려면 용기를 내야 한다. 용서할 때도 꿋꿋한 용기가 필요하다.

잠언에 **현숙한** 아내가 여러 번 언급된다(12:4; 31:10; 31:29). 이 단어는 용감하거나 장렬하다는 뜻으로 대개 전사(戰士)에게 쓰였다. 이 낱말로 여자를 수식한 고대 문서를 이상하게 여기는 사람도 있다. 그러나 남편이든 아내든 서로의 본분을 다하려면 똑같이 용기가 필요하다. 걸핏하면 남자가 여자를 비하하는 이 세상에서, 여자도 하나님의 도움으로 용감해져야 할 소명이 있음을 깨닫는 게 중요하다. 제대로 살려면 두려움을 무릅쓰고 옳은 길을 가야 한다. 결혼 생활도 마찬가지다.

(기혼자라면) 배우자의 덕을 세워 주는 것, 배우자에게 진실을 말하는 것, 배우자를 용서하는 것 가운데 당신이 가장 약한 부분은 무엇인가? 그 이유는 용기가 부족해서인가? (미혼이라면) 당신은 혹시 용기가 부족해서 결혼을 제쳐 두고 있지는 않은가? 어떤 조치를 취할 수 있겠는가?

오늘의 마중물 기도. 주님, "지휘관이 되어 군대를 거느리기보다 그리스도인으로서 하나님께 충성되이 순종하는 데 더 용기와 기개가 필요합니다."[7] 부부간에 진실을 말하거나 배우자를 용서할 때도 용기가 필요합니다. 주님 백성의 부부 관계마다 남편과 아내 양쪽 모두에게 용감한 마음을 주옵소서. 아멘.

09 / 14

잠언 31장 11절   그런 자의 남편의 마음은 그를 믿나니 산업이 핍절하지
아니하겠으며.

● 결혼

약한 모습도 내보이라.   오늘 본문 상반절의 히브리어 원문을 직역하면 '남편
은 자기 마음을 그녀에게 맡기나니'가 된다. 부부는 서로의 굳어진 자아상을 수
정해 줄 능력이 있다. ⁹월⁹일 서로를 속속들이 알기 때문이다. 남이 "당신은 친절
한 남자입니다"라고 말한다면 칭찬은 되겠지만 그 사람은 사실 나를 잘 모른다.
그러나 아내가 "당신은 내가 아는 가장 친절한 남자예요"라고 말한다면 그 인정
은 깊이 남는다. 아내는 내 삶을 송두리째 보기 때문이다. 하지만 그렇기에 거
꾸로 배우자가 "당신 참 어리석어요"라고 말한다면 그 상처도 훨씬 깊다. 어떻
게 하면 서로를 세워 주는 막강한 위력을 활용하면서도 그 힘의 불가피한 오용
을 극복할 수 있을까?
이토록 친밀한 관계에 필요한 정서적 안정과 용기를 얻으려면 그리스도인의 궁
극적 자신감과 자존감이 하늘 아버지의 사랑에서 옴을 기억해야 한다. 우리는
그리스도 안에 있기에 아버지께 불변의 사랑을 받는다. 우리의 정체성은 배우
자나 어느 누구도 아닌 그리스도께서 정하신다(갈 3:26-29; 계 2:17).

───────

(기혼자라면) 당신 부부는 그동안 서로 상처를 입혔을 때 복음의 은혜로 능히 극
복했는가? (미혼이라면) 당신의 정체성은 그리스도 안에 뿌리박혀 있는가? 아니
면 당신은 자존감을 남편 노릇이나 아내 노릇에 과도히 의존할 위험이 있는가?

오늘의 마중물 기도.   주님, 주님은 주님의 백성끼리 서로 마음으로 믿도록 명하
십니다. 죄를 서로 고백하고(약 5:16) 사랑으로 서로 권하라 하십니다(롬 15:14). 주
님을 믿기에 우리 서로 능히 약한 모습도 내보이게 하옵소서. 이렇게 마음을 열
고 서로 신뢰하는 자세가 부부 관계마다 자라게 하옵소서. 아멘.

09/15

잠언 31장 13-16절 13 그는 양털과 삼을 구하여 부지런히 손으로 일하며 14 상인의 배와 같아서 먼 데서 양식을 가져오며 15 밤이 새기 전에 일어나서 자기 집안사람들에게 음식을 나누어 주며 여종들에게 일을 정하여 맡기며 16 밭을 살펴보고 사며 자기의 손으로 번 것을 가지고 포도원을 일구며.

● 결혼

근면.　오늘 본문의 가르침에 따르면 결혼은 경제 단위이기도 하다. 많은 연구를 통해 밝혀졌듯이 대체로 기혼자가 싱글보다 경제 사정이 더 좋다. 부부는 서로 부추기고 협력해 가정의 부를 축적한다. 하지만 결혼 생활의 이 유익을 실현하려면 부부가 둘 다 열심히 일해야 한다. 돈 버는 능력도 서로 다르겠고 한쪽이 전업주부로 남을 수도 있지만 궁극적으로 부부는 둘 다 부양자다.

어떤 사람은 잠언 31장의 여인이 너무 이상적이라서 현실에는 존재하지 않는다고 볼멘소리를 한다. 맞다. 하지만 참으로 사랑 많은 사람(고전 13:4-8)이나 참으로 경건한 사람(갈 5:22-23)도 존재하지 않기는 마찬가지다. 이 모든 본문은 복음에 비춰서 읽어야 한다. 우리는 행위로 구원받지 않았다. 그러나 그리스도 안에서 은혜로 구원받은 사람은 우리를 구원하신 그분을 기쁘시게 하고 닮아 가기 위한 지침으로 이런 본문을 사랑한다. 복음으로 난 사람은 이런 모범에 주눅 들지 않고 힘써 순종한다.

성경에 제시된 삶의 기준이 당신에게는 어떻게 보이는가? 너무 무리인가? 주눅이 드는가? 아름다워 보이는가?

오늘의 마중물 기도.　아버지, 예수님의 의를 온전히 의지하지 못하는 제 마음을 고백합니다. 아직도 제 행위에 의지해서 떳떳해지려 합니다. 그런데 율법은 버겁습니다. 그리스도 안에서 안식하게 하옵소서. 감사하는 마음으로 열심히 주님의 율법에 순종할 수 있게 하옵소서. 아멘.

09/16

잠언 31장 12, 17-18절　12 그런 자는 살아 있는 동안에 그의 남편에게 선을 행하고 악을 행하지 아니하느니라 17 힘 있게 허리를 묶으며 자기의 팔을 강하게 하며 18 자기의 장사가 잘되는 줄을 깨닫고 밤에 등불을 끄지 아니하며.

● 결혼

평생 사랑. 이 아내는 지칠 줄 모르고 **밤에도 등불을 끄지 않는다**(31:18). 체력을 묘사하는 표현이지만 그 이상이 담겨 있다. 그녀의 사랑과 섬김은 **살아 있는 동안에** 지속된다(31:12).

현대인이 직접 작성하는 혼인 서약에는 "사랑합니다", "당신은 정말 멋져요", "당신과 함께 있고 싶습니다" 같은 표현이 자주 나온다. 그러나 전통적 서약에는 감정이 전혀 언급되지 않는다. 혼인 서약은 단지 현재의 사랑을 표현하는 게 아니라 미래의 사랑을 약속한다. 사랑이 항상 느껴지지는 않더라도 당장의 감정과 무관하게 사랑하고 정절을 지키고 아껴 주고 측은히 여기겠다는 다짐이다. 결혼은 언약이다. 서약에 힘입어 평생 해로해야 한다. 그렇지 않고서야 어떻게 나를 다 내줄 만큼 상대를 믿을 수 있겠는가? 아울러 힘을 얻으려거든 배우자의 서약에만 의지할 게 아니라 우리의 참신랑이신 그분을 의지하라. 그분은 무슨 일을 당하시든 우리를 끝까지 사랑하신다(요 13:1).

(기혼자라면) 당신 부부는 끝까지 충실하기로 한 혼인 서약에 양쪽 다 철저히 책임지고 있는가? (미혼이라면) 이렇게 약속할 의향이 없거든 결혼할 생각을 하지 말라.

오늘의 마중물 기도. 주 예수님, 주님은 우리를 "끝까지 사랑"하십니다(요 13:1). 목숨이 다하시는 순간까지 언약을 지키셨고, 지금도 끝까지 우리에게 헌신하십니다. 우리도 약속을 지키고, 한번 시작한 일은 끝까지 이루게 하옵소서. 이런 오랜 사랑이 특별히 우리 결혼 생활에 재현되게 하옵소서. 아멘.

잠언 31장 20절   그는 곤고한 자에게 손을 펴며 궁핍한 자를 위하여 손을 내밀며.

● 결혼

섬김의 동역자.   오늘 본문의 아내는 **곤고한 자**의 사정에 적극 관심을 쏟는다. 잠언에서 가르치듯이 지혜로운 의인은 가난한 사람들을 변호하며 너그러이 베푼다(11:24; 28:27; 29:7, 14). 그러니 남편도 아내 못지않게 정의에 헌신해야 한다. 그런데 오늘 잠언의 뜻은 단순히 남편과 아내 개개인이 사회 문제에 힘써야 한다는 게 아니다. 오히려 한 가정으로서 가난한 사람들을 섬겨야 한다는 의미가 함축되어 있다.

예수님은 어려움에 처한 이들에게 집을 개방하라고 우리에게 도전하신다(눅 14:12-13). 노인, 만성 질환자, 한부모, 이주 노동자가 다 거기에 해당한다. 존 뉴턴은 이 누가복음 말씀에 대해 이렇게 썼다. "친구를 대접하는 것이 딱히 불법은 아니라고 생각한다. 그러나 빈민에게 우선권을 주는 것은 어떤 면에서 우리의 의무다. 그런 가르침이 아니라면 나는 이 말씀을 어떻게 이해해야 할지 모르겠다."[8] 부부는 함께 전략을 세워 실질적으로 사랑을 베풀되 특히 가난한 이웃에게 해야 한다(눅 10:25-37).

———

(기혼자라면) 당신 가정은 어려운 형편에 처한 이들을 섬기고 있는가? (미혼이라면) 당신은 가난한 이웃을 사랑하라는 예수님의 명령에 어떻게 순종하고 있는가?

오늘의 마중물 기도.   아버지, 우리의 가정과 교회가 거리와 동네와 도시를 섬기는 중심지가 되게 하옵소서. 우리도 예수님을 닮아, 자기만 기쁘게 하는 게 아니라 이웃과 특히 약한 자들을 기쁘게 하는 사람들이 되게 하옵소서(롬 15:1-3). 아멘.

잠언 31장 23절 그[그녀, NIV]의 남편은 그 땅의 장로들과 함께 성문에 앉으며 사람들의 인정을 받으며.

● 결혼

남편 존중하기. **성문**은 공적으로 모여 송사를 판결하던 자리였다. 요즘의 '시청'에 해당하는 셈이다. 단지 한 성(城)의 장로들이 아니라 **그 땅의 장로들과 함께** 앉았다는 말은 워낙 존경받는 대상이라서 국가 지도자 중 하나가 됐다는 뜻이다. 이 '현숙한 여인'은 이룬 일이 많다. 그런데 이 구절에 보면 **그녀**가 이룬 일 덕분에 **남편**이 권력과 영향력의 자리에 오른다. 그래도 그녀가 억울해했다는 암시는 없다. 이 말씀의 배경에는 아내가 기꺼이 남편의 지도력에 따라야 한다는 성경 전체의 가르침이 깔려 있다(엡 5:22-24).[9] 이런 면에서 그녀는 사도 바울이 지적한 예수님의 역할마저 맡고 있다(빌 2:6). 그분은 모든 면에서 아버지와 동등하신데도 섬기는 역할을 취하셨다. 마찬가지로 성령도 자기보다 예수님을 영화롭게 하신다(요 16:13-14).

다른 사람의 발전과 성공을 도우면 자신의 품위와 그릇이 깎이는 게 아니라 오히려 빛을 발한다. 이 원리가 당신의 머릿속에 정리되어 있는가? 그것이 없이는 결혼 생활이 활짝 피어날 수 없다.

오늘의 마중물 기도. 주 예수님, 자신을 희생해 배우자의 명예와 지위를 높여 주기보다는 본인의 만족과 발전을 바라며 결혼하는 사람이 너무 많습니다. 주님은 우리를 영화롭게 하시려고 영광을 버리고 우리에게 헌신하셨지요. 교회마다 서로 그렇게 대하는 부부로 가득하게 하옵소서. 아멘.

잠언 31장 28-29절 **28** 그[그녀, NIV]의 자식들은 일어나 감사하며[그녀를 복되다 하며, NIV] 그의 남편은 칭찬하기를 **29** 덕행 있는 여자가 많으나 그대는 모든 여자보다 뛰어나다 하느니라.

● 결혼

아내 존중하기. 이상적인 현숙한 여인의 남편과 자녀는 **그녀를 복되다** 한다. 이 말에는 좋은 사람이라는 말 그 이상의 의미가 담겨 있다. '복되다'로 번역된 히브리어 단어는 다방면의 번창 즉 '샬롬'을 가리킨다. 이는 신체적, 심리적, 사회적, 영적으로 지혜롭게 살아갈 때 찾아오는 결과다(3:2, 17). 자녀와 남편이 이구동성으로 그녀의 경건한 삶의 혜택을 누리고 있다고 고백한 셈이다. **남편**은 거기서 더 나아가 아내를 **칭찬**한다. 본문의 히브리어 원어 '할라'는 주님을 찬양할 때('할렐루야') 쓰이는 단어다.

흔히들 남자는 여자만큼 정서적으로 인정해 주거나 애정과 칭찬을 표현하지 못한다고 말한다. 특정한 문화에서나 특정한 기질의 남자라면 그럴지 모르나 이는 결코 옳은 말이 아니다. 그리스도인은 누구나 서로 칭찬하고 존중하도록 부름받았다(롬 12:8). ^{5월 22일의 27:2} 그렇다면 남편은 얼마나 더 수시로 아내를 칭찬해야 하겠는가? 위대한 신랑이신 예수 그리스도가 어떻게 우리에게 복을 주시는지 생각해 보라.

———

(기혼자라면) 당신 부부는 의지적으로 사려 깊게 서로를 축복하는가? (미혼이라면) 당신은 하나님의 가정인 교회에서 다른 사람을 축복하는 일을 실천하고 있는가?

오늘의 마중물 기도. 주님, 이 시대의 많은 사람이 결혼하면 숨이 막히거나 억압당한다고 우려합니다. 그러나 주님은 우리에게 서로 칭찬하고 존중하기를 먼저 하라고 명하십니다. 주 예수님, 남편들에게 주님이 우리를 사랑하시듯 배우자 사랑하는 법을 가르쳐 주옵소서. 아멘.

● 결혼

목양. 오늘 본문에 나오는 아내이자 어머니는 **지혜를 베풀며 인애의 법**(히브리어로 '토라트 헤세드')**을 말한다.** '사랑이 넘치는 가르침'이라는 뜻의 이 원어는 성경적 개념의 목사에게 어울린다. 흔히 '목사' 하면 교회의 안수받은 사역자를 떠올리지만 원래는 목양한다는 뜻으로서 사랑으로 사람을 돌보며 지도하는 것을 가리킨다. 성경은 모든 그리스도인에게 서로 목양할 것을 명한다. 우리는 서로 짐을 지고(갈 6:2), 권하며 조언하며(롬 15:14), 권면해 바로잡아 주고(히 3:13), 격려해 세워 주고(살전 5:11), 성경을 가르치고(골 3:16), 죄를 고백하고(약 5:16), 용서하며 화목해야 한다(엡 4:32).

서로 간의 이런 사역은 신자라면 누구에게나 주어진 것이다. 그러니 부부는 얼마나 더 서로와 특히 자녀를 목양해야 하겠는가! 어떤 의미에서 모든 기독교 가정은 하나의 작은 교회다. 가정이 교회를 대체할 수 있다는 뜻이 아니다. 다만 예배와 기도와 교육과 훈련과 전도와 선교가 모두 가정 차원에서 있어야 함은 분명하다.

당신은 서로 간에 이런 사역에 임해야 할 책임을 이해하고 받아들였는가? 기혼자인 경우 당신 부부는 가정에서 이를 실천하고 있는가?

오늘의 마중물 기도. 주님, 신앙의 가정마다 사랑의 보금자리를 넘어 제자를 길러 내는 공동체가 되게 하옵소서. 부모들은 모두 제사장과 목자가 되어 서로와 자녀를 "그리스도의 장성한 분량이 충만한 데까지"(엡 4:13) 이끌어 주게 하옵소서. 아멘.

잠언 31장 21-22, 24-25절　21 자기 집 사람들은 다 홍색 옷을 입었으므로 눈이 와도 그는 자기 집 사람들을 위하여 염려하지 아니하며 22 그는 자기를 위하여 아름다운 이불을 지으며 세마포와 자색 옷을 입으며 24 그는 베로 옷을 지어 팔며 띠를 만들어 상인들에게 맡기며 25 능력과 존귀로 옷을 삼고 후일을 웃으며.

● 결혼

가사.　완벽한 주택과 가정 만들기를 강조하는 '가사 숭배'는 많은 사람의 비난을 산다. 가사의 책임은 전통적으로 여자의 전유물로 간주되었다. 여자가 집안일에 정신을 쏟아야 공적 생활에 참여할 여력이 없어진다는 것이다. 일부 여성은 이런 사회적 속박에 항거하는 뜻에서 일부러 집을 돼지우리처럼 해 놓고 살기도 한다.[10]

잠언 31장은 이런 양자택일의 틀을 깨뜨린다. 오늘 본문에 그려진 여인은 상업을 통해 사회생활에 깊이 관여하지만, 그 때문에 가정생활을 침해당하지 않고 오히려 더 향상시킨다. 키드너에 따르면, 이번 장에 "가사의 꽃이 만발한다. 보다시피 가사는 좁고 시시한 영역이 아니며 여주인도 하찮은 존재가 아니다."[11] 가정이 진정한 안식처가 되려면 잘 정돈되어 눈을 즐겁게 하고, 또 최대한 회복의 장이 되어야 한다. 꼭 부유해야만 그런 장을 가꿀 수 있는 건 아니다. 다만 창의력과 솜씨와 꾸준한 수고가 필요하다. 이런 여성은 문명을 창출하고 유지한다.

거주 공간에 충분히 주의를 기울이는가? 당신의 집이 함께 사는 사람에게는 물론 집을 방문하는 이들에게도 회복의 장이 되는가?

오늘의 마중물 기도.　주 예수님, 이 땅의 삶은 우리를 지쳐 탈진하게 합니다. 주님이 우리에게 아버지 집의 좋은 방과 최후의 안식을 주실 때까지는 그렇습니다(요 14:2). 그곳의 예고편으로 우리 집을 질서와 재충전의 장으로 가꾸는 법을 가르쳐 주옵소서. 가족과 친구들에게 안식처가 되게 하옵소서. 아멘.

잠언 18장 22절 아내를 얻는(찾는, NIV) 자는 복을 얻고 여호와께 은총을 받는 자니라.

● 결혼

배우자 구하기. 대체로 부모가 결혼을 중매하던 그 시대에 잠언은 가서 배우자를 찾으라고 조언한다. 그리스도인은 어떻게 배우자를 구해야 할까? 첫째, 동료 신자 중에서 찾으라(고전 7:39; 고후 6:14). 여호와를 경외함이 지혜로운 세계관의 근본일진대 어떻게 그리스도인이 아닌 사람을 찾을 수 있겠는가? 둘째, 감탄과 칭찬이 절로 날 만큼 영적인 성품을 갖춘 사람을 찾으라. 상대의 삶에서 성령의 열매(갈 5:22-23)가 아름답게 드러나야 한다.

셋째, 조언을 들으라. 예비 배우자에 대해서만이 아니라 자신이 얼마나 결혼할 준비가 되어 있는지에 대해서도 마찬가지다. 자기 마음에만 충실하고 남의 충고를 거부하는 사람은 지혜의 길을 등진 것이다. 끝으로, 고린도전서 7장에 나오는 바울의 가르침을 잊지 말라. 온전히 완성된 인간이 되려고 결혼할 필요는 없다. 그 일이라면 그리스도와의 연합으로만 가능하다. 그러므로 아쉬워서 하는 결혼은 금물이다. 우리를 참으로 채워 주실 수 있는 배우자는 한 분뿐이다(엡 5:25-33).

———

결혼에 목을 매거나 결혼을 너무 겁내거나 결혼을 과소평가하는 위험 중 당신은 어느 쪽에 가까운가? (당신이 기혼자라면) 결혼하려는 사람에게 가장 해 주고 싶은 조언은 무엇인가?

오늘의 마중물 기도. 주님, 결혼은 아주 선한 일이지만 궁극적인 선은 아닙니다. 우리는 때로 주님의 사랑을 충분하게 누리지 못한 나머지 결혼에 너무 집착하고, 또한 결혼을 너무 두려워합니다. 주님, 결혼해야 하는데 배우자를 찾지 않는 사람도 많고, 주님께 독신으로 부름받았으나 거기에 낙심하는 사람도 많습니다. 우리 모두를 도와주옵소서. 아멘.

잠언 31장 30절 고운 것도 거짓되고 아름다운 것도 헛되나 오직 여호와를 경외하는 여자는 칭찬을 받을 것이라.

● 결혼

종합적 매력. 잠언은 신체적 아름다움에 큰 가치를 부여하지 않는다. 오히려 본문에 **거짓**되다고 되어 있다. 소문만 거창할 뿐 정작 먹을 게 없는 잔치와 같기 때문이다. 여러 연구 결과에 따르면 우리는 매력 없는 사람보다 매력 있는 사람을 더 신뢰하는 경향이 있다. 내면도 외모에 부합하려니 생각해서지만 사실은 전혀 그렇지 않다. 배우잣감을 생각할 때도 우리는 외모적 매력이 덜한 대상이면 진지하게 고려해 보지도 않고 그냥 걸러 내기 일쑤다. 심히 어리석은 일이다. 물리적 아름다움은 덧없는 것이어서 많은 경우 평생을 부부로 사는 동안 그게 유지되지도 않는다.

배우자를 구할 때는 종합적 매력을 봐야 한다. 물론 신체적 매력도 있어야겠지만 그게 주가 되어서는 안 된다. 사랑, 용기, 섬기는 마음, 겸손, 기쁨, 평안 같은 아름다움이 최고의 매력이어야 한다. 아울러 우리는 앞으로 변화될 상대의 모습, 하나님이 성령을 통해 빚고 계신 모습에 끌려야 한다(엡 5:25-27; 빌 1:6). 이런 종합적 매력을 신체적 매력보다 더 중시하면, 세월이 흘러 청춘과 물리적 아름다움이 시들해져도 신체적 매력이 더 깊고 커진다.

매력의 이런 반문화적 개념을 받아들였는가? 그렇지 않다면 늙어 가면서 부부 관계에 어려움이 닥칠 것이다. 미혼인 경우 배우자를 잘못 고를 수 있다.

오늘의 마중물 기도. 주님, 우리 현대인은 표지만 보고 책을 판단해서는 안 된다고 말하면서도 배우자를 고를 때는 외모에 사족을 못 씁니다. 그 결과 오판도 많고 아예 제외되는 대상도 아주 많습니다. 꼭 배우잣감을 찾을 때가 아니더라도 사람을 제대로 볼 줄 아는 눈을 주옵소서. 아멘.

287

잠언 5장 15-19절　15 너는 네 우물에서 물을 마시며 네 샘에서 흐르는 물을 마시라 16 어찌하여 네 샘물을 집 밖으로 넘치게 하며 네 도랑물을 거리로 흘러가게 하겠느냐 17 그 물이 네게만 있게 하고 타인과 더불어 그것을 나누지 말라 18 네 샘으로 복되게 하라 네가 젊어서 취한 아내를 즐거워하라 19 그는 사랑스러운 암사슴 같고 아름다운 암노루 같으니 너는 그의 품을 항상 족하게 여기며 그의 사랑을 항상 연모하라.

● 성(性)

성은 축복이다.　오늘 본문은 간음을 금할 뿐 아니라 부부간의 성을 예찬한다. 여러 생생한 은유로 성적 쾌락을 노골적으로 즐거워한다. 여성의 성은 안으로 움푹 파인 **우물**에 비유되고 남성의 성은 **샘**으로 지칭된다. 남편은 아내의 **품**에 끌려야 하며, **물을 마신다**는 말은 성관계를 통해 성욕을 해갈한다는 뜻이다. 18절은 아예 부부간 잠자리에 하나님의 복을 구한다. 이렇듯 잠언 말씀은 성을 존중하며, 고상한 척하는 기색은 전혀 없다. 신약에도 보면 부부간의 성관계는 선택이 아니라 필수다(고전 7:2,5).

당시에는 남편이 다른 데서 성적 쾌락을 구하는 게 당연시됐다. 그런데 성경은 이중 잣대를 허용하지 않는다. **어찌하여 네 샘물을 집 밖으로 넘치게 하며.** 아내의 성은 남편의 것이고(네 우물) 남편의 성은 아내의 것이다(고전 7:4-5). 이는 부부간에 성적 권위가 대등하다는 표현으로 특히 당시에는 충격적 개념이었다. 그 결속 내에서 성은 참으로 노래하며 흐를 수 있다.

당신이 아는 교회 사람들은 성에 대해 너무 고상한 척하는가? 또는 반대로 성을 부부간에만 국한된 것으로 존중할 줄을 모르는가?

오늘의 마중물 기도.　주님, 성의 의미와 실천 모두에서 주님의 말씀의 가르침은 고대 세계에도 엄청난 충격이었고 지금도 그렇습니다. 고상한 척하는 부류도 방탕한 부류도 똑같이 이에 당황해 격노합니다. 주님의 백성에게 지혜를 주셔서, 주가 지으신 성이라는 선물에서 주님의 지혜를 보고 누리게 하옵소서. 아멘.

잠언 30장 18-20절 **18** 내가 심히 기이히 여기고도 깨닫지 못하는 것 서넛
이 있나니 **19** 곧 공중에 날아다니는 독수리의 자취와 반석 위로 기어 다니
는 뱀의 자취와 바다로 지나다니는 배의 자취와 남자가 여자와 함께한 자
취며 **20** 음녀의 자취도 그러하니라 그가 먹고 그의 입을 씻음같이 말하기
를 내가 악을 행하지 아니하였다 하느니라.

● 성

상품으로 전락한 성. 오늘 본문의 첫 세 장면은 하나가 다른 하나의 영역 속으
로 뚫고 들어가는 그림이다. 여기에 **남자와 여자가 함께한 자취**가 더해지면서,
그 셋이 성관계를 비상(**독수리**)이나 항해(**배**) 같은 기이한 일에 견준 시적 은유임
이 확실해진다. 그런데 20절에서 그 조화가 깨진다. 여기에 비유된 성관계는
비상이 아니라 훔쳐 먹는 행위다. 이런 성은 대단하거나 특별하거나 경이로울
게 없다. 약간 즐기는 사소한 도취일 뿐이다. 누구나 하는 일일 뿐이다.
혼외 성관계는 그 수준으로 전락될 수밖에 없다. 소비자는 물건의 품질과 가격
만 좋으면 판매자와 거래한다. 혼외 성관계는 상품으로 소비된다. 상대의 품질
이 괜찮고 가격만 무난하면 된다. 품질이 나빠지거나 가격이 비싸지면 관계도
끝난다. 애초에 언약이 없었기 때문이다. 본래 성관계는 자신을 철저히 희생하
며 삶 전체를 헌신하는 부부간에만 가능하다. 그럴 때 성은 시장에서 벗어나 무
한한 가치를 지닌다. 시장의 성관계는 더는 비상하지 않고 입을 씻을 뿐이다.

———————

상품으로 전락된 성이 당신이나 가까운 사람들의 삶에도 있는가?

오늘의 마중물 기도. 주님, 성의 가치는 예나 지금이나 똑같이 저평가 되고 있
습니다. 주님의 백성을 이런 시류에서 보호해 주옵소서. 성의 기쁨과 무한한 가
치를 빼앗기지 않게 하옵소서. 아멘.

잠언 30장 18-20절 18 내가 심히 기이히 여기고도 깨닫지 못하는 것 서넛이 있나니 19 곧 공중에 날아다니는 독수리의 자취와 반석 위로 기어 다니는 뱀의 자취와 바다로 지나다니는 배의 자취와 남자가 여자와 함께한 자취며 20 음녀의 자취도 그러하니라 그가 먹고 그의 입을 씻음같이 말하기를 내가 악을 행하지 아니하였다 하느니라.

● 성

성관계는 성욕 이상이다. 20절은 요즘의 현실과 닮았다. 성관계를 성욕으로만 보는 사람이 많다. 잘 차린 식사를 먹는 것보다 성관계에 더 죄책감을 느껴야 할 까닭이 무엇인가? **내가 악을 행하지 아니하였다.** 하지만 성문제에 그렇게 태평해지려면 시간이 걸린다. 본래 인간은 성을 아주 중시해 속마음까지 주려는 성향이 있다. 몸 가는 곳에 마음도 함께 가는 법이다. 하지만 결혼의 전인격적 헌신 없이 육체적 쾌락만 얻는 데 길들여지면 결국 영과 육이 분리된다. 그러면 속마음을 주지 않고도 성관계가 가능해진다. 입을 씻으면 그만이다.

마땅히 성관계는 전폭적 신뢰를 표현하고 심화하는 장이 되어야 한다. 성관계는 무조건 아주 인격적으로 자신을 철저히 내주는 행위다. 하나님이 창조하신 성은 상대에게 "나는 전적으로 당신만의 것입니다"라고 고백하는 몸짓이다. 성관계를 통해 진심으로 그렇게 고백한다면 시간이 갈수록 부부는 정말 떼려야 뗄 수 없는 하나가 된다. 서로의 것이 된다. 반대로 성욕뿐인 성관계는 음식처럼 되고 만다. 늘 뻔해서 권태로워진다. 경이가 하나도 남지 않는다.

하나님이 창조하신 성 관념과 결혼관은 철저히 지금 문화에 반대된다. 당신은 그것이 맞다고 생각하는가? 왜 그런가? 혹은 왜 그렇지 않은가?

오늘의 마중물 기도. 주님, 우리 사회가 쏟아 내는 이야기는 성을 아예 구원으로 삼거나 반대로 너무 흔해 빠지게 만듭니다. 주님, 이런 왜곡된 사고와 마음에서 주님의 백성을 보호해 주옵소서. 결혼 여부를 떠나 그리스도인이라면 마땅히 성의 참된 본질이 언약의 사랑임을 알게 하옵소서. 아멘.

잠언 11장 22절 아름다운 여인이 삼가지 아니하는 것은 마치 돼지 코에 금 고리 같으니라.

● 성

과대평가된 성. 우리 문화는 성을 과소평가하면서 동시에 과대평가한다. 성 관계를 평생의 헌신 없이도 얻을 수 있는 상품이나 성욕으로만 대하는 쪽은 과소평가에 해당한다. 그러나 과대평가도 있다. 오늘 본문의 풍자적 잠언에 아름다운 **금 고리**가 등장한다. 하도 예뻐서 만져 보고 싶다. 하지만 진흙과 구정물을 뒤집어쓴 돼지가 그 고리에 연결되어 있음을 보지 못하면 순식간에 내 옷까지 엉망이 된다. 아름다워서 만지려 했는데 정작 딸려 온 것은 오물 덩어리다. "어떤 바보가 그런 짓을 하겠는가?"라고 반문할 수 있다. 그러나 겉보기에 말쑥해서 신체적 매력은 있으나 이기적이고 미성숙하고 매정한 사람을 사귄다면, 그가 바로 그런 바보라고 현자는 말한다. 금 고리에 눈이 멀어 돼지를 보지 못할 사람은 멍청이뿐이다. 내면의 성품보다 외적인 미를 더 중시하는 사람도 바보뿐이다.[12] 많은 사람이 예수님의 참된 아름다움을 놓쳤다. 겉보기에는 그분이 볼품없었기 때문이다(사 53:2).

———

성적 매력을 과대평가할 때 나타나는 악영향을 당신이 경험하거나 다른 사람에게서 본 적이 있는가?

오늘의 마중물 기도. 주님, 주님의 성품은 무한히 아름다우셨으나 육신은 그렇지 않았습니다. 겉모습에 현혹되지 않고 참된 아름다움을 식별하는 법을 가르쳐 주옵소서. 이런 영적 통찰이 우리의 결혼만이 아니라 모든 대인관계 방식에 녹아들게 하옵소서. 아멘.

잠언 11장 22절 아름다운 여인이 삼가지 아니하는 것은 마치 돼지 코에 금 고리 같으니라.

● 성

외모 지향 사회. 특히 남자는 여자를 외모로 평가하는 경향이 있다. 본문의 은유도 그래서 나왔다. 오늘은 이런 태도가 어떻게 모든 사람에게 해로운지 살펴보려 한다. 우선 외모 지향은 남녀 관계를 해친다. 여자는 미모에 반응하는 남자들을 보며 남자를 존중하는 마음이 줄어든다. 동시에 여자의 자아상과 삶도 피해를 입는다. 날씬하고 균형 잡힌 몸매, 조막만 한 얼굴, 매끈한 피부를 여자로서 과도하게 중시하지 않기가 어려워진다. '남자고 여자고 다 외모로 나를 평가하는데 왜 나만 성품에 신경 써야 하는가?' 이런 유혹이 여자에게 솔깃해진다. 나아가 미모 중독은 포르노 산업을 부추긴다. 포르노는 젊고 예쁜 여자만 성적 매력이 있다는 남자들의 환상을 굳혀 준다. 또 포르노를 통해 남자는 진정한 대인관계를 가꾸는 귀찮고 두려운 수고 없이 즉석에서 성적 쾌락을 얻을 수 있다. 끝으로 백 점짜리 훌륭한 신붓감을 코앞에 두고도 알아보지 못하는 남자가 많다. 포르노 속의 미녀들만큼 예쁘지 않다는 이유로 '걸러 냈기' 때문이다. 이렇듯 미모의 우상화는 우리 개개인은 물론 사회 전체를 망쳐 놓는다.

신체적 매력을 과대평가하는 우리 문화의 해악으로 그밖에 또 무엇이 있겠는가?

오늘의 마중물 기도. 주님, 이 시대의 악을 기도로 물리치기 원합니다. 주님의 백성을 비롯해 주님이 지으신 모든 것을 보호해 주옵소서. 포르노 산업을 키우는 사람들이 그 악을 깨닫게 하옵소서. 포르노의 해악을 억제해 주시고, 인간성을 말살하는 그 위력에서 사람들을 구원해 주옵소서. 아멘.

잠언 23장 22-24절 22 너를 낳은 아비에게 청종하고 네 늙은 어미를 경히 여기지 말지니라 23 진리를 사되 팔지는 말며 지혜와 훈계와 명철도 그리 할지니라 24 의인의 아비는 크게 즐거울 것이요 지혜로운 자식을 낳은 자는 그로 말미암아 즐거울 것이니라.

● 자녀 양육

의를 가르치라. 전통적으로 부모는 자녀를 엄히 징계했다. 현대의 관점은 자녀 스스로 발견해 나가도록 부모는 지지해야 한다는 것이다.[13] 그러나 잠언에서 가르치는 자녀 양육의 최종 목표는 단지 통제하거나 인정해 주는 게 아니라 자녀를 지혜롭고 의로워지도록 가르치는 데 있다.

고금의 도덕적 지혜를 자녀 스스로 정립하기를 기대하는 것은 미련한 일이다. 사람이 옳고 그름의 기준을 세울 수 있게 된 건 부모가 정확히 잘 가르쳐서가 아니라 일단 가르쳤기 때문이다. 부모가 일관된 선악의 개념을 심어 주려 했다면, 설령 나중에 자녀가 그 전체나 일부를 저버린다 해도 적어도 도덕적 비판력은 생긴다. 반면에 부모가 자녀를 기준 없이 제멋대로 자라게 둔다면 이는 직무 유기다. 하늘 아버지가 우리에게 해 주신 일을 우리도 자녀에게 해 줘야 한다. 그분은 예수님을 통해 우리에게 아버지로서의 가르침을 주셨다(요 14:24).

이러한 관점의 자녀 양육은 어떻게 전통적 관점과 현대적 관점을 둘 다 견제하는가? 이것을 잘하는 가정을 본 적이 있는가? 그들에게서 가장 배울 점은 무엇인가?

오늘의 마중물 기도. 주님, 주님의 말씀의 가르침과 상반되게 막강한 영향력을 행사하는 것들이 우리 사회에 너무도 많습니다. 이전 어느 때보다도 부모가 자녀의 교사가 되어야 하는데, 어떻게 SNS와 경쟁할 수 있겠습니까? 우리에게 지혜가 필요합니다. 성령이 우리 자녀들의 마음속에 역사하셔야 합니다. 아멘.

잠언 3장 11-12절; 23장 25-26절 11 내 아들아 여호와의 징계를 경히 여기지 말라 그 꾸지람을 싫어하지 말라 12 대저 여호와께서 그 사랑하시는 자를 징계하시기를 마치 아비가 그 기뻐하는 아들을 징계함같이 하시느니라 …… 25 네 부모를 즐겁게 하며 너를 낳은 어미를 기쁘게 하라 26 내 아들아 네 마음을 내게 주며 네 눈으로 내 길을 즐거워할지어다.

● **자녀 양육**

서로 즐거워하는 사이. 부모의 주된 임무는 자녀에게 옳고 그름, 선과 악을 가르치는 일이다. 그런데 이 일은 서로 즐거워하는 분위기 속에서 이루어져야 한다. 교과 내용에 해박한 교사도 험악한 분위기를 조성할 수 있는데, 그러면 학생은 두려워서 시늉은 할지언정 배우고 싶은 마음이 싹 달아난다.

잠언은 부모에게 **징계**와 처벌을 명한다. 다만 그 모든 배후에 자녀를 사랑하고 즐거워하는 마음이 있어야 하고, 자녀에게도 그게 훤히 보여야 한다. 가정에는 사랑과 기쁨과 경이가 수시로 일관되게 표현되어야 한다. 자녀의 선행을 '찾아서' 기회 있는 대로 칭찬해 줘야 한다. 늘 서로 불평하고 노엽게 하는 습관적인 말투를 삼가라(엡 6:4; 골 3:21). 부모가 강직하고 선악의 개념이 일관되며 자녀를 즐거워한다면, 설령 장성해서 그 가치관을 다 따르지는 않더라도 어엿한 성인으로 양성된다. 양육하는 자녀에게 즐거워하는 마음을 보이지 않는 부모는 임무에 실패한다.

———

이것을 잘하는 가정을 본 적이 있는가? 그들에게서 가장 배울 점은 무엇인가?

오늘의 마중물 기도. 주님, 주님은 말씀하시기를 선지자를 통해 부모의 마음을 자녀에게로, 자녀의 마음을 부모에게로 돌이키게 하겠다고 하셨습니다(말 4:6). 이제 주님의 은혜로 모든 기독교 가정과 모든 신자에게 그런 심령을 주옵소서. 우리가 세대 간에 서로를 즐거워하게 하옵소서. 아멘.

잠언 19장 18절 네가 네 아들에게 희망이 있은즉 그를 징계하되 죽일 마음은 두지 말지니라.

● 자녀 양육

자녀를 징계하라. 여기 **징계**한다는 단어는 처벌한다는 뜻이다. 부모의 주목표는 사랑과 기쁨의 분위기에서 ^{9월 30일} 의를 가르치는 일인데, ^{9월 29일} 그러려면 주된 방법 중 하나로 자녀에게 경계선을 정해 준 뒤 자녀가 그 선을 벗어날 때마다 일관된 결과를 부과해야 한다. 왜 그럴까?

세상에는 순리가 있어 이를 어기면 응분의 결과가 따른다. 부모가 자녀의 삶 속에 잘 조절된 불쾌한 결과를 들이지 않으면, 나중에 자녀가 세상에 나가 훨씬 더 고통스럽고 해로운 결과를 자초한다. 지금 작은 슬픔을 가하면 훗날 큰 절망을 면한다. 자녀가 어렸을 때부터 부모가 징계하면 그 자녀는 부모의 훈육을 내면화해서 절제를 배울 희망이 있다. 그러나 징계하지 않는 부모는 **죽일 마음**을 두는 것과 같다. 강경한 표현이지만 맞는 말이다. 하나님의 자녀 양육은 온전해서 그분은 우리 유익을 위해 때로 징계하신다. 그분이 우리 삶 속에 들여놓으시는 징계 때문에 지금은 분명 힘이 드는 게 사실이다. 그분도 아신다. 하지만 그 징계를 통해 반드시 생명의 열매를 맺는다(히 12:9-11).

이 일을 잘하는 가정을 본 적이 있는가? 그들에게서 가장 배울 점은 무엇인가?

오늘의 마중물 기도. 주님, 주님이 지으신 세상은 미련한 행위와 죄를 아주 무시무시한 응분의 결과로 벌합니다. 주님의 백성을 도우셔서 가정과 교회마다 징계를 시행하게 하옵소서. 우리 삶과 마음에 자제력을 길러 이 세상을 탈없이 살아가게 하옵소서. 아멘.

잠언 29장 15절 채찍과 꾸지람이 지혜를 주거늘 임의로 행하게 버려 둔 자식은 어미를 욕되게 하느니라.

● **자녀 양육**

채찍. **채찍**을 들라는 잠언의 지침에 많은 현대인들이 우려를 표한다. 아동 학대는 물론 큰 악이다. 체벌에 대한 현대의 논란은 정당하지만 너무 복잡해서 여기서 다룰 수 없다. 다만 잠언에서 우리는 다음 몇 가지를 배울 수 있다. 첫째, 채찍은 고대 사회에서 범죄자를 벌할 때 쓰였으므로 대체로 권위와 징계의 상징이었다. 따라서 부모에게 채찍질을 명하는 잠언에는 체벌의 가능성도 포함되지만 훨씬 그 이상의 의미가 있다.[14] 둘째, 잠언은 결코 채찍을 만능 해결사로 보지 않는다. 누구도 징계를 자녀 양육의 본질로 본다든지 체벌이 징계의 핵심인 양 거기에 과잉 의존해서는 안 된다. 오늘 본문에서 보듯이 조리 있게 꾸짖는 말이 징계에 병행되어야 한다.

잠언은 가혹한 징계를 일삼는 부류를 은연중에 시종 단죄한다. 잠언의 전반적 어조인 "논리적 접근과 진지한 애정"을, 잠언 속 부모들의 말에서 배어나는 온정과 사랑을 보아 알 수 있다.[15] 브루스 월키는 "부모가 잠언서의 채찍 교리를 빙자해 자녀를 잔인하게 다루어서는 안 된다"라고 썼다.[16]

자녀를 체벌한다는 이 지혜를 어떻게 생각하는가? 어떤 경우 자칫 거기에 과잉 의존할 수 있겠는가?

오늘의 마중물 기도. 주님, 주님은 은혜로 구원하시지만, 우리를 정말 사랑하시기에 죄에 빠지도록 두실 수 없어 징계도 하십니다(히 12:4-11). 주님은 너무 느슨하시거나 가혹하신 적이 한 번도 없이 자상한 애정에 엄격한 징계를 더하십니다. 우리도 교회마다 가정마다 똑같이 행하게 하옵소서. 아멘.

잠언 13장 24절　매를 아끼는 자는 그의 자식을 미워함이라 자식을 사랑하는 자는 근실히 징계하느니라.

● 자녀 양육

조종에 넘어가지 **말라.**　자녀 양육에 요구되는 게 아주 많지만 결코 **징계**를 빼놓아서는 안 된다. 지켜야 할 선은 아주 명확해야 하고, 어겼을 때의 결과는 철저히 일관되어야 한다. 징계를 진지하게 시행하되 자녀를 노엽게 하거나 말로 기를 죽여서는 안 된다. 그러면 진짜 문제는 부모와 의지를 가지고 싸우는 게 아니라 자제력의 싸움임을 자녀가 차차 알게 된다. 자제할 줄 모르면 세상과 삶 자체가 우리에게 두고두고 벌을 가한다. 징계는 자녀만이 아니라 부모에게도 힘든 일이다. 자녀는 벌을 받으면 본능적으로 자기 연민으로 비통해하며 "나를 사랑하지 않는 거지요!"라고 소리를 지른다. 하지만 잠언에서는 징계하지 않으면 자녀를 미워하는 것이요 징계하면 사랑하는 거라고 경고한다. 그러니 감정으로 조종하려는 자녀에게 넘어가지 말라. 마음이 약해져서 징계를 거두는 부모는 자신만 사랑할 뿐 자녀를 사랑하지 않는 것이다.

자녀를 훈육하려면 부모에게도 훈련이 필요하다. 자칫 사랑으로 하지 않고 홧김에 벌하기 쉽다. 소파에 앉아 빈말로 위협하면서 자꾸 언성을 높여 역정을 내서는 안 된다. 부모는 자녀의 모든 불순종에 즉각 반응하되 침착해야 하며, 반드시 징계를 시행해야 한다.

───────

이 일을 잘하는 가정을 본 적이 있는가? 그들에게서 가장 배울 점은 무엇인가?

오늘의 마중물 기도.　주님, 불완전한 사람을 사랑하려면 희생이 따릅니다. 주님도 저를 구원하시려고 고난을 당하셨지요. 우리도 대가를 치르지 않고는 자녀를 징계하거나 누군가에게 충고할 수 없습니다. 주님, 제게 힘 주셔서 저도 능히 그 대가를 치르게 하옵소서. 아멘.

잠언 22장 15절 아이의 마음에는 미련한 것이 얽혔으나 징계하는 채찍이 이를 멀리 쫓아내리라.

● 자녀 양육

잠재된 악. **아이**는 본래 티 없이 순수하지만 사회에서 미움을 배울 뿐이라고 생각하는 사람이 많다. 그러나 이 구절에 따르면 **미련한 것**이 우리의 천성이다. 미련한 사람은 현실 곧 하나님의 창조 질서와 동떨어져 있어 해를 자초한다. 아이는 날 때부터 이기적이고, 남의 감정을 이해하지 못하며, 자신의 행동이 남에게 어떤 영향을 주는지를 모른다. 이런 기본부터 모두 가르쳐야 한다.

이 교훈을 우리는 배우고 또 배워야 한다. 20세기 초에 성장한 아서 M. 슐레진저는 "우리는 배운 대로 성선설을 믿었다. ...... 인간이 완전해질 수 있다고 믿었다. 그러나 히틀러와 스탈린, 집단 처형장과 강제노동 수용소에 대해서는 사회가 우리를 전혀 준비시켜 준 바가 없다"라고 썼다.[17] 모든 아이의 마음속에 잠재된 악과 미련함을 부모가 모른다면 이 또한 똑같이 비참한 일이다. **채찍**의 **징계**가 반드시 체벌은 아니라고 앞서 말했지만, 그래도 벌은 벌이다. 엄하고 따끔한 징계다. 모든 아이의 마음 깊이 죄와 미련함이 박혀 있을진대 이를 뿌리 뽑으려면 말 이상이 필요하다.

인간 본성과 자녀 양육을 이렇게 보는 관점은 철저히 반문화적이다. 우리는 나면서부터 미련하다는 말에 수긍이 가는가? 왜 그렇게 생각하는가?

오늘의 마중물 기도. 주님, 우리 자녀들은 하나님의 형상대로 지음받은 한없이 귀한 존재지만 또한 나면서부터 죄인입니다. 교회마다 이 두 진리를 확실히 염두에 두고 아이들을 교육하게 하옵소서. 사랑으로 엄하게, 진리와 눈물로 기르게 하옵소서. 아멘.

잠언 4장 3-4절; 20장 7절   3 나도 내 아버지에게 아들이었으며 내 어머니 보기에 유약한[내 어머니가 소중히 아끼는, NIV] 외아들이었노라 4 아버지가 내게 가르쳐 이르기를 내 말을 네 마음에 두라 내 명령을 지키라 그리하면 살리라 …… 7 온전하게 행하는 자가 의인이라 그의 후손에게 복이 있느니라.

● 자녀 양육

지혜 물려주기.   어떻게 하면 지혜를 자녀에게 물려주어 자녀가 이를 자신의 것으로 삼을 수 있을까? 본문에 세 가지 요인이 나와 있다. 첫째는 **말**이다(4:4). 부모는 입을 열어 가르쳐야 한다. 둘째는 **온전하게 행하는** 삶이다(20:7). 온전하다는 단어는 완벽하다는 뜻이 아니라 언행이 일치한다는 뜻이다. 자녀는 눈에 보이는 위선에 매우 민감하다. 위선은 지혜를 물려주려는 모든 노력을 부질없게 만든다. 내 행동은 내가 고백하는 신앙과 일치하는가? 자녀를 포함해서 남에게 잘못했을 때는 회개하고 사과하는가?

무엇보다 가장 중요한 것은 자녀를 **소중히 아껴 줘야** 한다(4:3). 자신이 부모에게 무조건 사랑받는 존재임이 자녀의 마음에 느껴져야 한다. 어느 연구가가 장성해서도 부모의 기독교 신앙을 뒤이은 청년들을 인터뷰했다. 핵심 요인은 교회 출석이나 가정 예배나 엄격한 훈육이 아니었다. 부모에게 무슨 말을 털어놓아도 여전히 사랑받으리라고 느꼈던 것이 그들이 꼽은 주요 원인이었다.[18]

부모의 신앙과 가치관을 자녀에게 잘 물려준 가정을 본 적이 있는가? 그들에게서 배울 점은 무엇인가?

오늘의 마중물 기도.   주 예수님, 주님은 지혜로운 말씀과 아름다운 삶과 무조건적인 사랑으로 우리 안에 주님을 사랑하는 마음을 부어 주셨습니다. 우리도 똑같이 실천하도록 가르쳐 주옵소서! 부모로서, 친척으로서, 친구로서, 이웃으로서 우리의 다음 세대들을 주께로 이끌게 하옵소서. 아멘.

잠언 22장 6절 마땅히 행할 길을 아이에게 가르치라 그리하면 늙어도 그 것을 떠나지 아니하리라.

● **자녀 양육**

다양한 결과들. 일각에 따르면 **마땅히 행할 길**을 가르친다는 말은 자녀의 개성을 존중해 각자의 길을 찾도록 도와주어야 한다는 뜻이다. 반면에 마땅히 행할 길을 단순히 만인의 옳은 길로 해석하는 사람도 있다. 이런 중의성은 의도적인 것일 수 있다. **늙어도** 부모에게 배운 대로 사는 자녀가 있고 그렇지 않은 자녀도 있는데, 그 이유가 신비에 싸여 있기 때문이다. 자녀의 삶이 잘못되면 누구 책임인가? 자녀가 미련한 성인으로 자란 게 부모가 양육에 실패한 결과일 때도 있다(29:15). 그러나 어떤 자녀는 부모가 제대로 꾸짖어도 소귀에 경 읽기다(13:1; 17:21). 꾸지람을 듣고 변화하든지 듣지 않고 미련하게 살든지 본인의 선택이 인생 노선을 결정한다(1:10-18).

요컨대 잠언에 따르면 자녀가 커서 어떤 사람이 될지는 세 가지 요인으로 결정된다. 타고난 마음(천성)과 부모에게 받는 양육(교육)과 본인의 선택이다. 이 셋의 복잡한 상호작용을 하나님 외에는 누구도 통제할 수 없다(21:1). 그래서 부모의 마지막이자 가장 강력한 자원은 사람의 마음을 여시는 하나님께 기도하는 일이다.

제대로 한 것 같은데도 부모의 신앙과 가치관을 자녀에게 물려주지 못한 가정을 본 적이 있는가? 그들에게서 배울 점은 무엇인가?

오늘의 마중물 기도. 주님, 저는 자녀의 선택을 너무 제 책임으로만 느껴 눌릴 때도 있고, 반대로 너무 책임감이 없게 행동할 때도 많습니다. 주님이 부모이자 성인인 우리를 사용하셔서 우리 아이를 주님께로 이끌게 하신 것은 알지만, 우리 아이의 마음은 우리 손이 아니라 주님 손에 있습니다. 아이를 위해 더 경건하고 언행이 일치되게 살되 아이를 주님께 온전히 맡기게 도와주옵소서. 아멘.

10/07

잠언 15장 20절; 30장 11, 17절   20 지혜로운 아들은 아비를 즐겁게 하여도 미련한 자는 어미를 업신여기느니라 …… 11 아비를 저주하며 어미를 축복하지 아니하는 무리가 있느니라 17 아비를 조롱하며 어미 순종하기를 싫어하는 자의 눈은 골짜기의 까마귀에게 쪼이고 독수리 새끼에게 먹히리라.

● 자녀 양육

부모를 공경하라.   자녀는 부모를 어떻게 대해야 할까? "네 부모를 공경하라"(출 20:12). 부모를 사랑하거나 칭송하라고 하지 않았다. 미련하거나 악한 부모를 둔 사람도 있어서다. 부모에게 순종하라고 하지도 않았다. 때가 되면 장성해서 더는 부모의 감독을 받지 않기 때문이다(마 19:5; 갈 3:23-25).

부모가 어떤 사람이고 내 나이가 몇이든, 모든 부모를 바로 대할 길은 공경과 존중뿐이다. 부모님을 업신여기거나 저주하거나 조롱하지 말고 **축복**하라. 우리 마음과 양심에도 그게 필요하고 사회에도 필요하다. 명절이나 모임 때 이런저런 방식으로 존중을 표하라. 전화를 걸거나 SNS를 활용해도 좋다. "이건 아버지(어머니)께 배웠습니다"라고 정당한 공로를 인정해 드리라. 부모님을 어떤 틀에 얽어매지 말고 부모님이 원하시는 대로 변화되게 도와드리라. 잘못하신 부분이 있다면 용서하라. 이런 식으로 하면 내가 모르는 부모님의 희생까지도 존중하게 된다. 다음 세대에게도 본이 되어 내 자녀가 노년의 나를 어떻게 대해야 할지 알게 된다.

당신은 어떤 식으로 부모님을 공경해 왔는가? 혹시 개선할 점이 있는가?

오늘의 마중물 기도.   아버지, 부모에 대한 감정이 복잡한 사람이 많습니다. 육신의 부모만 볼 게 아니라 참아버지이신 주님을 보게 하옵소서. 주님은 우리에게 꼭 필요한 사랑을 베푸실 뿐 아니라 부모님을 주셔서 여러모로 우리를 섬기게 하셨습니다. 그러니 부모님을 공경할 줄 알게 하옵소서. 아멘.

잠언 10장 1절   지혜로운 아들은 아비를 기쁘게 하거니와 미련한 아들은 어미의 근심이니라.

● 자녀 양육

죄의 사회적 차원.   개인의 죄는 언제나 사회에 영향을 미친다. 어떤 남자가 몰래 포르노를 볼 수 있다. 그러나 이로써 본인이 사회 내 여성을 대하는 왜곡된 방식에 영향을 받을 뿐 아니라 시장이 형성되어 다른 누군가에게도 포르노가 보급된다. 어떤 여자가 나는 나 외에 누구의 것도 아니라며 자살할 권리를 주장할 수 있다. 그러나 굳이 신을 들먹이지 않더라도 이는 잘못된 일이다. 그녀를 사랑해서 그 자살에 망연자실해질 사람들이 있다. 그녀가 무슨 권리로 그들의 삶을 어둡게 하거나 아예 망쳐 놓는단 말인가?

사실 우리는 어쩔 수 없이 서로 맞물려 있다. 지금의 내가 되기까지는 내 선택만 있었던 게 아니라 좋은 쪽으로든 나쁜 쪽으로든 누군가의 사랑과 대우가 있었다. 나는 다른 사람에게, 다른 사람은 나에게 진 빚이 많다. 이렇듯 내 죄와 미련한 행위는 누군가에게 근심을 주므로 이중으로 유죄다. 오늘 본문이 일러주는 현실은 이렇다. "인간이 서로 묶여 있지 않다면 삶은 훨씬 덜 괴롭겠지만 한없이 더욱 빈곤해진다."[19] 혼자만 떨어져 나오면 **근심**을 덜지만 **기쁨**도 줄어든다.

당신의 죄가 관계에 미치는 영향을 본 적이 있는가? 어떤 영향이었는가?

오늘의 마중물 기도.   주님, 섬처럼 따로 떨어져 있는 사람은 없습니다. 제가 몰래 하는 일이 주위 사람들에게, 더불어 살아가는 방식에 영향을 미칩니다. 제 죄는 일차로는 주님께 짓는 것이지만(시 51:4) 이차적으로는 같은 인간에게 짓는 것이기도 합니다. 이 점을 명심하게 하옵소서. 저를 오늘도 죄에서 지켜 주옵소서. 아멘.

잠언 17장 2절 슬기로운 종은 부끄러운 짓을 하는 주인의 아들을 다스리겠고 또 형제들 중에서 유업을 나누어 얻으리라.

● 자녀 양육

가정이 우상이 되지 않도록. 전통 사회는 현대 사회보다 훨씬 가정 지향적이지만 자칫 가정을 우상화할 수 있다. 그런 환경일수록 자격 미달인 사람이 혈육이라는 이유로 지도자로 뽑힐 때가 많다. 잠언은 가정의 중요성을 높이 평가하지만 그럼에도 개인의 가치를 혈통보다 앞세운다.

현대인은 "학력보다 인맥이 중요하다"라고 냉소적으로 말하지만 잠언은 그렇게 지도하지 않는다. 오늘 본문의 지혜로운 가장은 **아들**보다 **종**이 사업을 훨씬 잘 운영함을 보고 그 종을 높여 상속자로 삼는다(**유업을 나누어 얻으리라**). 성품과 실력이 혈연관계보다 중시된다. 이 원리는 신약에도 나타난다. 우리가 하나님의 집에서 유업을 받음은 결코 인종과 사회적 지위 때문이 아니라 오직 예수 그리스도를 믿음으로 말미암은 결과다(마 8:11-12; 고전 1:27-31; 갈 3:26-29). 내부인의 특혜와 지위가 세상에서는 큰 의미가 있지만 하나님께는 아무것도 아니다.

———

자격과 실적보다 혈통을 앞세우다 일이 틀어진 경우를 본 적 있는가?

오늘의 마중물 기도. 주님, 인종과 혈연보다 "성품의 내실"이 더 중요하다는 명언[20]이 나오기 아주 오래전부터 주님의 말씀에는 이미 그렇게 밝혀져 있었습니다. 가족을 사랑하고 가족에게 충실한 나머지 눈이 멀어 그들의 허물과 결함을 보지 못하는 일이 없게 하옵소서. 아멘.

잠언 17장 6절 손자는 노인의 면류관이요 아비는 자식의 영화니라.

● 자녀 양육

영적 자손. 여기 **면류관**은 손주만이 줄 수 있는 남다른 기쁨을 뜻한다. 날마다 쩔쩔매며 정신없이 자식을 키울 때는 부부간의 사랑도, 부모의 사랑을 먹고 자라나는 새 생명의 경이도 한 걸음 물러나 만끽하기가 어렵다. 그런데 손주의 얼굴은 그 무엇과도 다르게 자녀, 배우자, 부모, 내 유년기 등의 추억을 불러일으킨다. 손자나 손녀를 통해 우리 마음에 아무도 열 수 없는 방이 새로 열린다.
그럼에도 브루스 월키가 지적했듯이 구약에서는 무자식이 저주였으나 그리스도 이후로는 그런 말이 나오지 않는다. "반대로 …… 생물학적 자녀가 없으신 예수 그리스도는 교회에 복을 주어 육적 재생산이 아니라 영적 재생산을 하게 하셨다(마 28:18 이하; 눅 24:50 이하; 요 20:22)."[21] 《천국과 지옥의 이혼》(The Great Divorce, 홍성사 역간)에 보면 골더즈 그린의 사라 스미스는 자식이 없었으나 그녀에게 영적으로 양육받은 무수한 남녀가 천국에서 그녀를 에워싼다.[22] 그리스도를 믿는 사람은 모두 영적으로 한 가족이다(막 3:31-34). 어떤 사람은 육적 자손보다 영적 자손이 훨씬 많을 수 있다(고전 4:14-15).

당신이 아는 신자 가운데 사라 스미스처럼 육적 자손보다 영적 자손이 훨씬 많은 사람이 있는가?

오늘의 마중물 기도. 주님, 자녀와 손주를 둔 사람들은 새 세대를 보는 남다른 기쁨으로 주님을 찬양합니다. 그러나 주님의 가족이 진짜 가족임을 우리에게 가르쳐 주옵소서. 오늘도 다른 사람의 신앙 성장을 힘써 도와 영원히 주님과 교제하며 우리와 함께 살 영적 자손을 낳게 하옵소서. 아멘.

10/11

잠언 17장 17절   친구는 사랑이 끊어지지 아니하고 형제는 위급한 때를 위하여 났느니라.

● 자녀 양육

힘이 되어 주는 가족.   성경은 가정을 중시하면서도 가정을 우상화하지 못하게 한다. 친구(18:24)나 직장 동료(17:2)가 형제보다 나을 때도 있다. 가장 참된 형제 자매와 아들딸은 그리스도 안의 다른 신자다(요 1:12-13; 딤전 5:1-2). 그러므로 무조건 가족 관계가 우선시되어서는 안 된다.

그래도 가족 간의 정은 유난히 끈끈할 수 있으며, 특히 어려울 때 가장 빛을 발한다. 늘 가까이 있는 친구와 달리, 나와 친하게 어울릴 마음이 없는 가족도 있을 수 있다. 내 쪽에서도 친구로 삼고 싶지 않을 수 있다. 그래도 다급하고 **위급한 때**는 대개 가족이 큰 희생도 마다하지 않고 곁을 지킨다. 예수님처럼 그들도 풀무불 속을 나와 함께 다닌다(단 3:25).

───────

오늘 본문에 밝혀진 진리의 사례를 당신이나 주위 사람들의 삶에서 본 적이 있는가?

오늘의 마중물 기도.   아버지, 그동안 음침한 골짜기를 저와 함께 통과해 준 가족과 친구들을 허락해 주심에 감사드립니다. 무엇보다 예수님께 감사드립니다. 참으로 "형제보다 친밀"하신(18:24) 예수님만이 사망의 문 너머, 우리를 위해 쟁취하신 빛 가운데로 우리와 동행하실 수 있습니다. 아멘.

305

10 / 12

잠언 17장 21절 미련한 자를 낳는 자는 근심을 당하나니 미련한 자의 아비는 낙이 없느니라.

● 자녀 양육

자녀의 불행. 오늘의 본문에 직언된 내용은 죄의 끔찍한 악영향 중 하나에 불과하다. 유도 시합에서 이기는 비결은 상대의 강점과 기세를 역이용하는 데 있다. 가정의 악도 사랑의 한 특성을 역이용한다. **미련한 자의 아비는 낙이 없느니라.** 누군가를 사랑하면 내 행복은 사실상 상대의 행복과 맞물린다. 상대가 기쁘고 평안해야 나도 그렇다는 말이다. 사랑하는 이가 행복하지 않으면 나도 온전히 행복할 수 없다.

자녀가 태어나면 자연히 부모의 마음은 자녀에게 매인다. 그래서 한 자녀라도 어려움에 처하면 부모는 안심하고 쉴 수 없다. 나아가 평생 부모는 자신의 가장 불행한 자녀만큼밖에 행복할 수 없다. 자녀는 자기가 살아가는 방식만으로도 부모에게 복과 화를 부를 수 있음을 알아야 한다. 자녀가 속을 썩인다면 부모는 염려할 게 아니라 이를 계기로 더욱 기도에 힘써야 한다(빌 4:6).

자녀가 부모에게 복과 화를 부를 수 있음을 당신의 삶에서 경험하거나 다른 사람의 삶에서 본 적이 있는가? 그 위력을 당신은 어느 쪽으로 발휘하고 있는가?

오늘의 마중물 기도. 주님, 가족 관계는 친밀해서 본의 아니게 고통을 줄 때도 많습니다. 가족 간의 정을 영적 성장과 섬김에 활용하는 법을 가르쳐 주옵소서. 불안한 부모에게는 자녀를 위해 간절히 기도하려는 의욕을 주시고, 철없는 자녀에게는 자신의 격려와 사랑으로 부모를 복되게 할 수 있음을 깨닫게 하옵소서. 아멘.

306

10/13

잠언 20장 20절; 27장 8절   **20** 자기의 아비나 어미를 저주하는 자는 그의 등불이 흑암 중에 꺼짐을 당하리라 …… **8** 고향[집, NIV]을 떠나 유리하는 사람은 보금자리를 떠나 떠도는 새와 같으니라.

● **자녀 양육**

부모와 화해하기.   20장 말씀에는 부모에게 분노와 원한을 품은 사람이 언급된다. 가족과 화해하지 않으면 그 결과는 심각하다. **등불**이 꺼진다는 말은 행복이 소멸한다는 뜻이다. 27장 말씀은 **집**을 떠날 만한 사유가 아예 없다는 뜻이 아니라 무엇으로도 집과 가족을 대신할 수 없다는 뜻이다. 가족과 소원해지면 슬픔이 깊어진다.

하지만 부모님이 내게 정말 잘못한 경우라면 어떨까? 어떻게 원망에서 벗어날 수 있을까? 예수님을 통해 하늘 아버지의 최고의 부성애를 받아들여야만 가능하다(요 1:12-13). 부모의 애정과 인정을 자존감과 안전의 주된 출처로 삼으면, 비교적 좋은 부모인 경우에는 과잉 의존하게 되고 그렇지 않은 경우에는 부모에게 걷잡을 수 없이 분노하게 된다. 그러나 진정한 형제이신 예수 그리스도를 통해 최고의 가정에 들어와 아버지께 최고의 인정을 받으면, 육신의 부모에게 과도하게 의존하는 데서 해방되어 부모를 용서할 수 있다. 예수님 안에 있으면 언제나 그곳이 집이다.

―――――

부모를 많이 원망하는 편인가, 부모에게 너무 의존하는 편인가? 그 영향이 지금까지 당신 삶에 어떻게 나타났는가?

오늘의 마중물 기도.   아버지, 가족을 한스럽게 원망하며 거기에 지배당하는 사람이 많습니다. 우리 삶과 관계를 이보다 더 망가뜨리는 원한도 없을 것입니다. 주님의 은혜를 보여 주옵소서. 그 은혜로 우리를 연단하시고 일으켜 세우소서. 넉넉한 겸손과 기쁨으로 가족의 가장 중한 죄까지도 용서하게 하옵소서. 아멘.

잠언 29장 3절 지혜를 사모하는 자는 아비를 즐겁게 하여도 창기와 사귀는 자는 재물을 잃느니라.

● 자녀 양육

탕자 이야기의 반전. 잠언에 따르면 한번 미련한 길로 들어선 청년은 돌이킬 가망이 거의 없다. 그런데 이 구절은 예수님이 들려주신 탕자의 비유(눅 15:11-33)의 축소판이라 할 만하다. 비유 속의 둘째 아들은 미련한 자였다. 지혜를 저버려 아버지를 슬프게 했고, "살림을 창녀들과 함께 삼켜" 버렸다(눅 15:30). 그러나 예수님의 비유를 보면 서로 대조되는 두 문구가 한데 합쳐진다. 창기와 사귄 아들이 결국은 **아버지를 즐겁게** 한 것이다(눅 15:22-24).

이런 반전이 어떻게 가능할까? 답은 예수님께 있다. 예수님도 탕자처럼 죄인들과 사귀셨고, 창녀도 천국에 들어갈 수 있다고 선포하셨다(마 21:32). 그분은 연약해져 멸시당하셨고, 미련한 자가 받아야 할 채찍과 벌을 우리 대신 당하셨다(26:3). 그래서 최악의 죄인들과 미련한 부류까지도 용서하시고 자신께로 이끄셨다. 십자가가 진정한 지혜로되 세상에는 미련해 보이는 것도 무리는 아니다(고전 1:18-25).

———

이런 반전을 본 적이 있는가? 어떻게 그 일이 가능했는가?

오늘의 마중물 기도. 주님, 미련한 길을 가서 속을 썩이는 탕자가 우리 가운데도 있습니다. 마음을 굳게 먹고 자녀를 위해 특단의 기도를 드리게 하옵소서. 그 기도를 통해 우리와 자녀의 삶 속에 역사하옵소서. 자녀를 각자의 가정으로만이 아니라 주님의 집으로 인도하셔서 주님께는 영광이, 우리에게는 기쁨이 임하게 하옵소서. 아멘.

10 / 15

잠언 8장 17-19절; 10장 22절 17 나를 사랑하는 자들이 나의 사랑을 입으며 나를 간절히 찾는 자가 나를 만날 것이니라 18 부귀가 내게 있고 장구한 재물과 공의도 그러하니라 19 내 열매는 금이나 정금보다 나으며 내 소득은 순은보다 나으니라 …… 22 여호와께서 주시는 복은 사람을 부하게 하고 근심을 겸하여 주지 아니하시느니라.

● 돈과 일

부 자체는 선하다. 경제생활에 대한 언급이 잠언에 가득하다. 부의 위험이 크긴 해도 부 자체는 아주 선하다. 지혜로운 사람은 절제하고, 자신을 알고, 계획하고, 조언을 들을 줄 알기 때문에 경제적으로도 더 성공하는 경향이 있다. **부귀가 내게 있고.**

그런데 10장 말씀에 우선순위의 중요한 요인이 소개된다. 여기에서 **근심**은 삶을 짓누르는 과로의 비애를 암시한다. 이렇게 과로하며 부와 권력을 탐하는 마음은 이기적인 악에서 비롯된다(10:3). 하나님은 우리 자신을 혹사시키는 노동을 단죄하신다(20:21). 지혜로운 사람은 고생스럽게 과로하지 않고 그냥 열심히 일한 뒤, 그 일로 발생하는 **부**의 정도는 주님의 복에 맡긴다. 여호와를 경외하는 것이 **정금보다 낫다.** 즉 지혜로운 사람에게는 하나님과의 친밀한 관계가 가장 중요하다. 부는 아주 선하지만 나의 최고선이 되지 않는 한에서만 그렇다.

돈을 벌려고 주님의 복보다 과도한 노동, 내 열심을 더 의지할 때 나타나는 결과를 경험한 적이 있는가? 혹은 다른 사람들의 삶에서 본 적이 있는가?

오늘의 마중물 기도. 주님, 부를 부러워하지도 말고 멸시하지도 말게 하옵소서. 부에 너무 감탄하지도 말고 주눅 들지도 말게 하옵소서. 주님은 아브라함과 욥과 다윗을 큰 부자가 되게 하셨지만, 그들이 돈보다 주님께 충실한 삶을 앞세울 때에만 그런 복을 주셨습니다. 저도 그들을 본받게 하옵소서. 아멘.

10/16

잠언 10장 15절　부자의 재물은 그의 견고한 성이요 가난한 자의 궁핍은 그의 멸망이니라.

● 돈과 일

소중히 여기되 의지하지 말라.　잠언에 **재물**이라는 히브리어 단어가 쓰인 횟수 중 절반은 재물을 소중히 여기라는 내용이고, 놀랍게도 나머지 절반은 재물에 의지하지 말라는 내용이다(12:27; 13:7; 19:4, 14; 29:3).[23] 이 놀랍고도 절묘한 균형에 돈을 대하는 지혜의 정수가 담겨 있다. 부자가 되면 주님을 의지하기보다 돈을 자신의 **견고한 성** 즉 안전장치로 볼 수 있다는 게 큰 문제다.

그렇다고 가난을 미화할 이유는 없다. 가난은 일종의 속박이다(22:7). 아브라함은 하나님께 복을 받아 거부가 됐고(창 20:14-16) 요셉과 욥과 다윗도 마찬가지다. 축적된 부나 고소득 자체는 악이 아니다. 그러나 많이 받은 자에게는 많이 달라 하신다. 부자는 재물의 주인이 아니라 청지기다. 예수님은 부자 청년과의 대화를 통해 이 잠언을 생생히 보완해 주신다(막 10:17-31). 거기서 그분이 보여 주셨듯이 많은 재물은 오히려 **멸망**의 원인이 되기도 쉽다.

───────

돈이 없어서 비참해진 사람을 본 적이 있는가? 돈이 풍족해서 비참해진 사람을 본 적이 있는가?

오늘의 마중물 기도.　아버지, 저도 부자 청년처럼 되기 쉽습니다. 그는 지나치게 돈을 의지한 나머지 아낌없이 베풀지 못했습니다. 그러나 예수님이야말로 참된 부자 청년이십니다. 주님의 부는 한이 없는데 우리 모두를 위한 주님의 희생은 상상을 초월할 정도였습니다. 돈을 대하는 제 자세도 주님을 닮게 하옵소서. 아멘.

잠언 12장 24절; 14장 23절; 16장 26절 **24** 부지런한 자의 손은 사람을 다스리게 되어도 게으른 자는 부림을 받느니라 …… **23** 모든 수고에는 이익이 있어도 입술의 말은 궁핍을 이룰 뿐이니라 …… **26** 고되게 일하는 자는 식욕으로 말미암아 애쓰나니 이는 그의 입이 자기를 독촉함이니라.

● 돈과 일

고된 수고. 일반적으로 더 큰 부를 낳는 요인은 무엇인가? 첫째는 단순하게 **부지런함**과 **수고**다. 수고의 동기에는 단순히 **식욕** 즉 물리적 생존의 기본 욕구도 있다(16:26). 일의 만족도와 별개로 생계는 일자리를 얻고 지킬 만한 지극히 정당한 사유다(살후 3:10). 본인이 하고 싶은 일을 주도적으로 찾지 않으면 결국 남이 시키는 일을 하게 된다(12:24).

그러나 잠언에서 다뤄진 노동의 기본 배경은 창세기로 거슬러 올라간다. 거기 보면 하나님은 손에 흙을 묻혀 가며(창 2:7, 19) 인류의 낙원을 창조하셨다. 이렇듯 일 자체는 선한 것이다(창 2:15). 하나님은 일할 때 행복하시며, 우리도 그분의 형상대로 지음받았다. 그래서 선한 노동보다 더 인간다운 것은 없으며, 하나님이 거기에 보상해 주심도 놀랄 일이 아니다.

———

본인이 하고 싶은 일을 찾지 않으면 내키지 않는 일을 억지로 하게 된다. 당신이 그런 일을 겪거나 가까운 사람의 삶에서 그런 경우를 본 적이 있는가?

오늘의 마중물 기도. 주님, 저는 노동이 즐거우면서도 한편으로는 너무 싫습니다. 어쨌든 일하지 않고는 살아갈 수 없지요. 일은 무엇과도 바꿀 수 없는 인간의 일면이지만 지금은 저를 진 빠지게 합니다(창 3:17-19). 주님, 보수 때문에 마지못해 인상 쓰며 하는 일이 아니라 주님이 지켜 보고 계심을 기뻐하며, 주님의 영광을 위해 일하기를 원합니다. 아멘.

잠언 12장 11절; 28장 19절   11 자기의 토지를 경작하는 자는 먹을 것이 많거니와 방탕한 것을 따르는 자는 지혜가 없느니라 …… 19 자기의 토지를 경작하는 자는 먹을 것이 많으려니와 방탕을 따르는 자는 궁핍함이 많으리라.

● 돈과 일

정직한 노동.   부를 낳는 둘째 요인은 부지런함과 정직한 노동이다. 오늘 본문에 **방탕**을 따르지 말라는 경고가 나온다. 방탕한 것이 무엇인지는 밝혀져 있지 않으나 다행히 28장 본문 주변에 많은 예가 몰려 있다. 뇌물로 돈을 버는 방법도 있다(28:21). 어떤 사람은 주로 지독한 구두쇠 작전으로 이익을 내려 한다(28:22). 보수를 잘 지급할 의향이나 때맞춰 소비하고 투자할 마음이 없다. 그런가 하면 사업에 속임수를 쓰거나(28:23) 약자를 착취하거나(28:24) 무자비한 행위로 적대감을 유발하는 사람도 있다(28:25). 아무리 부지런히 일해도 이런 방법을 동원하면 결과는 **궁핍함**이다.

이런 관행은 현대의 경영 윤리 서적에도 '부적절한 경영 방식'으로 규탄된다. 잠언의 증언과 일치한다. 그렇다고 순전히 사욕으로 윤리 지침에 따른다면 그 사람은 도덕적으로 실패할 게 확실하다. 정직의 동기가 두려움뿐이라면 발각될 우려나 가망이 없는 상황에서는 부정직해질 수밖에 없다. 그리스도인은 끝내 정죄당할 두려움은 없으나(롬 8:1) 모든 것이 "우리의 결산을 받으실 이"의 눈앞에 훤히 드러남을 안다(히 4:13).

───────

이렇게 '방탕'을 따르는 상행위를 본 적이 있는가? 당신도 그런 방법을 하나라도 쓴 적이 있는가?

오늘의 마중물 기도.   아버지, 두려움과 교만과 자기 연민 때문에 저 역시 얼마든지 부정직해질 수 있습니다. 그런 동기를 뿌리 뽑아 주옵소서. 거짓을 말하지도 말고 믿지도 말게 하옵소서. 구주 예수님을 닮게 하옵소서. 주님은 손해를 보시더라도 진실을 말씀하시고 고수하셨습니다. 아멘.

잠언 26장 10절; 27장 23-24절 10 장인이 온갖 것을 만들지라도 미련한 자를 고용하는 것은 지나가는 행인을 고용함과 같으니라 …… 23 네 양 떼의 형편을 부지런히 살피며[확실히 알며, NIV] 네 소 떼에게 마음을 두라[네 소 떼에게 세심하게 주의를 기울이라, NIV] 24 대저 재물은 영원히 있지 못하나니 면류관이 어찌 대대에 있으랴.

● 돈과 일

냉철한 현실성. 부는 고된 수고, 정직한 노동, 냉철한 현실성을 통해 실현될 수 있다. 27장 본문에는 주인이 자기 수입원의 상태(**네 양 떼의 형편**)를 잘 모르고 있다는 비현실적인 노동의 사례가 나와 있다. 일을 다른 이에게 너무 많이 위임했기 때문일 수도, 충분히 연구하지도 않고 새 소 떼에 투자했기 때문일 수도 있다. 24절에는 자만하지 말라는 경고가 이어진다. 변화하는 현실에 부응하지도 않으면서 재물이 저절로 평생 가리라고 생각하지 말라는 것이다.

26장 말씀에는 인사 채용에 대한 흥미로운 통찰이 나온다. 알다시피 **미련한 자를 고용**하면 재앙이 따른다. 언제 무슨 대형 사고가 터질지 예측할 수 없다. **지나가는 행인을 고용함**도 그 못지않게 해롭다. 조사해 보지도 않고 아무나 채용한다는 뜻이니 말이다. 추천서를 써 준 사람만이 아니라 몇 다리 건너까지 확인해 지원자의 실상을 정확히 파악하라. 지혜는 우리에게 부의 궁극적 출처가 오직 하나님임을 확신하면서도 현실을 냉정한 눈으로 볼 것을 강력히 촉구한다. 얼마나 놀라운 조합인가.

———

이런 냉철한 현실성을 실천해서 그 보상을 누린 사례를 본 적이 있는가?

오늘의 마중물 기도. 주님, 주님은 제게 매사에 신중히 살펴 만전을 기할 것을 명하시면서도 또한 이 모두가 주님의 주권과 계획 아래 있다는 확신을 주십니다. 이 엄숙한 책임과 놀라운 확신을 더욱 의식하고 명심하게 하옵소서. 아멘.

잠언 22장 29절; 23장 4-5절 29 네가 자기의 일에 능숙한 사람을 보았느냐 이러한 사람은 왕 앞에 설 것이요 천한 자 앞에 서지 아니하리라 …… 4 부자 되기에 애쓰지 말고 네 사사로운 지혜를 버릴지어다[신뢰하지 말라, NIV] 5 네가 어찌 허무한 것에 주목하겠느냐 정녕히 재물은 스스로 날개를 내어 하늘을 나는 독수리처럼 날아가리라.

● 돈과 일

능숙한 일솜씨. 경제적 부를 낳는 또 다른 요인은 **자기의 일에 능숙한** 상태다. 여기 능숙하다는 단어는 노련하다는 뜻이다. 누구나 다 소위 전문직이나 화이트칼라 직종에 종사해야 한다는 말이 아니라 일솜씨가 탁월해야 한다는 것이다. 예컨대 여염집 집사의 업무 능력이 다년간의 경험을 통해 탁월한 경지에 이르면, 그의 주가가 올라가 정말 왕이나 여왕이 앞다투어 그를 고용할 수도 있다(22:29). 하나님의 아들도 세상에 사실 때 소위 블루칼라 노동자셨다(마 13:55; 막 6:3).

그런데 이런 장인정신의 예찬에 이어 불과 몇 구절만 뒤로 가면 **사사로운 지혜,** 즉 자신의 통찰과 실력을 **신뢰하지 말라**는 경고가 나온다(23:4). 교훈은 무엇인가? 하나님은 당신이 성공보다 솜씨(기량)를 중시하기 원하신다. 당신이 일을 잘해낸 것에 큰 자부심을 갖고, 그 일이 얼마나 돈을 버는지에는 훨씬 초연하기를 원하신다. 그래서 사도 바울도 사람의 인정이나 보상을 받기 위해서가 아니라 하나님을 기쁘시게 하기 위해 일을 탁월하게 하라고 권면했다. 우리는 "기쁜 마음으로 섬기기를 주께 하듯 하고 사람들에게 하듯 하지 말아야" 한다(엡 6:7).

당신이 하는 일에서 보수나 인정을 못 받는 부분이 있는가? 오늘 본문의 지혜에서 어떤 도움을 얻을 수 있겠는가?

오늘의 마중물 기도. 주님, 능숙해지려 힘쓰되 제 사사로운 지혜에 빠지지 않는 지혜를 주옵소서. 탁월함을 분간하되 경력과 실적에 도취되지 않는 분별력을 주옵소서. 이 지혜로 제가 더 나은 일꾼이 되어 주님을 영화롭게 하고 이웃에게 유익을 끼치게 하옵소서. 아멘.

잠언 13장 11절; 21장 20절 11 망령되이 얻은 재물은 줄어 가고 손으로 모은 것은 늘어 가느니라 …… 20 지혜 있는 자의 집에는 귀한 보배와 기름이 있으나 미련한 자는 이것을 다 삼켜 버리느니라.

● 돈과 일

횡재의 위험. **망령되이 얻은 재물**이라고 번역된 히브리어 문구를 직역하면 '난데없이 생겨난 돈'이다. 재물을 서서히 모은 게 아니라 갑자기 부자가 됐다는 뜻이다. 재물을 장기간에 걸쳐 부지런하게 일해 신중하고 능숙하게 모으지 않은 사람은 돈을 관리하는 데 필요한 성품과 습관이 길러지지 않았을 수 있다.

돈을 벌지 않고 상속받는 자녀는 대개 이를 **다 삼켜 버린다**(21:20). 절제, 지혜로운 관리, 만족을 미루는 미덕 등의 습관을 익히지 못했기 때문에 곧장 낭비해 버린다. 젊어서 유명해진 운동선수나 연예인도 똑같은 위험이 있고, 남다른 재능(또는 행운)으로 금융이나 기술 분야에서 큰돈을 번 젊은이도 마찬가지다. 이 잠언은 재물을 천천히 모을 것을 권장한다. 그래야 더 큰 재산 규모에 요구되는 성품도 함께 자랄 수 있다. 단번에 횡재하면 많은 조언(15:22)과 예수님의 도움을 받지 않는 한 돈 때문에 균형 감각을 잃을 게 뻔하다. 예수님은 재물이 영적 시각을 워낙 뒤틀어 놓기 때문에 하나님의 초자연적 개입이 있어야만 거기서 해방될 수 있다고 경고하셨다(막 10:24-26). 그래도 희망은 충분히 있다. "하나님으로서는 다 하실 수 있느니라"(막 10:27).

―――――

횡재의 위험이 현실로 나타난 경우가 당신이나 가까운 사람의 삶에 있었는가?

오늘의 마중물 기도. 주님, 저와 제가 알고 사랑하는 사람들을 형통에서, 갑작스런 성공이나 명성에서 구해 주옵소서. 주님의 말씀은 우리 사회가 탐하는 부를 조심하라고 경고합니다. 주님의 백성 가운데 주님의 섭리로 남보다 재물과 권력이 많아진 이들에게는 그에 합당한 책임감도 더 강하게 해 주셔서 주님 앞에서 끝까지 살게 하옵소서. 아멘.

315

잠언 11장 1절; 20장 10, 17절   1 속이는 저울은 여호와께서 미워하시나 공평한 추는 그가 기뻐하시느니라 …… 10 한결같지 않은 저울추와 한결같지 않은 되는 다 여호와께서 미워하시느니라 17 속이고 취한 음식물은 사람에게 맛이 좋은 듯하나 후에는 그의 입에 모래가 가득하게 되리라.

● 돈과 일

돈 때문에 부정직해질 수 있다. 잠언에 재물의 중대한 영적 위험이 몇 가지 지목되는데 첫째는 이것이다. 돈은 우리의 정직성을 부패시키는 위력이 있다. 아무리 성품이 바르고 정직한 사람도 거액의 돈 앞에서는 타협하는 경우가 놀라울 정도로 많다.

옛날에 물건을 팔던 사람은 한 냥짜리 추에 두 냥이라 써서 저울 위에 놓고는 곡식을 사는 사람에게서 돈을 더 뜯어내곤 했다. **속이는 저울**은 부정직한 상행위를 가리킨다. 예수님께 질책당한 종교 지도자들은 도덕적 귀감이 되어야 함에도 돈의 위력에 굴해 율법을 왜곡하면서까지 사익을 더 챙겼다(막 7:11-12). 오늘날에는 고객이나 투자자에게 마땅히 알려야 할 정보를 숨기는 방법이 기하급수적으로 많아졌다. 정보가 없다는 약점을 이용해 상대를 착취하면 그만이다. 돈이 우리를 유혹하는 방식이 이토록 많았던 적은 없었다. 돈의 위력을 우습게 보지 말라. **속이고 취한** 재물은 결코 만족을 주지 못한다. 결국 **자신의 입에 모래가 가득해진다**(20:17).

───

사람을 부정직하게 만드는 돈의 위력을 당신이 직접 경험하거나 가까운 사람들의 삶에서 본 적이 있는가?

오늘의 마중물 기도. 주님, 돈 때문에 작은 일로 타협하다가 제 영혼이 점차 완고해지지 않도록 지켜 주옵소서. 아멘.

잠언 11장 26절 곡식을 내놓지 아니하는 자는 백성에게 저주를 받을 것이나 파는 자는 그의 머리에 복이 임하리라.

● 돈과 일

결산 기준. 오늘 본문에 등장하는 사람은 식량난의 와중에도 값을 올리려고 **곡물을 내놓지** 않는다. 그것이 불법은 아니지만 그가 **저주**를 받음은 당연하다. 왜 그럴까? 재정 수익만이 결산 기준인 양 행동했기 때문이다.

우리의 소유는 다 하나님 것이며 우리는 청지기로 이를 맡았을 뿐이다(대상 29:14). 그래서 우리의 재정 장부에는 언제나 타인의 유익, 공동체의 유익이라는 또 다른 결산 기준이 있다. 호흡 없이는 살 수 없지만 그렇다고 숨만 쉬며 살고 싶은 사람은 없다. 사업체도 수익 없이는 존재할 수 없지만 그렇다고 단지 돈만 벌려고 사업해서는 안 된다. 경영자들이 두 회사 중 하나를 택할 때 "어느 회사 제품이 우리 지역과 사회와 인간에게 더 유익한가"를 묻지 않고 어느 쪽의 수익성이 더 좋은지만 따진다면, (잠언에 따르면,) 그들은 돈의 위력으로 부패한 것이다.

───────

수익성보다 공공선을 결산 기준으로 택하되 단지 대외 홍보에 좋다는 이유에서가 아니었던 사례를 본 적이 있는가?

오늘의 마중물 기도. 주님, 양심을 통해서든 거듭나게 하시는 성령의 능력을 통해서든 모든 사업가들에게 사업의 궁극적 관건이 수익이 아니라는 인식과 도덕적 자각을 주옵소서. 아멘.

10/24

잠언 20장 14절; 28장 8절 **14** 물건을 사는 자가 좋지 못하다 좋지 못하다 하다가 돌아간 후에는 자랑하느니라 …… **8** 중한 변리로 자기 재산을 늘이는 것은 가난한 사람을 불쌍히 여기는 자를 위해 그 재산을 저축하는 것이니라.

● **돈과 일**

돈 때문에 무자비해질 수 있다. 돈 때문에 부정직해질 수도 있으나 그보다는 무자비해질 때가 더 많다. 20장 본문의 행위는 흔히 '알뜰한 구매 행위' 정도로 치부된다. 사는 사람이 공적으로 흥정할 때는 한사코 상품 가치를 깎아내리다가 사석에서는 그 물건의 진가를 밝힌다. 28장 본문에는 하나님이 이스라엘에게 주셨던 율법의 가르침이 전제되어 있다. 즉 사업상의 변리 대출은 쌍방에 이익이 되므로 정당하지만(신 23:20) 생존 자체에 도움이 필요한 가난한 동료 신자에게는 이자를 받아서는 안 된다(레 25:35-36). 합법적이지만 비정하게 "과부의 가산을 삼키는" 자들을 예수님은 책망하셨다(눅 20:47). 약자를 이용해서 돈을 벌어서는 안 된다. 이는 사리사욕을 남의 유익보다 앞세우는 비정한 개인주의다. 오늘날 엄청난 경제적 불평등은 "시장 동향이 아니라 …… 성적 방임과는 다른 새로운 재정적 방임"에서 비롯된 결과다.[24] 돈에 지배당하면 그런 무자비한 행동이 그냥 정상으로 보인다.

우리를 무자비하게 만드는 돈의 위력을 어디서 봤는가?

오늘의 마중물 기도. 주님, 우리에게 약자를 생각하는 마음과 양심을 주옵소서. 젊은 층에게 그들을 타락시키는 오락물을, 노인층에게 온갖 쓸모없는 제품을, 가난한 사람들에게 그들이 갚지도 못할 대출 상품을 팔아 이익을 챙기지 않게 하옵소서. 우리를 감화하셔서 온 나라에 정의가 시행되게 하옵소서. 아멘.

잠언 11장 4절   재물은 진노하시는 날에 무익하나 공의는 죽음에서 건지느니라.

● **돈과 일**

돈 때문에 산만해질 수 있다. 재물은 우리의 시간과 기력과 생각을 빼앗아 가는 힘이 있다. 그래서 더 중요한 일에 관심을 기울일 여력이 없어진다. 임종을 앞두고 "근무 시간을 늘려 돈을 좀 더 벌었어야 했는데!"라고 절규하는 사람은 없다. **진노하시는 날**은 최후의 심판 날이다. 심판 날에 대비할 질문은 이런 것이다. "내 인생은 어떤 가치가 있는가? 나는 정말 누구를 위해 살고 있는가? 하나님과 이웃인가, 아니면 나 자신인가? 나는 어떤 유익을 끼치고 있는가?"

그러나 재물에 눈멀면 심판 날에 대비할 질문 따위는 안중에도 없어진다. 재물은 우리를 이런 미친 듯한 악순환 속으로 빨아들인다. "더 벌었으니 더 써야겠다. 하지만 지출이 늘면 그만큼 더 벌어야 한다." 그러는 내내 풍족하기는커녕 오히려 궁하게 느껴지고, 그래서 일에 더 매달린다. 재물은 우리를 덜 중요한 일로 터무니없이 바빠지게 하는 힘이 있다. 누가복음 12장 16-21절에 이 잠언의 예수님 버전이 나온다. "자기를 위하여" 지킬 수도 없는 재물을 쌓아 두기에 바빠 영원한 재물로 "하나님께 대하여 부요하지 못한" 사람은 어리석은 자다.

―――――

중요한 일과 질문에 집중하지 못하도록 우리를 산만하게 하는 돈의 위력을 당신 삶에서 경험하거나 가까운 사람들의 삶에서 본 적이 있는가?

오늘의 마중물 기도. 아버지, 앞날을 편하게 살 생각에 등골이 휘도록 사업을 일구다가 생을 마감한 어리석은 사람처럼 되고 싶지 않습니다. 이제부터 "하나님께 대하여 부요하게" 하옵소서. 기도 중에 저를 만나 주옵소서. 예수님 형상을 닮게 하옵소서. 날로 더 주님을 경외하게 하옵소서. 아멘.

잠언 28장 11절; 30장 9절   11 부자는 자기를 지혜롭게 여기나 가난해도 명철한 자는 자기를 살펴 아느니라 …… 9 혹 내가 배불러서 하나님을 모른다 여호와가 누구냐 할까 하오며 혹 내가 가난하여 도둑질하고 내 하나님의 이름을 욕되게 할까 두려워함이니이다.

● 돈과 일

돈 때문에 교만해질 수 있다.   인간은 재물을 당연히 자신의 공으로 돌린다. 아무리 일했다 해도 내게 돈이 들어오기까지는 내 소관 밖의 무수히 많은 요인이 작용했다. 그런데 우리는 이를 인정하기는커녕 온통 내가 똑똑했고 잘 관리했기 때문이라고 생각한다. 그래서 **자기를 지혜롭게 여기나** 이것이야말로 미련함의 정수다(28:11). 이렇게 교만해진 사람은 자신의 직관을 과신한 나머지 남의 말을 듣지 않는다. 돈을 잘 번다고 해서 성품과 판단력까지 훌륭하거나 매사에 지혜로운 것은 아닌데도, 많은 부자가 그렇게 느낀다. 일찍이 클레르보의 베르나르는 "성공하고도 겸손한 사람이야말로 세상에서 좀처럼 찾아보기 힘들다"라고 말했다.

부의 가장 큰 위험은 우리 입으로 **여호와가 누구냐**라고, 즉 "왜 내게 하나님이 필요하냐"라고 묻게 만든다는 것이다. 예수님은 새나 꽃처럼 우리도 의식주를 자력으로 해결하는 게 아니라고 역설하셨다(마 6:25-34). 우리의 구원이 오직 은혜로 말미암음을 성령의 능력으로 깨달아야 한다. 그래야만 나머지 모든 일에서도 하나님의 은혜를 보고 돈의 이 치명적 위력에서 벗어날 수 있다.

우리를 교만하게 하는 돈의 위력을 어디서 봤는가?

오늘의 마중물 기도.   주님, 저는 경제적으로 조금만 성공해도 얼마나 순식간에 속으로 그 공로를 가로채는지 모릅니다. 주님, 그간의 모든 성공과 달성된 목표와 복을 인해 감사드립니다. 제 힘으로는 얻을 수 없었으나 주님이 허락해 주셨습니다. 아멘.

잠언 13장 8절 사람의 재물이 자기 생명의 속전일 수 있으나 가난한 자는 협박을 받을 일이 없느니라.

● 돈과 일

부(富)에 따르는 부담. 오늘 본문의 상황은 납치나 협박을 당하는 경우일 수 있다. 이럴 때 부유한 집안은 요구받은 금액을 지불한다. 이는 돈이 많아야 한다는 논리처럼 보인다. 여러 주석가가 지적했듯이 **가난한 자**는 이런 **협박**에 반응할 수 없지만 아예 반응할 일도 없다. 빈민에게서 **속전**을 뜯어내려 할 사람은 없을 테니 말이다.[25] 부자가 당하는 여러 위험에 "가난한 사람은 별로 과녁이 되지 않는다."[26]

부자에게는 남모르는 스트레스와 부담이 있다. 새로운 사업에 투자해 달라는 요청과 기부금 청탁이 쇄도한다. 누가 진짜 친구인지 알기 어렵기 때문에 외로울 수도 있다. 또 재물을 유지하고 관리하는 데만도 끝없는 주의와 관심이 요구된다(27:23-24). 이렇듯 부에는 남에게 없는 고민과 부담과 책임이 수반된다. 돈이 많을수록 하나님을 덜 믿어도 되는 게 아니라 오히려 더 그분께 의지해야 한다. 재물을 대하는 바른 태도를 다윗에게서 볼 수 있다(대상 29:10-19). 나아가 궁극의 다윗이신 예수님이 그분의 재물을 어떻게 대하셨는지 보라(고후 8:9).

———

당신이 봤던 부자 중에 재물의 부담을 잘 감당한 사례와 썩 잘 감당하지 못한 사례는 각각 누구인가? 무엇이 달랐는가?

오늘의 마중물 기도. 주님, 큰 복을 받은 사람일수록 책임과 부담도 더 크게 받는 게 공정합니다. 주님의 은혜로 구하오니 혹시 제게 큰 성공의 복을 주시려거든 이를 감당하는 데 필요한 지혜와 겸손과 사랑도 더 크게 자라게 하옵소서. 아멘.

잠언 6장 1-3절 1 내 아들아 네가 만일 이웃을 위하여 담보하며 타인을 위하여 보증하였으면 2 네 입의 말로 네가 얽혔으며 네 입의 말로 인하여 잡히게 되었느니라 3 내 아들아 네가 네 이웃의 손에 빠졌은즉 이같이 하라 너는 곧 가서 겸손히 네 이웃에게 간구하여 스스로 구원하되.

● 돈과 일

도박인가, 투자인가. 오늘 본문의 젊은이는 잘 알지도 못하는 **타인**의 사업에 **보증**을 서기로 했다. 잠언서는 이런 무분별하고 위험천만한 금융 거래를 삼가라고 훈계한다(11:15; 17:18; 20:16; 22:26-27). 돈 거래에 관한 한 "성경은 신중함을 한 덕목으로 꼽는다. …… 후히 베풀지 말라는 뜻이 아니라 도박을 금하는 것에 더 가깝다."[27] 소위 많은 금융 거래는 너무 위험하고 경솔해서 슬롯머신만큼이나 도박에 속한다.

종류 여하를 막론하고 도박은 도덕적 문제가 많다. 통상적으로 재산을 키우려면 고된 노동, 꼼꼼한 조사, 시간 투자가 필요한데 도박은 이를 교묘히 피해 가려는 시도다. 성경이 주술을 단죄하는 이유는 그것이 훈련 없이 권력을 잡으려는 시도이기 때문이다. 하나님께 의존할 필요가 없도록 말이다. 도박도 마찬가지다. 그런 모험에 낭비할 돈이 있다면 오히려 남을 돕는 데 선뜻 베풀어야 한다. 그것이야말로 언제나 확실한 일이다. 예수님은 부와 권력을 "낭비"하셨으나 그분 자신을 위해서가 아니라 우리를 부요하게 하시기 위해서였다(롬 15:1-3).

우리 사회에서 쉽게 접할 수 있는 도박의 다양한 형태는 무엇인가? 그중 하나에라도 혹한 적이 있는가?

오늘의 마중물 기도. 주님, 충동적이거나 위험한 시도에 혹하지 말고 돈 문제에 신중하게 하옵소서. 그렇다고 돈 문제로 두려워하거나 염려하지도 않는 선견지명을 주옵소서. 새와 꽃을 먹이고 입히시듯 제 필요도 채워 주실 주님을 알기 때문입니다(마 6:25-34). 아멘.

잠언 16장 16절; 17장 1절; 28장 6절 16 지혜를 얻는 것이 금을 얻는 것보다 얼마나 나은고 명철을 얻는 것이 은을 얻는 것보다 더욱 나으니라 ······ 1 마른 떡 한 조각만 있고도 화목하는 것이 제육이 집에 가득하고도 다투는 것보다 나으니라 ······ 6 가난하여도 성실하게 행하는 자는 부유하면서 굽게 행하는 자보다 나으니라.

● 돈과 일

균형 잡힌 재정관. 돈은 **지혜**와 **명철**만큼 중요하지 않다(16:16; 8:19). 어째서 그럴까? 돈이 많으면 가족을 안전하고 안락하게 해 준다든지 세상에 유익을 끼칠 수 있다는 이점이 있다. 그러나 부만 있고 지혜가 없으면 재물에 불가피하게 수반되는 여러 위험과 난제 때문에 오히려 사람이 덜 안전하고 유용해진다. 지혜 없는 부는 우리에게 아무런 유익도 주지 못한다.

돈은 관계만큼 중요하지 않다(17:1). 의미 있는 삶은 사랑으로 맺어진 올바른 관계, 즉 하나님과의 관계, 대인관계를 통해서만 가능하다. 그런데 부는 관계에 긴장과 불화를 불러 사람을 외롭게 만들 수 있다. 돈은 또 **성실**한 성품만큼 중요하지 않다(28:6). 하나님과 사람 앞에 떳떳한 양심(행 24:16)이 매우 중요한데, 돈은 우리의 정직성에 큰 압박을 가한다. 결론적으로 부는 대단히 유용하지만 우리에게 줄 수 있는 영속적 가치나 행복은 전무하다.

———

돈에 대해 이런 균형을 잃은 적이 있는가?

오늘의 마중물 기도. 주님, 부를 통해 안전과 성과를 얻고 자비를 베풀 수 있겠으나 지혜가 없다면 정작 그런 유익을 하나도 누리지 못합니다. 주님, 성품과 선한 양심과 견고한 관계도 함께 복으로 주시지 않는 한 제게 경제적 성공을 허락하지 마옵소서. 아멘.

잠언 10장 15절 부자의 재물은 그의 견고한 성이요 가난한 자의 궁핍은 그의 멸망이니라.

● 돈과 일

돈이 내 정체성이 되다.   이 중요한 잠언으로 다시 돌아간다. 앞서 말한 모든 위력으로 재물이 우리를 지배할 수 있음은 왜인가? 고대에는 성벽을 두른 **견고한 성**이 아주 안전했으므로 최고 부유층은 그 안에 살기 원했고 **가난한 자**는 그럴 형편이 못 됐다. 성 안에 산다는 말은 지위가 높다는 뜻이었다. 그러나 오늘 본문의 말은 부자가 단지 성 안에 산다는 데서 그치지 않는다. 본문은 **재물**이 곧 부자의 **성**이라고 말한다. 부 자체가 우리의 정체성이 될 수 있다는 말이다. 부가 우리의 정체성이 되면 경제적으로만이 아니라 존재 자체까지 남들이 나보다 아래로 보인다. 이는 영적으로 아주 위험한 상태다. 부자와 나사로의 비유(눅 16:19-31)에 보면 지옥의 "부자"는 이름이 없다. 그냥 부자였을 뿐이기 때문이다. 부를 자신의 정체성으로 삼은 사람이 부를 빼앗기면 남는 '자아'가 없다. 성공한 부자가 아니면 아무것도 아니다. 그러나 지혜로운 사람에게는 여호와를 경외함이 보배다(사 33:6). 예수님을 믿는 사람에게는 그분이 최고의 보배다(벧전 2:7).

———

직업이나 재물을 정체성으로 삼고 싶을 만큼 성공한 적이 있는가? 이 유혹에 굴하는 사람을 본 적이 있는가? 어떻게 이를 물리칠 수 있겠는가?

오늘의 마중물 기도.   주님, 제가 속한 사회 계층을 제 정체성으로 삼기가 참 쉽습니다. 그리스도 안에서 받은 참된 이름보다 제 자격 요건이나 거주 지역에 대한 자부심이 제 '이름'에 더 중요해집니다. 소망을 주님께 두고 제 가치를 주님에게서 찾게 하옵소서. 아멘.

잠언 18장 11절 부자의 재물은 그의 견고한 성이라 그가 높은 성벽같이 여기느니라.

● 돈과 일

다른 우상을 드러내는 우상. 본문에 따르면 부는 생각을 통해 우리를 지배한다. 우리는 **재물이 높은 성벽**이 되어 온갖 두렵거나 싫은 것으로부터 어떻게든 나를 구원해 주리라 여긴다. 그래서 돈에 대한 공상과 상상은 재물이 우상일 수 있음을 보여 줄 뿐 아니라 우리의 다른 우상들까지 드러내 준다. 마음으로 가장 사랑하고 좋아하고 의지하는 대상일수록 거기에 가장 쉽고 기쁘게 거의 중독처럼 돈을 쓰는 법이다.

어떤 사람은 전혀 힘들이지 않고 돈을 저축한다. 안전한 느낌을 받기 위해서다. 어떤 사람은 멋있고 세련되어 보이는 옷이나 소품에 스스럼없이 돈을 쓴다. 남의 인정과 칭찬을 듣기 위해서다. 어떤 사람은 주택과 각종 회원제 클럽에 돈을 쓴다. 지위와 권력을 얻기 위해서다. "네 보물 있는 그곳에는 네 마음도 있느니라"(마 6:21). 우리 마음을 지배하는 돈의 힘을 꺾으려면 어떻게 해야 할까? 하나님께 철저히 드리고 가난한 사람들에게 후히 베푸는 것이 중대한 출발점이다. 마음속에 우상이 있는 사람에게는 그것이 괴로운 일이겠으나 "보화를 버려야 할 때 버릴 수 없는 사람은 거기에 속박되어 있는 것이다."[28]

———

"네 보물 있는 그곳에는 네 마음도 있느니라"라고 말씀하신 예수님의 진리가 당신이나 가까운 이들의 삶에서 입증된 적이 있는가?

오늘의 마중물 기도. 주 예수님, 돈은 얼마나 정확한 지표인지요! 무심코 아주 쉽게 지출하는 사용처를 보면 제 마음이 정말 기뻐하고 의지하는 대상이 무엇인지 알 수 있습니다. 제 마음과 갈망을 지배하는 그 다른 것들이 힘을 잃을 때까지 주의 영광을 보게 하옵소서(고후 3:18). 아멘.

11 / 01

잠언 11장 18절 악인의 삯은 허무하되[거짓되되, NIV] 공의를 뿌린 자의 상은 확실하니라.

● 돈과 일

허구의 재물. 하나님과 관계를 맺지 않은 사람의 소득은 **거짓되다**. 직역하면 '실재하지 않는 속임수'(히브리어로 '쉐케르')라는 뜻이다. 왜 그럴까? 돈으로 얻을 수 있는 게 실제보다 훨씬 많다는 착각을 일으키는 것이 돈의 영적 위력이다. 그래서 우리는 조금만 더 부자가 되면 삶이 더 행복해질 거라는 착각에 빠진다. 돈만 있으면 왠지 살맛도 나고 평안해질 것 같지만 이는 전혀 사실이 아니다. 돈의 지배력을 꺾는 유일한 해법은 그리스도 안에서 부유한 자신을 보는 데 있다. 그분 안에서 우리는 "하나님께 대하여 부요하다"(눅 12:21; 고후 8:9). 이 땅의 재물이 가져다주는 지위는 잠깐이지만 우리는 우주를 다스리시는 왕의 자녀다. 이 땅의 재물로는 약간의 안전을 얻을 뿐이지만 "하나님을 사랑하는 자 곧 …… 부르심을 입은 자들에게는 모든 것이 합력하여 선을 이룬다"(롬 8:28). 이 땅의 재물에 수반되는 권력과 달리 장차 우리는 그리스도와 함께 통치할 것이다(딤후 2:12). 우리를 파멸시킬 수 있는 유일한 빚을 그리스도가 갚으셨으므로(눅 7:42-43) 나머지 모든 빚은 별것 아니다. 그리스도 안에서 우리는 정말 부자다.

재물의 거짓 약속이 그 실체를 드러낸 경우가 당신이나 주위 사람에게 있었는가? 어떻게 그렇게 됐는가?

오늘의 마중물 기도. 주님, 주님께 대해서 부요해지는 것이 진정한 부이며(눅 12:12) 주님께 칭찬받는 것이 진정한 명예입니다(롬 2:29). 구원이라는 영원한 보배에 세상의 한시적 복까지 제게 더해 주시니 주님의 은혜에 감사드립니다. 둘 중 어느 쪽이 더 중요한 부인지 결코 잊지 않게 하옵소서! 아멘.

잠언 11장 24절   흩어 구제하여도 더욱 부하게 되는 일이 있나니 과도히 아껴도 가난하게 될 뿐이니라.

● 돈과 일

흩을수록 더 거둔다.   재물이란 흩을수록 더 거두지만 움켜쥐려 하면 그만큼 더 새어 나가는 법이다. 어떻게 그럴 수 있을까? 농부를 생각해 보라. 씨를 뿌릴수록 수확이 많아진다. 게다가 거둔 곡식은 식량도 되고 팔 수도 있으니 처음의 씨보다 낫다. 마찬가지로 영적으로 지혜로운 사람은 돈도 씨앗과 같아서 돈을 진정한 부로 전환시키려면 아낌없이 베푸는 길밖에 없음을 안다(고후 9:6).

그러나 오늘의 잠언은 돈을 베풀수록 더 많이 번다는 약속은 아니다. 사람의 영과 육을 돕는 사역과 프로그램에 지혜롭게 드릴수록 우리의 돈이 진정한 부로 변해서, 다른 사람들의 삶이 변화되고 자신의 영혼이 건강해진다는 뜻이다. 그리하여 우리는 예수님의 발자취를 따르게 된다. 그분은 우리를 자신께로 거두시고자 그야말로 찢기시고 흩뿌려지셨다.

———

흩을수록 더 거둔다는 이 원리가 입증된 사례를 본 적이 있는가? 어떻게 그렇게 됐는가?

오늘의 마중물 기도.   주 예수님, 주님이 십자가에서 아낌없이 다 잃으셨기에 저는 부활과 한이 없는 복을 얻습니다. 제게도 믿음을 주셔서 주님의 발자취를 따르게 하옵소서. 제 재물과 시간을 남에게 흩어 나누게 하옵소서. 그래서 주변 사람들의 삶 속에 주님의 은혜와 생명이 자라 가는 것을 보게 하옵소서. 아멘.

11/03

잠언 22장 9절 선한 눈을 가진 자는 복을 받으리니 이는 양식을 가난한 자에게 줌이니라.

● 돈과 일

후히 베풀 때 임하는 복. **선한 눈**을 가졌다는 말은 후히 베푼다는 뜻이다. 그런 사람은 먹을 것을 가난한 사람에게 주므로 **복**을 받는다. 이 복은 구체적으로 무엇일까? 물론 후히 베풀면 돈의 지배력에서 벗어나므로 재정 관리에 더 지혜로워질 수 있다.

그러나 오늘 본문의 복은 분명히 사랑이라는 진정한 부가 늘어나는 것을 뜻한다. 상식적 차원에서 보더라도 인간은 사랑하고 사랑받을 때 최고로 부자가 된 기분이 든다. 아낌없이 베풀면 하나님과 인간을 향한 그 사랑의 행위를 통해 사랑이 눈덩이처럼 불어난다. 그래서 지위와 권력의 통화(通貨)로 보이던 돈이 이제 하나님과 인간을 사랑하는 통화로 바뀐다. 돈으로 하나님을 사랑하는 사람은 돈을 내 것이 아니라 하나님 것으로 여겨, 그분이 사랑하시는 일에 돈을 보낸다. 돈으로 인간을 사랑하는 사람은 다른 사람들의 삶을 치유하고 회복하는데 돈을 쓴다. 또 성경이 말하는 복에는 하나님을 더 닮아 가는 복도 있다. 하나님은 애초에 우리에게 생명을 주셨고 나중에는 예수님의 생명까지 내주셨다. 베풀수록 우리도 하나님을 닮아 간다. 그것이 복이다.

후히 베풀 때 복이 임하는 사례를 본 적이 있는가?

오늘의 마중물 기도. 아버지, 진정 가치 있는 '통화'는 하나뿐이니 곧 사랑입니다. 주님은 사랑으로 세상을 지으셨고 예수님을 보내셨습니다. 재정적 안정을 결코 사랑보다 앞세우지 않게 하옵소서. 제게 주어진 돈으로 가난한 사람, 주님을 모르는 사람을 사랑하게 하옵소서. 도움이 필요한 제 가족과 교회 공동체의 지체를 사랑하게 하옵소서. 아멘.

잠언 28장 27절 가난한 자를 구제하는 자는 궁핍하지 아니하려니와 못 본 체하는 자에게는 저주가 크리라.

● 돈과 일

공동체의 역할. 재물을 베푸는 사람은 앞으로도 **궁핍**하지 않다. 후히 베푸는 의인이라 해서 누구나 이전보다 더 부자가 된다는 뜻은 결코 아니다(15:15-17; 16:8, 19; 19:22). 다만 재물을 베풀면 물질적으로 더 안정될 수 있는 이유가 하반절에 암시되어 있다. 이기적인 사람은 주위 공동체의 **저주**를 받는다. 반면 후히 베푸는 사람은 공동체의 축복을 받는다.

마가복음 10장 29-31절에 예수님이 말씀하시기를 그분을 위해 후히 베푸느라 "집"이나 "전토"를 잃는 사람은 "현세에" 새것으로 받는다고 하셨다. 그리스도인이 가난한 사람에게 스스럼없이 돈을 후히 베풀 수 있는 이유는 새 공동체의 일원이 됐기 때문이다. 이 공동체는 내가 궁핍해지면 내게도 똑같이 해 준다. 그러니 서로 실질적인 사랑을 베푸는 기독교 공동체를 유지할 만한 동기가 충분하다. "모든 물건을 서로 통용하고 자기 재물을 조금이라도 자기 것이라 하는 이가 하나도 없었던" 초대 교회처럼 말이다(행 4:32-34). 그래서 신자는 지나친 걱정 없이 너그러이 베풀 수 있다. 신자 공동체에 속해 있기에 아무도 생계가 곤란할 일이 없다.

───────

기독교 공동체의 *끈끈한* 유대가 어떻게 후히 베푸는 삶을 장려하고 지지하는지 당신이나 주위 사람의 삶에서 본 적이 있는가?

오늘의 마중물 기도. 주님, 각박한 개인주의의 삶은 주님의 뜻이 아니며 오히려 저를 취약하게 만듭니다. 제 마음을 변화시켜 주시고 교회를 굳건하게 해 주옵소서. 주님의 백성인 우리가 참으로 서로 지체가 되게 하옵소서. 아멘.

잠언 3장 9-10절 9 네 재물과 네 소산물의 처음 익은 열매로 여호와를 공경하라 10 그리하면 네 창고가 가득히 차고 네 포도즙 틀에 새 포도즙이 넘치리라.

● 돈과 일

얼마를 드리면 충분할까. 성경의 지침대로 후히 베풀려면 우리의 돈을 얼마나 드려야 할까? **네 재물로 여호와를 공경하라**는 이 잠언은 성경의 '십일조'를 배경으로 한 말이다. 하나님은 이스라엘 백성에게 연소득의 10퍼센트를 레위인과 제사장에게 주어 성전과 빈민을 후원하도록 명하셨다. 그분은 백성의 재물 중 이 비율을 자신의 것으로 보셨다. 그래서 십일조를 내지 않으면 인색한 게 아니라 도둑질로 여겨졌다(말 3:6-12).

신약에는 십일조 규정이 명시되어 있지 않다. 하지만 마태복음 23장 23절에 예수님은 도움이 필요한 일과 사람이 있는데도 십일조보다 더 드릴 마음이 없는 청중을 질책하셨다. 생각해 보면 지극히 이치에 맞는다. 신앙의 선조들보다 우리는 받은 특권과 기쁨과 지식과 능력이 더 많다. 그런데 어떻게 재물을 덜 베풀기를 바랄 수 있겠는가? 요컨대 교회와 가난하고 소외된 이들과 다른 사람들을 위해 복음에 걸맞게 헌금하려는 그리스도인에게 십일조는 대략 최소한의 비율이라 할 수 있다.

─────

십일조를 그리스도인이 후히 드릴 최소한의 기준으로 보는 게 이치에 맞다고 보는가, 그르다고 보는가? 왜 그렇게 생각하는가?

오늘의 마중물 기도. 주님, 현대 문화는 제게 소비를 더 늘려 행복과 안전을 얻으라고 매일같이 닦달합니다. 제 기쁨과 평안이 주님 안에 있음을 일깨워 주옵소서. 해가 갈수록 제 소득에서 헌금을 드리는 비율이 더 높아지게 하옵소서. 아멘.

11 / 06

잠언 30장 8-9절 8 곧 헛된 것과 거짓말을 내게서 멀리 하옵시며 나를 가난하게도 마옵시고 부하게도 마옵시고 오직 필요한 양식으로 나를 먹이시옵소서 9 혹 내가 배불러서 하나님을 모른다 여호와가 누구냐 할까 하오며 혹 내가 가난하여 도둑질하고 내 하나님의 이름을 욕되게 할까 두려워함이니이다.

● 돈과 일

검소한 삶의 낙. 돈은 있을 때만 아니라 없을 때도 우리를 타락시킬 수 있다. 가난한 사람은 호구지책으로 범죄에 유혹을 느낀다(혹 내가 가난하여 도둑질하고). 경제에서 부당하게 제외되다 보니 마음속에 불법 폭력 행위에 대한 자기 정당화가 싹틀 수 있다. 반대로 부의 위험 부담은 이미 살펴본 바 있다.

그렇다고 오늘 본문을 중산층 예찬으로 해석해서는 안 된다. "필요한 양식"(딤전 6:8)은 검소한 생활양식을 가리키며, 우리가 말하는 중산층보다 낮다. 그렇다면 그리스도인은 검소한 생활양식에 초과되는 돈이면 다 버려야 할까? 꼭 그렇지는 않다. 사회 각계각층에 그리스도인이 필요하기 때문이다. 이 말씀에는 최소한 이런 뜻이 담겨 있다. 친목 반경과 동네에서 우리 집과 옷과 생활양식은 검소해야 한다. 그래야 최대한 후히 베풀 수 있다. 기독교 공동체는 재물과 소유를 출세와 성취의 수단이 아니라 이웃을 섬기는 도구로 보는 단체로서 세상의 모범이 되어야 한다.

당신은 최대한 후히 베풀기 위해 당신이 사는 지역과 몸담은 직장에서 최대한 검소하게 사는가?

오늘의 마중물 기도. 주님, 돈과 소유를 제 마음의 보배로 삼고 주님을 그저 온갖 목표의 수단으로 여기지 않게 하옵소서. 주님을 가장 귀한 보배로 삼도록 제 마음을 인도해 주옵소서(벧전 2:7). 세상 재물을 도구로만 보고 이웃을 섬기는 데 쓰게 하옵소서. 아멘.

잠언 12장 27절; 13장 23절   27 게으른 자는 그 잡을 것도 사냥하지 아니하나니 사람의 부귀는 부지런한 것이니라 …… 23 가난한 자는 밭을 경작함으로 양식이 많아지거니와 불의로 말미암아 가산을 탕진하는 자가 있느니라.

● 돈과 일

하나님의 경제학. 12장 말씀에서 **게으른 자**가 먹지 못함은 **사냥**하지 않기 때문이다. 많은 사람이 **가난**의 원인을 그렇게 설명한다. 개인이 주도적으로 노력하지 않았기 때문이라는 것이다. 그런데 13장 말씀에 보면 설령 집안에 아주 비옥한 땅이 있어도 **불의**로 수확을 다 날릴 수 있다. 성경의 물질관과 경제관은 사회주의나 자본주의에 깔끔히 들어맞지 않는다. 가난은 개인 주도권의 부족이나 불의한 사회 구조로만 설명되지 않는다. 노동과 사유재산이 아주 귀하긴 하지만 재산권이 절대적 요소는 아니다. 우리는 하나님이 맡겨 주신 재물의 청지기일 뿐이기 때문이다.

신명기 23장 24절에 보면 가난한 사람이 이웃의 포도원에 들어가거든 "마음대로 그 포도를" 먹어도 되지만 그릇에 담아서는 안 된다. 철저한 공산주의 사회에서라면 포도는 정부의 소유다. 철저한 개인주의 사회에서라면 포도를 하나만 따도 강도 행위다. 성경이 말하는 상호 의존 공동체는 기존의 정치 경제 이념을 어느 것도 전적으로 지지하지 않는다. 오히려 모든 이념을 비판하고 판결한다. 이 공동체에서 사유재산은 중요하되 절대적 요소는 아니다.

성경은 철저한 진보 사회주의 경제관이나 보수 자본주의 경제관을 전적으로 지지하지 않는다. 그리스도인이 이 사실을 믿는다면 교회는 지금의 모습과 어떻게 달라지겠는가?

오늘의 마중물 기도. 주님, 인간의 그 어떤 정치 의제나 경제 제도도 주님 말씀의 지혜를 반영할 수는 있어도 완전히 다 담아낼 수는 없습니다. 주님의 백성이 이웃을 사랑하며 사회의 빛과 소금으로 헌신하게 하시되(마 5:13-14) 그 어떤 사회 제도에도 과도한 희망을 두지 않게 하옵소서. 아멘.

11/08

잠언 8장 15-16절 15 나로 말미암아 왕들이 치리하며 방백들이 공의를 세우며 16 나로 말미암아 재상과 존귀한 자 곧 모든 의로운 재판관들이 다스리느니라.

● 리더와 리더십

권력과 권력자. 잠언은 권력의 실재를 무시하지 않으며, 권력을 행사하는 부류에게 늘 하는 말이 많다. 오늘날보다 리더십을 발휘하기가 힘들었던 때는 없지만 어떤 사회도 그것 없이는 돌아갈 수 없다. 주님은 지혜로 세상을 지으셨는데, 오늘 본문에 의인화된 그분의 지혜는 **나로 말미암아 왕들이 치리**한다고 말한다. 이 말이 무슨 뜻일까? 우선 모든 지도자는 언제나 하나님의 자명한 지혜를 인정하는 정도만큼 훌륭하다는 뜻이다. 즉 스스로를 너무 지혜롭게 여겨서는 안 되고, 돈의 위력으로부터 웬만큼 자유로워야 한다. 또 자아, 때와 시대, 관계의 이치 등을 알아야 한다.

그러나 나로 말미암아 치리한다는 말에는 다른 의미도 있다. 본인이 알든 모르든 모든 지도자는 하나님의 허락하에 그분께 받은 권력으로 권위를 행사한다. 그래서 예수님은 빌라도에게 이르시기를 하나님이 주지 않으셨더라면 그에게 아무런 권한도 없다고 하셨다(요 19:11). 잠시 후면 중대한 불의를 저지를 빌라도에게 하신 말씀이다. 본인은 모를지라도 지혜와 덕이 별로 없는 지도자도 하나님이 세우셨기에 치리하는 것이며, 결국은 그분의 계획을 진척시킨다(창 50:20; 행 2:23; 롬 8:28).

———

그리스도인은 '신자가 아닌 훌륭한 지도자'와 '신자지만 형편없는 지도자'를 어떻게 봐야 할까?

오늘의 마중물 기도. 주님, 주님의 백성을 감화하셔서 우리 사회 지도자들에 대해 불평할 게 아니라 그들에 대해 주께 감사하며 그들을 위해 기도하게 하옵소서. 권력자들에게 지혜를 충분히 주셔서 우리가 모든 경건과 거룩함으로 고요하고 평안한 생활을 할 수 있게 하옵소서(딤전 2:1-2). 아멘.

잠언 17장 7절; 29장 4절 7 지나친 말을 하는 것도 미련한 자에게 합당하지 아니하거든 하물며 거짓말을 하는 것이 존귀한 자에게 합당하겠느냐 …… 4 왕은 정의로 나라를 견고하게 하나 뇌물을 억지로 내게 하는 자는 나라를 멸망시키느니라.

● 리더와 리더십

성품. 잠언에 왕과 통치자가 권력의 사례 연구로 자주 등장하긴 하지만 기본 원리는 부모, 소그룹 인도자, 직장 상사 등 모든 종류의 리더에게 적용된다. 지혜로운 지도자의 첫째 표지는 성품의 힘이다. 17장 본문에 보면 **거짓말**은 **존귀한 자**(지도자)에게 전혀 어울리지 않는다(하지만 안타깝게도 그런 조합이 비일비재하다). 물론 지도자는 법에 규정된 의무를 부과할 수 있고 그래야 한다. 지시에 따르지 않는 사람에게는 처벌을 가하거나 벌금을 매길 권한을 마땅히 우리가 부여해야 한다. 그러나 가장 강력한 지도자는 누구나 절로 따르고 싶을 만큼 두터운 신임을 얻은 사람이다. 신약에 보면 교회 지도자는 "맡은 자들에게 주장하는 자세를 하지 말고 본이 되어야" 한다(벧전 5:3). 성품은 믿을 만한데 강력한 지도자가 될 만한 재능이나 수완이 없을 수 있다. 그러나 그 반대는 성립되지 않는다. 모든 사람이 보고 존경하고 신뢰할 만한 성품이 없이 진정한 지도자가 될수는 없다.

———

당신이 아는 최고의 리더들을 떠올려 보라. 그들이 탁월해지는 데 성품이 어떻게 중요한 역할을 했는가?

오늘의 마중물 기도. 주님, 정계와 재계와 문화예술계와 학계와 사회 시설과 복지 기관의 각급 지도자들을 위해 기도합니다. 그들이 임무를 수행할 때 정직하고 지혜롭고 유능하고 도덕적이게 하옵소서. 그들이 하는 일이 대중에게 복이 되게 하옵소서. 아멘.

잠언 20장 8절 심판 자리에 앉은 왕은 그의 눈으로 모든 악을 흩어지게
하느니라.

성품을 읽는 능력. 훌륭한 지도자의 둘째 표지는 남의 성품을 분간하는 능력이
다. 사람의 마음을 읽어 **모든 악을 흩어지게** 할 수 없는 지도자는 잘 다스릴 수
없다. 그런 사람은 자기 밑에 두거나 함께 일할 적임자를 발굴할 수 없다. 소속
기관이나 조직에 적합한 협력자를 가려낼 수 없다. 인간을 순진하게 대해 남의
동기를 습관적으로 과신하거나, 반대로 냉소적으로 대해 덮어놓고 불신하는 태
도는 훌륭한 리더십에 큰 방해가 된다.

열왕기상 3장에 보면 새로 왕이 된 젊은 솔로몬은 재물이나 권력을 구하지 않
고 이렇게 기도했다. "누가 주의 이 많은 백성을 재판할 수 있사오리이까 듣는
마음을 종에게 주사 주의 백성을 재판하여 선악을 분별하게 하옵소서"(왕상 3:9).
하나님은 이를 기뻐하셨다. 기도한 지 얼마 안 되어 두 여인이 솔로몬을 찾아왔
다. 둘 다 아기를 낳았는데 불행히도 하나가 사고로 자기 아기를 죽였다. 그런
데 저마다 살아 있는 쪽이 자기 아기라고 우겼다. 솔로몬은 상반되는 증언을 능
히 해부해 두 여자의 속내를 밝혀냈다. 불명확한 선악을 분별해서 정의로운 판
결을 내렸다. 예수님이 사람의 마음을 읽으셨듯이(요 2:24-25) 훌륭한 지도자도
그럴 줄 안다.

당신이 아는 최고의 리더들을 떠올려 보라. 그들이 탁월해지는 데 성품을 분간
하는 능력이 어떻게 중요한 역할을 했는가?

오늘의 마중물 기도. 아버지, 예수님은 사람의 마음을 다 읽으시면서도 절 멸시
하지 않으시고 오히려 절 위해 죽으셨습니다. 제게도 사람의 선악을 분별하는
능력을 주옵소서. 주님의 선물인 이 통찰을 오직 상대방을 더 깊고 지혜롭게 사
랑하는 데만 쓰게 하옵소서. 아멘.

11 / 11

잠언 20장 26절 지혜로운 왕은 악인들을 키질하며 타작하는 바퀴를 그
들 위에 굴리느니라.

● 리더와 리더십

결단력. 좋은 리더십의 셋째 표지는 결단력이다. **타작하는 바퀴**에는 날카로운
쇠의 날이 박혀 있어 밀의 겨를 벗겨 냈다. 악인을 겨에 비유했으나 그렇다고
정말 고문해야 한다는 뜻은 아니다. 다만 지도자는 '구조 조정하기'를 두려워하
지 말고 판단을 내려야 한다는 뜻이다. 특히 옳고 그름의 문제에서 그렇다.
인간 지도자에게 교회나 기관의 악을 일소할 통찰력이 있다고 생각해서는 안
된다. 예수님은 그런 능력이 그분께만 있으며 최후의 심판 날에야 행사된다고
경고하셨다(마 3:12; 13:24-30). 그래도 훌륭한 지도자는 이면을 꿰뚫어보고 판단을
내려야 한다. 두려움 없이 과감한 조치를 취해야 한다. 우유부단한 태도는 대개
두려움에서 비롯된다. 예수님의 달란트 비유에서 두려워해 주인의 돈을 투자
하지 않은 종은 "악하고 게으르다"고 혼났다(마 25:26). 우유부단한 태도는 과도
한 인정 욕구에서 비롯될 수도 있다. 거들먹거리는 인상을 주거나 남의 감정을
상하게 하고 싶지 않은 것이다. 그러나 구성원들이 기관의 결정 사항이나 자신
에게 요구되는 바를 정확히 모른다면, 이는 지도자의 잘못이다.

당신이 아는 최고의 리더들을 떠올려 보라. 그들이 탁월해지는 데 결단력이 어
떻게 중요한 역할을 했는가?

오늘의 마중물 기도. 주님, 두려워서 우유부단해지거나 교만해서 고집을 부리
지 않도록 저를 도와주옵소서. 세상을 심판하시는 주님, 주님이 정의만을 행하
시듯이(창 18:25) 제게도 건강한 판단력을 주옵소서. 아멘.

336

11/12

잠언 20장 28절 왕은 인자와 진리로[사랑과 신실함으로, NIV] 스스로 보호하고 그의 왕위도 인자함으로[사랑함으로, NIV] 말미암아 견고하니라.

● 리더와 리더십

권력만으로 부족하다. 사랑과 신실함은 성경에서 하나님과 그분의 백성의 언약 관계를 기술할 때 자주 쓰이는 문구다. 우리를 한없이 사랑하시는 하나님은 친히 세상에 오셔서 우리 유익을 위해 자신을 희생하셨다. 그러므로 오늘 본문의 의미는 이것이다. **왕**의 리더십에서도 백성을 향한 사랑이 특징으로 명백히 드러나야 한다. 자기가 살려고 백성을 희생시키는 게 아니라 결국은 백성을 위해 자신을 희생할 왕임을 백성이 보고 알 수 있어야 한다.

지도자는 해를 감수하더라도 일심으로 아내를 섬기며 이끄는 진정한 남편과 같다(엡 5:25). 아내를 희생시켜 위기를 모면하는 엉터리 남편과는 다르다(삿 19:22-28). 가장 강력한 지도자는 자신의 권한으로 결국 휘하의 무리를 섬기는 사람이다. 지도자는 까다로운 결정을 내릴 때도 결단력이 있어야 한다.¹¹월 ¹¹일 그러나 결국은 권력을 행사하는 것만으로 부족하다. 가장 큰 지도자일수록 가장 잘 섬기는 법이다(막 10:45; 눅 22:27).

당신이 아는 최고의 리더들을 떠올려 보라. 그들이 탁월해지는 데 분명한 사랑과 섬기는 마음이 어떻게 중요한 역할을 했는가?

오늘의 마중물 기도. 아버지, 이 나라의 지도자들이 권력과 명예를 구하기보다 사랑으로 섬기기에 힘쓰게 하옵소서. 예수님은 섬김을 받으러 오신 게 아니라 섬기러 오셨사오니 교회마다 지도자들이 주님을 온전히 본받게 하옵소서. 아멘.

11 / 13

● 리더와 리더십

비전. 이제 우리는 지도자가 하는 일로 넘어간다. 오늘 본문에 이것이 없으면 **백성이 방자히 행해** 길을 잃고 사방으로 흩어져 유리한다고 했는데, 이것은 무엇인가? 히브리어 원어를 직역하면 앞을 본다는 뜻의 '비전'이지만, 이 단어는 선지자들이 하나님께 받는 **묵시**를 가리킬 수도 있다. 그래서 번역진에 따라 의견이 갈리는데 아마 두 의미를 합하는 게 최선일 것이다. "미래의 목표와 계획이 없는 사람은 전방으로 이끌어 줄 기준이 없어 아무 데로나 간다."[29]

하나님 말씀의 지혜로 인도함을 받는 크리스천 지도자는 사람들 앞에 목표를 제시해야 한다. 물론 하나님을 높이고 사람들을 이롭게 할 목표라야 한다. 실제로 최상의 지도자는 미래의 그림을 설득력 있게 내보이며 "이것이 내가 이루고 싶은 세상이다. 함께할 사람은 누구인가?"라고 말할 수 있는 사람이다. 지도자들이 이기적으로 변하면 조직이 딱딱하게 굳어질 수 있다. 더는 이타적 비전과 대의에 힘쓰지 않고 자체 권력과 세력권만 유지하려 하는 것이다. 훌륭한 지도자는 직접 섬길 뿐 아니라 소속 기관까지 섬김의 조직으로 만든다.

———

미래의 비전 내지 그림을 설득력 있게 제시하는 지도자를 본 적이 있는가? 비전이 어떻게 제시됐는가?

오늘의 마중물 기도. 주님, 일신상의 영달을 이루려는 욕심이 이 나라 지도자들의 주된 동기가 되지 않게 하옵소서. 평화의 비전(폭력과 분쟁의 종식), 복지의 비전(가난하고 병들고 굶주린 시민을 돌봄), 자유의 비전(불의한 제도의 청산)에 이끌려 일하게 하옵소서. 아멘.

잠언 14장 35절; 21장 5절; 26장 10절 35 슬기롭게 행하는 신하는 왕에게 은총을 입고 욕을 끼치는 신하는 그의 진노를 당하느니라 …… 5 부지런한 자의 경영은 풍부함에 이를 것이나 조급한 자는 궁핍함에 이를 따름이니라 …… 10 장인이 온갖 것을 만들지라도 미련한 자를 고용하는 것은 지나가는 행인을 고용함과 같으니라.

● 리더와 리더십

조직력. 지도자에게 섬기는 마음과 설득력 있는 비전이 있다고 하자. 그러나 14장과 26장 말씀에서 보듯이 **왕**이 **신하**를 잘못 뽑으면 아무 일도 이루어지지 않는다. 추진력은 좋으나 조직력이 떨어지는 지도자가 있다. 조직력에는 함께 실무를 감당할 수 있는 인재를 발굴하는 일도 포함된다. 지혜롭고 전략적인 기획을 창안하는 능력도 조직력에 해당한다(21:5). 끝으로 조직력은 질서의 문제다. 무질서한 상태는 이기심의 발로다. 작은 일에 희생적 사랑이 부족하다는 표시다. 예수님은 하루를 이렇게 시작하셨다. "새벽 아직도 밝기 전에 …… 나가 한적한 곳으로 가사 거기서 기도하시더니"(막 1:35). 예루살렘으로 올라가실 때가 되자 그분은 굳게 결심하셨다(눅 9:51). 자신의 소명에 온전히 충실하고자 예수님은 시간을 통제하셨다. 그 덕분에 우리가 구원받았다. 당신도 주어진 시간 동안 소명에 충실하게 해 달라고 기도하라.

"여기로 가야 한다"라고 말하기는 쉬워도 실제로 거기에 도달하는 법을 알기는 어렵다. 당신도 목표 설정은 잘하는데 목표 달성에는 그렇지 못한가? 어떻게 하면 달라질 수 있겠는가?

오늘의 마중물 기도. 아버지, 저는 새로운 일에 대한 솔깃한 아이디어는 많은데 지혜가 부족해서 꿈을 실현할 방법을 모를 때가 많습니다. 주님의 은혜로 제게 충분한 조직력을 길러 주셔서 한번 시작한 일은 끝까지 이루게 하옵소서. 그래서 예수 그리스도를 닮게 하옵소서. 아멘.

잠언 16장 10-15절 10 하나님의 말씀이 왕의 입술에 있은즉 재판할 때에 그의 입이 그르치지 아니하리라 11 공평한 저울과 접시저울은 여호와의 것이요 주머니 속의 저울추도 다 그가 지으신 것이니라 12 악을 행하는 것은 왕들이 미워할 바니 이는 그 보좌가 공의로 말미암아 굳게 섬이니라 13 의로운 입술은 왕들이 기뻐하는 것이요 정직하게 말하는 자는 그들의 사랑을 입느니라 14 왕의 진노는 죽음의 사자들과 같아도 지혜로운 사람은 그것을 쉬게 하리라 15 왕의 희색은 생명을 뜻하나니 그의 은택이 늦은 비를 내리는 구름과 같으니라.

● 리더와 리더십

하나님 앞에서. 오늘의 본문에서 "**왕**이라는 단어에 전부 '여호와'를 대입해도 된다."[30] 사람보다 하나님께 순종함이 마땅하며(행 5:29) 인간의 권위는 다 유한하지만(마 22:21), 그래도 권력자는 하나님을 대신해서 그 자리에 있다(롬 13:1).

이 말의 의미는 이렇다. 내게 부모, 교사, 공무원, 소그룹 인도자 등의 권한이 주어졌다면 이는 하나님이 주신 것이며(단 4:17) 그분이 전적으로 내게 권한 행사의 책임을 물으신다(신 17:18-20). 이제 나는 지도자로서 최대한 그분을 대변해야 한다. 이것이야말로 주님 앞에서 두렵고 떨릴 이유다. 그러나 예수님이 실패한 베드로를 지도자로 세우셨음을 잊지 말라(요 21:15-25). 이로써 그분은 가장 중요한 게 능력이 아니라 겸손히 그분을 의지하는 자세임을 보여 주셨다. 아슬란이 캐스피언 왕자에게 한 말이 맞다. "너 자신으로 충분하다고 느꼈다면 오히려 충분하지 못했다는 증거일 것이다."[31]

―――――

당신의 실패와 약점 때문에 리더로서 자격이 약해진 게 아니라 오히려 더 탄탄해졌던 경험이 있는가?

오늘의 마중물 기도. 주님, 한때는 리더십을 생각하면 제가 못나 보일까 봐 불안했습니다. 이제는 주님을 제대로 대변하지 못하면 어쩌나 하는 경건한 불안감이 듭니다. 훌륭한 지도자가 되는 데 필요한 정직과 겸손과 사랑과 결단력을 제게 주옵소서. 아멘.

11
16

잠언 29장 4, 12절   4 왕은 정의로 나라를 견고하게 하나 뇌물을 억지로 내게 하는 자는 나라를 멸망시키느니라 12 관원이 거짓말을 들으면 그의 하인들은 다 악하게 되느니라.

● 리더와 리더십

진실의 문화.   **뇌물**은 대기 순번을 맨 앞으로 건너뛰게 해 주는 푼돈부터 관급 계약을 따내기 위한 거금에 이르기까지 다양할 수 있다. 상황과 나라에 따라 합법도 되고 불법도 되지만, 성경은 뇌물을 주고받는 행위를 시종일관 정죄한다 (신 10:17-18; 대하 19:7; 잠 17:23; 29:4). 정직만이 아니라 정의를 위해서도 그렇다. 가난한 사람은 뇌물을 줄 형편조차 못 되므로 뇌물은 부유층의 부당한 특권이다. 뇌물은 빈곤 탈출을 불가능하게 만든다.

부패가 사회의 밑바닥에서 시작된다면 권력자가 어렵게나마 이를 근절할 수도 있다. 그러나 맨 위에서 시작된 부패(29:12)는 유행병처럼 퍼져 청산이 요원하다. "이런 하향식 부패의 단적인 예로 …… 어떤 통치자는 거짓말로 비위 맞추며 듣기 좋은 말만 하는 아랫사람에 둘러싸여 있다."³² 하나님 나라의 정점에 계신 예수님은 부패와는 거리가 먼 분이니 얼마나 감사한가. 사탄이 세 번이나 막강한 뇌물을 제시했으나 그분은 아버지 하나님과 우리를 위해 다 물리치셨다 (마 4:1-11). 이제 우리가 그분을 위해 뇌물을 물리칠 차례다.

지금까지 당신이 본 뇌물 수수는 어떤 형태였는가? 당신에게도 뇌물을 주려고 한 사람이 있는가? 어떻게 반응했는가?

오늘의 마중물 기도.   아버지, 뇌물의 형태가 참 많기도 합니다. 재물과 권력을 쥔 사람들에게 굴하는 시늉조차 하지 않게 하옵소서. 가난하고 무력한 우리와 함께 사시려고 우주에서 가장 부유한 곳을 떠나 이 땅에 오신 예수님을 기억하게 하옵소서. 아멘.

11/17

잠언 29장 26절 주권자에게 은혜를 구하는 자가 많으나 사람의 일의 작정은 여호와께로 말미암느니라.

● 리더와 리더십

지도자도 인간이다. 성경은 권력자를 존중할 것을 명한다(롬 13:1-7). 미련한 자와 거만한 자는 누가 자기에게 권위를 행사하기만 하면 뻗댄다. 그럼에도 오늘 본문은 그 반대의 과오에 대한 경고다. **일의 작정**이 확실히 주님께만 있는데도 자칫 우리는 인간 **주권자**에게만 **은혜**를 바랄 수 있다. 다시 말해서 지도자도 유한한 인간임을 잊어서는 안 된다. 그들은 욕심과 압박감(행 24:25-27), 불합리한 사고(고전 2:6, 8), 불안정한 상태(시 146:3-4)에 지배당할 때가 많다.[33] 항시 불완전한 존재인 그들을 하나님보다 더 의지해서는 안 된다.

실제로 이는 지도자의 치부가 드러나도 충격이나 환멸에 빠져서는 안 된다는 뜻이다. 반대로 심드렁한 무관심도 금물이다. 사회 질서와 평화는 우리의 유일한 참소망이신 하나님께로 말미암는다. 그분을 신뢰할진대 인간 지도자에 대해 너무 순진하게 알랑거리거나 지독히 냉소적이어서는 안 된다. 이런 태도는 정치와 시민 생활에 해로울 뿐 아니라 모든 인간 권력자를 세우신 하나님마저 욕되게 한다.

───────

리더에게 환멸을 느낀 적이 있는가? 어쩌다 그렇게 됐는가? 당신은 어떻게 반응했는가?

오늘의 마중물 기도. 주님, 제가 가장 존경하는 지도자들의 치부가 드러났을 때 저는 너무 큰 충격을 받았습니다. 그 이후 전 냉소적이 되었고 이제는 아무도 믿고 따르고 싶지 않습니다. 저를 구해 주옵소서. 지도자를 너무 지나치게 의지하는 것도, 무조건 불신하는 것도 둘 다 저의 반석이요 피난처이신 주님을 온전히 신뢰하지 못하는 잘못임을 기억하게 하옵소서. 아멘.

11/18

● 리더와 리더십

시민 의식. 이 말씀은 진압될 게 뻔한 반역에 가담하지 말라는 그저 실용적인 경고처럼 보인다. 그러나 베드로전서 2장 17절("하나님을 두려워하며 왕을 존대하라")과 로마서 13장 1절("각 사람은 위에 있는 권세들에게 복종하라")에서 보듯이, 건강한 시민 의식은 실용적일 뿐 아니라 지혜롭고 경건한 삶의 일부다.

성경의 국가관은 특유의 균형을 이룬다. 로마서 13장과 베드로전서 2장은 그리스도인에게 황제의 권위를 존중할 것을 명했다. 그 황제들의 정부가 우상을 숭배하고 있었는데도 말이다. 예레미야 27장 1-7절도 신자에게 이교 문화의 일에 참여하고 지지할 것을 명했다. 그러나 성경에는 히브리 산파들의 시민 불복종도 나와 있다(출 1:17). 이는 제2차 세계대전 중에 나치에게서 유태인을 숨겨 준 사람들을 연상시킨다. 요컨대 그리스도인은 조국을 존중하고 사랑하지만 결코 무비판적으로 따르는 건 아니다. 그리스도인은 하나님만의 종이며(고전 7:22) 그 어떤 인간의 종도 아니다(고전 7:23). 인종차별과 민족주의로 치닫는 우리 마음의 본능은 이로써 차단된다. 우리는 그리스도의 보배로운 피로 값을 치르고 사신 존재이므로(행 20:28; 고전 6:19-20) 우리 자신의 것이 아니다.

───

당신이 보기에 오늘날 그리스도인들은 조국을 존중하고 사랑하며 정치적 극단주의를 잘 삼가고 있는가?

오늘의 마중물 기도. 주님, 제가 우리나라와 우리나라의 지리적 위치와 국민들을 즐거워하게 하옵소서. 하지만 여기서 보고 느끼는 영광과 기쁨은 제 진짜 동족과 본향(빌 3:20)에 비하면 예고편에 불과함을 잊지 말게 하옵소서. 건강한 애국심과 정당한 안위를 누리되 국가를 우상화하거나 경멸하지 않게 하옵소서. 아멘.

11/19

잠언 25장 2-3절 2 일을 숨기는 것은 하나님의 영화요 일을 살피는 것은 왕의 영화니라 3 하늘의 높음과 땅의 깊음같이 왕의 마음은 헤아릴 수 없느니라.

● 리더와 리더십

정보력. 일을 살피는 것이 왕의 영화라는 2절 말씀은 일의 진상을 알아내는 것이 위대한 지도자의 수단이자 표지라는 뜻이다. 지도자의 정보력은 공식과 비공식을 겸해야 한다. 지도자는 충분한 조사에 입각해 움직일 뿐 아니라 비공식으로 늘 여론에 귀를 기울여야 한다. 훌륭한 지도자는 다윗과 같아야 한다. 그의 "지혜는 하나님의 사자의 지혜와 같아서 땅에 있는 일을 다" 알았다(삼하 14:20).

아울러 지혜로운 왕은 너무 쉽게 속을 내비치거나 입을 함부로 놀려서는 안 된다. 때가 되기까지는 패를 숨겨야 한다(25:3). 케네스 T. 에이트켄이 지적했듯이 이런 관점의 리더십이 우리에게 주는 교훈이 있다. 민심을 얻는 정부는 매사에 증거를 충분히 살펴 결정을 내리는 정부로서 "당파적 이익, 편협한 정치 이념, 당장의 정략적 편익"보다는 "진실과 국민을 가장 중시한다."[34]

오늘 우리의 정부는 당파적 이념이나 당장의 편익보다 진실을 중시하는가?

오늘의 마중물 기도. 주님, 정치적 사익보다 국민의 유익을, 이념보다 진실을 앞세우는 지도자를 간절히 원합니다. 그런 지도자들을 일으켜 세워 주옵소서. 아울러 나라면 훨씬 더 잘할 거라며 현재의 지도자들을 멸시하지 않게 하옵소서. 아멘.

11 / 20

잠언 28장 15-16절 15 가난한[힘없는, NIV] 백성을 압제하는 악한 관원은 부르짖는 사자와 주린 곰 같으니라 16 무지한 치리자는 포학을 크게 행하거니와 탐욕을 미워하는 자는 장수하리라.

● 리더와 리더십

청지기 지도자.   오늘 잠언도 마음으로 백성을 섬기지 않는 지도자를 규탄한다. 이를 전조로 해서 신약에 가면 지도자가 '청지기'라는 더 구체적인 가르침이 나온다. 청지기란 한 집안의 집사였다. 가구의 모든 구성원을 통제할 전권이 있으나 자기가 주인은 아니다. 청지기는 주인의 재산을 대신 관리했다. 그런 의미에서 청지기는 책임을 맡은 치리자이면서 또한 종이었다(눅 12:44-45). 바울은 교회의 권한을 맡은 지도자도 "청지기"로 봤다(고전 9:17; 딛 1:7).

청지기인 지도자는 두 가지 상반된 과오에 빠질 수 있다. 너무 나약해서 줏대가 없거나(마 25:14 이하) 반대로 **힘없는 백성**에게 권력으로 **압제**와 **포학**을 일삼을 수 있다. 후자는 자신의 신분이 만유의 주인이신 주님을 모시는 종임을 망각한 결과다. 누가복음 12장 45절에 예수님이 언급하신 청지기는 다른 종들을 때린다. 그분은 참주인이 돌아와 이 불의한 청지기를 엄히 때리리라고 말씀하셨다(눅 12:46). 포학한 지도자를 향한 예수님의 책망은 나약한 지도자를 향한 책망과 똑같이 혹독하다. 그분은 특정한 이념의 신봉자가 아니다. 원칙적인 강력한 리더십을 두려워하지도 않으시고 독재나 압제를 묵인하지도 않으신다.

———

청지기의 두 과오 중 당신이 리더로서 더 빠지기 쉬운 쪽은 무엇인가?

오늘의 마중물 기도.   주님, 저는 말로는 진실을 증언하고 싶을 뿐이라지만 사실은 권력을 행사할 때가 많습니다. 제가 표현하는 슬픔과 분노도 권력 행사일 때가 있습니다. 제 모든 행동이 권력과 통제 욕구에서가 아니라 사랑하고 섬기려는 마음에서 비롯되게 하옵소서. 아멘.

11 / 21

잠언 31장 3-7절 3 네 힘을 여자들에게 쓰지 말며 왕들을 멸망시키는 일을 행하지 말지어다 4 르무엘아 포도주를 마시는 것이 왕들에게 마땅하지 아니하고 왕들에게 마땅하지 아니하며 독주를 찾는 것이 주권자들에게 마땅하지 않도다 5 술을 마시다가 법을 잊어버리고 모든 곤고한 자들의 송사를 굽게 할까 두려우니라 6 독주는 죽게 된 자에게, 포도주는 마음에 근심하는 자에게 줄지어다 7 그는 마시고 자기의 빈궁한 것을 잊어버리겠고 다시 자기의 고통을 기억하지 아니하리라.

● 리더와 리더십

지도자는 외롭다. 오늘 본문은 왕의 어머니가 자기 아들인 젊은 왕 르무엘에게 한 조언이다(31:1-2). 잠언에 성적 부도덕과 과음을 삼가라는 말이 가득하지만 지도자는 더욱 절제해야 한다. 선과 악을 행할 권력이 있기 때문이다. 권력 없는 자들이나 술 마시고 취하게 두라는 이 어머니의 말에는 오히려 반어적 요지가 담겨 있다. 남들은 다 폭음이나 방탕한 삶에 빠질지라도 **왕**은 그래서는 안 된다는 뜻이다. 자칫 나라 전체가 위태로워질 수 있기 때문이다.

그래서 지도자는 외롭다. 남들이 누리는 많은 방종을 그는 자신에게 허용할 수 없다. 특별한 스트레스와 희생이 많다 보니 지도자는 자칫 자기 연민이나 은밀한 외도나 중독에 빠지기 쉽다. '고생이 많았으니 이 정도야 누릴 자격이 있다'라고 자신을 합리화하는 것이다. 하지만 그래서는 안 된다. **모든 곤고한 자들의 송사**가 그의 어깨에 달려 있다. 세례 요한은 자만심과 두려움에 놀아나던 한 주권자에게 억울하게 처형당했다(막 6:21-29). 절제하며 하나님을 의지해야 한다는 이 높은 기준을 받아들일 수 없거든, 지도자가 되거나 사역에 몸담지 말라.

———

리더의 외로움이 실감되는 지위에 올라 본 적이 있는가? 더 높은 지위는 어떨지 가히 미루어 짐작이 되는가?

오늘의 마중물 기도. 주님, 악한 시류를 거슬러 진실을 말하고 옳은 길을 가는 것이 참으로 외로울 수 있음을 깨달았습니다. 다 포기하고 싶을 때 주님의 외로움을 기억하게 도와주옵소서. 주님은 저를 구원하시려고 적들에게뿐만 아니라 사랑하는 제자들과 아버지 하나님에게까지 버림받으셨습니다. 다 저를 위해서 그리하셨습니다. 아멘.

잠언 19장 12절; 20장 2절 **12** 왕의 노함은 사자의 부르짖음 같고 그의 은택은 풀 위의 이슬 같으니라 …… **2** 왕의 진노는 사자의 부르짖음 같으니 그를 노하게 하는 것은 자기의 생명을 해하는 것이니라.

● 리더와 리더십

권력자를 대할 때. 오늘의 두 본문은 권력자를 상대하는 이들에게 주는 조언이다. 무소불위의 **왕**이 노하면 그 **진노**는 당연히 공포를 자아낸다. 정당한 분노인지 부당한 분노인지는 본문에 나와 있지 않다. 다만 마땅히 존중하라는 경고다. 권력자를 잘 설득하면 엄청난 선을 행할 수 있음을 알아야 한다. **왕의 은택은 풀 위의 이슬 같다**고 했는데, 불모의 땅인 그 지역에서 아침 이슬은 그야말로 생명수였다.

그러나 결국 잠언서는 정직과 진실한 말을 고집한다. 권력자에게 영합해서는 안 된다는 뜻이다. 그들의 은택을 입으려고 영혼을 팔아서는 안 된다. 예수님은 권력자 앞에서 온유하셨지만(사 53:7) 듣기 좋은 말만 하지는 않으셨다. 그래서 죽임을 당하셨다. 신자는 권력자에게 진실을 말할 때 정중한 자세로 하되 타협해서는 안 된다(단 3:16-18). 무조건 멸시하거나 반대로 무조건 굽실거리느라 권력자를 올바로 상대하지 못하는 사람이 많다. 그러나 지혜로운 사람은 할 수 있다.

———

권력자를 대할 때 너무 기지가 없거나 혹은 무조건 영합하는 사람을 본 적이 있는가? 두 과오 중 당신이 더 빠지기 쉬운 쪽은 무엇인가?

오늘의 마중물 기도. 주님, 다니엘은 왕에게 말할 때 크게 번민하면서도(단 4:19) 왕에게 회개를 촉구하며 가난한 사람들을 압제하지 말라고 직언했습니다(단 4:27). 권력자를 진정으로 사랑해 그에게 담대히 바른말을 하는 경우를 찾아보기가 얼마나 힘든지요. 주님, 제 안에 그런 모습을 빚어 주옵소서. 아멘.

잠언 21장 1절 왕의 마음이 여호와의 손에 있음이 마치 봇물과 같아서 그가 임의로 인도하시느니라.

● 리더와 리더십

만왕의 왕. 농부는 관개 수로를 파서 가장 요긴한 쪽으로 **봇물**을 **인도**한다. 오늘의 본문에 보면 아무리 오만한 권력자도 하나님의 주권에서 벗어날 수 없다. 경우에 따라 이는 권력과 재력이 대단한 사람을 하나님이 아예 회심시키실 수도 있다는 뜻이다. 그것도 왕의 마음이 변화될 수 있는 한 방법이다.

어쨌든 본문은 모든 통치자의 **마음이 여호와의 손에** 있다고 말한다. 모든 권력자는 하나님의 계획을 이루는 도구일 뿐이다(사 10:6-7; 41:2-4). 권력 실세는 자기들이 합세해 기독교 운동을 막는 줄로 알았으나 결국은 "하나님의 권능과 뜻대로 이루려고 예정하신 그것"을 행했을 뿐이다(행 4:28). 그렇다면 위협적인 실세를 대하는 실질적인 지혜는 무엇인가? 우선 겁먹지 말라. 다니엘처럼 그리스도인은 권력자에게 정의와 진실을 존중하도록 촉구할 수 있다(단 4:27). 아울러 결코 절망하지 말라. 만왕의 왕이 계시다.

───────

이 나라 지도층의 실상을 보며 낙심이 되는가? 오늘 묵상이 어떤 도움이 되는가?

오늘의 마중물 기도. 주님, 주님의 말씀대로 우리는 폭군조차도 멸시해서는 안 되고(롬 13:4) 권력자를 너무 떠받들어서도 안 됩니다(행 5:29). 권력자를 대할 때마다 경건한 예의와 경건한 정직을 겸비하도록 저를 도와주옵소서. 아멘.

잠언 11장 10절　의인이 형통하면 성읍이 즐거워하고 악인이 패망하면 기뻐 외치느니라.

● 정의

공공선.　오늘 본문에 언급된 **의인**은 히브리어로는 '차디킴'으로, 직역하면 '정의로운' 사람이다. 하나님을 믿는 사람, 그래서 주위 사람을 이롭게 하려고 불이익을 감수하는 사람을 뜻한다. 그런데 본문의 이 의인이 **형통**한다. 즉 이 부류의 사람이 수적으로 많아지고, 경제적으로 번영하고, 각자 자기 분야의 정상에 오른다. 모든 면에서 성공한다. 그러자 **성읍**의 나머지 사람들이 질시하거나 못 본 체하는 게 아니라 **즐거워한다**. 이는 전쟁에서 이겼을 때의 승리의 함성을 표현하는 단어다.

어찌된 일인가? 이 구절의 의미는 이렇다. 어떤 지역에 잠언의 정의(定義)대로 참으로 '의롭게' 사는 무리가 있다면 그들은 지역 전체의 공공선에 큰 도움이 된다. 그럴 때 전체 주민은 그들의 형통을 모두의 승리로 느끼고 크게 기뻐한다.

―――

"그들의 신념에 동의하지는 않지만 그들이 없다면 이 지역이 어떻게 될지 생각만 해도 아찔하다." 당신은 주위 사람들로부터 이런 말을 들을 만한 사람인가? 당신의 교회는 그런 교회인가?

오늘의 마중물 기도.　주님, 제가 경건하게 산다면 박해가 따를 것이고(딤후 3:12) 그러면서도 사람들이 저로 인해 하나님께 영광을 돌릴 것입니다(마 5:16; 벧전 2:12). 지금 제 삶에는 이 두 가지가 다 없음을 고백합니다! 주님, 세상을 불편하게 하면서도 세상에 매력을 풍길 때까지 저를 더 경건하게 해 주옵소서. 아멘.

잠언 11장 11절 성읍은 정직한 자의 축복으로 인하여 진흥하고 악한 자의 입으로 말미암아 무너지느니라.

● 정의

사는 지역을 축복하는 법. 앞서 11장 10절에는 놀라운 기준이 제시됐다. 신자가 제대로 살기만 해도 큰 공공선을 유발해 주위 사람들이 그의 형통과 성공을 즐거워한다는 것이다. 오늘 본문은 신자가 자신이 사는 지역을 **축복**해야 한다고 말한다.[35] 어떻게 하면 될까?

그 방법은 잠언 전체에서 추론할 수 있다. 대인관계에서는 정의와 공정한 대우가 돋보인다. 사업에서는 똑똑하되 비정하지 않고 매우 정직한 사람으로 알려진다. 시민 생활에서는 누구보다도 재산을 후히 베풀어 구제하고, 가난한 사람과 이주 노동자를 빈곤에서 벗어나게 하려는 관심이 지대하다. 신자가 사는 동네는 번영해서 신앙이 같은 이들만이 아니라 누구에게나 살기 좋은 곳이 된다. 정치에서도 신자는 결코 부도덕하지 않다. 자신의 단체가 공격당해도 복수하지 않고 용서한다. 신자는 또 평화의 사신으로 알려진다. 지역사회의 다양한 단체와 집단 사이에서 최선을 다해 관계를 중재하고 평화를 유지한다. 끝으로 신자의 건강한 가정생활이 사람들 앞에 드러난다.

———

당신이 속한 교회 공동체는 지역사회에 그런 모습으로 비쳐지고 있는가?

오늘의 마중물 기도. 아버지, 예수님은 교회의 대인관계에 사랑이 두드러져 세상이 이것을 통해 복음의 진리를 볼 수 있어야 한다고 말씀하셨습니다(요 17:20-23). 그러나 막상 지역사회에 그런 모습으로 비쳐지는 교회는 찾아보기 힘듭니다. 주님이 역사하셔서 착한 행실로 주님을 영화롭게 하는 교회들을 일으켜 세워 주옵소서. 아멘.

11 / 26

잠언 21장 7절; 22장 7-8절 7 악인의 강포는 자기를 소멸하나니 이는 정의를 행하기 싫어함이니라 …… 7 부자는 가난한 자를 주관하고 빚진 자는 채주의 종이 되느니라 8 악을 뿌리는 자는 재앙을 거두리니 그 분노의 기세가 쇠하리라.

● 정의

정의를 행하라. 22장 본문의 **악**은 '기본 정의'를 뜻하는 히브리어 '짜데카'의 반대말이다. 기본 정의란 인종적, 사회적, 경제적 지위와 무관하게 사람을 공정하고 평등하게 대하는 일이다. 21장 말씀에 쓰인 **정의**의 원어는 '미쉬파트'로, 착취당하는 이들을 위해 잘못을 바로잡는 '교정 정의'를 뜻한다.

모든 사람이 기본 정의를 행하며 너그럽게 산다면 교정 정의 내지 배상 정의는 필요가 없어진다. 그러나 현실은 그렇지 못하다. 그래서 하나님은 과부, 고아, 이방 나그네, 빈민에게 "정의[미쉬파트]를 행하라"라고 한결같이 우리에게 명하신다(슥 7:9-10; 시 82:2-4). 그러려면 송사에서 그들을 변호하고(신 10:18-19) 우리 재물을 넉넉히 나누어 줘야 한다(사 58:6-7). 약자를 함부로 대하거나 필요를 무시하면 단지 사랑이 부족한 게 아니라 불의를 행하는 것이다. 모든 신자는 시민으로서 가난하고 궁핍한 사람들에게 깊은 관심을 품고 사회에서 기본 정의와 교정 정의를 행해야 한다. 하나님이 그런 분이시기 때문이다(14:31; 시 146:7-9). 아울러 남을 착취하면 내가 사회에 풀어놓은 그 폭력이 어떻게든 내게로 돌아옴을 명심해야 한다. **악인의 강포는 자기를 소멸하나니.**

근래에 기본 정의와 교정 정의를 행하는 사람을 본 적이 있는가?

오늘의 마중물 기도. 주님, "자선"이라는 표현이 가난하고 소외된 사람들을 돌보는 일을 그저 제 형편이 좋을 때만 하는 선택 사항으로 보고 싶은 제 욕망을 더욱 부추깁니다. 주님은 저보다 덜 가진 이에게 제가 가진 것을 나누지 않는 것은 불의라고 말씀하셨습니다. 형편이 어려운 사람들을 참으로 의롭게 대하도록 도와주옵소서. 아멘.

잠언 31장 8-9절　8 너는 말 못하는 자와 모든 고독한 자의 송사를 위하여 입을 열지니라 9 너는 입을 열어 공의로 재판하여 곤고한 자와 궁핍한 자를 신원할지니라.

● 정의

인권. 성경에 인권을 옹호할 근거가 나와 있을까? 물론이다. 오늘의 본문은 르무엘왕에게 주어진 권면인데, **곤고한 자와 궁핍한 자를 신원**한다는 말은 권리를 변호한다는 뜻이다. 원문에는 단순히 '권리'라는 뜻의 단어가 쓰였다. 창세기 1장 26-27절에 보면 하나님은 모든 인간을 그분의 "형상대로" 지으셨다. 그래서 모든 인간의 생명은 신성불가침이다(창 9:6). 인간이라면 누구나 존엄성과 가치를 존중받아야 한다. 야고보서 3장 9절은 하나님의 형상대로 지음받은 사람을 저주하기만 해도 중죄라고 말한다. 부자라고 가난한 자보다 특별 대우하는 행위도 마찬가지다(약 2:1-9).

그래서 성경에 따르면 내 앞에 선 이웃은 나를 상대로 일정한 권리를 지닌다. 공격이나 사기나 살해를 당하지 않을 권리가 있고, 나아가 공정한 대우로 존중받을 권리가 있다. 그런데 다시 오늘 본문을 보면 곤고한 자와 궁핍한 자는 남의 도움 없이는 이런 권리를 주장할 수 없다. 그들이 **말 못하는 자**인 이유는 복잡한 법률을 충분히 배우지 못했거나 아직 현지어에 능통하지 못하거나 좋은 변호사를 쓸 돈이 없기 때문일 수 있다. 법정이나 여론의 장에서 공정한 발언의 기회를 얻지 못하는 그들을 우리가 나서서 옹호해 줘야 한다.

말 못하는 이들을 당신이 대변해 줄 수 있는 방법을 하나 생각해 보라. 아버지 하나님 앞에서 당신을 대변하시는 예수님을 기억하며 그 일을 실천에 옮겨 보라.

오늘의 마중물 기도. 주 예수님, 예수님이 하나님의 보좌 앞에서 저를 대변해 주셔서(요일 2:1), 제가 오늘도 이렇게 하나님께 담대히 나아갑니다. 주님, 제게도 가난하고 소외된 이들의 옹호자가 될 수 있는 길을 보여 주옵소서. 제게 지혜를 주셔서 그들에게 정의가 시행되도록 돕는 법을 알게 하옵소서. 아멘.

11 / 28

잠언 24장 10-12절 10 네가 만일 환난 날에 낙담하면 네 힘이 미약함을 보임이니라 11 너는 사망으로 끌려가는 자를 건져 주며 살육을 당하게 된 자를 구원하지 아니하려고 하지 말라 12 네가 말하기를 나는 그것을 알지 못하였노라 할지라도 마음을 저울질하시는 이가 어찌 통찰하지 못하시겠으며 네 영혼을 지키시는 이가 어찌 알지 못하시겠느냐 그가 각 사람의 행위대로 보응하시리라.

● 정의

고난의 때. 정의를 행하려면 늘 시간과 돈이 든다.^{11월 27일} 그중에서도 특히 엄청난 대가가 요구될 때가 있다. 오늘 본문의 **환난 날**을 직역하면 '어려움이 닥친 힘든 시기'이다. 경기 불황과 정치적 쿠데타 등 위기 때는 약자가 위험에 처한다. 그들을 옹호하려면 내게도 해가 미친다. 제2차 세계대전 중에 독일과 프랑스와 네덜란드의 많은 가정이 **사망으로 끌려가고 살육을 당하는** 이웃의 유태인을 지켜봤다. 훗날 "나는 그것을 알지 못했다"라고 주장한 사람이 많지만 그래도 유죄다. 자신에게 미칠 해가 두려워서 알려 하지 않았기 때문이다. 키티 제노비스가 뉴욕에서 습격당해 살해됐을 때도 비슷하게 많은 이웃들은 비명 소리를 듣고도 두려워서 나서지 못했다. 나치 수용소에서 살아남은 빅터 프랭클에 따르면 반듯하고 도덕적인 시민인데도 목숨을 건지려고 적에게 부역한 사례가 부지기수다. 우리 마음에 감춰진 뿌리 깊은 이기심이 그런 상황을 통해 드러날 수 있다. "사람의 강점이나 기개는 고난을 통해 제대로 시험된다. 호시절에는 누구라도 살아남을 수 있다."³⁶

막상 때가 되었을 때 희생할 수 있으려면 지금 성품을 가꾸고 하나님과의 관계를 세워야 한다. 당신은 어떻게 그 일들을 하고 있는가?

오늘의 마중물 기도. 주님, 어제는 소외된 이들의 옹호자가 될 수 있는 지혜를 구했는데 오늘은 용기도 구합니다. 제 대제사장이신 주님의 희생에 한없이 감사하며 기뻐하게 하옵소서. 저도 세상에서 재물과 권력을 덜 가진 사람들을 위해 희생하게 하옵소서. 아멘.

11/29

잠언 13장 23절; 18장 23절　**23** 가난한 자는 밭을 경작함으로 양식이 많아지거니와 불의로 말미암아 가산을 탕진하는 자가 있느니라 …… **23** 가난한 자는 간절한 말로 구하여도 부자는 엄한 말로 대답하느니라.

● 정의

가난과 압제.　가난의 원인은 무엇일까? 성경의 경제관은 작금의 진보나 보수 이론에 깔끔히 들어맞지 않는다.[11월 7일] 어떤 사람은 빈곤의 원인을 경제와 정치의 불의한 제도 탓으로 일축하고, 어떤 사람은 건강한 가정을 일구어 책임감 있게 살지 못하는 개인에게로 환원시킨다. 이런 양쪽의 극단적인 견해와 대조적으로 성경은 여러 원인이 맞물려 있다고 본다.

오늘의 두 잠언을 보면 불의한 사회상이 빈곤을 유발할 수 있다. 13장 말씀의 **밭**은 아주 비옥해 **경작**만 하면 **양식**이 자란다. 부를 산출하는 자산은 다 여기에 해당한다. 그런데 **불의** 때문에 자산을 잃고 가난해지는 사람이 있다. 그 상태에서 재정적으로 어려운 처지에 놓인 사람은 도움을 구하지만, 18장 말씀에서 제대로 지적했듯이 권력과 재물이 많은 사람은 대체로 가난을 가난한 본인 탓으로 돌린다. 인간은 잘되면 그 공로를 과도히 자기가 취한다. 재산이 내 수고의 결과라며 우쭐대는 사람이라면 재산이 없음은 게으른 결과라고 믿을 수밖에 없다. 다윗은 엄청난 위험을 무릅쓰고 고생해 부자가 됐지만 재물을 순전히 하나님의 은혜의 선물로 봤다(대상 29:14). 압제당하는 이들의 간청에 눈과 귀를 막는다면 우리는 하나님을 닮은 게 아니다. 그분은 압제당하는 사람들의 간구를 늘 보고 들으신다(시 28:2, 6; 34:6).

―――――

당신의 동네나 친목 반경 내에서 당신이 채워 줄 만한 절박한 필요는 무엇인가?

오늘의 마중물 기도.　아버지, 제 재정 상태와 안전을 순전히 제 공로로 돌리려는 마음이 있습니다. 제 통장에 잔액이 있다면 오직 주님이 허락하신 많은 선물의 결과일 뿐임을 알게 하옵소서. 주님이 제게 여러 방면으로 베푸시듯이 저도 가난하고 소외된 이웃들에게 아낌없이 베풀게 하옵소서. 아멘.

잠언 15장 15-17절; 16장 8, 19절; 19장 1, 22절   15 고난받는 자는 그날이 다 험악하나 마음이 즐거운 자는 항상 잔치하느니라 16 가산이 적어도 여호와를 경외하는 것이 크게 부하고 번뇌하는 것보다 나으니라 17 채소를 먹으며 서로 사랑하는 것이 살진 소를 먹으며 서로 미워하는 것보다 나으니라 …… 8 적은 소득이 공의를 겸하면 많은 소득이 불의를 겸한 것보다 나으니라 19 겸손한 자와 함께하여 마음을 낮추는 것이 교만한 자와 함께하여 탈취물을 나누는 것보다 나으니라 …… 1 가난하여도 성실하게 행하는 자는 입술이 패역하고 미련한 자보다 나으니라 22 사람은 자기의 인자함으로 남에게 사모함을 받느니라 가난한 자는 거짓말하는 자보다 나으니라.

● 정의

가난과 성품. 불의한 사회 제도가 가난의 원인일 때가 많다. 예를 들면 부당한 저임금(렘 22:13), 고리대금(출 22:25-27), 유전무죄 무전유죄의 법제도(레 19:15), 이민자나 소수자에게 불리한 사회적 편견(출 22:21; 23:9) 등이 있다. 이런 병폐가 존재하지 않았던 사회는 별로 없다. 개인의 미련함에서 비롯되는 가난도 있으나 잠언은 가난이 늘 부끄러운 것은 아님을 역설한다. 모든 빈민 집단에는 성품이 강직하고 **성실하고** 도덕적인 사람이 많이 있다. 이들은 복합적 요인에 떠밀려 가난해졌을 뿐이다. 가난해도 얼마든지 **미움보다 사랑**의 사람(15:17), **교만보다 겸손**의 사람(16:19), **불의보다 공의**의 사람(16:8), 거짓보다 정직의 사람(19:22)이 될 수 있다. 그렇다고 유복한 사람이 '행복한' 빈민을 상상하며 자기 정당화에 빠져서는 안 된다. 가난의 언저리에는 언제나 험악한 불행이 도사리고 있다(15:15). 하나님을 사랑하는 사람이라면 누구나 이를 근절하고 싶게 마련이다(시 41:1).

———

극빈자들에 비하면 우리 대부분은 부유한 축에 든다. 하나님께 받은 자원을 쓰는 부분에서 우리 신자들은 세상으로부터 어떤 평가를 받고 있는가?

오늘의 마중물 기도. 주님, 우리는 가난한 이들을 그저 상상하며 자기 정당화에 빠지기 쉽습니다. 가난한 사람들에게 우월감을 품거나 그들의 고통을 망각하지 않게 하옵소서. 어려움에 처한 사람들에게 무심한 나쁜 이웃이 되지 않게 하옵소서. 아멘.

잠언 17장 5절 가난한 자를 조롱하는 자는 그를 지으신 주를 멸시하는 자
요 사람의 재앙을 기뻐하는 자는 형벌을 면하지 못할 자니라.

가난과 불운. 가난의 셋째 원인은 **재앙**이다. **가난한 자를 조롱하는 것**과 **사람의 재앙을 기뻐하는 것**이 똑같은 일임에 주목하라. 모종의 재난이나 참사 때문에 가난해지는 경우가 다반사이기 때문이다. 특히 고대 농경 사회에서 가장 흔한 재난은 기근이었다(창 47장). 대다수가 영세 농민이었으므로 악천후에 한 해의 소출만 다 날려도 금방 가난해져 온 가족의 생계가 위협받았다.

가난을 유발할 수 있는 환경은 그밖에도 무한대에 가깝다. 홍수, 화재, 부상으로 인한 장애, 감당할 수 없는 치료비, 주요 부양자의 사망 등이 있다. 그런가 하면 속도가 느린 재난도 있다. 예컨대 인근 광산이나 유전이 고갈되면 지역 경기가 침체된다. 천연 자원의 차이로 어떤 나라는 부유한데 어떤 나라는 훨씬 빈곤하다. 신자는 열악한 상황에 처한 사람을 보며 내 사정이 더 낫다고 속으로 기뻐해서는 안 된다. 그리스도인은 우는 사람과 함께 울어야 한다(롬 12:15).

───────

가난하고 소외된 사람들을 긍휼히 여기는 마음이 당신의 삶에서 어떻게 구체적으로 표현되고 있는가?

오늘의 마중물 기도. 주 예수님, 이 세상에는 영적, 도덕적, 물리적 참사가 어디에나 있습니다. 주님의 구원 사역이야말로 궁극의 재난 대응이고 주님은 최고의 구조 요원이십니다. 우리의 재정 후원과 도움을 요하는 재난의 소식이 끊이지 않는 이때, 저와 제가 속한 교회의 마음이 무디어지지 않게 하옵소서. 아멘.

잠언 10장 4절; 21장 17절; 23장 20-21절　4 손을 게으르게 놀리는 자는 가난하게 되고 손이 부지런한 자는 부하게 되느니라 …… 17 연락을 좋아하는 자는 가난하게 되고 술과 기름을 좋아하는 자는 부하게 되지 못하느니라 …… 20 술을 즐겨 하는 자들과 고기를 탐하는 자들과도 더불어 사귀지 말라 21 술 취하고 음식을 탐하는 자는 가난하여질 것이요 잠자기를 즐겨 하는 자는 해어진 옷을 입을 것임이니라.

● 정의

가난과 책임.　잠언에서는 노동과 절약을 독려한다. 일하고 아끼면 대체로 어느 정도 부유해진다는 잠언의 지적은 옳다(10:4). 절제가 부족하거나 만족을 지연시킬 줄 모르면 실제로 가난해질 수 있다(21:17). 안타깝게도 각종 중독 또한 가난의 족쇄로서 빼놓을 수 없다(23:20-21).

그러나 여태 살펴본 압제, 재앙과 책임은 밀접하게 얽히고설켜 있는 경우가 많다. 미국의 경우, 가난한 환경에서 태어난 아이는 건강이 나빠질 소지가 높고, 주위의 압력에 이끌려 범죄에 손대기 쉽다. 부모마저 문맹이면 그 아이는 유치원에 들어갈 때부터 향후의 학습에 현저히 불리할 수 있다. 그런 지역의 학교일수록 대개 질이 떨어진다. 불공정한 사회 제도의 작용을 지적해도 옳고, 가정의 붕괴를 지적해도 옳다. 어느 경우든 아이는 아무런 잘못이 없다. 그러니 우리는 가난한 이들을 결코 멸시하지 말고(17:5) 긍휼히 여겨야 한다(14:20).

———

은연중에 가난은 가난한 자가 자초했을 뿐이라고 믿는가? 당신의 죄 때문에 하나님께 받아 마땅한 결과는 무엇인지 생각해 보라. 그런데 실제로 당신이 받은 것은 무엇인가?

오늘의 마중물 기도.　주님, 주님이 만일 영적 가난을 자초하지 않는 사람들만 구원하려 하셨다면 이 땅에 오실 일이 없었을 것입니다! 저는 주님께 도움을 청하지도 않았고 도움받을 자격도 없습니다. 그런데도 주님은 큰 희생을 치러 도움을 베푸셨습니다. 저도 어려움에 처한 사람들에게 똑같이 도움을 베풀게 도와주옵소서. 아멘.

12 / 03

잠언 3장 27절 네 손이 선을 베풀 힘이 있거든 마땅히 받을 자에게 베풀기를 아끼지 말며.

● 정의

이웃에게 갚아야 할 빚. 오늘 본문에서 **선**이라는 단어는 가시적 재화를 가리킨다. 지인 중에 집 청소조차 하기 힘든 노인이 있는가? 자녀를 대학에 보낼 형편이 안 되는 이웃이 있는가? 내게 재물이 더 많다면 나누어야 할 책임이 있다. 왜 그럴까? **마땅히 받을 자**라는 문구는 히브리어로 '주인'을 뜻하는 한 단어를 번역한 것이다. 즉 내 재산에 대한 권리의 일부는 가난한 이들에게 있다.

세상은 하나님의 것이다. 그분이 남보다 내게 세상의 더 많은 부분을 맡기셨다면 그것이 전부 내 몫은 아니다. 여느 청지기처럼 나도 참주인의 재물을 주인이 바라시는 대로 써야 한다. 하나님은 그 지으신 모든 것(시 145:9), 특히 "넘어지는 사람 …… 짓눌린 사람"을 사랑하신다(시 145:14, 새번역). 바실리오 주교(AD 329-79)의 말을 인용하자면 "당신이 남겨 둔 빵은 배고픈 자의 몫이고, 옷장의 옷은 헐벗은 자의 몫이고, 그 신발은 …… 신발 없는 자의 몫이며, 숨겨 둔 금은 …… 가난한 자의 몫이다. 그러므로 남을 도울 힘이 있는데도 돕지 않은 횟수만큼 당신은 남에게 잘못을 저질렀다."[37]

당신의 소유물 중 다른 사람의 몫은 무엇인가? 어떻게 그들에게 돌려주겠는가?

오늘의 마중물 기도. 아버지, 이 시대 문화는 제 돈이 다 제 것이라고 말합니다. 그러나 오늘의 묵상은 그 개념이 틀렸음을 보여 줍니다. 이 진리를 제 마음 깊이 새겨 주옵소서. 그래서 저도 예수님의 길로 행하게 하옵소서. 주님은 주님의 부를 두 손으로 우리에게 흩어 주셨습니다. 아멘.

12/04

● 정의

고아의 아버지. 하나님이 "고아의 아버지시며 과부의 재판장"(시 68:5)으로 소개될 때가 얼마나 많은지 놀랄 정도다. 흔히 우리는 자신을 소개할 때 직업을 말한다. "제 이름은 아무개이며 무슨무슨 동네에서 의사로 일합니다." 그러면 상대는 내 공생활의 시간이 대부분 어디에 쓰이는지 알게 된다. 마찬가지로 하나님이 가난한 자의 재판장으로 소개될 때마다 우리도 세상을 향한 그분의 주요 관심사 중 하나를 알게 된다.

현대인은 이것이 얼마나 혁명적 개념인지 실감하기 어렵다. 고대 사회의 신들은 특히 상류층의 편이었다. 귀족일수록 덕이 많아 신에게 권력과 재물의 복을 받는다는 게 세간의 통념이었다. 욥의 친구들도 하나님이 형통한 자들의 편이라고 믿었다. 그런데 우리 하나님은 힘없는 자들의 입장에 서서 그들을 위해 일하시는 분이니 얼마나 놀라운가! 욥은 "도와줄 자 없는 고아를 내가 건졌음이라 …… 과부의 마음이 나로 말미암아 기뻐 노래하였느니라"라고 고백했다(욥 29:12-13). 욥은 하나님을 본받으려 애썼던 것이다.

당신이 알고 돌보는 과부와 고아가 있는가? 없다면 왜 없는가?

오늘의 마중물 기도. 아버지, 주님의 말씀을 통독할수록 더 놀랍게 다가오는 게 있습니다. 주님은 얼마나 자주 가난한 이들에 대해 말씀하시며 우리에게도 그들을 올바로 대하라고 엄명을 내리시는지요. 주님, 주님이 사랑하시는 대상을 저도 더욱 사랑하도록 도와주옵소서. 제게도 그들의 옹호자가 될 수 있는 길을 보여 주옵소서. 아멘.

잠언 17장 18절　지혜 없는 자는 남의 손을 잡고 그의 이웃 앞에서 보증이
되느니라.

● 정의

해가 되지 않는 도움.　자본주의를 모르던 사회에서 대부분의 대출은 사업상
의 투자가 아니라 곤궁에 처한 친구와 이웃을 돕기 위함이었다. 하지만 동기는
훌륭할지 몰라도 그런 상황에서 영영 갚을 길이 막막한 이웃에게 돈을 빌려주
는 것은 **지혜 없는** 일이다. 교회 재정으로 가난한 가정에 돈을 대출해 주는 교회
가 많지만, 상환할 능력이 없을 때는 해로운 결과를 낳았다. 다른 교인들은 속은
기분이었고 가난한 가정은 창피당하며 소외됐다. 아예 무상으로 지원하는 게 더
낫다. 어려운 사람을 도울 때 자칫하면 지혜 없이 상황을 더 악화시키기 쉽다.
전반적으로 볼 때 경제적으로 낙후된 지역을 살리려던 선의의 기획이 오히려
고질적 의존, 무분별한 재개발로 인한 극심한 피해, 원주민의 분노 등을 유발한
경우가 많다. 도움을 베풀되 상황을 악화시켜서는 안 된다. 문제를 돈으로만 해
결하려 하면 내 양심은 편할지 몰라도 유익보다 해가 더 클 수 있다.

———

어떻게 하면 당신의 도움이 도움받는 이들에게 해가 되지 않도록 실용적인 지
혜를 기를 수 있겠는가?

오늘의 마중물 기도.　주님, 제가 가난한 이들에게 관심이 있다고는 하지만 제
생활양식이나 관계까지 달라지지는 않았습니다. 그들에게 유익한 방식으로 그
들을 도우려면 많은 지혜가 필요합니다. 제게 지혜를 주시고 방법도 보여 주옵
소서. 아멘.

12 / 06

● 정의

주변에 대한 관심.   알아주다로 번역된 히브리어 단어는 '일을 살피다, 철저히 조사하다'라는 뜻이다. **사정**을 직역하면 '권리'다. 잠언에 따르면 **의인**은 주변의 가난한 이들이 겪고 있는 문제와 필요를 구체적으로 아는 사람이다. 이는 명절이나 연말에 불우 이웃을 위해 식품이나 장난감을 모으는 일 그 이상이다(물론 그 이하는 아니다).

형편이 어려운 사람들을 직접 착취하고 짓밟는 일만이 악은 아니다. 가난한 이들을 **알아줄** 관심이 **없고** 그들의 필요에 주목하지 않는 것만으로도 악하다! 가끔씩 구호 단체에 기부한다 해도 주변과 사회의 취약계층을 위해 정의를 증진할 마음과 생각이 없다면 나는 의인이 아니다. 그저 나 자신의 일과 행복과 발전에만 몰두해 있는 사람이다.

———

위의 정의에 따르면 당신은 의인인가? 주변의 어려운 재정적 처지에 놓인 사람들을 일으켜 세워 줄 방도를 궁리하고 있는가?

오늘의 마중물 기도.   주님, 제 머릿속에 존재하는 '가난한 자'는 얼굴이 없습니다. 그러니 도울 방도도 알 길이 없지요. 제게 함께 나설 친구들을 보내 주셔서 그들과 함께 가난한 사람들의 실제 얼굴과 구체적 필요를 보게 하옵소서. 그렇게 길을 찾아 전진하게 하옵소서. 정의에 힘쓰라는 주님의 명령에 응답하게 하옵소서. 아멘.

잠언 14장 20-21절; 19장 4절 **20** 가난한 자는 이웃에게도 미움을 받게 되나 부요한 자는 친구가 많으니라 **21** 이웃을 업신여기는 자는 죄를 범하는 자요 빈곤한 자를 불쌍히 여기는 자는 복이 있는 자니라 ······ **4** 재물은 많은 친구를 더하게 하나 가난한즉 친구가 끊어지느니라.

● 정의

이웃이 되라. 관계를 맺을 때도 우리는 득실을 따진다. 부유한 사람과는 최대한 가까운 **친구**가 되려 한다. 가난한 자와는 한 동네에 살기도 싫어한다(14:20). 집값만 떨어질 뿐 사귀어 봐야 득 될 게 없다. 그래서 **가난한 자는 미움을 받는다.** 일례로 미국의 사회 제도는 가난한 사람들을 격리시킨다. 그들의 필요 때문에 생겨날 부담을 피하려고 그들끼리만 모여 살게 만든다. 그래서 빈민들에게는 자원과 인맥을 공유할 친절한 이웃이 없다. 물론 그럴수록 가난은 심화된다. 가난한 동네와 지역에는 전체적으로 소위 '사회 자본'이 없다. 즉 서로 믿고 호의를 나누며 자산을 공유할 친구와 동료의 비공식 관계망이 없다. 그러니 전문가를 소개받거나 무료로 자문하거나 기회가 균등하게 제공되거나 서로 동업할 기회도 없다. 재차 보다시피, 궁핍함으로 고생하는 사람들을 피하고 등을 돌려 그들의 격리를 고착시킨다면, 이는 사랑이 없는 정도가 아니라 죄다(14:20).

당신은 소속된 교회의 도움으로 형편이 어려운 지역의 교회와 동역할 수 있겠는가? 경청하고 배운 뒤 행동에 뛰어들어 그들의 이웃이 될 수 있겠는가?

오늘의 마중물 기도. 주님, 어려서부터 저는 곤경에 처한 이웃을 사랑한 선한 사마리아인 이야기에 감동을 받았습니다. 그런데 저는 사실 가난한 이들에게 단지 기부자가 아니라 참으로 이웃이 되는 법을 전혀 모릅니다. 그 일을 지혜롭고 희생적으로 하는 길을 저와 제가 속한 교회에 가르쳐 주옵소서. 아멘.

12/08

잠언 22장 22-23절   22 약한 자를 그가 약하다고 탈취하지 말며 곤고한 자를 성문에서 압제하지 말라 23 대저 여호와께서 신원하여 주시고 또 그를 노략하는 자의 생명을 빼앗으시리라.

● 정의

가난한 자를 압제하는 사회. 가난한 사람을 도우려면 사회가 그들을 **탈취**하는 통상적 방식을 알아야 한다. 그중 하나로 오늘 본문에 언급된 게 **곤고한 자를 성문에서 압제**하는 일이다. 똑같은 죄로 기소되더라도 가난한 사람은 좋은 변호사를 선임할 돈이 없어 있는 자에 비해 유죄 판결과 더 중한 벌을 선고받을 소지가 높다. 미국의 경우, 흔히 부자 동네는 정부에 압력을 넣어 저소득 주택이나 보호 시설을 기존 빈곤 지역에만 짓게 하는데, 그럴수록 취약계층은 더 고립된다.^{12월 7일} 은행은 빈민 구역을 따로 구분해서 개인이나 가계의 주택자금 융자나 사업자금 대출을 까다롭게 만든다(우리 교회의 한 목사는 그런 동네로 이사했다가 부인의 신용 카드를 취소당했다). 극빈층 지역의 건물주는 제대로 서비스를 제공하지도 않으면서 셋돈만 비싸게 받을 수 있다. 그런 동네의 사람일수록 갈 데가 없기 때문이다. 제도적 문제라서 간단한 해법은 없다. 이런 사회 제도를 구성하는 많은 사람이 가난한 형편의 약자들을 착취해 이득을 본다. 그들은 사회적 파장에 대해서는 아예 묻지 않으며, 설령 묻는다 해도 쉽게 상황을 변화시킬 능력이 없다. 우리와 함께 가난한 이들을 **신원**해 주실 주님을 모른다면 우리도 너무 낙심해 변화의 시도조차 하지 못할 것이다.

___

약자들을 압제하는 제도상의 책임을 하나님이 당신에게도 물으실 것을 믿는가? 그런 믿음이 당신의 여가 시간 활용, 여윳돈의 운용 등에 반영되고 있는가?

오늘의 마중물 기도. 주님, 약자들을 몰아내고 짓누르는 사회 제도에 저도 가담하고 있습니다. 제가 취할 수 있는 조치라 봐야 대단하지 않고 작겠지요. "작은 일"이라고 멸시하지 않게 하옵소서(슥 4:10). 가치 없는 일로 여기지 않게 하옵소서. 지혜를 주셔서 실천할 수 있는 길을 알게 하옵소서. 아멘.

잠언 14장 31절; 19장 17절; 22장 2절   31 가난한 사람을 학대하는 자는 그를 지으신 이를 멸시하는 자요 궁핍한 사람을 불쌍히 여기는 자는 주를 공경하는 자니라 …… 17 가난한 자를 불쌍히 여기는 것은 여호와께 꾸어 드리는 것이니 그의 선행을 그에게 갚아 주시리라 …… 2 가난한 자와 부한 자가 함께 살거니와 그 모두를 지으신 이는 여호와시니라.

● 정의

가난한 자를 존중하라.   오늘 본문의 세 구절을 보면 가난한 이들을 깊이 존중할 수밖에 없다. 가난한 사람을 모욕하고 경멸하면 그의 창조주를 **멸시하는** 것이다. 반대로 **가난한 자를 불쌍히 여기는 것**은 주님께 잘해 드리는 것이다. 가족 간에는 워낙 일체감이 깊어 배우자나 형제나 자녀가 공격받으면 꼭 내가 공격받은 기분이다. 하나님도 이 땅의 가난한 이들과 그분이 일체라서 그들에게 하는 것이 곧 그분께 해 드리는 것이라고 말씀하신다.

실제로 이는 가난한 이들을 '사례'로만 보고 온정주의로 대해서는 안 된다는 뜻이다. 흔히 부자는 구제할 때도 순전히 이기적이다. 소액을 기부할 때는 본인의 기분이 좋아지고 싶어서다. 고액을 기부할 때는 해당 프로그램에 조금이라도 간섭하고 싶어서다. 우리는 가난한 사람을 인격체로 존중해야 한다. 기계나 물건인 양 그들을 고치려 들기보다 오히려 그들에게 배우려는 자세를 취해야 한다.

당신은 가난한 이들 중에도 자신이 마주한 문제들을 충분히 잘 살펴볼 수 있는 이들이 있음을 존중하는가?

오늘의 마중물 기도.   아버지, 주님은 가난한 이들을 단지 동정하는 게 아니라 사랑하고 존중하라고 명하십니다. 생색내는 제 태도를 고백합니다. 솔직히 그동안 형편이 어려운 사람들을 은근히 고자세로 대한 적이 많습니다. 그들을 모욕한 것은 곧 주님을 모욕한 것입니다. 용서해 주옵소서! 주님이 그들을 얼마나 사랑하시는지요! 그 마음을 제게도 주옵소서. 아멘.

잠언 21장 13절 귀를 막고 가난한 자가 부르짖는 소리를 듣지 아니하면 자기가 부르짖을 때에도 들을 자가 없으리라.

● 정의

막아 줄 사람이 없었다. 오늘 본문에 나오는 죄는 대놓고 매정하게 빈민을 착취하는 게 아니라 그냥 **귀를 막고 가난한 자가 부르짖는 소리를 듣지 않는** 악이다. 둔감하게 가난한 사람의 절규에 시간이나 관심을 내지 않는 것이다. 그 결과 언젠가 **자기가 부르짖을 때에도 들을 자가 없을** 것이다. 이는 협박이라기보다 세상 이치가 그렇다는 말이다. 자명한 일이다. 미워하는 사람은 미움받고, 매정한 사람은 매정한 취급을 당하며, 험담하는 사람은 험담의 대상이 된다.

나아가 약자를 변호하는 사회를 이룩하지 않으면 나를 변호해 줄 사람도 남지 않을 수 있다. 오늘 본문의 예언이 훗날 독일에서 그대로 실현됐다. 마르틴 니묄러는 나치 수용소 측에서 처음에는 사회주의자를, 다음에는 유태인을 비롯해 원치 않는 시민들을 차례대로 잡으러 왔을 때 여러 가지 핑계를 대며 번번이 침묵했다. 그는 고백한다. "그러다 마침내 그들이 나를 잡으러 왔을 때는 나를 위해 나서 줄 사람이 아무도 남지 않았다."[38]

———

사회는 가장 약한 구성원을 돌보는 만큼 강해진다. 당신과 사회 전체가 가난하고 소외된 이들의 부르짖음을 들을 수 있어야 하는데, 그러기 위해 당신이 할 수 있는 일은 무엇인가?

오늘의 마중물 기도. 주님, 모든 죄는 미련한 짓이기도 합니다. 가난한 이들을 돌보지 않는 사회는 자멸합니다. 각자도생의 현대 문화는 실제로 붕괴하고 있습니다. 주님, 우리를 구원하옵소서. 개인주의의 심령 속에 서로 도의를 다하는 정신을 불붙여 주옵소서. 아멘.

잠언 28장 3절; 29장 14절 3 가난한 자를 학대하는 가난한 자는 곡식을 남기지 아니하는 폭우 같으니라 ······ 14 왕이 가난한 자를 성실히 신원하면 그의 왕위가 영원히 견고하리라.

● 정의

공공 정책과 빈민. 비의 본분은 땅을 적셔 곡식을 자라게 하는 데 있다. 그런데 폭우는 정반대의 역할을 한다. 물을 공급하는 게 아니라 **곡식**을 망쳐 놓는다. 여기에는 이런 의미가 함축되어 있다. 정부의 본분과 목적은 정의를 행하고, 특히 빈민이 권력자에게 착취당하지 않도록 보호하는 데 있다. 또 이런 의미도 있다. 가난은 개인 차원의 구호 활동으로는 다 해결될 수 없고, 앞서 봤듯이 사회 구조와 법이 바뀌어야 한다. 사회 개혁은 당면한 필요를 채워 주는 원조를 넘어, 그런 필요를 유발하거나 가중시키는 사회 조건을 변화시키는 데로 나아간다.

욥은 헐벗은 자에게 옷을 주었을 뿐 아니라 "불의한 자의 턱뼈를 부수고 노획한 물건을 그 잇새에서 **빼내었다**"(욥 29:17). 선지자들은 불공정한 임금(렘 22:13), 부패한 상행위(암 8:2, 6), 부자와 강자에게 유리한 법제도(신 24:17; 레 19:15), 빈곤을 역이용하는 고리대금(레 19:35-37; 25:37; 출 22:25-27) 등을 규탄했다. 다니엘은 이교 정부를 향해 가난한 자를 긍휼히 여기지 않는 책임을 추궁했다(단 4:27).

공공 정책은 워낙 복잡해서 일개 시민으로서는 대개 변화를 시도할 엄두가 안 난다. 하나님의 도움으로 성공이 보장된다면 당신은 어디서부터 시작하겠는가?

오늘의 마중물 기도. 주님, 주님이 원하시는 대로 사회의 모든 주요 기관이 가난한 이들을 일으켜 세우는 일에 동참해야 하지만 이것이 너무 거창한 일처럼 느껴집니다. 우리 가정과 교회와 정부가 가난하고 소외된 이웃을 능동적으로 긍휼히 여기는 방향으로 가기를 원합니다. 제가 도울 수 있는 실질적인 방법을 보여 주옵소서. 아멘.

잠언 28장 8절 중한 변리로 자기 재산을 늘이는 것은 가난한 사람을 불쌍히 여기는 자를 위해 그 재산을 저축하는 것이니라.

● 정의

사업 관행과 빈민. 오늘 본문에서 보듯이 개개인의 헌금과 공공 정책만으로는 가난을 해결할 수 없다. 많은 사업 관행이 바뀌어야 한다. 철저히 합법이지만 **가난한 사람을 불쌍히 여기지** 않는 사업 관행이 많다. 종업원에게 주는 임금은 최대한 깎고 고객에게 받는 돈은 최대한 올려서 수익을 극대화해도, 그 수입으로 구제 헌금만 한다면 아무런 잘못도 아니라고 생각하는 사람이 많다. 그러나 오늘 본문은 그런 식으로 사람을 학대하는 게 잘못이라고 말한다.

모세 율법에 이삭줍기에 관한 규정이 나온다. 농부는 이삭을 다 주워서는 안 되고 가난한 자들이 줍도록 일부를 남겨야 했다(레 19:9-10; 23:22). 이는 '구제'가 아니라 자진해서 수익을 제한하는 방식이었다. 덕분에 가난한 자들은 구호품을 받는 게 아니라 직접 일해서 양식을 얻을 수 있었다. 신약에는 이런 직접적인 명령이 나와 있지 않다. 이삭줍기는 (농경 사회에서) 관행적으로 빈민의 필요를 채워 주던 한 방법이었을 뿐이기 때문이다.

─────

이삭줍기의 율법을 이 시대에 응용할 수 있는 방법이 있을까?

오늘의 마중물 기도. 주님, 정의를 생각할 때마다 저는 정의의 정의(定義)에 대한 당파 싸움에 머릿속이 복잡해집니다. 주님의 말씀에 푹 잠기게 도와주옵소서. 그래서 세상을 볼 때 주님의 눈으로 더 잘 보게 하옵소서. 아멘.

잠언 14장 34절 공의는 나라를 영화롭게 하고 죄는 백성을 욕되게 하느니라.

● 정의

공의로운 나라. 나라 전체의 도덕성은 판단할 수 없는 문제라고 보는 입장이 있다. 오늘날에는 수많은 나라가 다원주의라서 단일 종교나 통일된 도덕 기준이 없기에 특히 더 그렇다는 것이다. 그런데 이와 달리 잠언은 **공의가 나라를 영화롭게** 한다고 했다. 공의의 의미가 공동체 전체를 이롭게 하려고 불이익을 감수하는 것임을 기억한다면, 사회의 양심을 평가하는 게 어떻게 가능한지 알 수 있다.

다니엘은 이교 왕을 상대로 가난하고 압제받는 이들에게 공의를 행할 것을 촉구했다(단 4:27; 욘 3:1-10). 선지자 아모스도 이교 통치자들에게 책임을 물었는데, 그가 제시한 정의와 공평의 기준은 본격 기독교 신앙이 아니라 황금률이었다(암 1-2장). 다시 말해서 나라가 가장 약한 구성원을 존중하고 중시해 공정히 대하고 긍휼을 베푼다면, 그 나라는 공의를 드러내는 것이다.

―――――

그런 면에서 당신의 나라는 어떤가?

오늘의 마중물 기도. 주님, 우리나라가 이 땅에 정의를 시행하는 부분에서 주님의 은혜로 주님의 말씀에 더 가까워지게 하옵소서. 아멘.

잠언 12장 10절 의인은 자기의 가축의 생명을 돌보나 악인의 긍휼은 잔인이니라.

● 정의

만물을 선대하라. 오늘의 잠언에 따르면 **가축**을 사랑하고 **돌보는** 행위도 의의 한 표지다. 예컨대 신명기 25장 4절의 규정대로 농부는 "곡식을 떠는 소에게 망을 씌우지 말아야" 했다. 소가 타작 기구를 끌고 곡식 단 위로 지나가면 줄기에서 알갱이만 훑어졌다. 이때 농부는 수익이 줄어들까 봐 대개 소의 입에 망을 씌워 곡식을 먹지 못하게 했다. 그런데 하나님은 농부에게 동물을 선대해서 곡식을 나누어 먹으라고 명하셨다. 동물조차도 수익의 극대화를 위해 착취되어서는 안 된다.

신명기 20장 19절에는 성을 포위하는 병사에게 "도끼를 둘러 그곳의 나무를 찍어내지 말라 …… 들의 수목이 사람이냐 너희가 어찌 그것을 에워싸겠느냐"라고 경고하는 말씀까지 있다. 신자는 자비와 은혜와 새 생명을 받았다. 그러니 당연히 만물에 자비를 베풀어야 한다. "그 지으신 모든 것에 긍휼을 베푸시고 모든 생물의 소원을 만족하게 하시는" 주님을 우리도 닮아야 한다(시 145:9, 16).

―――――

자연계와 그 안의 만물을 돌보는 행위가 신자의 품질 보증 마크가 되어야 한다. 하나님의 창조세계를 돌보는 마음을 당신은 어떻게 표현하고 있는가?

오늘의 마중물 기도. 주님, "개와 함께 사는 사람은 우주의 간극을 메운다"[39]라는 말이 있듯이, 주님이 인간을 지으실 때 비인간계를 지키고 사랑하게 하셨지요. 자연을 숭배하지 않고, 자연을 돌봄으로써 주님을 예배하게 해 주옵소서. 그렇게 할 수 있는 방법을 알려 주시고 기회도 주옵소서. 아멘.

Part 7

오늘,
예수를 더 깊이
알다

하나님의 참지혜, 예수   12월 15일-

마가복음 6장 2절 안식일이 되어 회당에서 가르치시니 많은 사람이 듣고 놀라 이르되 이 사람이 어디서 이런 것을 얻었느냐 이 사람이 받은 지혜와 그 손으로 이루어지는 이런 권능이 어찌됨이냐.

● 하나님의 참지혜, 예수

최고의 스승. 하나님이 어떻게 완전히 의로우시면서도 '불완전한 죄인'에게 복을 주실 수 있는지 욥의 친구들은 몰랐다. 그들은 아직 복음을 몰랐기에 지혜가 부족했다. 예수님은 당대의 '욥의 친구들'인 바리새인을 상대하셨다. 하나님이 의로우시며 또한 믿는 자를 의롭게 하실 수 있음(롬 3:26)은 그분이 친히 우리를 대속하셨기 때문이다(막 10:45). "죄의 정수는 우리 인간이 하나님을 대신한 것이고, 구원의 정수는 하나님이 우리를 대신하신 것이다. 우리는 …… 마땅히 하나님만이 계셔야 할 자리로 올라섰으나 하나님은 …… 마땅히 우리가 있어야 할 자리로 내려오셨다."[1] 즉 우리는 직접 인생의 주관자가 됐으나 하나님은 십자가에서 형벌을 받으셨다.

그래서 예수님은 **지혜**의 최고 스승이시다. 잠언에서처럼(2:1-5) 그분도 "두 길"을 제시하시면서(마 7:13-14) 그중 생명의 길은 복음임을 보여 주신다. 형벌받아 마땅한 죄인인 우리가 하나님께 보호받는 그분의 자녀일 수 있음은 바로 복음 덕분이다. 마르틴 루터는 그리스도인이 의인인 동시에 죄인이라는 말로 복음을 요약했다. 그리스도 안에서 우리는 영적으로 잃은 바 된 죄인인 동시에 하나님 보시기에 완전히 의로워지고 사랑받는 존재다.

───

복음은 어떻게 '여호와를 경외하는' 마음을 낳는가?

오늘의 마중물 기도. 주 예수님, 제가 죄인이면서도 온전히 사랑받는다는 이 복음을 묵상할수록 두려움과 떨림으로 주님을 더 사랑하게 됩니다. 복음은 너무도 난해한 수많은 인생의 수수께끼에 해답이 됩니다. 복음의 무한한 지혜로 말미암아 주님을 찬양합니다. 아멘.

12/16

누가복음 11장 31절 심판 때에 남방 여왕이 일어나 이 세대 사람을 정죄하리니 이는 그가 솔로몬의 지혜로운 말을 들으려고 땅끝에서 왔음이거니와 솔로몬보다 더 큰 이가 여기 있으며.

● 하나님의 참지혜, 예수

솔로몬보다 더 크신 분. 잠언은 솔로몬이 편찬했다. 솔로몬은 악인을 벌하는 일을 하나님께 맡기라고 말했으나(24:12) 예수님은 직접 그 벌을 당하셨다. 솔로몬은 하나님이 압제당하는 자들을 옹호하신다고 말했으나(23:10-11) 예수님은 불의의 피해자가 되셔서 압제당하는 자들을 대신하셨다. 솔로몬은 자신의 가르침을 우리 마음에 새기라고 말했으나(3:3) 예수님은 성령을 보내 하나님의 말씀을 우리 마음에 새겨 주신다(고후 3:3).

솔로몬은 의지적인 순종을 명했으나(1:20-21) 예수님은 성령을 보내 우리에게 순종할 마음과 능력을 아울러 주신다(롬 8:1-8). 솔로몬은 이상적인 왕의 모습을 제시했으나(16:10-15) 예수님은 진정한 왕이시다(마 27:37). 솔로몬은 자신의 지혜에 순종하지 못했으나(왕상 11:9-10) 예수님은 하나님의 지혜의 완전한 모범이시다(눅 2:52; 히 4:15). 솔로몬은 백성에게 무거운 멍에를 메웠으나(왕상 12:4) 예수님은 우리를 모든 멍에의 속박에서 해방시키려고 죽으셨다(마 11:28-30).[2] 예수님은 **솔로몬보다 더 크신** 분이다.

그밖에도 예수님은 어떻게 잠언서의 지혜를 보충하고 완성하시는가?

오늘의 마중물 기도. 아버지, 잠언을 지지하시는 예수님을 보면 잠언을 읽고 적용하고 싶은 열의가 생깁니다. 주님은 잠언 말씀에 순종하지 못한 제 몫의 벌을 대신 받으셨고, 약속대로 복음과 성령으로 제 마음을 치유해 주십니다. 그래서 잠언 말씀에 점점 더 순종할 수 있게 하십니다. 주님의 구원은 얼마나 지혜로운지요! 아멘.

마태복음 11장 18-19절 **18** 요한이 와서 먹지도 않고 마시지도 아니하매 그들이 말하기를 귀신이 들렸다 하더니 **19** 인자는 와서 먹고 마시매 말하기를 보라 먹기를 탐하고 포도주를 즐기는 사람이요 세리와 죄인의 친구로다 하니 지혜는 그[그녀의, NIV] 행한 일로 인하여 옳다 함을 얻느니라.

● 하나님의 참지혜, 예수

지혜의 화신. 잠언 8장에 지혜는 하나님과 더불어 세상을 창조한 실존 인물로 그려진다. 잠언 1-9장에도 하나님의 지혜는 여인으로 의인화된다. 지혜롭게 살려면 우리가 인격적으로 알아야 할 대상이다. 오늘 본문에 예수님은 자신의 **지혜**를 인상 깊게 언급하시면서 지혜를 **그녀**로 지칭해 자신을 잠언에 묘사된 하나님의 지혜와 동일시하신다.

골로새서 1장 15-17절과 요한복음 1장 1-6절에 보면 창조 때에 아버지와 함께 계셨던 분은 바로 예수님이다. 여인으로 의인화된 지혜가 자기 제자들에게 음식과 음료를 내주듯이(9:1-3) 예수님은 자신을 그리스도인의 음식과 음료로 내주신다(요 6:53). 잠언은 모든 사람에게 세상을 창조한 지혜와 관계를 맺어 지혜로워지라고 촉구한다. 마찬가지로 복음은 모든 사람에게 예수 그리스도와 관계를 맺어 지혜의 완성판인 복음과 성령의 내주에 이르라고 촉구한다.

———

기독교가 얼마나 인격적인지 보라. 지혜의 심원한 비밀은 방대한 학식과 교육에 있는 게 아니라 미천한 인간으로 오신 예수님과의 친밀한 관계에 있다. 그분은 자신을 솔로몬 등 옛 왕들과 동일시하신 것만큼 한 지혜로운 여인과도 기꺼이 동일시하셨다.

오늘의 마중물 기도. 주 예수님, 주님이 천국에 그냥 계셨더라면 영광스럽지만 막연한 존재가 되셨을 것입니다. 그런데 복음서의 책장을 넘길 때마다 완전히 거룩하신 주님을 인간의 모습으로 만납니다. 주님과 인격적으로 더욱 친밀해지고 싶습니다. 주님의 기록된 말씀을 통해 제게 말씀하옵소서. 기도할 때 실체로 다가와 주옵소서. 아멘.

12/18

마태복음 11장 28-30절 **28** 수고하고 무거운 짐 진 자들아 다 내게로 오라 내가 너희를 쉬게 하리라 **29** 나는 마음이 온유하고 겸손하니 나의 멍에를 메고 내게 배우라 그리하면 너희 마음이 쉼을 얻으리니 **30** 이는 내 멍에는 쉽고 내 짐은 가벼움이라.

● 하나님의 참지혜, 예수

지혜와 참안식. 유대교 문헌에 묘사된 하나님의 지혜는 사람들에게 지혜의 멍에를 메라고, 그래서 지혜로운 자에게 주어지는 영혼의 안식을 얻으라고 촉구한다.[3] 미련한 자는 스스로 지혜롭게 여긴다. 그러다 보니 자신이 존중받지 못하거나 합당하게 대우받지 못한다고 느껴서 늘 안달한다. 미련한 자는 또 즉각적 만족을 원한다. 이렇듯 지혜가 없으면 안식과 자족도 없는 법이다.

예수님은 우리를 불러 그분의 **멍에**를 메게 하신다. 그분께 와서 안식을 얻게 하신다. "내가 진짜 지혜다"라는 말씀과 같다. 궁극의 안식을 원하는가? 우리 죄를 위해 십자가에서 죽으신 예수님을 봐야만 궁극의 짐을 내려놓을 수 있다. 즉 자신을 입증하고 정당화하려는 짐, 자존감과 구원을 스스로 얻어 내려는 짐에서 벗어날 수 있다. 십자가의 복음만이 우리에게 그 안식을 가져다줄 진짜 지혜다. "죽음의 행위를 예수의 발 앞에 내려놓고 온전한 영광으로 그분 안에만 서라."[4]

예수님의 멍에는 쉽고 짐은 가볍다. 그분이 그렇게 말씀하셨다. 세상의 다른 것은 다 우리를 속박한다.

———

당신은 예수님 아닌 다른 것에 자진해서 속박된 적이 있는가?

오늘의 마중물 기도. 주님, 저는 지쳐 있습니다. 너무 열심히 일해서 그렇기도 하지만 그보다는 내면과 영혼의 상태가 그렇습니다. 저는 저를 입증해 인정을 받고 이름을 떨치려고 애씁니다. 이제 이 버거운 짐을 내려놓고 복음이 가져다주는 깊은 안식을 누리고 싶습니다. 그렇게 하도록 도와주옵소서. 아멘.

12/19

골로새서 1장 15-17절   15 그는 보이지 아니하는 하나님의 형상이시요 모든 피조물보다 먼저 나신 이시니 16 만물이 그에게서 창조되되 하늘과 땅에서 보이는 것들과 보이지 않는 것들과 혹은 왕권들이나 주권들이나 통치자들이나 권세들이나 만물이 다 그로 말미암고 그를 위하여 창조되었고 17 또한 그가 만물보다 먼저 계시고 만물이 그 안에 함께 섰느니라.

● 하나님의 참지혜, 예수

진정한 왕.   좋은 임원이 부임하지 않으면 부서는 혼란에 빠지고 자연히 생산성이 떨어진다. 그러나 좋은 리더가 관리하면 부서가 조화롭게 단결되고 부원들은 마음껏 실력을 발휘한다. 좋은 코치 밑에 있는 스포츠 팀이나 훌륭한 (선출직) 지도자를 둔 정부도 마찬가지다. 알다시피 리더십은 분열된 단체를 결집시켜 상처를 치유한다.

예수님은 참지혜이시므로 그분을 통해 세상이 창조됐고 만물이 그분 안에 **함께 선다.** 세상이 처음 창조되어 완전히 하나님의 주권 아래 있었을 때는 어디나 낙원이었다. 그런데 인간이 반항해서 죄를 짓는 바람에 창조 질서가 교란되고 무질서와 죽음이 찾아왔다. 예수님은 십자가에서 죄와 사망을 물리치셨고, 언젠가 다시 오셔서 세상을 완전히 치유하실 것이다. 그분 바깥에는 혼돈과 무질서가 있다. 만물과 나를 창조하신 분의 주권 아래 있기보다 혼돈과 무질서를 선택하는 것은 참으로 어리석은 일이다. 예수님의 주권 아래 있는 만큼만 우리 지혜가 자라고 삶이 치유된다.

우리는 다 죄인인지라 속에 왕의 통치를 거부하는 마음이 있다. 그 바라던 대로 얻지 못한 게 차라리 다행이니 예수님께 감사를 드리라.

오늘의 마중물 기도.   주 예수님, 저를 지도하고 보호해 줄 왕을 원하면서도 다른 한편으로는 그런 권위 아래 있는 게 두렵고 못마땅합니다. 하지만 주님은 제 영혼이 갈망하는 진정한 왕이십니다. 저를 위해 희생하셨으므로 온전히 믿을 만하고 아름다우신 분입니다. 주님께 무릎을 꿇습니다. 제 마음을 다스려 주옵소서. 아멘.

12/20

골로새서 2장 2-3절 2 이는 그들로 마음에 위안을 받고 사랑 안에서 연합하여 확실한 이해의 모든 풍성함과 하나님의 비밀인 그리스도를 깨닫게 하려 함이니 3 그[그분, NIV] 안에는 지혜와 지식의 모든 보화가 감추어져 있느니라.

● 하나님의 참지혜, 예수

보물 상자. 예수님은 일반 스승과 다르다. 다른 스승에게 배울 때는 그냥 원리를 외우고 실천하려 애쓸 뿐이다. 그러나 **그분 안에는 지혜와 지식의 모든 보화가** 있다. 그리스도의 지혜는 머리로 그분을 공부할 때 못지않게 마음으로 그분과 교제할 때 찾아온다.

고린도후서 3장 18절에 "주의 영광"을 보면 실제로 그분을 닮아 간다고 했다. 지혜로운 사람은 잠언의 가르침대로 용감해야 하고 남을 용서해야 한다. 그런데 용기를 잘 기르려면 우리를 위해 십자가로 가신 예수님의 용기를 사랑으로 묵상하며 경탄하면 된다. 또 참으로 용서하는 마음이 넘쳐흐르려면 십자가에서 우리를 용서하신 예수님을 생각하며 기뻐하면 된다. 이렇듯 참된 지혜는 일련의 원리가 아니라 한 초자연적 인격체다. 이 지혜를 받으려면 의지적 행위로만 되는 게 아니라 그분을 예배함으로써 우리 마음과 갈망이 변화되어야 한다.

잠언이 일관되게 강조하듯이 지혜를 기르려면 시간이 걸린다. 지혜가 인격체이니 그럴 만도 하다. 우리는 그분이 어떻게 생각하시고, 어떤 태도를 품고 계시며, 어떤 행동을 기뻐하시는지 배워야 한다.

시간을 내서 말씀을 통해 예수님을 배워 지혜로워질 의향이 있는가?

오늘의 마중물 기도. 주 예수님, "주의 영광"을 보는 게(고후 3:18) 정말 무슨 뜻인지 잘 모르지만 이제라도 해 보겠습니다. 가르쳐 주옵소서. 이런 제가 마치 옹알이를 배우는 아이처럼 느껴집니다. 모세처럼 기도하오니 "주의 영광을 보여 주옵소서." 아멘.

12/21

고린도전서 1장 18, 22-25절 18 십자가의 도가 멸망하는 자들에게는 미련한 것이요 구원을 받는 우리에게는 하나님의 능력이라 22 유대인은 표적을 구하고 헬라인은 지혜를 찾으나 23 우리는 십자가에 못 박힌 그리스도를 전하니 유대인에게는 거리끼는 것이요 이방인에게는 미련한 것이로되 24 오직 부르심을 받은 자들에게는 유대인이나 헬라인이나 그리스도는 하나님의 능력이요 하나님의 지혜니라 25 하나님의 어리석음이 사람보다 지혜롭고 하나님의 약하심이 사람보다 강하니라.

● 하나님의 참지혜, 예수

하나님의 어리석음. 그리스도의 지혜는 세상의 상식과는 다르다. 오늘 본문은 이 중요한 진리를 자세히 고찰했다. 복음은 세상이 보기에 비현실적이며 지혜의 정반대다. 복음이 **십자가**를 통한 **구원**인데 반해 인간의 마음은 자력으로 구원을 얻어 내려는 게 기본값이다. 잠언에서도 성경 전체의 문맥과 떼어 놓고 보면 자칫 그렇게 읽힐 수 있다.

십자가는 '세상 지혜를 거꾸로 뒤집는' 하나님 지혜의 속성을 보여 준다. 올라가려면 내려가야 하고, 이끌려면 섬겨야 한다. 행복을 얻으려면 자신만의 행복이 아니라 다른 사람의 행복을 구해야 한다. 참으로 부유해지려면 재물을 거저 줘야 한다. 이 모든 행위가 세상의 눈에는 미련해 보이지만 십자가는 그것이 궁극의 실재임을 보여 준다. 이를 일상생활에 적용하면 지혜의 완성판이 된다. 물론 하나님의 지혜를 닮으려면 우선 예수님이 우리에게 자신을 내주셨듯이 우리도 그분께 온전히 헌신해야 한다. 세상의 눈에는 그게 일종의 자살처럼 보이지만 사실은 생명의 길이다.

———

하나님의 어리석음이 오히려 큰 지혜로 밝혀진 경우를 어디서 봤는가?

오늘의 마중물 기도. 주님, 주님은 얼마나 지혜롭게 세상을 창조하셨는지요. 그런데 구원의 지혜는 더 압권입니다. 완전히 거룩하신 주님이 십자가를 통해 죄인인 저를 사랑하실 수 있게 되었습니다. 주님은 의로우시며, 또한 믿는 자를 의롭다 하십니다(롬 3:26). 누가 주님의 지혜를 다 찬양할 수 있겠습니까! 아멘.

12/22

고린도전서 1장 26-29절 26 형제들아 너희를 부르심을 보라 육체를 따라 지혜로운 자가 많지 아니하며 능한 자가 많지 아니하며 문벌 좋은 자가 많지 아니하도다 27 그러나 하나님께서 세상의 미련한 것들을 택하사 지혜 있는 자들을 부끄럽게 하시려 하시고 세상의 약한 것들을 택하사 강한 것들을 부끄럽게 하려 하시며 28 하나님께서 세상의 천한 것들과 멸시받는 것들과 없는 것들을 택하사 있는 것들을 폐하려 하시나니 29 이는 아무 육체도 하나님 앞에서 자랑하지 못하게 하려 하심이라.

● 하나님의 참지혜, 예수

하나님이 쓰시는 사람. 인간의 기준으로 훌륭한 사람은 지혜와 영향력과 부와 실적을 갖춘 사람이다. 그러나 하나님은 일부러 세상에서 무시당하는 부류를 택해 구원의 이치를 보이신다. '기드온 원리'(삿 6:15)는 하나님이 가장 약하고 성공 가망성이 낮은 사람을 택해서 모든 영광을 명백히 그분께로 돌리신다는 원리다. 그 영광은 인간의 노력에서 비롯되는 것이 아니다.

성경의 '베드로 원리'도 마찬가지다. 살아남은 열한 제자 중 베드로는 예수님이 체포되어 처형당하시는 동안 가장 지독하게 실패했다. 그런데 요한복음 21장에 보면 예수님은 그를 용서해 지도자로 삼으신다. 마치 이렇게 말씀하시는 것 같다. "너는 최대의 실패자였으니 최고의 지도자가 될 가망이 있다. 내 은혜 속에 푹 잠기라. 그러면 놀랍도록 담대하고 동시에 한없이 겸손해질 것이다. 그리하여 심히 지혜로워질 것이다." 그리스도인의 정체성은 그 어떤 세상적 요인이 아니라 하나님의 은혜와 존중에 기초한다. 거기서 엄청난 자유가 생겨난다.

당신은 하나님이 쓰실 수 있을 만큼 충분히 약한가? 당신의 약점을 통해 하나님이 영광받으시도록 그분께 자신을 전부 내드리겠는가?

오늘의 마중물 기도. 아버지, 저 때문에 돌아가신 예수님을 볼 때 제 존재의 중심이 변화됩니다. "제 마음이 슬프고도 기쁨이 충만함은 주님을 죽인 제가 이제 주님으로 인해 사는 것입니다!"[5] 아멘.

12/23

고린도전서 1장 30-31절 **30** 너희는 하나님으로부터 나서 그리스도 예수 안에 있고 예수는 하나님으로부터 나와서 우리에게 지혜와 의로움과 거룩함과 구원함이 되셨으니 **31** 기록된 바 자랑하는 자는 주 안에서 자랑하라 함과 같게 하려 함이라.

● 하나님의 참지혜, 예수

영적 부요. 오늘 본문에서 바울은 참된 지혜를 예수님이 우리의 대언자이자 대속물이시라는 깊은 인식과 밀접하게 연관시킨다. 우리는 **그리스도 예수 안에 있다.** 스스로 의로움과 거룩함과 구원함을 쌓아서 그 자리에 이른 게 아니다. 예수님이 우리에게 그 모두가 되어 주셨다. 아버지는 우리를 보실 때, 마치 예수님이 하신 모든 일을 우리가 한 것인 양 우리를 사랑하신다. 아들 예수님을 사랑하심 "같이" 우리를 사랑하신다(요 17:23).

예수님이 완전하고 의롭고 지혜롭게 사신 것이 우리를 위해서임을 아는가? 그래서 하나님은 예수님을 보시사 우리를 온전히 받아들여 품어 주시고 끝없이 사랑하신다. 우리가 지혜로워지는 데 필요한 게 거기에 다 있다. 우리는 미련한 자와 거만한 자처럼 끊임없이 남에게 자신을 입증할 필요가 없다. 자신이 은혜로 구원받은 죄인임을 알기 때문에 스스로 지혜롭게 여길 수도 없다. 또 우리는 재물이나 일이나 성이나 연애에서 마음의 안식을 얻으려 할 필요가 없다. 최고의 부와 사랑이 그리스도 안에 있기 때문이다. 복음을 믿으면 지혜의 요건이 다 충족된다.

―――――

자신이 부자로 느껴지는가? (그리스도 안에서 당신은 부자다.)

오늘의 마중물 기도. 주님, 저는 영적으로 부자인데도 두려움과 원망 속에 가난하게 살아갑니다. 주님의 복음은 "깊은 광산과도 같아 그 속에 숨은 풍성한 보화를 누구나 캐낼 수" 있습니다.[6] 이 부요함을 일상생활에서 누리게 도와주옵소서. 아멘.

잠언 10장 1절 솔로몬의 잠언이라 지혜로운 아들은 아비를 기쁘게 하거니와 미련한 아들은 어미의 근심이니라. **요한복음 1장 11-13절** 11 자기 땅에 오매 자기 백성이 영접하지 아니하였으나 12 영접하는 자 곧 그 이름을 믿는 자들에게는 하나님의 자녀가 되는 권세를 주셨으니 13 이는 혈통으로나 육정으로나 사람의 뜻으로 나지 아니하고 오직 하나님께로부터 난 자들이니라.

● **하나님의 참지혜, 예수**

그리스도의 가족. 지혜로운 사람은 잠언의 일관된 가르침대로 부모를 공경해야 하지만 가족 관계는 어려울 때가 많다. 우리는 부모의 인정에 지나치게 의존할 수 있다. 나를 실망시킨 부모에게 과도히 분노와 원한을 품을 수도 있다. 해로울 정도로 미련한 부모라서 부모를 사랑하기 힘들 수도 있다.

앞서 봤듯이[10월 13일] 각 경우마다 우리는 하나님의 완전한 부성애를 확신해야 한다. 그러면 육신의 부모를 향한 지나친 의존이나 분노에서 해방된다. 어떻게 하면 될까? 예수님이 십자가에서 아버지의 사랑을 잃으셨기에 우리는 하나님의 가족으로 입양될 수 있다(요 1:12-13). 어머니와 동생들이 예수님을 보러 온 적이 있는데(집안을 망신시키는 그분을 집으로 데려가려 했다), 그때 그분은 아버지의 뜻대로 행하는 이들이 자신의 어머니요 형제자매라고 말씀하셨다(막 3:31-35). 비유적 표현이 아니다. 히브리서에 보면 그분은 우리를 자신의 "형제"라 부르시기를 부끄러워하지 않으신다(히 2:11). 우리가 다 하나님의 자녀이기 때문이다(갈 3:26). 우리의 원가족은 대단할 수도 있고 그렇지 않을 수도 있지만, 우리가 입양된 가정은 하나님이 아버지시고 예수님이 형이나 오빠시니 그야말로 최고가 아닌가!

───────

하나님이 당신의 아버지이심을 앎으로써 그동안 당신이 누린 실질적인 유익은 무엇인가?

오늘의 마중물 기도. 아버지, 능력의 말씀으로 온 우주를 지으셨고 지금도 붙들고 계신 분이 제 아버지시라니요! 주님을 찬양합니다. 주님께서 그 무한한 위엄과 권능을 전부 자녀를 사랑하시는 데 쏟아붓고 계심을 잊지 않게 하옵소서. 이 진리 안에서 안식과 기쁨을 누리게 하옵소서. 아멘.

12/25

출애굽기 20장 2-3절 **2** 나는 너를 애굽 땅, 종 되었던 집에서 인도하여 낸 네 하나님 여호와니라 **3** 너는 나 외에는 다른 신들을 네게 두지 말라.
잠언 9장 13, 18절 **13** 미련한 여인이 떠들며 어리석어서 아무것도 알지 못하고 **18** 오직 그 어리석은 자는 죽은 자들이 거기 있는 것과 그의 객들이 스올 깊은 곳에 있는 것을 알지 못하느니라.

● **하나님의 참지혜, 예수**

우상을 멀리하라.   트렘퍼 롱맨이 논증했듯이 잠언 1-9장의 지혜로운 여인이 결국 예수님을 가리킨다면 **미련한 여인**은 우상과 우상숭배를 대변한다.[7] 십계명의 제1계명은 "나는 …… 네 하나님 여호와니라 너는 나 외에는 다른 신들을 네게 두지 말라"이다. 우리는 하나님을 예배하거나 다른 것을 예배하거나 둘 중 하나다. 아무것도 예배하지 않을 수는 없다. 자신의 의미와 안전을 하나님께 의지하거나 다른 데(자신의 능력까지 포함해서) 의지하거나 둘 중 하나다.

신약의 관점에서 볼 때 모든 인간은 자신을 정당화할(의로워질) 길을 찾는다. 예수님을 지혜와 의와 거룩함과 구속(救贖)으로 받아들이는 사람은 그분을 믿어 구원받는다. 반대로 그 길을 다른 데서 찾으려 하는 것은 행위로 구원받으려는 시도다. 참된 지혜는 은혜로 말미암은 구원을 받아들인다. 스스로 구원하려는 시도들은 미련함의 극치다. 복음은 지혜의 완성판이다.

오, 우리가 누릴 수 있는 이 풍성한 지혜여! 처음에 아기로 오셨고 장차 힘과 권능으로 다시 오실 그분을 찬양하라.

오늘의 마중물 기도.   아버지, "가장 아끼던 우상을 주님 보좌 앞에 허물고 주님만 예배하게 하옵소서. 주님과 가까이 동행하며 평안을 누리게 하옵소서. 그 길에 밝은 빛 비춰 어린양께로 인도하옵소서."[8] 아멘.

12/26

잠언 19장 17절 가난한 자를 불쌍히 여기는 것은 여호와께 꾸어 드리는 것이니 그의 선행을 그에게 갚아 주시리라. 고린도후서 8장 9절 우리 주 예수 그리스도의 은혜를 너희가 알거니와 부요하신 이로서 너희를 위하여 가난하게 되심은 그의 가난함으로 말미암아 너희를 부요하게 하려 하심이라.

● 하나님의 참지혜, 예수

가난해지신 그리스도. 잠언에서 일관되게 보듯이 하나님은 자신을 **가난한 자**와 동일시하신다. ¹²ʷ⁹ᵉ 가난한 자를 멸시하면 주님을 멸시하는 것이고(14:31) 가난한 자에게 꾸어 주면 **여호와께 꾸어 드리는 것**이다. 그러나 그분의 이런 동일시가 어느 정도인지는 신약을 통해서만 알 수 있다. 예수 그리스도를 통해 그분은 아예 가난한 인간이 되셨다. 짐승의 여물통에서 태어나 돈 없이 자라셨고, 빌린 집에서 마지막 식사를 하고 남의 무덤에 장사되셨다. 재산이라곤 입고 계신 옷이 다였다. 그분은 불의의 피해자가 되시기까지 했다.

왜 그러셨을까? 예수님이 가난해져 우리 대신 형벌을 받으심은 우리를 영적으로 영원히 **부요하게** 하시기 위해서다. 마땅히 우리 몫인 정죄를 그분이 당하심은 우리를 의롭다 하시기 위해서다. 잠언의 가르침대로 우리는 가난한 이들을 돌봐야 하며 이는 지혜로운 일이다. 그러나 우리가 영적으로 가난했었고 지금도 하나님의 은혜로만 살고 있음을 모르고서는 결코 가난한 이들을 사랑으로 품고 존중할 수 없다.

예수님은 당신을 위해 말구유에서 태어나셨다. 어떻게 그분의 이름으로 가난한 이들을 기억하고 돌보겠는가?

오늘의 마중물 기도. 주님, 제가 살고 있는 이 사회는 가난한 사람과 약자에 대한 관심을 크게 떠벌이지만 막상 그들의 곤경에 직접 개입하는 사람이나 형식상의 시간과 돈 이상을 베푸는 사람은 거의 없습니다. 저부터 달라질 수 있는 은혜를 주옵소서. 세상 재물이 없는 이들에게 주님이 베푸신 사랑을 생각하게 하옵소서. 아멘.

12/27

마태복음 5장 3절 심령이 가난한 자는 복이 있나니 천국이 그들의 것임이요.

● **하나님의 참지혜, 예수**

너그러움. 예수님의 산상수훈(마 5-7장)은 잠언서의 신판이다. 잠언처럼 예수님도 십계명의 원리를 일상생활의 현실적 문제에 적용하신다(마 5:17). 잠언은 솔로몬이 자신의 용도로 편찬했다. 그는 우리에게 자신의 규정에 따르도록 당부할 수 있을 뿐이다. 그러나 진정한 솔로몬이신 예수님은 우리를 위해 그 지혜의 규정을 다 성취하셨다. 그 사실을 알기에 우리도 그분을 믿는 믿음으로 말미암아 하나님의 지혜대로 살 수 있다.

산상수훈 서두의 팔복에서 이를 볼 수 있다. 각 복마다 우리를 무언가로 부르는데, 우리가 이 부름에 응할 수 있음은 오직 예수님이 우리를 위해 그 모두를 이미 성취하셨기 때문이다. 우선 맨 처음 **복**부터 보자. 우리는 **심령이 가난**해지도록 부름받았다. 영적으로 겸손해질 뿐 아니라 세상의 가난한 이들에게 헌신하라는 뜻이다. 그런 사람은 참으로 부자가 된다. **천국이 그들의 것**이다. 그리스도인이 장차 왕처럼 부요해짐은 오직 예수님이 우리를 위해 영적으로 철저히 가난해지셨기 때문이다. 그 사실을 아는 사람은 겸손해져서 심령이 참으로 가난해지고, 어려움에 처한 모든 이에게 너그러워진다.

심령이 가난하지 않고는 누구도 신자가 아니다. 당신에게는 하나님이 이런 마음 상태를 어떻게 주셨는가?

오늘의 마중물 기도. "늘 울어도 그 은혜 다 갚을 수 없네. 나 주님께 몸 바쳐서 주의 일 힘쓰리."[9] 아멘.

12/28

마태복음 5장 4절 애통하는 자는 복이 있나니 그들이 위로를 받을 것임이요.

● 하나님의 참지혜, 예수

예수님의 깊은 위로. 지혜 문학은 지혜로운 사람에게 고난 중에 인내하라고 말한다. 그런데 팔복의 둘째 복은 우리가 **애통**하면 하나님이 **위로**해 주신다고 말한다. 이는 그저 천국으로부터 우리에게 막연한 영적 힘이 주어진다는 약속이 아니다. 하나님의 구원을 통해 우리에게는 "평강을 강같이 …… 어머니가 자식을 위로함같이 내가 너희를 위로할 것인즉 너희가 …… 위로를 받으리니"(사 66:12-13)라는 약속이 주어져 있다.

이런 완전한 위로가 주어질 것을 어떻게 확신할 수 있는가? 우리에게 자격이 있어서는 아니다. 우리가 위로받을 수 있음은 오직 예수님이 애통하셨기 때문이다. 그분이 "간고를 많이 겪었으며 질고를 아는 자"(사 53:3)이시기 때문이다. 그분이 어둠 속에 통곡하시며 우리를 위해 죽으셨기 때문이다. 예수님의 눈물이야말로 가장 깊은 위로다. 친구 나사로의 무덤 앞에서 우시는 그분을 보라(요 11:35). 잠시 뒤 그를 죽음에서 살리실 거면서도 눈물을 흘리셨다. 마찬가지로 그분은 결국 우리를 다시 살리시겠지만 그래도 이 땅에서 겪는 우리의 고난을 마음 아파하신다. 잠언은 고난 중에도 강건하라고 말하지만 복음은 실제로 우리를 그렇게 할 수 있는 자리로 데려간다.

애통하는 당신을 하나님이 위로해 주셨던 때를 떠올려 보라.

오늘의 마중물 기도. 주님, 저는 삶에 찾아오는 고난이 정말 싫습니다. 주님도 제 삶에 고통이 없기를 바라시지요. 그러나 주님이 시련 중에 베푸시는 여러 가지 위로와, 그로 인한 생명의 변화는 그 무엇으로도 바꿀 수 없이 제게 소중합니다. 어려운 시간들을 통해 저를 더 행복하고 거룩하게 하시는 주님을 찬양합니다. 아멘.

12/29

마태복음 5장 5절   온유한 자는 복이 있나니 그들이 땅을 기업으로 받을 것임이요.

● 하나님의 참지혜, 예수

새 하늘과 새 땅.   잠언은 의롭게 살면 복, 즉 샬롬과 형통이 임한다고 말한다. 의인은 결코 뿌리째 뽑혀지지 않는다고 말한다(10:30; 시 37:29). 하지만 알다시피 우리는 의의 기준에 도달할 수 없다. 오늘 본문에도 겸손하고 낮은, **온유한 자가 땅을 기업으로 받는다**고 했는데, 온전히 온유한 사람은 아무도 없다. 그럼에도 우리는 땅을 기업으로 받는 복을 누릴 수 있다. 어떻게 그것이 가능할까? 예수님이 온유하시기 때문이다. 친히 말씀하신 대로 그분은 "마음이 온유하고 겸손하신" 분이다(마 11:29).

이 땅에서의 삶이 얼마 안 남았음을 아셨던 순간에도 그분은 "겸손하여" 군마 대신 나귀를 타셨다(마 21:5). 그분은 도살장으로 끌려가는 어린양 같았으나 입을 열지 않으셨다(사 53:7). 다 빼앗기고 옷마저 남의 제비뽑기에 내주셨다. 이렇게 그분이 온전한 온유함으로 구원을 이루셨기에 우리도 그분을 믿으면 새 하늘과 새 땅을 기업으로 받는다(롬 8:18-21).

―――――

겸손하고 부드럽고 온유한 사람이 명예와 권력을 물려받는 사례를 본 적이 있는가?

오늘의 마중물 기도.   주 예수님, 주님은 올라가려면 내려가야 하고 부유해지려면 베풀어야 한다고 가르치셨습니다. 세상의 눈에는 이것이 미련해 보이지만, 최고의 권력과 영향력이 결국은 온유한 사람의 몫이 됨을 늘 봅니다. 그런데 저는 일상생활에서 섬기기보다 자꾸 권력을 잡으려 합니다. 주님처럼 저도 온유해지도록 도와주옵소서. 아멘.

12/30

마태복음 5장 6절   의에 주리고 목마른 자는 복이 있나니 그들이 배부를 것임이요.

● **하나님의 참지혜, 예수**

의로 충만해지는 복음.   잠언에서는 지혜로운 사람에게 당연히 의를 추구하도록 명한다. 그러나 선해지려고 안간힘을 써 보지 않고는 누구도 자신이 얼마나 악한지 알 수 없다. 스스로 의롭게 여기는 사람은 망상에 빠져 있을 뿐 아니라 의가 무엇인지도 모른다. 그래도 **의**에 목말라야 한다는 부름은 건재하다. 가망이 없을까? 천만의 말이다. 바울은 우리가 하나님께로부터 난 의로 충만해질 수 있다고 했는데, 이 완전한 의는 우리의 공로가 아니라 믿음으로 말미암는다 (롬 3:21-22; 빌 3:9).

어떻게 우리는 **배부를** 수 있을까? 오직 예수님이 십자가에서 "내가 목마르다"(요 19:28)라고 말씀하셨기 때문이다. 그분이 불의한 자의 운명을 대신 당하셨기에 우리는 의인만의 합당한 대우를 받을 수 있다(고후 5:21). 예수님을 통해 내가 이미 받아들여졌음을 깨달으면 의롭게 살려는 내 동기가 달라진다. 이제 내가 하나님께 순종하는 이유는 그래야 하기 때문이 아니라 그러고 싶어서다. 그분께 무언가를 받기 위해서가 아니라 내게 값없이 구원을 베푸신 그분을 기쁘시게 하고 알아 가고 닮기 위해서다.

———

당신은 '순전히 의무감으로 하나님께 순종하는 자리'에서 '스스로 원해서 사랑으로 순종하는 자리'로 옮겨 갔는가?

오늘의 마중물 기도.   주님, 한때는 의무감만으로 주님을 섬기려 했고 나중에는 저를 섬기며 살았습니다. 둘 다 가시밭길이었습니다. 값없는 구원에 감사해 사랑으로 주님을 섬기는 이 특별한 동기를 이제야 조금이나마 느끼고 있습니다. 지칠 줄 모르는 이 원동력이 제 마음속에 더 자라게 하옵소서! 아멘.

12/31

마태복음 5장 7-9절　7 긍휼히 여기는 자는 복이 있나니 그들이 긍휼히 여김을 받을 것임이요 8 마음이 청결한 자는 복이 있나니 그들이 하나님을 볼 것임이요 9 화평하게 하는 자는 복이 있나니 그들이 하나님의 아들이라 일컬음을 받을 것임이요.

● 하나님의 참지혜, 예수

우리에게 필요한 모든 것. 잠언서는 원수를 긍휼히 여기라고 말한다(25:21). 우월감을 품거나 내 잘못이 없다고 생각하는 한 상대를 용서할 수 없다. 그런데 복음은 우리 교만한 마음을 낮춰 준다. 왜 우리가 하나님께 긍휼히 여김을 받겠는가? 예수님이 빌라도와 군중에게는 물론 아버지 하나님께도 긍휼히 여김을 받지 못하고 죽으셨기 때문이다. 그래서 우리도 다른 사람을 긍휼히 여길 수 있다. 왜 우리가 장차 하나님을 보겠는가? 예수님의 마음이 온전히 청결해서 죄가 없으시기 때문이다(히 4:15). 우리가 훗날 하나님을 대면할 수 있음은 십자가에서 예수님이 아버지의 얼굴을 잃으셨기 때문이다. 왜 우리가 화평을 누리겠는가? 온 세상과 아버지 하나님까지도 예수 그리스도를 대적하고 공격했기 때문이다. 악인에게는 평강이 없다(사 48:22). 그런데 예수님이 십자가에서 우리가 당할 일을 대신 당하셨기에 우리는 그분이 얻어 내신 영원한 평안을 누릴 수 있다. 그리고 이를 자원으로 삼아 화평하게 하는 자가 된다.

―――――

지혜롭게 사는 데 필요한 모든 것을 우리는 예수님 안에서 받는다. 당신은 그분을 아는가? 정말 지혜로워지기를 원하는가?

오늘의 마중물 기도. 주님, 지혜란 지혜보다 귀한 하나님을 뵙기를 사모할 때 따라오는 부산물일 뿐임을 배웠습니다! 주님을 알고자 하면 지혜도 덤으로 받지만, 성공하려고 지혜만 구하면 양쪽 다 잃지요. 이제야 깨달았으니 참 오래도 걸렸습니다. 그동안 저를 참아 주신 주님을 찬양합니다. 아멘.

감사의 말

늘 그렇듯이 감사할 사람이 많다. 무엇보다 바이킹출판사의 인내심 많은 편집자 브라이언 타트에게 감사한다. 시편으로 1년 묵상집을 탈고한 뒤에 우리는 똑같은 시간과 수고면 잠언으로도 같은 성격의 책을 쓰겠거니 생각했다. 그런데 그렇지 않았다. 잠언을 하나하나 분석하고 분류하고 묵상한 뒤 마침내 선별해, 읽고 배우기 좋은 순서로 배열해야 했다. 엄청난 시간과 에너지를 요한다는 필연적 사실에 맞닥뜨렸을 때 브라이언이 일정을 조정해서 일을 성사시켰다. 오래 참아 준 그에게 감사한다(그런 내용의 잠언 말씀도 있다).

이번에도 책을 쓰는 동안 많은 친구가 물심양면으로 도와주었다. 레이와 질 레인 부부는 영국 컴브리아주 앰블사이드에 있는 피셔벡호텔을 또 작업 공간으로 내주었다. 제인과 브라이언 맥그리비 부부는 우리의 사우스캐롤라이나 집필과 교통편을 아낌없이 도와주었다. 플로리다의 재니스 워스의 집에서도 두 주 동안 원고를 다듬으며 좋은 시간을 보냈다. 그밖에도 크고 작은 일로 후원해 준 린 랜드, 리즈 산티아고, 그레이엄과 로리 하월 부부 등 모든 사람에게 고마운 마음을 전한다.

팀이 잠언을 이해하는 법을 처음 배운 것은 데렉 키드너의 얇은 주석을 통해서였다. 그 책에 줄곧 진 빚이 주(notes)에도 확연히 드러나 있다. 현재 가장 탄탄한 최고의 잠언 주석을 둘만 꼽는다면 트렘퍼 롱맨과 브루스 월키의 책일 것이다. 1980년대에 팀은 웨스트민스터신학교에서 이 훌륭한 두 성경학자와 함께 교수로 섬기는 영예를 누렸다.

끝으로 우리의 저작권 대리인인 데이비드 맥코믹에게 감사하고 싶다. 그가 우리에게 지혜로운 조언과 격려를 베푼 지 어언 10년이 되어 간다. 그의 모든 수고에 감사한다.

잠언서를 다룬 최고의 단행본

Robert Alter, *The Art of Biblical Poetry* (New York: Basic Books, 1985). 특히 1, 2, 3, 7장을 참조하라.

Graeme Goldsworthy, *Gospel and Wisdom*, The Goldsworthy Trilogy (Carlisle, UK: Paternoster, 2001). 그레엄 골즈워디, 《복음과 하나님의 지혜》(성서유니온선교회 역간).

Derek Kidner, *An Introduction to Wisdom Literature* (Downers Grove, Ill.: InterVarsity Press, 1985). 데렉 키드너, 《어떻게 지혜서를 읽을 것인가?》(IVP 역간).

Tremper Longman, *How to Read Proverbs* (Downers Grove, Ill.: InterVarsity Press, 2002). 트렘퍼 롱맨 3세, 《어떻게 잠언을 읽을 것인가》(IVP 역간).

잠언서를 다룬 최고의 주석

Derek Kidner, *Proverbs: Tyndale Old Testament Commentaries* (Downers Grove, Ill.: InterVarsity Press, 2009). 데렉 키드너, 《잠언: 틴델 구약주석 시리즈 12》(CLC 역간).

Tremper Longman, *Proverbs*, Baker Commentary on the Old Testament, Wisdom and Psalms (Grand Rapids, Mich.: Baker Academic, 2006).

Raymond C Van Leeuwen, "The Book of Proverbs," *The New Interpreter's Bible*, 제5권 (Nashville: Abingdon, 1997).

Bruce Waltke, *The Book of Proverbs: Chapters 1-15*, New International Commentary on the Old Testament (Grand Rapids, Mich.: Wm. B. Eerdmans, 2004).

_____ , *The Book of Proverbs: Chapters 15-31*, New International Commentary on the Old Testament (Grand Rapids, Mich.: Wm. B. Eerdmans, 2005).

머리말.

1. Raymond C. Van Leeuwen, "The Book of Proverbs," *The New Interpreter's Bible*, 제5권 (Nashville: Abingdon, 1997), p. 27.

2. Derek Kidner, *The Proverbs: An Introduction and Commentary* (Downers Grove, Ill.: InterVarsity Press, 1972), p. 176. 데렉 키드너, 《잠언: 틴델 구약주석 시리즈 12》(CLC 역간).

3. Bruce Waltke, *The Book of Proverbs: Chapters 1-15* (Grand Rapids, Mich.: Wm. B. Eerdmans, 2004), p. 117.

4. 같은 책.

5. Bruce Waltke, *Book of Proverbs: Chapters 15-31* (Grand Rapids, Mich.: Wm. B. Eerdmans, 2005), p. 532.

--- Part 1.

1. "어떤 성격 결함은 작아서 법망을 피해 갈 수는 있으나 …… 그 사람의 처신을 결정적으로 좌우한다." Kidner, *Proverbs*, p. 13. 데렉 키드너, 《잠언: 틴델 구약주석 시리즈 12》(CLC 역간).

2. Marcel Proust, *In Search of Lost Time*, 제2권, *Within a Budding Grove*, C. K. S. Moncreiff & T. Kilmartin 번역 (London: Chatto and Windus, 1922), p. 513. 마르셀 프루스트, 《잃어버린 시간을 찾아서》(민음사 역간). 다음 책에 인용되어 있다. Jonathan Haidt, *The Happiness Hypothesis: Finding Modern Truth in Ancient Wisdom* (Cambridge, Mass.: Basic Books, 2006), p. 152. 조너선 하이트, 《행복의 가설》(물푸레 역간).

3. Kidner, *Proverbs*, p. 37. 데렉 키드너, 《잠언: 틴델 구약주석 시리즈 12》(CLC 역간).

4. 같은 책, p. 310. 데렉 키드너, 《잠언: 틴델 구약주석 시리즈 12》(CLC 역간).

5. 다음 두 책의 단어 연구를 참조하라. Kidner, *Proverbs*, "The Scoffer," pp. 41-42. 데렉 키드너, 《잠언: 틴델 구약주석 시리즈 12》(CLC 역간). Waltke, *Book of Proverbs: Chapters 1-15*, "The Mocker," p. 114.

6. C. S. Lewis, *The Abolition of Man* (New York: Collier Books, 1955), p. 81. C. S. 루이스, 《인간 폐지》(홍

성사 역간).

7. 다음 책을 참조하라. Waltke, *Book of Proverbs: Chapters 1-15*, p. 528.

8. Winifred Gallagher, "How We Become What We Are," *The Atlantic*, 1994년 9월. www. theatlantic.com/magazine/archive/1994/09/how-we-become-what-we-are/303534/.

9. 세 가지를 각각 (1) 후퇴, (2) 공격, (3) 외교적 승리로 요약할 수 있다. 제롬 케이건(Jerome Kagan)에 따르면 모든 인간은 이 셋 중 하나를 본능적 기질로 타고나므로, 그런 반응이 유용하지 못하거나 심지어 해로운 상황에서도 이를 고집하기 쉽다.

10. Kidner, *Proverbs*, p. 39. 데렉 키드너, 《잠언: 틴델 구약주석 시리즈 12》(CLC 역간).

11. J. D. Vance, *Hillbilly Elegy: A Memoir of a Family and Culture in Crisis* (New York: HarperCollins, 2016), pp. 6-7. J. D. 밴스, 《힐빌리의 노래》(흐름출판 역간).

12. Kidner, *Proverbs*, p. 60. 데렉 키드너, 《잠언: 틴델 구약주석 시리즈 12》(CLC 역간).

13. 같은 책. 데렉 키드너, 《잠언: 틴델 구약주석 시리즈 12》(CLC 역간).

14. Albert Camus, "The Wind at Djemila," *Albert Camus*, Harold Bloom 편집, Bloom's BioCritiques (Philadelphia: Chelsea House, 2003), p. 59. 알베르 카뮈, 《제밀라의 바람》(늘푸른집 역간).

15. 상반절은 브루스 월키의 번역이다. 다음 책을 참조하라. Waltke, *Book of Proverbs: Chapters 1-15*, p. 467.

16. 같은 책 114쪽에 인용되어 있는 W. 맥케인(W. McKane)의 말이다.

17. Waltke, *Book of Proverbs: Chapters 1-15*, p. 97.

18. Van Leeuwen, "Book of Proverbs," p. 38.

19. 내가 풀어쓴 번역이다.

20. John Newton, *The Works of the Rev. John Newton*, 제1권 (Edinburgh: Banner of Truth, 1985), p. 585.

21. Van Leeuwen, "Book of Proverbs," p. 40.

22. 잠언 3장 10절에 따르면, 대체로 후히 드릴 때 더 풍성해지는 경향이 있다. 일각에서는 이를 돈이란 베풀수록 더 많아진다는 절대적 약속으로 본다. 하지만 이는 잠언의 속성을 오해한 처사다. 잠언은 세상살이의 일반 이치를 관찰한 결과다. 데렉 키드너는 "10절을 [욥의 친구들처럼] 일반론 이상으로 본다면 우리의 헌금은 하나님을 높인다기보다 그분께 투자하는 게 된다"라고 썼다. 내일 보겠지만 역경은 "풍요보다 더 나은 상"을 가져다줄 수 있다. Kidner, *Proverbs*, p. 64. 데렉 키드너, 《잠언: 틴델 구약주석 시리즈 12》(CLC 역간).

23. Van Leeuwen, "Book of Proverbs," p. 50.

24. 이 본문을 이렇게 해석하는 자세한 근거는 다음 책을 참조하라. Waltke, *Book of Proverbs: Chapters 1-15*, pp. 266-267.

25. John T. McNeill 편집, *Calvin: Institutes of the Christian Religion*, Ford Lewis Battles 번역, Library of Christian Classics, 제22권 (Philadelphia: Westminster, 1960), p. 696. 존 칼빈, 《기독교 강요》(크리스천다이제스트 역간).

26. Kidner, *Proverbs*, p. 77. 데렉 키드너, 《잠언: 틴델 구약주석 시리즈 12》(CLC 역간).

27. 다음 책에 인용되어 있다. Waltke, *Book of Proverbs: Chapters 1-15*, p. 401.

28. Kidner, *Proverbs*, p. 77. 데렉 키드너, 《잠언: 틴델 구약주석 시리즈 12》(CLC 역간).

29. 같은 책. 데렉 키드너, 《잠언: 틴델 구약주석 시리즈 12》(CLC 역간).

30. 그래서 모든 번영하는 법질서(16절)나 경제(18절)에는 지혜의 요소가 다만 얼마라도 동원된다고 말할 수 있다. 지혜는 "법질서나 사회 질서의 …… 필수 요소다." Van Leeuwen, "Book of Proverbs," p. 91.

31. J. R. R. Tolkien, *The Fellowship of the Ring* (1954; 재판, New York: Houghton Mifflin, 2004), p. 468. J. R. R. 톨킨, 《반지의 제왕: 반지 원정대》(씨앗을뿌리는사람 역간).

32. Thomas Cranmer, "Collect for the Fifth Sunday After Trinity," Paul F. M. Zahl & C. Frederick Barbee, *The Collects of Thomas Cranmer* (Grand Rapids, Mich.: Wm. B. Eerdmans, 2006), p. 78.

33. 다음 책을 참조하라. Jonathan Edwards, "Beauty of the World," "Images of Divine Things," *A Jonathan Edwards Reader*, John E. Smith, Harry S. Stout & Kenneth P. Minkema 편집 (New Haven, Conn.: Yale University Press, 1995), pp. 14-21. 아름다움이란 주로 사물 간의 관계를 보는 데 있다는 게 에드워즈의 미학 이론이다. 그에 따르면 아름다움의 기초는 창조주가 단일 인격체가 아니라 친밀한 관계로 맺어진 삼위일체 하나님이라는 사실에 있다. 창조에 관여하신 신의 위격이 복수이므로(관계 속에서 창조가 이루어졌으므로) 우리도 관계를 열망하고 기뻐한다. 다음 책도 참조하라. Belden C. Lane, "Jonathan Edwards on Beauty, Desire, and the Sensory World," *Theological Studies* 65 (2004): 44-72.

34. 올리버 오도노번(Oliver O'Donovan)은 이렇게 썼다. "지혜란 사물의 질서를 터득하여 아는 일이며, 그 질서 속에 각 존재끼리 서로 어떤 관계인지가 드러난다. …… '기뻐한다'는 말은 어떤 대상을 정감 있게 주목하되 단순히 그 자체로, 그것이 존재한다는 사실로 인해 그리한다는 뜻이다." 다음 책에 인용된 말이다. Van Leeuwen, "Book of Proverbs," p. 99.

35. 같은 책, p. 104.

36. Isaac Watts, "The Hill of Zion," 1707. 찬송가 249장 〈주 사랑하는 자 다 찬송할 때에〉 3절.

37. Kidner, *Proverbs*, p. 83. 데렉 키드너, 《잠언: 틴델 구약주석 시리즈 12》(CLC 역간).

38. Van Leeuwen, "Book of Proverbs," p. 104.

39. Christian Smith, *Lost in Transition: The Dark Side of Emerging Adulthood* (Oxford, UK: Oxford University Press, 2011).

40. 다음 책을 참조하라. Derek Kidner, *Proverbs*, "Subject Study: Life and Death," pp. 53-56. 데렉 키드너, 《잠언: 틴델 구약주석 시리즈 12》(CLC 역간).

--- Part 2.

1. 존 머레이(John Murray)는 이렇게 지적했다. "경건의 정수인 하나님을 경외하는 것은 …… 그분의 진노를 알 때 생겨나는 공포가 아니다. …… 심판에 대한 공포 자체는 결코 우리 안에 하나님을 사랑하고 죄를 미워하는 마음을 자아내지 못한다. …… 심지어 진노가 시행되어도 …… 죄를 사랑하고 하나님을 대적하는 마음이 더 커질 뿐이다. 벌 자체에는 거듭남이나 회심을 낳는 능력이 없다. 하나님을 경외하는 경건이란 곧 경배와 사랑을 강권하는 두려움이다. 외경과 존숭과 공경과 예배로 이루어진 두려움이다." J. Murray, *Principles of Conduct* (Grand Rapids, Mich.: Wm. B. Eerdmans, 1957), pp. 236-237.

2. 《기독교 강요》 1.2.2에 나오는 존 칼빈(John Calvin)의 말이다. "이런 사고는 스스로 죄를 삼가되 벌이 두려워서만이 아니며, 하나님을 아버지로 사랑하고 경외하기에 그분을 주님으로 예배하고 사모한다. 설령 지옥이 없더라도 그분을 욕되게 함 자체에 몸서리친다." 다음 책을 참조하라. John T. McNeill 편집, *Calvin: Institutes of the Christian Religion*, Ford Lewis Battles 번역, Library of Christian Classics, 제20권 (Philadelphia: Westminster, 1960), p. 43. 존 칼빈, 《기독교 강요》 (크리스천다이제스트 역간).

3. 여호와를 경외하는 것의 이 두 측면을 성경 곳곳에 동의어로 쓰인 여러 표현에서 볼 수 있다. 시편 19편에서 "여호와를 경외함"은 여호와의 율법, 증거, 교훈, 계명, 법과 동의어다(시 19:7-9). 그러므로 하나님을 경외한다는 건 그분을 권위 있는 법 제정자로 인정한다는 뜻이다. "나의 원대로 마옵시고 아버지의 원대로 하옵소서"라는 고백과 같다. 신명기에는 하나님을 경외함과 하나님을 사랑함이 자주 혼용되어, 우리의 순종이 어떤 동기에서 비롯되어야 하는지를 보여 준다(신 5:29; 6:2,5; 10:12). 그러므로 여호와를 경외한다는 건 하나님의 하나님 되심을 사랑해서 순종한다는 뜻이다. 순전히 그분 자체로 사랑하는 것이다. 다음 책을 참조하라. Waltke, *Book of Proverbs: Chapters 1-15*, "The Fear of the Lord," pp. 100-101.

4. Kidner, *Proverbs*, p. 110. 데렉 키드너, 《잠언: 틴델 구약주석 시리즈 12》(CLC 역간).

5. Walter C. Smith, "Immortal, Invisible God Only Wise," 1876.

6. Tremper Longman, *Proverbs: Baker Commentary on the Old Testament Wisdom and Psalms* (Grand Rapids, Mich.: Baker Academic, 2006), p. 328.

7. Kidner, *Proverbs*, p. 32. 데렉 키드너, 《잠언: 틴델 구약주석 시리즈 12》(CLC 역간).

8. 같은 책, p. 146. 데렉 키드너, 《잠언: 틴델 구약주석 시리즈 12》(CLC 역간).

9. Miroslav Volf, *Exclusion and Embrace: A Theological Exploration of Identity, Otherness, and Reconciliation* (Nashville: Abingdon, 1996), pp. 303-304. 미로슬라브 볼프, 《배제와 포용》(IVP 역간).

10. '거룩하다'는 말은 무슨 뜻인가? 흔히들 '도덕적이다'를 떠올리지만 이사야 6장의 천사들이 '도덕적이다, 도덕적이다, 도덕적이다 만군의 여호와여'라고 부르짖었던가? "'거룩하다'의 핵심은 명사 '하나님'의 형용사형에 거의 맞먹는다. 하나님은 하나님이시다. 하나님은 거룩하시다. 유일무이하신 분이다. 따라서 그분께만 속하는 것은 다 파생적으로 …… 거룩하다." D. A. Carson, "April 8," *For the Love of God: A Daily Companion for Discovering the Riches of God's Word*, 제1권

(Wheaton, Ill.: Crossway Books, 1998), 페이지 없음.

11. 다음 책을 읽을 것을 권한다. R. C. Sproul, *The Holiness of God*, 제2개정판 (Wheaton, Ill.: Tyndale House, 2000). R. C. 스프롤, 《하나님의 거룩하심》(지평서원 역간).

12. 데렉 키드너의 말로 다음 책에 인용되어 있다. Waltke, *Book of Proverbs: Chapters 1-15*, pp. 407-408.

13. 이 주제에 대한 탁월한 논의는 다음 책을 참조하라. Longman, *Proverbs*, pp. 82-86. 이날의 묵상은 대체로 여기서 가져왔다.

14. Lesslie Newbigin, *Sin and Salvation* (Eugene, Oreg.: Wipf and Stock Publishers, 2009), pp. 11-15. 레슬리 뉴비긴, 《죄와 구원》(복있는사람 역간).

15. Kidner, *Proverbs*, p. 80. 데렉 키드너, 《잠언: 틴델 구약주석 시리즈 12》(CLC 역간).

16. 같은 책. 데렉 키드너, 《잠언: 틴델 구약주석 시리즈 12》(CLC 역간).

17. "이런 비교는 지혜와 의를 우위에 둠으로써 재물의 가치를 제한한다." Van Leeuwen, "Book of Proverbs," p. 197.

18. 같은 책, p. 114.

19. 다음 책을 참조하라. Graeme Goldsworthy, *Gospel and Wisdom*, *The Goldsworthy Trilogy* (Carlisle, UK: Paternoster, 2001). 그레엄 골즈위디, 《복음과 하나님의 지혜》(성서유니온선교회 역간). 하나님의 질서를 이렇게 인식(잠언), 혼란과 교란(전도서), 은밀성(욥기)으로 보는 관점이 그 책 409-458쪽에 제시된다. 이런 표현도 거기서 빌려 왔다. 다음 책도 참조하라. Longman, *How to Read Proverbs* (Downers Grove, Ill.: InterVarsity Press, 2002), "Proverbs in Conversation with Job and Ecclesiastes," pp. 79-91. 트렘퍼 롱맨 3세, 《어떻게 잠언을 읽을 것인가?》(IVP 역간).

20. Helen Wilcox 편집, *The English Poems of George Herbert* (Cambridge, UK: Cambridge University Press, 2007), p. 102.

21. Longman, *Proverbs*, p. 62.

22. Tolkien, *Fellowship of the Ring*, p. 146. J.R.R. 톨킨, 《반지의 제왕: 반지 원정대》(씨앗을뿌리는사람 역간).

23. 칼 세이건(Carl Sagan)이 진행한 텔레비전 시리즈 〈코스모스〉는 매 회차의 첫마디가 이렇게 시작된다. "이 우주만이 존재하는 전부이며 전에도 그랬고 앞으로도 그럴 것이다."

24. Thomas Cranmer, "Collect for the Fourth Sunday After Easter," *The Book of Common Prayer 1559*, John E. Booty 편집 (Charlottesville, Va.: University of Virginia Press, 1976), p. 63.

25. Michael Eaton, *Ecclesiastes: An Introduction and Commentary* (Downers Grove, Ill.: InterVarsity Press, 1983), p. 63.

26. Sinclair B. Ferguson, *The Pundit's Folly: Chronicles of an Empty Life* (Edinburgh: Banner of Truth Trust, 1995), p. 41. 싱클레어 퍼거슨, 《헛된 것에 속지 말라》(규장 역간).

27. Derek Kidner, *A Time to Mourn, and a Time to Dance: Ecclesiastes and the Way of the World* (Downers Grove, Ill.: InterVarsity Press, 1976), p. 98. 데렉 키드너, 《전도서 강해》(아가페 역간).

28. 같은 책, p. 99. 데렉 키드너, 《전도서 강해》(아가페 역간).

29. Goldsworthy, *Gospel and Wisdom*, p. 432. 그레엄 골즈워디, 《복음과 하나님의 지혜》(성서유니온 선교회 역간).

30. 작자 미상, "How Firm a Foundation, Ye Saints of the Lord," 1787.

31. Helen H. Lemmel, "O Soul, Are You Weary and Troubled?" 1922.

32. Francis I. Andersen, *Job: An Introduction and Commentary* (Downers Grove, Ill.: InterVarsity Press, 1975), 210.

33. 같은 책, p. 73.

--- Part 3.

1. 유명한 인용문인데 원작자는 확실하지 않다.

2. *Agatha Christie's Miss Marple: The Body in the Library* (1984년 BBC에서 첫 방영됨). www.youtube. com/watch?v=crds2h4a3rk (28:00-29:20).

3. Van Leeuwen, "Book of Proverbs," p. 226.

4. 같은 책, p. 185.

5. 시편 36편 1절의 이 번역은 C. S. 루이스가 *The Screwtape Letters and Screwtape Proposes a Toast* (1961) 서문에 인용한 것이다. C. S. 루이스, 《스크루테이프의 편지》(홍성사 역간). 이 역문에 대한 이견도 있다. 다음 책을 참조하라. T. Longman, *Psalms: An Introduction and Commentary, Tyndale Old Testament Commentaries*, 제15-16권 (Downers Grove, Ill.: InterVarsity Press, 2014), p. 175 트렘퍼 롱맨, 《시편 Ⅰ·Ⅱ》(CLC 역간).

6. Kidner, *Proverbs*, p. 104. 데렉 키드너, 《잠언: 틴델 구약주석 시리즈 12》(CLC 역간).

7. Van Leeuwen, "Book of Proverbs," p. 145.

8. Waltke, *Book of Proverbs: Chapters 15-31*, p. 181.

9. Longman, *Proverbs*, p. 257.

10. Van Leeuwen, "Book of Proverbs," p. 229.

11. Elisabeth Elliot, *Through the Gates of Splendor*, 40주년 기념판 (Carol Stream, Ill.: Tyndale, 1996), "기념판 에필로그," p. 267. 엘리자베스 엘리엇, 《영광의 문》(복있는사람 역간).

12. Thomas Brooks, *Precious Remedies Against Satan's Devices* (Philadelphia: Jonathan Pounder, 1810), p. 60. 토마스 브룩스, 《사단의 책략 물리치기》(엠맨 역간).

13. Richard Baxter, "What Are the Best Preservatives Against Melancholy and Overmuch Sorrow?" *The Morning Exercises at Cripplegate*, 제3권, James Nichols 편집 (London: Thomas Tegg, 1844), p. 253.

14. Waltke, *Book of Proverbs: Chapters 1-15*, p. 541.

15. Kidner, *Proverbs*, p. 108. 데렉 키드너, 《잠언: 틴델 구약주석 시리즈 12》(CLC 역간).

16. George Herbert, "Joseph's Coat" (시).

17. Wilfred M. McClay, "The Strange Persistence of Guilt," *Hedgehog Review* 19, no. 1 (2017년 봄). www.iasc-culture.org/THR/THR_article_2017_Spring_McClay.php.

18. Kidner, *Proverbs*, p. 168. 데렉 키드너, 《잠언: 틴델 구약주석 시리즈 12》(CLC 역간).

19. 이 구절에 대해 롱맨은 "덕의 기준을 정하는 주체는 인간이 아니라 하나님이다"라고 썼다. Longman, *Proverbs*, p. 390.

20. 키드너의 표현을 풀어썼다. Kidner, *Proverbs*, p. 129. 데렉 키드너, 《잠언: 틴델 구약주석 시리즈 12》(CLC 역간).

21. 같은 책, p. 114. 데렉 키드너, 《잠언: 틴델 구약주석 시리즈 12》(CLC 역간).

22. 같은 책, p. 155. 데렉 키드너, 《잠언: 틴델 구약주석 시리즈 12》(CLC 역간).

23. 같은 책, p. 165. 데렉 키드너, 《잠언: 틴델 구약주석 시리즈 12》(CLC 역간).

24. Longman, *Proverbs*, p. 307.

25. 다음 책에 인용되어 있다. Os Guinness, *The Call: Finding and Fulfilling the Central Purpose of Your Life* (Nashville: Thomas Nelson, 2003), p. 124. 오스 기니스, 《소명》(IVP 역간).

26. 같은 책. 오스 기니스, 《소명》(IVP 역간).

27. 다음 책에 나오는 내용이다. C. S. Lewis, *Mere Christianity* (New York: Macmillan, 1959), "The Great Sin," pp. 121-128. C. S. 루이스, 《순전한 기독교》(홍성사 역간).

28. Lewis Smedes, *Love Within Limits: A Realist's View of 1 Corinthians 13* (Grand Rapids, Mich.: Wm. B. Eerdmans, 1978), p. 34.

29. Waltke, *Book of Proverbs: Chapters 15-31*, p. 485.

30. William Shakespeare, *Troilus and Cressida*, 2막 3장. 윌리엄 셰익스피어, 《트로일러스와 크레시다》(동인 역간).

31. Waltke, *Book of Proverbs: Chapters 1-15*, pp. 585-586.

32. D. A. Carson, *The Difficult Doctrine of the Love of God* (Wheaton, Ill.: Crossway, 1999), p. 39.

33. Lewis, *Mere Christianity*, 99. C. S. 루이스, 《순전한 기독교》(홍성사 역간).

34. Donald B. Kraybill, Steven M. Nolt, and David L. Weaver-Zercher, *Amish Grace: How Forgiveness Transcended Tragedy* (San Francisco: Jossey-Bass, 2010). 도널드 크레이빌, 《아미시 그레이스》(뉴스앤조이 역간).

35. 같은 책, p. 181. 도널드 크레이빌, 《아미시 그레이스》(뉴스앤조이 역간).

36. Van Leeuwen, "Book of Proverbs," p. 133.

37. Shakespeare, *Troilus and Cressida*, 2막 3장. 윌리엄 셰익스피어, 《트로일러스와 크레시다》(동인

역간).

38. Kidner, *Proverbs*, p. 157. 데렉 키드너, 《잠언: 틴델 구약주석 시리즈 12》(CLC 역간).

39. C. S. Lewis, *Reflections on the Psalms* (Orlando, Fla.: Harcourt, 1958), pp. 93-95. C. S. 루이스, 《시편 사색》(홍성사 역간).

40. Dorothy L. Sayers, *Creed or Chaos?* (New York: Harcourt, Brace, 1949), p. 81.

41. Kidner, *Proverbs*, p. 136. 데렉 키드너, 《잠언: 틴델 구약주석 시리즈 12》(CLC 역간).

42. Waltke, *Book of Proverbs: Chapters 15-31*, pp. 126-127. 월키는 *New Bible Dictionary*에서 F. S. 핏시먼즈(F. S. Fitzsimmonds)의 말을 인용했다. 《새성경사전》(기독교문서선교회 역간).

43. Benjamin Schmolck, "Open Now Thy Gates of Beauty" (1730), Catherine Winkworth 번역, 1863. 찬송가 250장 〈아름다운 시온성아〉 5절.

44. "그런 바람 자체야 인성 속에 깊이 박힌 갈망이지만, 그 갈망의 불분명한 대상은 잠자는 일 외에 아무것도 하지 않으려는 과욕일 수 있다. 음식과 음료 같은 생필품에 대한 욕심일 소지가 더 크다." Waltke, *Book of Proverbs: Chapters 15-31*, p. 188.

45. Sayers, *Creed or Chaos?*, p. 81.

46. Kidner, *Proverbs*, p. 156. 데렉 키드너, 《잠언: 틴델 구약주석 시리즈 12》(CLC 역간).

47. Sayers, *Creed or Chaos?*, p. 51.

48. *Westminster Shorter Catechism*, "성화란 무엇인가?" 35번 문답. 《웨스트민스터 소요리문답》(성약출판사 역간).

49. Kidner, *Proverbs*, p. 109. 데렉 키드너, 《잠언: 틴델 구약주석 시리즈 12》(CLC 역간).

50. Katharina A. von Schlegel, "Be Still My Soul" (찬송가), 1752, Jane L. Borthwick 번역, 1855.

51. Van Leeuwen, "Book of Proverbs," p. 153.

52. C. S. Lewis, *The Four Loves* (New York: Harcourt, Brace, 1960), 94. C. S. 루이스, 《네 가지 사랑》(홍성사 역간).

53. Lewis, *Mere Christianity*, p. 81. C. S. 루이스, 《순전한 기독교》(홍성사 역간).

54. Brooks, *Precious Remedies Against Satan's Devices*, p. 16.

55. Van Leeuwen, "Book of Proverbs," p. 72.

56. Waltke, *Book of Proverbs: Chapters 1-15*, p. 320.

57. Kidner, *Proverbs*, p. 46. 데렉 키드너, 《잠언: 틴델 구약주석 시리즈 12》(CLC 역간).

58. 잠언 5장 19절에 쓰인 히브리어 동사 '사가'(sagah)는 '연모하라'로 번역되어 있으나 직역하면 방랑하여 길을 잃는다는 뜻이다. 즉 이 구절은 젊은 남자에게 아내의 사랑 안에서 '망아에 이르라'라고 말한다.

59. Van Leeuwen, "Book of Proverbs," p. 81.

60. Dietrich Bonhoeffer, "Self-discipline," 같은 책에 인용된 말.

61. Thomas Cranmer, "Collect for Peace," U.S. *Book of Common Prayer* (1928). http://justus. anglican.org/resources/bcp/1928/MP.htm.

62. Charles Wesley, "Let Heaven and Earth Combine" (찬송가), 1745.

63. Kidner, *Proverbs*, p. 46. 데렉 키드너, 《잠언: 틴델 구약주석 시리즈 12》(CLC 역간).

--- Part 4.

1. 같은 책, p. 42. 데렉 키드너, 《잠언: 틴델 구약주석 시리즈 12》(CLC 역간).

2. Lewis, *Four Loves*, pp. 66-67. C. S. 루이스, 《네 가지 사랑》(홍성사 역간).

3. Waltke, *Book of Proverbs: Chapters 15-31*, p. 33.

4. "혀는 인생 전체의 배후가 되는 모든 사고와 상상과 갈망과 계획 속에 아주 근본적으로 맞물려 있어 어디에나 그 오염의 흔적을 남긴다." J. A. Motyer, *The Message of James: The Tests of Faith*, The Bible Speaks Today (Leicester, UK; Downers Grove, Ill.: InterVarsity Press, 1985), p. 122. 알렉 모티어, 《야고보서 강해: 믿음의 시험—BST 시리즈》(IVP 역간).

5. Joy Davidman, *Smoke on the Mountain: An Interpretation of the Ten Commandments* (Philadelphia: Westminster John Knox, 1954), p. 111.

6. 19장 5절에 "쏟아 내는"(NIV)으로 번역된 히브리어 단어 '푸아'(puah)는 본래 거짓말을 '내쉰다'라는 뜻이다. 입만 열었다 하면 거짓말이라는 이미지가 전달된다.

7. 오늘의 묵상 전체는 다음 책의 한 단락에 기초하고 그중 일부를 인용했다. Lewis Smedes, "The Power of Promising," *Christianity Today*, 1983년 1월 21일.

8. Waltke, *Book of Proverbs: Chapters 15-31*, p. 541.

9. Charles Gabriel, "In Lovingkindness Jesus Came" (찬송가), 1905.

10. Kidner, *Proverbs*, p. 45. 데렉 키드너, 《잠언: 틴델 구약주석 시리즈 12》(CLC 역간).

11. 같은 책, pp. 44-45. 데렉 키드너, 《잠언: 틴델 구약주석 시리즈 12》(CLC 역간).

12. Longman, *Proverbs*, p. 238.

13. 요한복음 8장 1-11절은 최고(最古)의 신약 사본에는 없으나 많은 사람이 믿기에 아주 오래되고 신빙성 있는 기록으로 다른 원전에서 요한복음에 추가되었다. 나머지 모든 기록물에 나오는 예수님의 성품과도 일치한다. 다음 책을 참조하라. D. A. Carson, *The Gospel According to John* (Leicester, UK: InterVarsity Press, 1991), p. 333. D. A. 카슨, 《요한복음》(솔로몬 역간).

14. Kidner, *Proverbs*, p. 92. 데렉 키드너, 《잠언: 틴델 구약주석 시리즈 12》(CLC 역간).

15. Van Leeuwen, "Book of Proverbs," p. 152.

16. Waltke, *Book of Proverbs: Chapters 15-31*, p. 8.

17. Waltke, *Book of Proverbs: Chapters 1-15*, p. 496.

18. *Westminster Confession of Faith*, 15.4. 《웨스트민스터 신앙고백서》(CLC).

19. "[우리 쪽에서는] 회개의 문이 …… 늘 열려 있지는 않다"라고 한 프란츠 델리취(Franz Delitzsch)의 말이 다음 책에 인용되어 있다. Van Leeuwen, "Book of Proverbs," p. 242.

20. Kidner, *Proverbs*, p. 155. 데렉 키드너, 《잠언: 틴델 구약주석 시리즈 12》(CLC 역간).

21. 같은 책, p. 133. 데렉 키드너, 《잠언: 틴델 구약주석 시리즈 12》(CLC 역간).

22. Edward Shillito, "Jesus of the Scars," *Masterpieces of Religious Verse*, James Dobson Morrison 편집 (New York: Harper Brothers, 1958), p. 235.

23. Waltke, *Book of Proverbs: Chapters 15-31*, p. 11.

24. 같은 책, pp. 358-359.

25. 다음 책의 논의를 참조하라. Anthony C. Thiselton, *The First Epistle to the Corinthians: A Commentary on the Greek Text, New International Greek Testament Commentary* (Grand Rapids, Mich.: Wm. B. Eerdmans, 2000), p. 1059.

26. Michael Mann & Christopher Crowe, *The Last of the Mohicans* (1991). 다음 웹사이트에서 각본을 볼 수 있다. www.awesomefilm.com/script/lastmohi.txt.

27. Kidner, *Proverbs*, p. 151. 데렉 키드너, 《잠언: 틴델 구약주석 시리즈 12》(CLC 역간).

28. 즉시 범죄 수사가 요구되는 예외적인 상황도 있다. 사업상의 불법 행위나 성폭행이나 구타는 당국에 직접 신고하는 게 옳다('내부 고발'). 일개 시민은 '칼을 휘두르지' 않는다(롬 13:1-7). 즉 남의 범죄 행위를 직접 다루지 않는다. 그것은 정부의 소관이다. 그러나 절대다수의 상황에 적용되는 원칙은 이렇다. (1) 남에 대해 제기되는 불만을 듣거든 속단하지 말고 신중히 더 알아보라. (2) 당사자에게 직접 정중히 말하라. (3) 그래도 듣지 않거든 그가 존중하는 사람을 통해 다시 말하라. 상대가 그리스도인인 경우 교회 지도자의 개입을 청할 수 있다(8월 10일 참조). 어쨌든 통상적 반응으로 상대를 성급히 남 앞에 단죄하거나, 해고시키려 하거나, 온라인에서 창피를 주거나, 소송하겠다고 위협하기보다는 위에 말한 모든 조치를 취하라.

29. Kidner, *Proverbs*, p. 115. 데렉 키드너, 《잠언: 틴델 구약주석 시리즈 12》(CLC 역간).

--- Part 5.

1. "어느 노선이든 다 잘못될 수 있다"라는 다음 책의 말을 응용했다. J. R. R. Tolkien, *The Fellowship of the Ring*, p. 94. J. R. R. 톨킨, 《반지의 제왕: 반지 원정대》(씨앗을뿌리는사람 역간).

2. Lewis, *Abolition of Man*, p. 80. C. S. 루이스, 《인간 폐지》(홍성사 역간).

3. Van Leeuwen, "Book of Proverbs," p. 133.

4. Lewis B. Smedes, *Mere Morality: What God Expects from Ordinary People* (Grand Rapids, Mich.: Wm. B.

Eerdmans, 1989), p. 237.

5. 두 경우 모두 일터에서 윤리적으로 일하려는 그리스도인들이 저자에게 직접 털어놓은 실화다.

6. Judith Martin, *Miss Manners: A Citizen's Guide to Civility* (New York: Random House, 1999), p. 62.

7. Van Leeuwen, "Book of Proverbs," p. 208.

8. J. R. R. Tolkien, *The Return of the King* (1954; New York: Houghton Mifflin, 재판 2004), p. 378. J. R. R. 톨킨, 《반지의 제왕: 왕의 귀환》(씨앗을뿌리는사람 역간).

9. Waltke, *Book of Proverbs: Chapters 15-31*, p. 61.

10. D. M. Lloyd-Jones, *Healing and the Scripture* (Nashville, Tenn.: Thomas Nelson, 1982), p. 14.

11. Van Leeuwen, "Book of Proverbs," p. 49.

12. Waltke, *Book of Proverbs: Chapters 1-15*, p. 247.

13. 다음 책에 존 오웬(John Owen)의 말로 인용되어 있다. I. D. E. Thomas, *A Puritan Golden Treasury* (Edinburgh, Scotland: Banner of Truth, 1977), p. 192. I. D. E. 토마스, 《청교도 명언 사전》 (크리스천다이제스트 역간). 그런데 같은 인용문이 다음 책에는 로버트 머레이 맥체인(Robert Murray M'Cheyne)의 말로 나와 있다. D. A. Carson, *A Call to Spiritual Reformation: Priorities from Paul and His Prayers* (Grand Rapids, Mich.: Baker Academic, 1992), p. 16. D. A. 카슨, 《바울의 기도》(복있는 사람 역간).

14. Lewis, *Mere Christianity*, p. 192. C. S. 루이스, 《순전한 기독교》(홍성사 역간).

15. Thomas Brooks, *Precious Remedies Against Satan's Devices* (Philadelphia: Jonathan Pounder, 1810), p. 17. 토마스 브룩스, 《사단의 책략 물리치기》(엘맨 역간).

16. Van Leeuwen, "Book of Proverbs," p. 182.

17. 같은 책, p. 183.

18. 같은 책, p. 155.

19. C. S. Lewis, "The Weight of Glory" (1942). http://www.verber.com/mark/xian/weight-of-glory.pdf. C. S. 루이스, 《영광의 무게》(홍성사 역간).

20. 같은 책, p. 196. C. S. 루이스, 《영광의 무게》(홍성사 역간).

21. Kidner, *Proverbs*, p. 141. 데릭 키드너, 《잠언: 틴델 구약주석 시리즈 12》(CLC 역간).

22. Van Leeuwen, "Book of Proverbs," p. 246.

--- Part 6.

1. 싱글인 성인은 앞으로 몇 주 동안 읽을 결혼과 자녀 양육에 어떻게 접근해야 할까? 이 내용을 자신과 연관시켜 이해하는 방법이 두어 가지 있다. 첫째, 장차 결혼할 마음과 가능성이 조금이라도 있다면 잠언에서 결혼의 실상에 대한 귀한 통찰을 얻을 수 있다. 그러면 결혼을 너무 낭만화하거나 너무 겁내면서 멋모르고 뛰어들 일이 없다. 둘째, 결혼하여 자녀를 둔 친구가 있다면 이를 통해 친구를 이해하고 더 잘 도울 수 있다. 셋째, 부모가 살아 계시다면(설령 그렇지 않다 해도) 부모 자녀 관계에 대한 잠언의 가르침이 깨달음과 도움을 줄 것이다.

2. 성경은 이혼을 허용한다. 불륜이나 유기나 폭력 때문에 혼인 서약이 깨졌다면 이혼 사유가 된다. 엄숙한 결혼마저도 이렇듯 절대적 결속은 못 된다. 다음 책을 참조하라. Timothy & Kathy Keller, *The Meaning of Marriage: Facing the Complexities of Commitment with the Wisdom of God* (New York: Riverhaed Books, 2011), pp. 92-93, 298-300. 팀 켈러, 캐시 켈러, 《팀 켈러, 결혼을 말하다》(두란노 역간).

3. Waltke, *Book of Proverbs: Chapters 1-15*, p. 117.

4. Kidner, *Proverbs*, p. 46. 데렉 키드너, 《잠언: 틴델 구약주석 시리즈 12》(CLC 역간).

5. 같은 책, p. 45. 데렉 키드너, 《잠언: 틴델 구약주석 시리즈 12》(CLC 역간).

6. 잠언의 독자가 본래 젊은 층 남자였음을 기억한다면 '합당한 배우잣감'에 대한 본문에 늘 여자가 거론되는 이유를 이해할 수 있다. 이런 본문을 '다투는' 남자와 결혼하지 말라는 말로 읽어도 무방하다. 실제로 그런 남자가 많이 있다.

7. William Gurnall, *The Christian in Complete Armor* (London: Blackie and Sons, 1865), p. 12. 윌리엄 거널, 《그리스도인의 전신갑주》(크리스천다이제스트 역간).

8. John Newton, *The Works of John Newton*, 제1권 (Edinburgh, Scotland: Banner of Truth, 1985), p. 136.

9. 이 주제에 대한 더 자세한 논의는 다음 책을 참조하라. Timothy & Kathy Keller, *The Meaning of Marriage*, pp. 191-218. 팀 켈러, 캐시 켈러, 《팀 켈러, 결혼을 말하다》(두란노 역간).

10. 다음 기사를 참조하라. Rachel Cusk, "Making House: Notes on Domesticity," *New York Times Magazine*, 2016년 8월 31일.

11. Kidner, *Proverbs*, p. 184. 데렉 키드너, 《잠언: 틴델 구약주석 시리즈 12》(CLC 역간).

12. 이 예화에 돼지로 비견된 쪽이 여자인 데는 두 가지 이유가 있다. 우선 잠언은 젊은 남자들을 훈련할 목적으로 기록되었다. 그러나 또 다른 이유로, 남자 쪽이 여자를 외모 위주로 평가하여 대상화하고 비인간화하고 상품화할 소지가 반대의 경우보다 훨씬 높다.

13. 이 두 관점이 다음 책에 설명되어 있다. Kenneth Keniston & The Carnegie Council on Children, *All Our Children: The American Family Under Pressure* (New York: Houghton-Mifflin Harcourt, 1978).

14. Waltke, *Book of Proverbs: Chapters 1-15*, p. 176.

15. Kidner, *Proverbs*, p. 46. 데렉 키드너, 《잠언: 틴델 구약주석 시리즈 12》(CLC 역간).

16. Waltke, *Book of Proverbs: Chapters 15-31*, p. 252.

17. Arthur Schlesinger, "Forword," 출전: Charles C. Brown, *Niebuhr and His Age* (Harrisburg, Pa.: Trinity, 2002), viii-ix.

18. 다음 논문을 참조하라. Carl K. Spackman, "Parents Passing On the Faith" (목회학박사 학위논문, Westminster Theological Seminary, 1988).

19. Kidner, *Proverbs*, p. 80. 데렉 키드너, 《잠언: 틴델 구약주석 시리즈 12》(CLC 역간).

20. 다음 연설에 나오는 말이다. Martin Luther King Jr., "I Have a Dream." https://www.archives.gov/files/press/exhibits/dream-speech.pdf.

21. Waltke, *Book of Proverbs: Chapters 15-31*, p. 43.

22. C. S. Lewis, *The Great Divorce* (New York: HarperCollins, 개정판, 2015), p. 118. C. S. 루이스, 《천국과 지옥의 이혼》(홍성사 역간).

23. Waltke, *Book of Proverbs: Chapters 1-15*, p. 463.

24. Paul Krugman, "For Richer," *New York Times*, 2002년 10월 20일.

25. Longman, *Proverbs*, p. 286.

26. Kidner, *Proverbs*, p. 93. 데렉 키드너, 《잠언: 틴델 구약주석 시리즈 12》(CLC 역간).

27. 같은 책, p. 71. 데렉 키드너, 《잠언: 틴델 구약주석 시리즈 12》(CLC 역간).

28. J. R. R. Tolkien, *The Two Towers* (New York: Houghton Mifflin, 1954; 재판, 2004), p. 550. J. R. R. 톨킨, 《반지의 제왕: 두 개의 탑》(씨앗을뿌리는사람 역간).

29. Longman, *Proverbs*, p. 507. 일각의 견해와 달리 롱맨은 이 구절을 단지 사람들을 성경에 복종시킨다는 뜻으로 해석해서는 안 된다고 보았는데, 나도 그와 같은 입장이다.

30. Waltke, *Book of Proverbs: Chapters 15-31*, pp. 16-17.

31. C. S. Lewis, *Prince Caspain* (New York: HarperCollins, 1951; 재판, 2002), p. 220. C. S. 루이스, 《캐스피언 왕자》(시공주니어 역간).

32. D. A. Carson, "April 11," *For the Love of God*, 제2권 (Wheaton, Ill.: Crossway Books, 1999), 페이지 없음.

33. Kidner, *Proverbs*, p. 177. 데렉 키드너, 《잠언: 틴델 구약주석 시리즈 12》(CLC 역간).

34. Kenneth T. Aitken, *Proverbs* (Louisville, Ky.: Westminster John Knox, 1986), p. 216.

35. 모든 주석가가 지적하듯이 "정직한 자의 축복"이라는 문구는 중의적이다. 하나님이 그에게 복을 주셔서 그 복이 성읍 전체로 흘러넘친다는 뜻일 수도 있고, 정직한 자가 이웃과 동료 시민을 축복한다는 뜻일 수도 있다. 양쪽 모두의 가르침으로 해석하는 게 가장 좋다. 다음 책을 참조하라. 같은 책 p. 200.

36. Van Leeuwen, "Book of Proverbs," p. 214. 24장 10-12절에 대한 반 리윈의 탁월한 고찰 전체를 참조하라.

37. 다음 책에 인용되어 있다. Charles Avila, *Ownership: Early Christian Teaching* (London: Sheed and

Ward, 1983), p. 50. 찰스 아빌라, 《소유권: 초대 교부들의 경제사상》(CLC 역간).

38. 이 유명한 연설이자 시의 다양한 버전을 다음 웹사이트에서 볼 수 있다. https://en.wikipedia.org/wiki/First_they_came_.

39. C. S. Lewis, *The Four Loves* (New York: Harcourt and Brace, 1991), 52. C. S. 루이스, 《네 가지 사랑》(홍성사 역간).

--- Part 7.

1. John Stott, *The Cross of Christ* (Downers Grove, Ill.: InterVarsity Press, 1986), p. 160. 존 스토트, 《그리스도의 십자가》(IVP 역간).

2. 다음 책에서 가져왔다. Bruce Waltke, *Book of Proverbs: Chapters 1-15*, "The Superiority of Jesus Christ to Solomon's Wisdom," pp. 131-132. 그는 이 단락을 이렇게 마무리했다. "그리스도의 지혜가 솔로몬의 지혜보다 훨씬 더 월등하지만 그래도 우리는 후자를 버리지 않는다. 20달러짜리 지폐가 있다고 5달러짜리 지폐를 버리지 않는 것과 같다."

3. 집회서로도 알려진 신구약 중간기의 시라크의 책을 염두에 두었다. 다음 책을 참조하라. Longman, *Proverbs*, pp. 69-70. 특히 집회서 51장 23-27절을 마태복음 11장 28-30절과 비교해 보라.

4. James Proctor, "It Is Finished" (찬송가), 1864.

5. John Newton, "In Evil Long I Took Delight," *Olney Hymns in Three Parts* (London & New York: T. Nelson and Sons, 1855), pp. 205-206.

6. Edwin Hodder, "Thy Word Is Like a Garden, Lord" (찬송가), 1863.

7. Longman, *Proverbs*, pp. 215-223.

8. William Cowper, "O for a Closer Walk with God," 출전: John Newton, *Olney Hymns in Three Parts*, p. 21.

9. Isaac Watts, "Alas, and Did My Savior Bleed?" 1707. 찬송가 143장 〈만왕의 왕 주께서〉 3절.

GOD'S WISDOM
FOR NAVIGATING LIFE